PSICODRAMA E EMANCIPAÇÃO

Dados Internacionais de Catalogação na Publicação (CIP)
(Câmara Brasileira do Livro, SP, Brasil)

Psicodrama e emancipação: a Escola de Tietê / Moysés Aguiar, organizador. — São Paulo: Ágora, 2009.

Vários autores.
Bibliografia.
ISBN 978-85-7183-062-2

1. Escola de Psicodrama de Tietê (SP) - História 2. Escola de Psicodrama de Tietê (SP) - Inovações educacionais 3. Teatro - Uso terapêutico 4. Psicodrama I. Aguiar, Moysés.

09-03872 CDD-370.1509

Índice para catálogo sistemático:

1. Escola de Psicodrama de Tietê: São Paulo:
Estado: Inovações educacionais: História 370.1509

PSICODRAMA E EMANCIPAÇÃO

A Escola de Tietê

Moysés Aguiar
(ORGANIZADOR)

EDITORA
ÁGORA

PSICODRAMA E EMANCIPAÇÃO
a Escola de Tietê

Editora executiva: **Soraia Bini Cury**
Editoras assistentes: **Andressa Bezerra e Bibiana Leme**
Capa: **BuonoDisegno**
Projeto gráfico e diagramação: **Crayon Editorial**
Impressão: **Sumago Gráfica Editorial**

Editora Ágora
Departamento editorial:
Rua Itapicuru, 613 – 7º andar
05006-000 – São Paulo – SP
Fone: (11) 3872-3322
Fax: (11) 3872-7476
http://www.editoraagora.com.br
e-mail: agora@editoraagora.com.br

Atendimento ao consumidor:
Summus Editorial
Fone: (11) 3865-9890

Vendas por atacado:
Fone: (11) 3873-8638
Fax: (11) 3873-7085
e-mail: vendas@summus.com.br

Impresso no Brasil

Todo meu carinho aos
companheiros da Escola de
Psicodrama de Tietê que
não puderam participar da
elaboração deste livro, mas
que contribuíram para a
construção da história que
aqui se relata.

SUMÁRIO

PARA LER ANTES DE COMEÇAR A LER 11
MOYSÉS AGUIAR

1 MUITO ALÉM DE MORENO:
PERSPECTIVAS E REFORMULAÇÕES DO PROJETO PSICODRAMÁTICO 29
ALBOR VIVES REÑONES
Ir além de Moreno 54
Programa de professores trainees 56

2 COMPANHIA DO TEATRO ESPONTÂNEO:
UMA ESTÓRIA DESSA HISTÓRIA 59
JAMIL AIDAR
Integraçao entre teoria e prática 70
Trabalho em grupo aberto (ou mais do que isso) 74

3 VIVENDO E APRENDENDO, APRENDENDO E VIVENDO 79
MIRIAM TASSINARI
Um suporte maior 84
Professores em duplas 87

4 SOBRE UMA ESCOLA E UM BOSQUE: ESBOÇOS PARA A HISTÓRIA 89
DEVANIR MERENGUÉ
Instituição situada nas bordas 98

5 FRAGMENTOS DE UMA EXPERIÊNCIA IRREPETÍVEL 113
ANGELA REÑONES
Terapêutica do teatro espontâneo 118

6 PSICODRAMA E EDUCAÇÃO:
QUANDO O PSICODRAMA DESASSOSSEGA 121
ÁUREA M. GUIMARÃES
Que tipo de forma estética? 130

7 TEATRO ESPONTÂNEO, VIDA E INTEGRAÇÃO 135
ANDREA RAQUEL MARTINS CORREA
Integração do teatro com o mundo 145

8 RELEMBRANDO A ESCOLA 149
CARLA MARIA VIEIRA
A proposta do currículo (uma aventura rizomática) 156
Desde o primeiro encontro 163

9 UM ESPAÇO TERAPÊUTICO E PEDAGÓGICO 167
MARILUCI MARTINS
Sujeitos da história 169

10 A DIFERENÇA QUE NÃO HAVIA 173
LISETTE LAUBI CONTATORE
Entre o psicodrama pedagógico e o terapêutico 177

11 UM MERGULHO NO FUNDO DO MAR 181
MARCIA CASTAGNA MOLINA
Uma perspectiva política 189
Construir coletivamente o conhecimento 192
O corpo discente 197

12 A VIDA EM CENAS 201
CECILIA MASSELLI
A responsabilidade da empreitada 212

13 ENTREVISTADORA E ENTREVISTADA: 215
DUAS PERSPECTIVAS E UMA SÓ FILOSOFIA 215
GELSE BEATRIZ MONTEIRO
O encadeamento dos espaços 221
Só na bolha 226
Os bastidores da escola 229

14 A CONFRARIA, CONTRADIÇÕES, MISTURAS FINAS 233
RAQUEL PASTANA TEIXEIRA LIMA
Não psicologização dos conflitos 240
Uma certa arrogância 243
Núcleo duro de poder 245
Evitando monopolização nas discussões 248
Coordenação de grupos: o método do carrossel 251

15 PARA SEMPRE, TIETÊ 255
MARISOL WATANABE
A duração do curso 261

16 O TÚNEL DO TEMPO 269
MARIA ELIZA SUMAN DE GODOI
Esse processo de imersão 273

17 NADA 277
ANTONIA POLLI DE ARRUDA
Laboratório de teatro espontâneo 279

18 CONVERSANDO COM PATRÍCIA 283
ANTÔNIO RAMOS DA SILVA
Espaço curinga 287

19 UM POUCO DO QUE FUI, MUITO DO QUE SOU 289
RALMER N. RIGOLETTO
O tal processamento 301
Nossa sala de aula 304

20 O MERGULHO 307
REGIANE BATAGLINI MICHELSOHN
O treino de ator 310

21 A FANTÁSTICA FÁBRICA DE CRIAÇÃO (RELATO DE UMA VISITA À COMPANHIA DO TEATRO ESPONTÂNEO) 315
ANA CRISTINA BENEVIDES PINTO
Os retoques finais 322

22 UMA VIAGEM INESQUECÍVEL 325
MARÍA ELENA GARAVELLI
Sarapuí 332

23 MEU DEPOIMENTO 335
VERA APARECIDA CUNHA
Uma escola no interior 339
Como financiar 341

24 AGORA, RESTAM AS RECORDAÇÕES 345
NORMA SILVIA TRINDADE DE LIMA

25 O TEATRO ESPONTÂNEO NO TRABALHO COM GRUPOS DE FORMAÇÃO PROFISSIONAL 349
CAROLINA ANDALÓ FAVA
Laboratório da vida: o público e o privado 358

26 TRANSFORMANDO O SER E O FAZER 363
VIVIANE GIOMBELLI
Muitos puxões de orelha 369

27 DESDOBRAMENTOS 371
MOYSÉS AGUIAR

28 TEATRO DE REPRISE: CONFISSÕES DE UM MÚSICO AMADOR NUM MAR DE PSICODRAMISTAS 375
ALEXANDRE DE OLIVEIRA E AGUIAR

29 TEATRO DE CRIAÇÃO: UM JEITO DE FAZER TEATRO ESPONTÂNEO 385
RAQUEL PASTANA TEIXEIRA LIMA

30 PASSARIM: TEATRO ESPONTÂNEO PARA CRIANÇAS E ADOLESCENTES 391
THAÍS HELENA COUTO E LISETTE LAUBI CONTATORE
Um novo integrante 398

31 SABATINANDO MOYSÉS AGUIAR 401
PEDRO MASCARENHAS

REFERÊNCIAS BIBLIOGRÁFICAS 433

PARA LER ANTES DE COMEÇAR A LER

Tietê é uma pequena cidade no interior de São Paulo.

Ali, ocupamos durante alguns anos uma chácara com piscina e nela instalamos nossa Escola de Psicodrama.

Foi uma experiência inovadora, extremamente rica, que nos tomou por inteiro o tempo todo, enquanto existiu.

A certa altura, percebemos que a escola já tinha cumprido sua missão. Tentamos reformulá-la, respeitando os princípios pedagógicos que vínhamos adotando até então, mas o encerramento desse ciclo se impôs inexoravelmente.

Agora, depois de passado um bom tempo, podemos fazer uma avaliação mais isenta, seja da paixão que nos dominava enquanto a escola existiu, seja da tristeza que acompanhou o luto pelo seu término.

Este livro foi escrito a muitas mãos.

Não diria que se trata exatamente de uma coletânea, tampouco de uma construção coletiva no sentido que se dá à produção artística do teatro espontâneo.

Isso porque cada contribuinte fez a sua oferta e ficou à espera do resultado final, sem poder participar da continuidade do trabalho. No teatro espontâneo o tempo é outro, permitindo que todos os participantes vejam no próprio momento, passo a passo, a transformação que sofrem seus aportes, com chances de validar ou não, também de imediato, para constatar ou reivindicar a presença de sua verdade na verdade coletiva.

Aqui, não. Eu pedi a ex-alunos e ex-professores que escrevessem um capítulo contando como funcionava a Escola. Nem todos puderam ser acessados para esse fim. Alguns se descolaram da rede sociométrica, mundo afora, e se encontram em lugar incerto e não sabido. Outros, convidados, não se entusiasmaram com a ideia ou optaram por não participar, o que reconhecemos como legítimo exercício de sua liberdade de escolha, quaisquer que tenham sido seus motivos. Ao ver, agora, o panorama das contribuições, sinto falta de muitos que gostaria de ver presentes. Mas não deu.

Para obter um olhar externo, pedi a algumas pessoas que não tiveram envolvimento direto com a Escola que conversassem com ex-professores, ex-alunos e ex-colaboradores para buscar informes e opiniões, captar sentidos e transmitir a imagem formulada com base nesses dados.

Alguns desses entrevistadores fazem parte da rede sociométrica por vínculos atuais relevantes e carregados de afeto e tinham alguma informação sobre a Escola, ou lá chegaram a estar muito de passagem. De propósito, pedi a eles que juntassem as informações das entrevistas com aquelas que tinham previamente acumuladas, como subsídios para produzirem seus respectivos textos.

Ao longo da tarefa de elaboração do livro, surgiram outras demandas. Por influência direta ou indireta da Escola, formaram-se algumas companhias de teatro espontâneo que se destacaram pela inovação, ousadia e pelo profissionalismo. Seria injusto para com o leitor omitir esses desdobramentos.

Por outro lado, os bastidores do projeto são de fundamental importância para sua compreensão. Nesse ponto, também por meio de entrevista que gera reflexão crítica, fomos buscar o depoimento de uma pessoa que acompanhou toda a trajetória da Escola cuidando de sua infraestrutura – inicialmente apenas física (o espaço onde acampávamos e trabalhávamos), mas logo depois também nutricional. Uma protagonização preciosa.

Tomamos toda essa matéria-prima e tentamos uma "costura", agregando reflexões e informes que julgamos esclarecedores.

A CRIAÇÃO COLETIVA DE UMA BIOGRAFIA

A ESCOLA DE PSICODRAMA DE TIETÊ foi um acontecimento de extrema importância em minha vida. Foram mais de dez anos de investimento de energia e criatividade num projeto ousado, que tinha como carros-chefe a Escola e a trupe da Companhia do Teatro Espontâneo (CTE). Em paralelo, a publicação de um periódico, *Leituras*, e a promoção de eventos temáticos na área do psicodrama.

Há anos venho pensando em publicar este livro, para registrar e difundir a experiência, na certeza de que pode inspirar novas ousadias, não pela repetição de algo que fazia sentido na conjuntura em que se implantou, mas pelo efeito rizomático materializado no encontro com outras experiências e outras histórias. Afinal, viver é contar histórias!

A ideia é não apenas fazer um registro histórico que ofereça subsídios a futuras investigações. Pretendemos mais: que essa experiência seja inspiradora de novas iniciativas pedagógicas, na linha das transformações que vem sofrendo a educação contemporânea.

O livro demorou a sair. As primeiras movimentações para produzi-lo já datam de alguns anos – assim são alguns textos nele incluídos. Ondas de entusiasmo permitiam avanços, nunca com força de impacto suficiente para fazer virar a roda. Uma gestação demorada, refletindo conflitos, incertezas, lutos.

Mais recentemente, dois acontecimentos propulsores.

O primeiro foi a minha participação num curso de especialização para professores universitários, promovido pelo Ministério da Saúde. Fiz parte de um grupo de 25 profissionais da área convidados a participar do processo de planejamento do curso. A ideia era oferecer subsídios aos docentes que se interessavam pela promoção de mudanças no ensino superior, na área da saúde, para que pudessem atuar de forma mais eficiente na transformação da universidade numa alavanca para implantar, no país, o Sistema Único de Saúde (SUS).

A metodologia proposta pelos coordenadores se baseava em experiências já levadas a efeito em algumas escolas de medicina e enfermagem, que se utilizaram de estratégias conhecidas como aprendizagem baseada em problemas (em inglês, *problem based learning* – PBL). Ao mesmo tempo, procurava-se aplicar o conceito de competência como eixo do processo de ensino-aprendizagem, a avaliação como monitoramento do trabalho e a educação permanente da equipe pedagógica.

Dentre os 25 que planejaram o curso, 10 foram designados para serem os primeiros professores (dentro da metodologia adotada, chamavam-se facilitadores). Eu fui um deles e vivi intensamente a experiência de ministrar um curso que combinava aulas presenciais com educação a distância, mergulhado na aventura de ser o "mestre ignorante" propugnado por Jacotot.

Minha história no psicodrama – especialmente no teatro espontâneo – encontrou nesse trabalho uma oportunidade de ouro de se testar num ambiente cujo linguajar não inclui o dialeto psicodramático, no qual as teses de Moreno são solenemente desconhecidas. Nossos princípios estavam lá, travestidos de conceitos mais sofisticados, academicamente respeitados, fundamentados em reflexões oriundas de outras práticas que não as nossas. Uma semelhança fácil de identificar para nós que estamos do lado de cá.

A habilidade com que conduzi o grupo de alunos sob minha responsabilidade acabou surpreendendo, até porque eu era um estranho no ninho em meio a uma comunidade de profissionais que se conheciam de muitas batalhas empreendidas em conjunto pela implantação da reforma sanitária. O psicodrama e o teatro espontâneo me ajudaram muito. E principalmente o aprendizado da Escola de Tietê, onde pude colocar em prática o que, na época, eu entendia como um processo pedagógico fundamentado nas propostas psicodramáticas e com elas consistente.

A literatura que embasava o projeto do Curso de Especialização em Ativação de Mudanças no Ensino Superior da Área da Saúde poderia ser mais rica se incluísse um relato da experiência de Tietê. Um desafio para que este livro fosse escrito, *quae sera tamen*.

Mais recentemente, um novo desafio. Júlia Motta, companheira do corpo docente do Instituto de Psicodrama e Psicoterapia de Grupo de Campinas, debruçou-se sobre documentos disponíveis e buscou depoimentos vários para escrever o que, finalmente, saiu como um livro pioneiro, registrando a história do psicodrama no Brasil. Passou-lhe despercebido o fenômeno Tietê.

Refletindo sobre as razões dessa omissão, não pude deixar de considerar dois aspectos de suma importância. Primeiro, que a Escola de Tietê se manteve à margem dos caminhos "oficiais" do movimento psicodramático brasileiro. Embora tenha incomodado, até mesmo invadido alguns espaços que em princípio não lhe eram franqueados, ela nasceu e morreu na periferia. Sem certidão de nascimento e muito menos de óbito. Nenhum registro, nenhum documento passível de ser consultado pelo historiador.

Por outro lado, uma enorme dúvida: será que a Escola de Tietê teve, de fato, para o movimento psicodramático brasileiro, a importância que nós que estivemos implicados nela pensamos que teria tido? Seria a não menção um indicador de sua irrelevância?

Estava mais do que na hora de enfrentar a tarefa de produzir um relato esclarecedor sobre a natureza e o sentido desse empreendimento. Para oferecer a oportunidade de uma avaliação mais fidedigna. Para compartilhar com os companheiros as alegrias e as frustrações dessa nossa vivência.

Mais pretensiosamente, ainda, para oferecer aos educadores o panorama de um experimento pedagógico que procurou aplicar, antes mesmo da popularização que conhecemos, alguns princípios que hoje são considerados as mais avançadas proposições educativas. Sem falsa modéstia.

E, além disso, fazer justiça ao próprio criador do psicodrama que, tendo intuído algumas relevantes questões que dizem respeito à elevação da qualidade da vida e das relações humanas, criou não apenas algumas técnicas de dinâmica de grupo, mas um método de pesquisa e de intervenção na realidade que antecipa algumas das importantes conquistas do pensamento educacional contemporâneo.

A estratégia histórica que utilizamos para produzir este relato consistiu, como já mencionamos, em convocar a participação do maior número possível de pessoas.

Deixei a cada autor a decisão a respeito da extensão e do estilo de seus escritos, sem necessidade de tomar como referência os parâmetros acadêmicos. Minha aposta era de que exatamente na diversidade poderiam os leitores alcançar uma ideia mais clara do universo que se pretende mostrar. Apenas uma reiterada recomendação: que evitassem o caminho da "rasgação de seda", preferindo um relato crítico, o mais fiel possível, do que foi para eles a realidade da escola.

De cada texto procurei extrair um tema para minhas considerações, nas quais procuro esclarecer fatos, refletir sobre eles e apresentar, quando possível, a respectiva fundamentação técnico-teórica.

Nesse trabalho aprendi muita coisa. Pude compreender outras tantas. Quanto possível, compartilho com os leitores essas conquistas. Dentro do espírito da própria Escola, a abertura para críticas e para a explicitação da metadinâmica ilumina regiões que normalmente ficam na penumbra, o que muitas vezes implica algumas surpresas.

Uma delas, que considero da maior relevância, foi a constatação do quanto a imagem da Escola está colada à minha imagem como pessoa e como profissional. A concepção da Escola foi minha, a decisão de implementá-la também. Ela existiu por vontade pessoal minha, eu a dirigi e a sustentei – até mesmo economicamente. Mesmo com toda minha tendência a ouvir e levar em conta as contribuições de meus companheiros, nas várias instâncias da vida, acabei imprimindo à Escola uma gestão centralizada. Muitas medidas eu mesmo formulava e implantava, sem consultar ninguém. Outras, embora resultassem de conversas prévias com aqueles que seriam por elas atingidos, sempre tinham minha palavra final.

Essa centralização, cuja dimensão só agora me fica tão evidente, transparece ao longo de todo o livro. De tal forma que em alguns momentos cheguei a sentir um certo constrangimento, temendo que a história da Escola se estivesse transformando numa biografia do Moysés, por ele comandada, mal disfarçando uma espécie de autobiografia.

O que me tranquiliza é que, mais uma vez dentro do espírito do psicodrama, se o grupo explicita isso, essa é a realidade que está sendo mostrada e não há por que brigar com ela. É sobre ela que temos de trabalhar. O leitor poderá fazer suas avaliações sem que se lhe tenham sonegado esses dados, que, no final das contas, são relevantes.

Quando comentei com um dos autores, que não é profissional da área, o que eu considerava um excesso de elogios a minha pessoa, sua observação foi contundente: "É, mas não teve jeito de evitar isso, não".

PSICODRAMA E EMANCIPAÇÃO

O TERMO "EMANCIPAÇÃO" não fazia parte do nosso vocabulário educacional na década de 1990.

No entanto, passados mais de dez anos do encerramento das atividades da Escola de Tietê, ao analisar o significado desse projeto, não nos é difícil conectá-lo com as propostas dos educadores contemporâneos. Entre elas, a compreensão da tarefa educativa como um facilitador do processo de emancipação dos indivíduos e das populações.

Na época, inspirava-nos o próprio psicodrama como potencialidade não apenas psicoterápica (sua aplicação hegemônica naquele momento), mas também como ferramenta pedagógica.

Falar em ferramenta pedagógica pode nos conduzir, equivocadamente, a uma separação de território que se estabeleceu desde o início do "boom" psicodramático no Brasil, lá pelos anos 1960-70. Mercê de pruridos corporativos travestidos de preceitos éticos e legais, a prática do psicodrama como psicoterapia era reservada aos psiquiatras e psicólogos, mais àqueles do que a estes. Num território contíguo se localizava o "psicodrama pedagógico", espaço reservado aos educadores e praticantes de profissões correlatas.

Não é desse "psicodrama pedagógico" que se ocupou o projeto Tietê.

A hipótese fundamental era de que os recursos psicodramáticos deveriam ser utilizados, com absoluta preferência e coerência, no ensino do próprio psicodrama.

Que seriam esses recursos psicodramáticos?

Em primeiro lugar, seria praticar o psicodrama com os alunos à exaustão. Essa prática intensiva e extensiva proporcionaria a matéria-prima sobre a qual trabalhar para construir conceitos e definir procedimentos. Sobre o vivenciado se poderia refletir para identificar o sentido do arcabouço teórico herdado da tradição moreniana, assim como das contribuições de seus seguidores, avançando no desenvolvimento da capacidade de teorizar, ou seja, de depurar e apurar o sistema conceitual. Ao mesmo tempo, forneceria os elementos para compreensão do sentido das intervenções técnicas necessárias e desejáveis para a concretização do processo criativo grupal.

Mais do que isso, essa prática permitiria a incorporação das intensidades vivenciadas, proporcionando uma transformação profunda, não alcançável quando os instrumentos pedagógicos apenas visam à compreensão intelectual ou à assimilação racional do que já foi construído pelas gerações anteriores.

Traduzindo em termos operacionais, o projeto contemplou a realização de sessões psicodramáticas com o grupo de alunos como eixo do sistema de ensino-aprendizagem.

Dirigidas por professores, essas sessões não apenas proporcionavam modelos de trabalho, mas também a oportunidade de questionar criticamente a atuação do mestre, desfazendo o mito da infalibilidade do pai. Tal questionamento permitia, por outro lado, avançar concretamente na experiência de aprender enquanto se ensina – um dos pontos mais carinhosamente cultuados pela reflexão educacional dos nossos tempos.

Outras sessões, dirigidas pelos próprios alunos, representavam a oportunidade de experimentarem o outro polo do papel, constituindo eles mesmos a equipe técnica e operando o psicodrama desde o incipiente cabedal acumulado. De novo, a visão crítica de sua atuação facilitava a autorreflexão, o mapeamento dos sentidos das técnicas utilizadas e das intervenções que realizavam. Desenvolvia a capacidade de acolher opiniões e sugestões de seus pares/sujeitos, como forma de ampliar o leque de alternativas, visando às intervenções futuras.

Associado a esse recurso – fazer da experiência psicodramática a espinha dorsal do processo – está, naturalmente, outro dos grandes pilares do psicodrama, que é o desenvolvimento da espontaneidade e da criatividade. A ideia era exatamente não fazer tábula rasa das conservas culturais nem mesmo do próprio psicodrama, permitindo a desconstrução sistemática das práticas e dos conceitos consagrados, sem medo de "errar" ao fazer e afirmar diferente do tradicional e institucionalizado. Pelo contrário, a metodologia deveria privilegiar a criação rotineira de novas formas e a ousadia de propor diferentes categorizações e conceitos originais.

Nessa linha, o contato com a bibliografia deveria resultar da curiosidade despertada pela experiência real, constatada durante as aulas. Os textos não deveriam ser vistos como "bíblias" a serem consultadas, tampouco como tratados teológicos, mas como informação e inspiração. O importante seria conhecer o que outras pessoas pensaram, que experiências tiveram e registraram. E isso não deveria se limitar aos escritos específicos da área, mas abarcar, de forma ampla, tudo que em tese pudesse agregar subsídios para refletir sobre a prática do psicodrama.

Do ponto de vista educacional, essa orientação significa não tentar impor ao estudante um acervo que obrigatoriamente tenha de consultar e digerir. Pelo contrário, o respeito a sua curiosidade implica o reconhecimento de que ela é o bem mais valioso que se pode desejar dentro do processo de ensino-aprendizagem. E, na vida futura, no processo de busca e construção de conhecimentos.

Aliás, outro aspecto dessa estratégia é a concepção de que o conhecimento não deve ser transmitido, mas sim buscado, organizado e codificado pelo sujeito. Não se nega que o mestre possa ter um lastro de experiência, estudos e conhecimentos por ele próprio edificados. A diferença em relação aos métodos tradicionais é que esse cabedal é colocado a serviço do estudante como facilitador, como subsídio, respaldo e segurança e não como algo a ser copiado e reproduzido.

O modelo psicodramático, segundo a proposta de Moreno, é muito claro quanto a esses aspectos. Da mesma forma que num processo terapêutico todos – profissionais e clientes – são terapeutas, numa investigação científica todos os sujeitos implicados recebem o múnus de investigadores. De forma similar, nas situações de aprendizagem, mestre e estudantes são todos mestres e aprendizes.

A hierarquia da situação psicodramática de aprendizagem se estrutura em torno da necessidade de que alguém catalise a ordenação das atividades, papel que cabe ao professor, que detém a metodologia e conhecimentos em tese mais avançados. Essa responsabilidade – e poder, evidentemente – se contrabalança com a solidariedade na perseguição do saber.

Paulo Freire enfatiza, em suas propostas educativas, o fato de que todos os envolvidos numa situação de aprendizagem têm algo com que contribuir – um conhecimento, uma sabedoria, uma reflexão. O pulo do gato é aproveitar todos esses aportes para com eles elaborar o bolo do saber coletivo e, consequentemente, o impulso para o passo seguinte, para a busca do novo, do avanço, do ir além.

Essa ideia se casa perfeitamente com a proposta moreniana, cujo escopo visa, entre outras coisas, a controlar e minimizar inevitáveis distorções decorrentes da subjetividade do terapeuta/pesquisador/professor que afetariam a qualidade do produto final.

O psicodrama é, em si, um método de produção de conhecimentos. Na terapia, a respeito dos sujeitos como pessoas, da sociodinâmica de suas relações, de sua participação no coinconsciente. Na pesquisa, a respeito dos fatos investigados, de natureza puramente sociométrica ou relativos a quaisquer temas de interesse da coletividade. Na educação, a respeito de tudo que se pretende agregar como ferramenta de vida para os sujeitos envolvidos.

No palco psicodramático, as histórias que se constroem, seja com base em relatos a respeito de eventos registrados na memória dos participantes, seja por meio de personagens e situações ficcionais, revelam, analogicamente, a realidade que se quer conhecer e/ou transformar. Uma revelação que vai além das formulações racionais porque atinge o plano dos sentimentos e das emoções, elementos decisivos em qualquer conteúdo cognitivo, mesmo aqueles aparentemente mais "neutros".

Além disso, o conhecimento que se alcança por esse meio tem o condão de abrir o leque de sentidos, em vez de tentar colocar a realidade dentro da camisa de força de um pretenso sentido único – "o" sentido, "a causa", "a verdade". A realidade passa a ser vista e compreendida de forma mais ampla, fazendo jus a sua complexidade, sem explicações e, muito menos, soluções simplistas.

PARA VIABILIZAR... O TEATRO ESPONTÂNEO

TODAS AS ORIENTAÇÕES ACIMA envolvem um aspecto ético-político: a promoção dos sujeitos envolvidos no processo educativo. Pescando com eles, eles descobrirão que podem pescar, eles mesmos, sem precisar de nenhuma tutela e muito menos que os peixes lhes sejam fornecidos. Aprendem a aprender e, com isso, se emancipam.

A alforria não ocorre após aprenderem. Eximidos do poder paterno já durante o processo de aprendizagem, constituem-se como sujeitos de seu próprio aprendizado da liberdade.

A hegemonia do saber é tentadora. Como precisamos de convicções para sobreviver, para tomar decisões práticas na vida, para construir referências, é muito fácil cair na pretensão de impor aos outros – especialmente clientes e alunos – a nossa visão de mundo, com nossos conhecimentos, nossos valores e nossas experiências oferecidos como paradigma da felicidade.

Os hábitos arraigados em nossa cultura definem uma certa maneira de estabelecer a relação professor-aluno que facilita sobremaneira o exercício do poder do saber. Os alunos pedem isso, se encantam com professores que sabem transmitir o que sabem. Negar-lhes isso, oferecendo em troca "apenas" o estímulo para que busquem aquilo que querem aprender, soa estranho, pelo menos de início. Como se estivéssemos "escondendo o leite". Mas logo, quando descobrem o valor da liberdade para conquistar as informações, para formular suas próprias conclusões, para decidir o que querem e o que não querem aprender, entusiasmam-se. Faz bem não precisar de tutela.

Mais que isso, ainda, é o gozo do saber coletivo, coletivizado no processo de construção, socializado como propriedade e como desfrute. É uma nova visão de mundo, das relações, da vida. Descortina-se um horizonte mais amplo de possibilidades. Ingressa-se num novo patamar. Opera-se um novo paradigma.

Colocar em prática essas diretrizes foi o grande desafio que assumimos.

EMANCIPAÇÃO E AUTONOMIA

A TRADIÇÃO BRASILEIRA é que o jovem seja emancipado, para algumas coisas, aos 18 anos; para outras, aos 21.

Há exceções a essa regra. Por exemplo, o jovem já pode votar aos 16 anos. Se quiser se casar antes disso, pode antecipar sua emancipação, desde que judicialmente autorizado. Alguns pais liberam seus filhos mais cedo, antecipando sua emancipação, o que também precisa ser tornado oficial. A partir desse momento, cessa o dever formal de obediência, cessa a tutela paterna e o filho adquire *status* de adulto pleno.

Tem gente que defende a ideia de que se o jovem comete um crime antes dessas idades, período em que é considerado "incapaz", deveria ser responsabilizado tanto quanto um adulto. Outros querem que a idade mínima para dirigir veículos também seja reduzida. Ou seja, a emancipação seria mais precoce, nesses casos.

O que isso significa? Que a sociedade reconhece ao indivíduo sua condição de adulto, responsável por seus atos, com direito a autonomia, ou seja, a tomar decisões por si mesmo, sem necessidade de tutela ou de pedir autorização para alguém. Esse é o sentido da emancipação.

A autonomia é apenas uma das faces da emancipação. A autonomia está sujeita a limites, porque não é em todas as situações que as pessoas, mesmo adultas, podem agir "sem pedir autorização para alguém". O limite é estabelecido pela autoridade, pelas normas sociais, por contratação específica. Para usufruir de alguns direitos, o sujeito precisa abrir mão, pelo menos em parte, de sua autonomia. E só quem é emancipado pode "negociá-la".

A autonomia é, pois, um direito – relativo – de pessoas emancipadas.

Essa distinção é necessária quando se fala de processos educativos.

Educar para a autonomia é proporcionar aos educandos condições para desenvolver sua capacidade de tomar decisões por conta própria, de estabelecer regras e procedimentos que norteiem seu próprio comportamento. Consequentemente, de sobreviver por si mesmos.

Já a educação emancipatória vai mais longe. Ela implica valores sociais e morais tais como o reconhecimento de direitos, de potencialidades e de responsabilidades.

Educar para a autonomia é estabelecer uma meta de desenvolvimento a ser alcançada. Há um resultado esperado que em tese se tornaria evidente ao final do processo.

Já o educar para a emancipação implica tomá-la desde logo como ponto de partida para a construção da relação educativa e ajudar o sujeito a efetivá-la – não no futuro, mas aqui e agora. A efetivação é o reconhecimento, pelo próprio sujeito, de sua condição, como resposta ao reconhecimento que lhe proporcionamos. Em outras palavras, educar significaria propiciar ao sujeito a oportunidade de aprender a lidar com sua emancipação como realidade presente e não como algo a ser atingido no futuro.

Reconhecer potencialidades. A educação emancipatória parte do princípio de que o sujeito tem todas as condições para compreender e assimilar os conteúdos pretendidos, por si mesmo, desde que tenha oportunidade para tanto.

A referência que justifica esse pressuposto é o aprendizado do idioma pátrio: a rigor, ninguém precisa "ensinar" ninguém a falar. O mero fato de viver num meio onde as interações são mediadas pela fala permite ao indivíduo entrar nesse circuito, compreendendo e fazendo-se compreender, apurando cada vez mais os detalhes semânticos até o completo domínio do idioma. As regras gramaticais vão sendo intuídas e incorporadas à medida que vão sendo utilizadas. Elas só precisam ser destacadas, tornando-se objeto de aprendizagem especial, quando não são observadas na prática e se pretende que o sujeito mude para uma forma que, por não ser usual, ele não aprenderia por si só.

O mesmo se pode dizer das regras de convívio social: se ninguém explicitar nenhuma delas, o sujeito as aprende e as coloca em prática baseando-se nas suas próprias experiências de relacionamento e na observação do comportamento alheio.

É possível, claro, acrescentar informações intencionalmente. Na vida cotidiana, o sujeito vai tomando conhecimento da maior parte das coisas de forma não intencional, o que não torna interdito o compartilhamento de experiências, tanto no plano pessoal, direto, imediato, quanto de forma indireta, como por meio de livros, exposições, museus etc. Esse compartilhamento favorece, sem dúvida, um aprofundamento na compreensão dos valores vigentes. Permite abrir os horizontes e, quem sabe, até um aperfeiçoamento dos parâmetros relacionais.

Da mesma forma, o compartilhamento de opiniões constitui uma experiência que pode ser importante para o aprendizado do sujeito. Depende, é claro, da intenção verdadeira com que são emitidas, se como verdades absolutas ou conclusões pessoais. A imposição de opiniões, qualquer tentativa aberta ou sutil de estabelecer hegemonia nesse plano, traduz um desrespeito, senão uma violência, à dignidade humana, uma tentativa de reaver uma tutela já superada pelo sujeito emancipado.

Também a reflexão conjunta pode ser uma outra maneira de incentivar a aprendizagem, desde que não se desconsidere a capacidade do sujeito de fazer suas próprias reflexões e organizar a seu modo a sua experiência. Essa capacidade, no entanto, pode ser potencializada quando exercida num contexto de coletividade, de estimulação mútua, de abertura do leque de alternativas.

Quando a relação educativa se estabelece nessa base, concretiza-se o que muitas vezes se diz da boca para fora: ao "ensinar", o professor-facilitador aprende também – e muitas vezes até mais do que o próprio "aluno".

Outro aspecto a ser considerado no âmbito da emancipação é a questão da responsabilidade. Trata-se, por definição, da capacidade do sujeito de responder por seus atos, por suas decisões, por sua vida, enfim.

O sujeito não emancipado age de acordo com as ordens que recebe. Cumprindo-as, deem certo ou não, ele não responde pelo que faz, não pode ser cobrado quanto ao resultado nem quanto à justeza de seus atos.

No período de crescimento, os filhos vivem essa contingência. Seus "ego-auxiliares" (um conceito psicodramático que bem pode ser compreendido aqui) lhes emprestam sua capacidade de decisão, decidem por eles e assumem as responsabilidades respectivas, partindo do pressuposto de que os "egos" ainda mal formados são incapazes de gerir a vida com a necessária segurança e sabedoria.

O processo de emancipação crescente implica que essa tutela vai sendo retirada aos poucos, na mesma proporção que se lhes libera o poder de decidir e se lhes acrescentam exigências. É o treinamento da responsabilidade.

É muito comum que se observem descompassos nessa relação entre os ego-auxiliares docentes e seus respectivos aprendizes. Uma das manifestações desse descompasso é uma responsabilização precoce, eivada de injustiças. Na outra ponta, o prolongamento indevido da tutela dificulta a incorporação de referências. Comprometida a emancipação, emergem os "irresponsáveis".

A aplicação desses princípios na formulação de um projeto educativo não é muito simples, especialmente porque a educação "bancária", na feliz nomenclatura idealizada por Paulo Freire, é uma tradição tão arraigada que é difícil escapar às minas espalhadas pelo solo como parte da guerra cruel, permanente e multifacetária, milenar, pela perpetuação de estruturas sociopolíticas.

A educação não é praticada apenas pelo aparato escolar. Ela é disparada e fortemente ancorada pelo sistema familiar, sendo que à escola são deferidas algumas tarefas que extrapolam a capacidade operacional desse sistema que, soberanamente, exerce sobre ela o máximo controle possível, direta e indiretamente.

Utilizando sutilmente o próprio sistema familiar para sobrepujá-lo em seu potencial de influência, os meios de comunicação de massa constituem um outro pilar do edifício educacional. Explorando habilmente as emoções com potentes instrumentos aferidores dos pontos de resistência e dos nichos mais vulneráveis, os formuladores da grande mídia tratam de incutir especialmente preconceitos, cuja eficácia é função de seu enorme poder de reprodução e de autoaplicação, que se traduz facilmente em atos e decisões concretas.

Nem sempre objeto de suficiente atenção, as relações de trabalho constituem outro ponto importante de sustentação do sistema que se quer preservar. O trabalho é o que melhor caracteriza, há muito, a atividade humana. Ocupando nela o filé de seu tempo, captura e monopoliza o pensamento e as emoções, os projetos de vida, as decisões sobre a forma de atender a necessidades instintivas (ou deixar de atendê-las quando os interesses do trabalho o exigirem). A posição profissional é uma das marcas indeléveis da identidade, quase tanto quanto sexo, idade, pertença familiar, superando de longe o habitat e a afiliação religiosa.

Essa excepcional importância do trabalho potencializa seu agenciamento na formação dos sujeitos humanos. As práticas e os valores difundidos nesse meio contaminam outros aspectos da vida, como modelos de ação e pensamento. Os gestores das instituições que forjam e utilizam trabalhadores têm uma função educativa da qual nem sempre estão conscientes, não a submetendo, por isso mesmo, a uma avaliação crítica.

Quando avaliamos um projeto educacional, temos de levar em conta a consciência que tem do seu papel nessa superestrutura, como aliado do que já existe, contribuindo para perpetuá-la, ou como adversário que, mesmo sabendo de suas limitações, se dispõe a fazer seu trabalho de cupim para transformá-la de dentro para fora.

Do agente de um projeto de emancipação se espera que seja, ele mesmo, em princípio, emancipado.

E aí chegamos a uma outra dimensão do conceito: ser emancipado não significa estar isolado e descomprometido em relação aos demais. É possível agir em liberdade, sem tutelas ou controles "paternais", porém de forma coordenada com outros sujeitos também emancipados. Essa coordenação pode ser potencializadora em todos os sentidos.

Quando refletimos sobre os acontecimentos que marcaram a existência da Escola de Psicodrama de Tietê, com seu ápice nos anos 1990, é muito curioso observarmos como o princípio da emancipação estava permeando, o tempo todo, nossas atividades, como inspiração e desafio.

A bem da verdade, não tínhamos tudo isso formulado racionalmente, com a clareza que temos hoje. No entanto, de forma intuitiva, como mero esforço de aplicação prática dos princípios que vínhamos assimilando do ideário psicodramático, chegamos muito perto da educação para a emancipação. O que faz aumentar o fascínio dessa figura tão controvertida que foi Jacob Levy Moreno, o idealizador do psicodrama – que, à sua moda, com todas as suas limitações acadêmicas e humanas, vislumbrou o mundo novo de possibilidades que os pensadores da educação posteriores a ele conseguiram colocar em termos mais claros e aceitáveis.

Só muitos anos depois do fechamento da Escola, tomando distância dos acontecimentos e fazendo contato com as modernas teorias educacionais, é que pudemos perceber o caráter pioneiro daquela experiência. Daí a decisão de produzir, finalmente, este livro-depoimento para registrá-la e difundi-la.

Também na forma do livro o espírito da Escola se faz presente como eloquente metamensagem.

◈

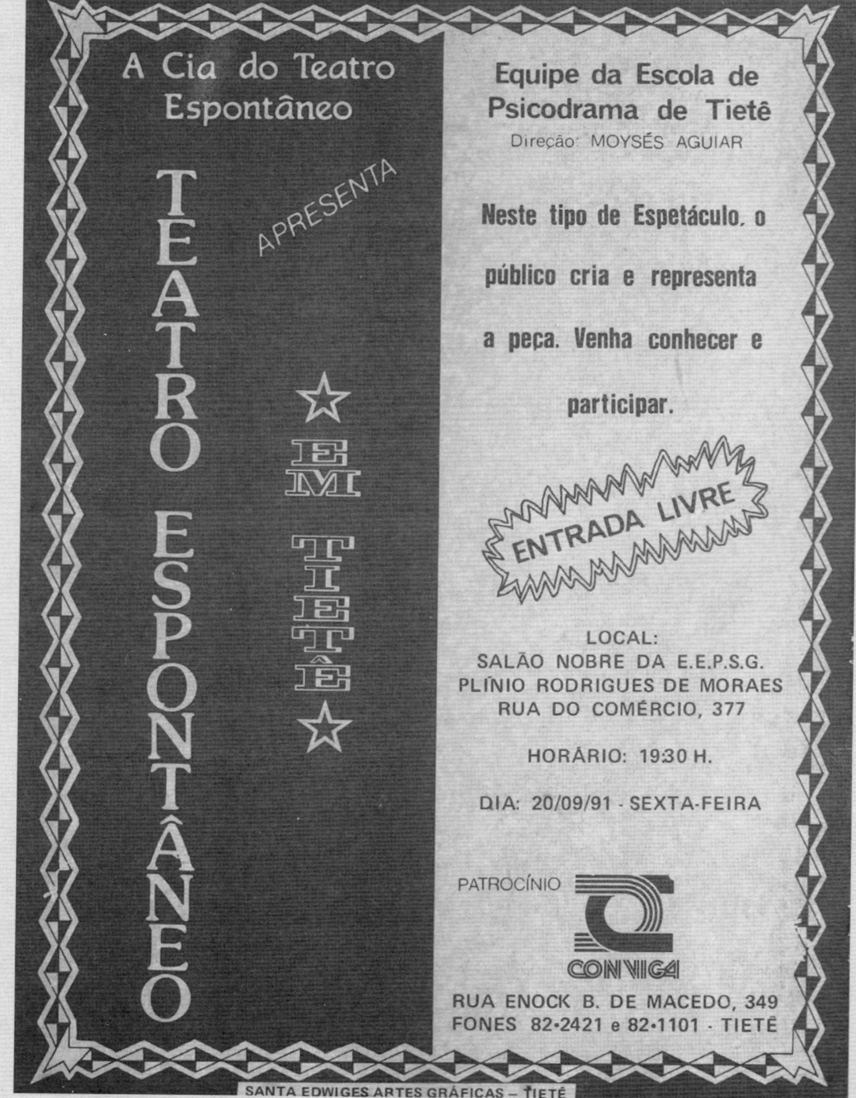

Atividade da Escola com a comunidade local

1

MUITO ALÉM DE MORENO: PERSPECTIVAS E REFORMULAÇÕES DO PROJETO PSICODRAMÁTICO

◈

ALBOR VIVES REÑONES

ANTES DA COMPANHIA

NÃO É DAS COISAS MAIS FÁCEIS LEMBRAR como éramos antes de crescer. Na verdade, não é fácil lembrarmos de nada se o que desejamos é contar uma história de que sabemos o final (ou pelo menos como está agora) e se ao mesmo tempo queremos que ela seja lida como uma descoberta.

Então tentaremos fazer descobertas, nós, enquanto escrevemos, e que o leitor possa acompanhar-nos e ao mesmo tempo distanciar-se para tomar sua perspectiva única na leitura.

Depois de lá entrar, Parsifal foi recebido com todas as regalias que um cavaleiro poderia receber: comidas, vinhos, lindas mulheres cuidando dele, túnicas e perfumes. Encantado, temeu perguntar ao rei daquele castelo, Anfortas, o Rei Pesca-

dor, o que o fazia sofrer tanto assim. Anfortas era o guardião do Graal e ainda estava vivo pelos poderes deste, mas uma grande ferida drenava sua energia já havia tempo. Parsifal, maravilhado, vê o Graal, sendo levado pelo castelo; tão lindo era que parecia um sonho.

Quando despertou na manhã seguinte não havia mais ninguém no castelo. Parecia deserto e ele, de certo modo triste por não poder agradecer a acolhida maravilhosa nem cumprir sua missão, sai. O castelo deixa de existir ali e então.

Depois Parsifal contará aos colegas o que lhe ocorreu, e eles lhe cobrarão o porquê de sua omissão. Ele vagará por muitos outros anos e passará por muitas outras aventuras, até que lhe ocorra o que era até então impossível: ele entra pela segunda vez no castelo de Anfortas, desta vez pronto para fazer o que seu coração mandara na primeira vez, mas que ele, por educação, calara.

Antes da Companhia não havia castelos. Minha estada nas escolas desde o jardim de infância fora como a de muitos: repetição, separação conteúdo-forma, distanciamento do mundo vivido. Todos já passamos por cursos de formação e sabemos quão pouco aprendemos a criar e o quanto somos estimulados a repetir. Em qualquer universidade ou faculdade, o ensino é, em grande parte, mera reprodução e preparação para o que será a vida depois de formados: repetir, fazer o que lhe mandaram, aprimorar-se na repetição rápida e na ingestão eficaz de anfíbios e rasgos de criatividade individual; que não haja resquícios de frustrações ou raivas. "Não se sobe na vida de outro jeito", "Não há vida senão desse jeito", "Não tem jeito". Não.

Eu não desejaria fazer um muro de lamentações, todos temos as nossas e a ninguém surpreenderá as que levanto aqui. Todos passamos pelas escolas e sabemos a máquina de salsichas que elas costumam ser. Propus-me fazer descobertas e tentarei apenas marcar o meu "lado de cá" do salto de radicalidade que foi a Companhia na formação educativa e vivencial.

E talvez o que desejaria que mais ficasse marcado, no lado de antes do salto, seja a falta de estímulo ao criar, que não tem fórmulas (nem o criar nem o estímulo a) e que exige, da parte de quem assume o papel de educador, um esforço descomunal de fazer que seja possível e desejado que se crie.

Muitos anos depois, quando me tornei professor na própria Companhia, entendi melhor que o desafio é constante e que não é de estranhar que muitos optem, muitas vezes e às vezes sempre, por repetir orações e salmodias, seja à ordem e progresso, seja às severas matemáticas – ou, no caso do psicodrama, a Moreno e seus conceitos.

E entendi que se faz necessário ter uma formação de longa duração para enfrentar esse desafio, muitos anos nesses bastidores, de formação, supervisão e prática refletida, tentando, pensando e fazendo, para que isso se incorpore e se assuma como uma parte de nós mesmos ou nos possua por completo, como doença ou graça eternamente cuidadas.

Quando cursava os primeiros anos de psicologia, havia passado pela experiência de viver, num teatro espontâneo, uma cena familiar – e sentido a intensidade daquilo. Não entendi naquele momento como as coisas chegavam lá, como se havia dado aquela cena – como, de um passarinho que tenta voar para fora do ninho, desembocáramos na briga que tinha com minha irmã e nos mantinha separados. Como aquilo ocorrera? Com 20 anos não se sabe direito nem de que lado nasce o sol, assim não é de surpreender essa ignorância...

Mas depois vi que mesmo com muito mais anos continuamos sem saber como "as coisas chegam lá", porque esse processo é como o Graal em muitos aspectos. Essa é a criação que nunca sabemos como exatamente ocorre, nem com quem, nem por quê, nem nada preciso; apenas sabemos que ela se dá, que quando ela aparece é maravilhosa e violenta, transformadora e reveladora, e deixa no ar uma impressão de que aquilo foi único. E foi.

Mas, voltando aos 20 anos, lá pela primeira vez tive esse contato com a magia de viver o desconhecido e, efetivamente, não saber como aquilo se dava. Na faculdade, psicodrama era algo desconhecido, logo ignorado. Não tinha como obter lá informações sobre essas perguntas. Ter mãe psicodramista facilitou o perguntar algumas coisas e descobrir que havia um método por detrás. Mas a magia continuava.

Para fechar a sessão nostalgia, lembro-me da opção que, como classe, podíamos fazer no quinto ano, de uma matéria optativa coletiva. Apresentei o psicodrama como alternativa, outra pessoa apresentou psiquiatria. Por votação ganhamos um semestre de lítio e eletroconvulsoterapia (ECT), interessante como informativo, mas superficial para uma compreensão mais concreta do papel do psiquiatra como colega de trabalho. Perdêramos a chance de iniciar ali um contato, que seria igualmente superficial e introdutório, mas que tinha mais chances de atender às necessidades de quem em breve entraria no mundo real do atendimento, consultoria e trabalho em instituições.

NA COMPANHIA DO TEATRO ESPONTÂNEO

Sou filho da mãe (todos o somos, dirão os leitores, salvo alguns que acrescentarão: "E alguns são filhos da p..."), da mãe que já era psicóloga e psicodramista antes de minha formação, e com quem tive o prazer e o privilégio de conviver e discutir muitos temas. A mesma mãe que um dia fora convidada por dois amigos para fundar uma escola diferente, uma escola de especialização em psicodrama e teatro espontâneo. Como já era um casal de amigos, caberia a ela talvez o papel de madrinha ou, numa família menos convencional, de mãe também, parindo os três a mesma cria.

E com muita alegria ela aceitou o convite e participou desse projeto. Reuniões, discussões e a escola foi inaugurada em uma pequena cidade, mais ou menos equidistante de São Paulo, Campinas e Sorocaba, podendo receber alunos do estado todo. O curso era do tipo "imersão": chegava-se sexta-feira à tardezinha e as aulas iam da noite de sexta até o domingo à tarde. Logo depois, uma reformulação de horários permitiu que todos saíssem ao meio-dia de domingo, diminuindo um pouco o esforço de estar lá uma vez ao mês.

A cidade era Tietê, e até hoje a pergunta "Por que em Tietê?" tem várias respostas: localização, facilidades, adequação ao projeto de imersão, diferente etc. A resposta final é mais ou menos parecida com a resposta à pergunta "Como se dá a criação?" E saberemos então que, por mais que tentemos, sempre ficaremos insatisfeitos.

Depois de um ano e meio mais ou menos da sua inauguração, entramos para fazer o curso. Dali a dois meses eu estaria formado psicólogo e a escola aceitou a entrada antes da formalização. Eu poderia passar os 20 encontros num salto e contar como é que saí de lá, e como então a magia não era mais magia e era ao mesmo tempo outra magia. Mas privaria o leitor de ver algumas cenas importantes. Assim, sem respeitar uma cronologia linear, e tomando alguns momentos para discutir temas relacionados à Escola, farei alguns recortes.

A PRÁTICA DA TEORIA

Há uma cisão no Ocidente que vem desde o início da filosofia e que passou por toda a filosofia cristã, ultrapassou o Renascimento e alcançou os positivistas. Essa cisão é a que faz do investigador (seja ele físico, filósofo, psicólogo, médico, açougueiro ou professor) algo diferente daquilo que está investigando. A justificativa sempre repetida ao longo desses 25 séculos é a de que qualquer parcialidade na obtenção dos resultados faria que estes fossem válidos apenas naquela situação específica, quando o que interessaria seria a generalização dos resultados.

Essa generalização permitiria que outro investigador obtivesse o mesmo resultado, se repetido o trajeto demarcado. Teríamos aí então algo passível de ser chamado de "verdade". Com verdades agrupadas faríamos mais investigações e, com a mesma imparcialidade, obteríamos mais verdades, numa acumulação de saber que nos levaria todos à sabedoria. Pelo menos a todos os investigadores de posse de todas essas verdades. A esse procedimento asséptico chama-se ciência.

Quebrando essa noção idealista (e às vezes patética) do saber e da vida, o século XX teve o privilégio de contar com alguns subversivos colaboradores que em várias áreas fizeram a ruptura com esse padrão de conhecimento. Gilles Deleuze e Félix Guattari[1] chamam esse paradigma

[1] Em especial o primeiro capítulo de *Mil platôs*, v. 1, ainda que essa noção e essa discussão estejam presentes ao longo da obra como um todo. Assim como a alternativa por eles proposta também está presente ao longo da obra, ilegível diria Aristóteles...

de conhecimento tradicional "arbóreo", por ter um eixo principal do qual todo resto deriva ou é decorrente e dele depende para ter sentido e vida.

Mais importante ainda que isso, esse paradigma de saber aponta sempre para uma direção, em um eixo ou tronco, que limita o que é considerado saber e verdade, desconsiderando qualquer outra possibilidade que não seja decorrente, como galhos, ou pior ainda julgando-a cosmética, como flores e frutos.

A essa cisão do saber ocidental, o século XX negou direito de existir tranquilamente, criando opositores e críticos ferozes, muito bem municiados para fazer uma desconstrução do paradigma tradicional do saber, propondo-lhe alternativas e indicando sua insuficiência. Parte de nossas reflexões tratará da articulação dessas alternativas e de como o saber se fez no processo educativo da Companhia.

Talvez tenhamos de começar por Moreno, criador e organizador do psicodrama, personalidade bastante curiosa, que na juventude em Viena fazia teatro de rua com os excluídos de então – velhos, prostitutas, vagabundos, crianças. Seus teatros tinham como script a própria vivência deles.

É daquela época a maioria das criações morenianas que fugiam do padrão positivista de ciência. Quando mais tarde ele se mudou para os Estados Unidos, reformou vários de seus postulados (sem explicitar que estava fazendo isso, o que é algo que pode ser criticado), assumindo uma postura mais burocrática e tecnicista, mas essa é uma história que será retomada mais à frente.

Da fase vienense é a organização do que Moreno batizou como "teatro espontâneo". Nessa época os interesses do então jovem Moreno vagavam mais pelo religioso, sendo ele participante fundador de um grupo da "religião do encontro". Seus teatros espontâneos tinham mais a função ecumênica que terapêutica, ainda que o estudante de medicina e depois psiquiatria estivesse atento também a essa dimensão de sua proposta: apenas não a tomava como foco central.

Quando no fim do século XX o teatro espontâneo foi resgatado no Brasil (do limbo no qual a burocracia estadunidense o havia colocado), foi na proposta daqueles primeiros teatros morenianos – sem a religiosidade de então, mas transformado por quase um século de inventividade teatral e subversão política.

Possivelmente, o que primeiro tenha de ser sinalizado como característica pedagógica da Escola é que ela fazia uma especialização não apenas em psicodrama, fato comum já em diversas escolas naquela época, mas também em teatro espontâneo. E não apenas como um nome diferencial: efetivamente trabalhávamos o tempo todo com esse método, tanto nas aulas práticas como nas vivências. As aulas teóricas são um capítulo à parte.

E para nós, que iniciávamos nossa formação, poder dirigir um grupo, atuar, ver colegas tão inexperientes como nós fazendo, aprender na prática, era algo intenso que dava ao processo de aprendizagem uma dialética entre teoria e prática inesquecível. Fazíamos o que líamos, líamos o que fazíamos, discutíamos a direção que um colega ou professor acabara de fazer, processávamos o encontro todo.

Mas não é apenas (e não que isso seja pouco) pelo aspecto prático que essa didática trazia resultados. Havia uma integração desse método com a quebra epistemológica que o século XX havia sofrido. O investigador é sempre e irrevogavelmente parte do experimento e suas conclusões são indissociáveis de quem ele é. Todo fazer que gere algum saber é obrigatoriamente um saber contaminado por aquele que o faz, política, histórica, social, econômica, cultural e psicologicamente falando.

Assim, um diretor, fosse ele do corpo docente nas aulas vivenciais, fosse um aluno, escolhido para as aulas supervisionadas ou de direção, é parte integrante do grupo e dos rumos que ele tomará. O grupo é o conjunto de pessoas ali reunidas e tudo que ocorrer será resultante do movimento daquele grupo, o que sempre inclui diretor, ego-auxiliares, plateia etc.

Dirão que não há diferença no que acabei de dizer, que o diretor estava lá, o ego-auxiliar, os alunos... A diferença não é quem estava lá ou se há papéis diferenciados, pois evidentemente eles estavam delineados com clareza; o que fazia a diferença era que a criação grupal ocorria e era entendida como resultante de um grupo, inclusive daqueles que o dirigiam e auxiliavam.

Isso significa que o diretor influencia o rumo de uma cena, pois ele é membro do grupo. Ao mesmo tempo faz-nos entender que o rumo da mesma cena é também influenciado pela ação do protagonista, dos ego--auxiliares que estão em cena, da plateia, fazendo um caldeirão em ebulição no qual as variantes são tantas que nunca podemos afirmar uma certeza sobre como ou por que algo ocorreu.

Com esse número incrivelmente grande de variáveis, uma das resultantes mais subversivas é a impossibilidade de criar receitas e ao mesmo tempo tentar fazer um método que, como qualquer método, é um ensinar a fazer algo. É dessa tensão inconciliável que somos fruto. Aprendemos que existem etapas para realizar um teatro espontâneo e que todas elas podem ser jogadas no lixo, pois é a criação grupal que interessa, e não uma sequência ideal de passinhos ensaiados. Mas essa é uma das conclusões e deveria ter vindo mais à frente.

Agora, olhemos o que foi dito até aqui. Veremos que não havia o aprender ouvindo passivamente, não que todos falassem ao mesmo tempo (e essa é uma das contribuições do teatro espontâneo na construção de uma discussão, como veremos à frente), mas todos podiam agir como construtores do que ocorria, sabendo que não pela ação individual mas pela dinâmica coletiva é que se fariam mudanças.

O MÉTODO (PRINCÍPIOS DE AUTOFAGIA)

Como se ensina alguém a criar? E como se ensina alguém em grupo a criar em grupo? E como se ensina alguém em grupo a criar em grupo, sabendo que toda criação grupal é imprevisível?

Como o leitor – ávido dessa resposta, mas suficientemente avisado pelo que veio lendo até aqui – deve ter pensado, não há resposta pronta. Entretanto, como o besouro que contraria a matemática para voar, aprendemos a criar. Há um método que permeia o ensino e que facilita, estimula, abre espaço para a criação.

Sabendo que toda e qualquer resposta será incompleta, vamos tentar esboçar algumas características que facilitaram esse aprendizado da criação.

A estrutura das aulas

Todas as aulas eram participativas. Desde as vivências dirigidas pelos professores, passando pelas aulas práticas, nas que alunos dirigiam alunos, chegando às aulas teóricas, todos os espaços eram feitos para receber as opiniões, contribuições e questionamentos de todos os presentes.

Imaginando uma linha de extremos, teríamos numa ponta a aula expositiva – alguém sabe do que está falando e o restante ouve para captar a sabedoria verbalizada. Numa outra ponta, um coletivo que constrói participativamente o conhecimento[2] – todos podem colaborar, todos podem aprender, não há verdade única e pronta no processo educacional.

Ainda que essa linha seja fictícia e não existam exemplos "puros" de nenhum dos dois casos extremos, a tomamos como referencial para delimitar o território que era estimulado nas aulas, mais próximo ao segundo polo que ao primeiro.

Isso traz algumas questões importantes.

1ª | Como pode um aluno que começa seu curso dirigir os colegas em cena?

Há uma premissa permeando essa questão, é a de que só poderia dirigir quem já soubesse fazer isso, ou para não dar vexame – já que não teria a mínima noção das ações a serem efetuadas –, ou para não colocar em risco quem se dispusesse a entrar em cena. Ambas as opções não são excludentes.

O que está fundando essa questão é a suposta (in)capacidade que alguém, desconhecedor da prática de direção e atuação espontânea, poderia ter para realizar apropriadamente essa direção ou atuação.

Isso nos leva a um dos pontos nevrálgicos: não existe nenhuma ação que não seja possível ou aceitável num teatro espontâneo, ainda que todas tenham um risco e um custo. A imprevisibilidade é algo presente num ato criativo. Ainda que possamos preparar-nos para diversas etapas,

[2] Conforme nomeou Maria Alicia Romaña no título de seu livro *A construção coletiva do conhecimento* (Campinas: Papirus, 1992).

sempre há esse elemento do imprevisto: não se controla nunca a criação, nem individual nem grupal.

Por isso, um aluno recém-chegado pode dirigir um grupo tanto quanto um professor tarimbado, já que ambos dirigirão com as habilidades que têm e com as faltas que possuem (e é inegável que o primeiro dirigirá sem muita noção dos desdobramentos da direção, sem realizar leituras mais técnicas do que está ocorrendo, sem conseguir se reorganizar tão rapidamente como o segundo).

2ª | Na mesma linha, como esperar que um recém-chegado, ou alguém que tenha participado de três ou quatro encontros, possa levantar algo pertinente a uma discussão teórica (que será especificada à frente) ou num processamento? Isso numa escola que tinha como característica a entrada constante de alunos, já que a cada mês era permitida a entrada de novos membros (e a consequente saída dos que estavam se formando), tomava peso fundamental: sempre o grupo era novo, sempre havia os recém-chegados e sempre havia os que estavam há mais tempo, sempre havia diferenças explícitas de leituras, de vivências, de "quilometragem".

E basicamente a questão de fundo permanece a mesma, se tomamos aquele que fala como o sapiente – e quem não é que, por favor, se mantenha em silêncio. Oras, o que estava sendo proposto então, e que pode parecer evidente para quem lê mas não é evidente na prática pedagógica (pelo menos não era então), é que quem sabe fala, quem não sabe pergunta, e nas perguntas, afirmações e dúvidas de quem chega se revelam os conhecimentos efetivos dos que já estão há mais tempo nesse trajeto de fazer um saber coletivo, e se obrigam reorganizações e questionamentos do que parece óbvio e muitas vezes é apenas uma cristalização.

Parece mais aceitável que um membro recém-chegado faça perguntas, não é tão comum ver com bons olhos que ele dirija. É um território no qual parece haver aquele cuidado para que não dê nada errado, ninguém se machuque, não se faça nada que depois não se possa consertar.

E essa ótica, derivada da psicologia mais rígida, é a que estará presente quando se impede ou olha com desconfiança para o aluno que se oferece para dirigir, logo ele que não sabe "ainda" como se faz.

E o que é saber como se faz?

Em conhecimentos organizados pela repetição, saber como se faz é dominar as técnicas de reprodução. Um sapateiro sabe como se fazem sapatos quando conhece os processos que levam couro, borracha, pregos e cordões a tomar a forma desejada. Um engenheiro conhece a construção de uma ponte quando sabe resistência dos materiais, cálculos e equações para que ela não caia. Na Idade Média um aprendiz passava anos com seu mestre até ser por ele liberado como capaz de exercer autonomamente suas funções.

Pensando em mais uma linha imaginária, esse seria um dos extremos; o outro seria formado por conhecimentos que se organizam na criação. Nestes últimos, o conhecimento formal, organizado, ajuda em algumas coisas – por exemplo, um estilista necessita saber como é a flexibilidade, peso e textura de um material para usá-lo. Se não o conhecer muito bem, pode não ter o efeito desejado (o que certamente explicaria muitas das descobertas de todas as áreas...). Mas, por mais que esse estilista saiba tudo sobre materiais, tecidos, linhas e cores, isso não fará dele um estilista capaz de criar.

Se o conhecimento formal pode capacitar para conhecer melhor, ele não é suficiente para dar ao profissional a habilidade para fazer o que não existia antes, seja um vestido, um livro ou uma cena de teatro *impromptu*, teatro não pronto, teatro que só está pronto quando é criado.

Por isso, um novato pode dirigir uma cena cometendo barbaridades do ponto de vista técnico, mas que é o ponto de vista técnico? Desde quando a técnica tem olhos?

Essa é uma abstração falaciosa, um novato que comete barbaridades o faz aos olhos de alguém que o observa tomando em conta a sua própria habilidade técnica (que o novato evidentemente não possui) e não a direção daquele grupo. Mesmo sem ser consciente, todo diretor trabalha com um projeto que dá consistência ao que ele faz. Muitas vezes sua forma de dirigir é nova, caótica, irascível, incompreensível, e mesmo assim capaz de fazer uma criação com aquele grupo.

Há uma compreensão dos processos vivos, lançada por Humberto Maturana e Ernesto Varela, que eles denominaram autopoiese. Propõe que todo ser vivo conhece *no* viver, e vive conhecendo. Isso é válido para as amebas que "sabem" que necessitam ir em direção à luz, para as raízes que "sabem" que necessitam aprofundar-se, e para os diretores estreantes que "sabem" dirigir um grupo – não porque nasçam sabendo, que isso ninguém nasce, mas porque é no fazer que aprenderão, com base nos conhecimentos que já têm de outras áreas de sua vida, num processo interminável de aprendizado (felizmente, pois assim nunca fica entediante!).

A dinâmica das aulas

Há o ditado conhecido por todos e que não costuma ser realizado frequentemente, que o importante é ensinar a pescar em vez de dar o peixe. Sua direção é clara para quem aprende: só será verdadeiro o aprendizado realizado pelo educando com seus passos, seu esforço.

Mas há um outro aspecto, que sempre me parece presente, no lado de quem ensina. É muito mais fácil e menos angustiante para o educador dar o peixe, quando o que se está perguntando parece tão fácil e óbvio e ao mesmo tempo tão angustiante para quem pergunta. Ver as tentativas, às vezes desordenadas, às vezes sôfregas, às vezes sem sentido, de um grupo para resolver uma questão técnica, um detalhe teórico, um procedimento prático, pode ser um teste de fidelidade à crença de que um grupo é sábio para encontrar seus caminhos. E mais, é uma situação que leva ao extremo a proposta de que, num grupo, todos, inclusive o diretor, participam.

Pois é esse limite entre o participar e o dar o peixe que nunca é definitivo (tampouco definido *a priori*) e necessita constantemente ser reavaliado.

A participação de um professor impede a resolução grupal? Aí então o professor não seria visto como parte do grupo!

A omissão de um professor estimula a criação de respostas de um grupo? Aqui também ele não estaria sendo tratado como membro do grupo.

Isso nos leva para o terreno movediço no qual não é pela participação ou omissão que se consegue responder à questão do peixe ou do pescar, mas pela qualidade da ação didática.

E essa ação didática só pode acontecer se efetivamente se participa do grupo, à medida que se contribui com o que se sabe e com o que não se sabe, com as dúvidas e os conhecimentos que o docente tem, adequados ao contexto de ensino daquele momento e para aqueles alunos.

Um sorriso sarcástico aparece na face do leitor mais cético, indicando sua indisponibilidade para ler a frase anterior: como é que vamos saber qual é o conhecimento adequado ao contexto, e aos alunos, e ao tema?

E, ao sorriso sarcástico, carinhosamente tenho de apontar a qualidade dessa discussão. Estamos em terreno movediço, no qual nunca houve nem haverá respostas finais, e no qual, na experiência da Companhia, passamos todo o tempo a encontrar, perder, forjar e criar soluções para esses dilemas. Não há receitas para dirigir um teatro espontâneo. Bem, não há receitas tampouco para dirigir uma aula, uma discussão, uma direção de um aluno. Há tentativas. Sempre.

Além disso, a noção de adequação é diretamente ligada ao conceito de espontaneidade. Alfredo Naffah Neto, num texto maravilhoso de seu *Psicodrama: descolonizando o imaginário* (São Paulo: Plexus, 1997), já indicava como toda ação espontânea só pode ser classificada assim se é adequada ao contexto, caso contrário estaríamos falando de ações impulsivas, aquelas que negligenciam o contexto.

O exercício da espontaneidade não se dá apenas na ação cênica, mas é pela prática em todos os espaços didáticos que ela pode ser apreendida/vivida/exercitada. A dinâmica das aulas era uma tentativa de fazer que a ação espontânea pudesse ocorrer, fosse nas aulas vivenciais, nos laboratórios, fosse nos processamentos ou nas aulas teóricas.

As aulas teóricas

Disse até aqui que aquilo que se aprendia era o que estudávamos, e o que líamos colocávamos em prática, fazendo pontes constantes entre os territórios do pensar e do fazer. Essa interconexão era algo estimulante para a compreensão conceitual e prática, isso é evidente, nada mais elucidativo do que discutir sobre o que se acaba de fazer, ou fazer algo tentando verificar na prática o que se termina de estudar.

Essa é a parte fácil de escrever. Existia – e acredito que isso se repita em qualquer escola, pelo menos em *terra brasilis*, onde o estudar não é culturalmente estimulado – uma dificuldade em que os textos fossem lidos por todos os participantes. Os que liam costumavam trazer questões, recortes interessantes, articulações com o que havia ocorrido nas aulas anteriores, mas raramente eram maioria. Isso fazia das aulas teóricas um desafio constante para os professores, desafio que depois como docente da Companhia pude verificar que era insolúvel, ainda que sempre passível de novas alternativas. Desafio de que as aulas não fossem monótonas nem polarizadas, de que os que não tivessem lido pudessem aproveitar um pouco do que se discutia, de aumentar os leitores, de não desestimular os que haviam lido o material proposto completa ou parcialmente.

Não houve saída pronta, houve tentativas, mais uma vez. Uma das que perduraram como linha de trabalho era que a discussão se desse com base no que se estava tratando até que o tema se esgotasse. Qualquer participante poderia colocar-se desde que sua fala acrescentasse algo ao que se estava tratando, por complementação ou discordância, de modo que diminuíam bastante as divagações e saídas para temas paralelos.

Pode-se objetar que isso enfaixava a discussão numa necessidade de falar do mesmo tema até que este não tivesse mais continuidade, e que isso privaria o grupo de explorar diversos outros temas paralelos interessantes que apareciam durante a discussão.

Como disse ao início, algumas coisas ficam claras e outras são pressupostos que levaremos para sempre. Um deles é que toda ação pode ser feita e toda ação comporta riscos e limitações. Aqui estamos contando o que fazíamos, não é um receituário de saídas prontas, mas um relato das tentativas e elaborações por meio delas. Não quer dizer que não haja outras possibilidades nem que essa é a melhor, apenas que depois de inúmeras tentativas essa dinâmica apareceu como adequada.

PSICODRAMA APLICADO, NÃO APLICADO E OUTRAS CATEGORIAS INFELIZES

É do início do psicodrama no Brasil uma divisão aristotélica (mais uma) sobre o psicodrama e seus contextos e aplicações. Por muito tempo o psicodrama esteve dividido em dois. O leitor de hoje talvez estranhe e se surpreenda com o regime de "apartheid" em que viviam, na época, os profissionais em formação.

Em muitas escolas havia turmas separadas de formação de psicodramistas. Nas turmas de "psicodrama terapêutico" entravam psicólogos e psiquiatras, aqueles capacitados para curar a alma. As outras turmas tinham nomes diversos, mas se referiam àquele restante de profissionais que trabalhava com grupos ou desejava instrumentalizar-se com ferramentas psicodramáticas, e eram compostas por enfermeiros, fisioterapeutas, terapeutas ocupacionais, assistentes sociais, professores, pedagogos etc.

Era então evidente que aos primeiros estava dada uma autorização que aos segundos era negada: o sofrimento do cliente, grupal ou individual, podia ser suportado pela terapia; os outros sentimentos, situações e conflitos podiam ser resolvidos pela aplicação do método psicodramático (mas muitas vezes apenas de técnicas). Um psicodramista da formação "terapêutica" era diferente dos outros não apenas pela formação de sua especialidade, mas por ter como objeto algo que aos outros era impossível ter, encontrar ou acompanhar.

Isso significa que uma cena numa empresa não tinha nada que ver com uma cena familiar. Na empresa, papel profissional; na família, afetos e conflitos. Isso quer dizer que se fazia uma divisão de siameses para justificar que brancos casem com brancos, negros com negros, orientais com orientais e cada um fique bem localizado no seu gueto.

Hoje não se sustenta mais essa divisão, ainda que eventualmente alguém use os termos. Hoje, profissionais de formação tão variada como biólogos, engenheiros, maestros de orquestra ou curiosos participam das formações e dirigem grupos. Evidentemente que grupos classificados como terapêuticos continuam sendo dirigidos por profissionais formados para isso.

Mas não significa mais que o conceito "terapêutico" seja exclusivamente permitido a esses mesmos profissionais. E aqui entramos em uma das diferenças fundamentais: cura e doença[3], aquilo que está subjacente à discussão de psicodramas aplicados, terapêuticos, não aplicados etc.

Porque é também comum que entendamos qualquer trabalho psicodramático com o objetivo de curar um grupo ou uma pessoa de uma doença. Alguém chega a um consultório com síndrome do pânico, *voilà*, já temos até a doença catalogada para "tratar". Ou numa empresa, temos um grupo que está insubordinado ao seu gerente. Pronto, é só adestrá-lo! Ou ainda numa escola há dificuldades com os alunos do 4º ano "E", que não fazem a lição de casa. Os exemplos seguem-se.

Em cada uma das situações somos treinados profissional e culturalmente para localizar: 1) a doença; 2) o doente; 3) os fatores que mantêm a doença; 4) profilaxia e tratamento.

Mas não olhamos para a situação apresentada como palco de dores pessoais, vinculada à situação social contemporânea, ligada estreitamente à produção do saber que se efetua naquele tempo e lugar. Nem poderia ser diferente, olhar amplo assusta. Olhar amplo tira-nos a certeza de que há alguma solução, faz que nos vejamos dentro da cena, nos desdobramentos que ela nos inclui. Olhar amplo nos faz ver que o sofrimento de um é alimentado pela família, pela sociedade, pela cultura, pelo saber, e isso nos coloca na pequenez de nosso ato.

Mas isso nos implica num ato que não é apenas curativo, como fomos treinados para responder. Isso nos implica num ato de transformação social. Que as relações pessoais dos participantes (todos do grupo) possam ser transformadas, ainda que minimamente, pelo ato de criação que estamos propondo.

[3] Ver, por exemplo, Reñones, A.V. *O riso doído – atualizando o mito, o rito e o teatro grego*. São Paulo: Ágora, 2002.

E isso é muito diferente de olhar a doença e visar à cura. É olhar o sofrimento e visar à transformação, que não tem local de chegada definido, que não é dirigida para um estado ideal de "saúde", mas para uma mudança desejada pelos participantes – que para cada um é a sua, e para o grupo é a coletiva – num interjogo de subjetividades e coletivo que nos expõe à multiplicidade de alternativas. Ah, a multiplicidade, terrível palavra para tempos de exclusão e unilateralismo...

A escola não tinha essas divisões e alguém de empresas aprendia com um caso clínico e vice-versa. Isso tem como pressuposto que todos os psicodramas são aplicados a algum contexto, o que muda é a forma de abordagem, esta sim ligada à formação e especificidade de cada profissional.

E aquela divisão entre terapêutico e não terapêutico vai se mostrando útil apenas para forçar uma divisão entre o sofrimento e a operação, como se os sofrimentos fossem desvinculados das atividades (quaisquer) ou as atividades fossem apenas técnicas, sem estarem permeadas por afetos.

TORNAR-SE PROFESSOR

Tive a alegria de participar da transição do papel de aluno para o de professor. Essa passagem tinha características peculiares de aprendizado e de processo de maturação. Chamava-se **programa de professores *trainees***.

VER "PROGRAMA DE PROFESSORES *TRAINEES*", NA PÁGINA 56

A ideia foi tomada dos processos empresariais. Ali, quando se faz o processo admissional dos recém-formados, tem-se a proposta de tomar profissionais que acabaram de sair do papel de estudantes e evidentemente não têm uma prática desenvolvida. O objetivo é formar no trabalho, pelo trabalho, durante o trabalho, profissionais que, se identificados como válidos para a integração ao quadro formal, depois do tempo estabelecido serão admitidos como funcionários.

Mais ou menos como quando éramos crianças e brincávamos de pega-pega, mas por sermos pequenos nos cabia a denominação "café com leite", que significava que podíamos correr, mas se fôssemos pegos não teríamos a responsabilidade de tornarmo-nos "pegadores". A diferença é que numa empresa não existe esse "café com leite" tão irresponsável assim; entende-se (pensando evidentemente em empresas com programas de *trainees* bem estruturados, que não largam o infeliz à própria sorte no meio de chefes e colegas que pouco estão preparados para sua chegada ou interessados nele) que o *trainee* não sabe muito da prática, mas pode ter tarefas delegadas e ser cobrado por sua execução.

Na Companhia do Teatro Espontâneo o programa tinha dois momentos distintos mas integrados. Um grupo de alunos foi convidado a integrar-se e montar algo como um grupo de estudos, discussões teóricas que de alguma forma eram continuações e preparações para os encontros mensais das aulas. Esse momento era autônomo, podíamos discutir e organizar nossa dinâmica autonomamente.

Um segundo momento era a participação de um dos professores *trainees* (sempre um de cada vez, e usualmente de modo rotativo conforme houvesse mais disponibilidade). Não éramos mais alunos, mas ainda não éramos professores. Dividíamos parte das responsabilidades das aulas, como um estímulo para que pudéssemos exercer e entrar em contato com esse papel.

O retorno ao grupo de *trainees* do membro que participara da aula era, então, de revisão do que ocorrera, processamento do papel, processamento técnico-teórico do encontro, discussões teóricas e preparação para o próximo encontro, quando outro dos membros tomaria o papel nas aulas.

Lembro-me da minha filha quando começou a nadar. Nós a sustentávamos pela barriga para que desse braçadas e pernadas. Agarrava-se à borda das piscinas e dava pequenas escapadelas, voltando rapidamente, mas ia cada vez mais longe, com distâncias que cresciam conforme sua segurança e seu desenvolvimento corporal e das habilidades. Lembro quando atravessou uma piscina de três metros de largura, lembro quando mergulhou e lembro dos saltos "ornamentais" que inventava com os amigos. Lembro quando íamos para o mar e ela nadava apenas onde dava pé, e que só se atrevia a ir mais longe se estivéssemos ali para dar-lhe "chão".

Ela tem só 8 anos, então não posso dizer que já nada sozinha no mar imenso, mas, assim como na Companhia fomos cada vez mais para o fundo, onde o pé não alcançava mais, e pudemos encontrar formas de lidar com a ansiedade e a incerteza, sabendo que o chão estava à "mão" para quando o necessitássemos, espero que ela possa viver o prazer de nadar de peito aberto, sem chão, num misto de medo e alegria que só sentimos quando estamos mais além do que o chão nos dá. Alguns chamam isso de estar livre.

A ESTÉTICA DA TRANSFORMAÇÃO

Tradicionalmente o belo é dado como um adjetivo que indica apenas apreciação estética. As coisas belas são apenas belas, as feias são feias e as mais ou menos, evidentemente, mais ou menos...

Essa posição à parte, excluída do que é importante, que a estética tomou ao longo do tempo tem muito que ver com o saber como praticidade: verdadeiro não é apenas aquilo que é mensurável ou produzível. Verdadeiro é algo que pode não só ser replicável em produtos consumíveis como comercializável, de preferência ciclicamente.

E isso se faz verdade com várias áreas do saber, da microbiologia à linguística. Cada área de saber tem tentado se fazer científica, usualmente comprando modelos de procedimentos que fazem resultados aparecerem, serem passíveis de controle e aprimoramento, e como produto final soluções para problemas específicos criados ou já existentes.

Como uma crítica ao psicodrama, cabe indicar como a versão estadunidense do psiquiatra Moreno vestiu à perfeição a camisa do time "industrial". Sua produção prontificou-se a exibir-se como método científico, nos moldes da ciência positivista, chegando ao cúmulo de desejar mensurar o "tanto" de espontaneidade das relações. Um arroubo de pragmatismo que podemos ver nesse momento de sua carreira.

E se essa fase é efetivamente mais pragmática, com testes, resultados, métodos e categorias sendo formulados para explicar um monte de coisas, temos sempre a possibilidade de olhar para aquele primeiro Moreno dos jardins vienenses, aquele que ainda não se preocupava em vender nada, mas em encontrar um modo de salvar a si e ao seu tempo.

Foi pela arte que Moreno fez esse caminho, criando o teatro da espontaneidade. Sua criação sensacional, verdadeira ruptura com o que se fazia até então, era tomar do público os atores para fazer uma história deles mesmos, numa experimentação radical que foi a base daquilo que depois, quando migrou para os EUA, seria o psicodrama.

Mas naquele início ele não estava preocupado em vender um produto, e sim focalizando o fazer, ainda que se desse conta do potencial transformador da cria que colocava no mundo.

Podemos entender o caminho de Moreno como o caminho que a cultura da produção faz. Cria-se algo, esse algo transforma os que participam da criação ou de seu processo, vai-se formatando seguidamente até constituir um método, às vezes uma seita, às vezes uma escola, que tende a seguir cada vez mais rigidamente aquela fórmula, esquecendo (e muitas vezes explicitando um discurso absolutamente contrário a esse esquecimento...) que inicialmente o que valia não era a fórmula, mas o que se criava.

O psicodrama é hoje muito mais seguido como método pronto, com fases marcadas que deveriam ser seguidas por qualquer bom psicodramista (ou para ser assim reconhecido), com elementos obrigatórios, processos fundamentais – um receituário que, em vez de favorecer a criação e a tão almejada espontaneidade, forja uma camisa de força para quem participa.

Mas a arte não está aí. Não está em fórmulas, não está em métodos nem em receitas, não se presta a seitas, não se segue em escolas e não admite repetição. Se há algo de difícil na arte, é que ela não se submete ao sistema de produção e compra a que estamos acostumados (adestrados quiçá fosse um termo mais coerente), e implica uma mudança em relação a esse modelo.

Não poderia dizer que a Companhia não optou por um nicho de mercado, usando do linguajar corrente. Isso se fez na medida em que se oferecia uma especialização em psicodrama E teatro espontâneo. Esse era o produto vendido.

O que, sim, podemos ver é como esse produto era "autofágico", como ele era de tal modo criativo que lançava aos participantes um desafio: cria ou estarás fadado a repetir!

Não que a sequência formal de um psicodrama não fosse ensinada. Aquecimento inespecífico, específico, escolha de protagonista, dramatização, compartilhar, processamento. A questão não é essa, como em última instância a questão nunca está ligada ao formato.

Ainda que essa sequência fosse ensinada, era junto com ela – e talvez fosse mais adequado dizer que era algo que a atravessava – estimulada a ruptura desse próprio modelo "clássico" (ou talvez devêssemos assumir "cristalizado"). A tentativa de fazer direções que criassem outras formas de escolher protagonistas, de fazer aquecimentos ao longo de toda a direção, de colher participações da plateia inusitadas, de encontrar meios de trabalhar com as técnicas tradicionais sem ser tradicionalmente.

Havia muita leitura de peças de teatro tradicional, Shakespeare, Beckett etc. Formas de colocar-nos em contato com outros tipos de teatro que serviam para enriquecer-nos e que subsidiavam discussões sobre como o psicodrama podia beber daquela fonte sem a necessidade de desvalorizar as conservas culturais (como fazia Moreno nas suas críticas parciais sobre a obra de arte), mas usando-as não como totem a ser adorado, mas como fonte vivificante.

Havia o cuidado com o belo.

À MARGEM DA UTOPIA

Há no psicodrama moreniano uma forte presença da religiosidade do seu fundador. É de conhecimento comum a base judaica de Moreno, em especial seu encanto pelo hassidismo, vertente que enfatiza a criação e a alegria como presentes e possíveis a todos nós. O que pouco ou nada paramos para avaliar é o quanto a perspectiva judaica de redenção e vinda de um messias, salvação futura e momentos melhores influenciou e permeia todo seu trabalho e os desdobramentos disso. Talvez tenhamos de ampliar essa discussão e incluir todas as filosofias, movimentos sociais, religiões e sistemas de saber que apontem para um futuro como o tempo em que as coisas estarão melhores, em que poderemos ter a felicidade, em que estaremos em paz etc.

Utopia é uma palavra muito conhecida para os povos colonizados. É tanto repetida como crítica aos que lutam por um mundo melhor, acusação feita pelas porções mais satisfeitas do conjunto social, quanto usada dentro de um programa de motivação para sairmos da atual condição em busca de um estado diferente, usualmente melhor. Utopia vem do latim e é formada pelo substantivo "topos", lugar, e o prefixo "u", que indica negação. Utopia é o não lugar, o que não existe, o que não tem espaço, mas aquilo que mesmo não existindo pode vir a ser. E, quando chegar, ah!!!..., será maravilhoso.

Tanto os sistemas de esquerda como os de direita abusam das utopias. A revolução socialista e o capitalismo desenganado têm a mesma opção, de indicar como temos de sacrificar-nos hoje para um dia termos as benesses desejadas. O remédio amargo que desde Sócrates sabemos ser necessário tomar para sarar do mal maior que seria a doença.

Da mesma maneira, cristianismo, budismo, judaísmo ou islamismo vão todos na mesma direção. Está para vir o dia em que seremos realmente felizes, seja no paraíso acompanhado de belas mulheres ou de budas iluminados, mas não será aqui que poderemos viver a verdadeira felicidade. Uma linha muito forte prega que o sofrimento aqui levaria à conquista segura da felicidade eterna, mas é um extremo dessa posição compartilhada por toda crença utópica.

Toda ação terapêutica é *a priori* utópica. Ela mira algo que está além da própria ação, e isso nos parece tão evidente que quase não conseguimos ver qualquer alternativa a não ser esta: temos um problema, numa empresa, numa família, com uma pessoa, agimos para que isso deixe de existir e possa vir um outro momento em que a situação estará melhor, o sofrimento menor, as relações mais espontâneas.

Ao momento anterior, aquele localizado como problemático, chamamos crise. E ele é visto dentro dos sistemas duais que nos ajudam a ver e fazer este mundo: a crise é como o mal, a injustiça, a sombra, a doença, aquilo que fica no lado indesejável da balança de dois braços, e deve então ser substituída pelo seu oposto, a solução, o bem, a justiça, a luz, a saúde. Alguém duvida ou questiona isso?

O leitor poderá estranhar a digressão. O que tem que ver Moreno e o psicodrama com tudo isso?

Não muito, se o Moreno do qual falamos é aquele do momento, da fugacidade efêmera daquele encontro, daquela brincadeira de criar teatros, aquele Moreno meio louco andando de túnica verde vivendo seu papel de místico, passando-se por — ou efetivamente sendo — inconsequente e bem-humorado. Resumiremos: aquele Moreno criativamente subversivo.

Muito, se tomamos toda a obra moreniana posterior e boa parte dos desdobramentos psicodramáticos dos que vieram, depois de Moreno, cimentar as vias que ele havia aberto, iniciado ou apenas indicado.

E propositalmente estamos numa encruzilhada tensa: toda ação transformadora é utópica, porque visa a uma mudança da situação atual. Algumas ações têm seu ponto de chegada determinado, são os paraísos, terrenos ou alhures, prontos antes de iniciar-se o caminho. Outras não têm ponto de chegada, apenas o de saída que está encharcado de repetição e sofrimento.

Cada ação dramática, cada atendimento, cada supervisão, cada consultoria é a possibilidade, a oportunidade de escolher entre uma ação com um fim determinado – saúde, equilíbrio, luz etc. – ou uma ação que apenas deseja facilitar uma saída. Para onde? Não sei, se o soubesse não estaria mais aqui...

CONTINUAÇÕES

O leitor chega ao fim de um capítulo, parte de um livro que tenta construir uma face múltipla de uma experiência. Verá que cada autor teve suas experiências, e que, mais ainda, cada um viveu uma Companhia do Teatro Espontâneo diferente.

Nessas diferenças o leitor perceberá as subjetividades de cada um dos que passamos e fizemos a CTE. Cada visão indica as perspectivas assumidas, as experiências possíveis, as constelações e recortes que se fizeram para organizar aquele material vivencial na forma escrita.

Todos os capítulos formam o livro, assim como todos os que participaram da escola formaram-na, tanto no sentido de conjunto – fazer parte – como no sentido de *dar forma a*. O livro, tanto como a escola, é mais que a soma de seus capítulos e de seus participantes: a relação construída, as tentativas e os momentos é que fizeram a escola; a articulação e diferença entre os capítulos farão do livro o que ele pode ser para o leitor, para cada leitor.

Assim como a experiência da CTE foi para cada participante única, pela construção pessoal que ocorreu, os desdobramentos também foram. Alguns abandonaram a prática, outros migraram para outras correntes, outros ainda ficaram trabalhando mais próximos da linha proposta pela Companhia.

No nosso caso, fizemos um rumo à margem, também dessa utopia, criando uma forma de trabalho teatral, que mais tarde nomeamos Teatro de Criação[4]. E se olho para nosso caminhar depois da Companhia, vejo que estamos fazendo o mesmo que a Companhia fez com Moreno, se dispôs a ir além dele, do que ele havia proposto, daquilo que havia sido afirmado e tomado desde então como certo.

VER "IR ALÉM DE MORENO", NA PÁGINA 54

Há consequências para toda ação. O **ir além de Moreno** nos coloca ao mesmo tempo dentro do conjunto chamado "psicodramistas", mas muitas vezes fora dele, somos vistos às vezes como estrangeiros, outras como alternativas, e outras ainda como párias. Diferentes. Diferença.

Não reclamo, cada um faz sua escolha, e essa foi a nossa, que com todo o trabalho que nos deu e dá continuamos a fazer e manter. Toda ação é possível e toda tem custos, esse é o nosso.

[4] Não usarei deste espaço para esmiuçar em que consiste esse trabalho, por não ser esse o objetivo. O leitor interessado pode recorrer aos livros: Reñones, A. V. *Do Playback Theatre ao Teatro de Criação*. São Paulo: Ágora, 2000; *O riso doído – atualizando o mito, o rito e o teatro grego*. São Paulo: Ágora, 2002; *O imaginário grupal – mitos, violência e saber no Teatro de Criação*. São Paulo: Ágora, 2004; e Moraes, A. V. "No 7º dia Moreno disse: Criem..." Texto apresentado no 2º Encuentro Internacional de Psicodrama – Monterrey, México, 2003.

Parsifal vagou anos e anos, e o sofrimento amadureceu-o. Diz um ditado que o que não se aprende por amor aprende-se pela dor. Parsifal, que entrara no Castelo do Graal e não se permitira fazer sua tarefa, aprendera, depois de tantos vagares, lutas, amores e aventuras, pela dor, a necessidade de cumprir sua missão.

E magicamente – o leitor necessita entender que é um texto mitológico e a lógica nem sempre serve para muita coisa além de deixar árido o mundo e a compreensão dele – Parsifal pôde reencontrar o Castelo do Graal, ser recebido pela segunda vez num lugar/estado que muitos nem sequer entravam uma única vez.

Ele encontra as mesmas regalias, óleos e unguentos, túnicas e vinhos, mulheres e comidas, música e festejo. Reencontra também o guardião do Graal, o rei Anfortas, que, ferido, ainda se mantinha vivo pela força do Graal.

Aí então Parsifal, agora heracliticamente outro, faz a pergunta que desde o início sentira vontade de fazer, mas que, por educação recebida de não falar a menos que requisitado a isso, calara; faz a pergunta que seus companheiros todos teriam feito porque era a pergunta que todos sabiam que devia ser feita, mas que ele não estava ainda pronto; faz a pergunta que abre uma ponte entre ele e Anfortas, pelo amor solidário com o sofrimento do outro, e lhe pergunta: "Qual é tua dor?"

E então tudo muda, a ferida se cura e o Rei pode voltar a reinar, e a terra pode voltar a florir, e a devastação deixar de ser vista e sentida em toda parte.

Como uma cena que se abre no olhar para cada um e para o grupo de formas diferentes; como uma cena que permite ver a participação de cada um na manutenção do sofrimento; como uma cena que cria alternativas onde antes havia só esterilidade; como uma cena que traz a beleza e o frescor do ar que entra para uma masmorra de repetição; como uma cena, qualquer cena, que faz um mito com os participantes e lhes dá a possibilidade de serem outros, sendo eles mesmos. Multiplicidades.

◈

IR ALÉM DE MORENO

Jacob Levy Moreno, o criador do psicodrama, é uma figura mítica.

Sua obra é bastante controvertida.

Muitas de suas propostas, formuladas com muito entusiasmo e pouco rigor acadêmico, vieram a constituir pilares do pensamento contemporâneo sem que, entretanto, lhe sejam atribuídos os respectivos créditos.

Alguns o endeusam. Não me encontro entre eles, até mesmo por uma simples razão: sou avesso aos endeusamentos. Minha história pessoal inclui uma passagem significativa pela militância religiosa. Ali eu pude ver como proliferam os deuses, um específico para cada crente, e como a sagrada "palavra de Deus" é tomada e manipulada para justificar as ideias mais divergentes, inconsistentes, estereotipadas e, muitas vezes, sinto muito dizer, estapafúrdias.

Em outras palavras, nem sequer existe um Moreno para ser endeusado. Existem muitos Morenos. O meu não merece altar, embora eu me encante com algumas sacadas que volta e meia encontro em seus livros. São pressupostos de fina intuição, que me fazem muito sentido. Sempre que me surge a oportunidade, menciono a sua autoria, como tributo a sua contribuição para a formação do meu próprio pensamento. Mas procuro fazer isso com todos os autores que me alimentaram, ao longo a vida – sem academicismos, que nesse aspecto me vejo como muito "moreniano".

À época da fundação da Escola de Tietê, as críticas ao modelo brasileiro de formação de psicodramistas frequentemente incluía referências a um certo modelo de Beacon, a Meca do psicodrama mundial. Um pouco dessa mística foi desmentida num dos capítulos do livro que organizei para celebrar o centenário do nascimento de Moreno (*O psicodramaturgo*, publicado em 1988 pela editora Casa do Psicólogo), no qual o autor, que havia estado lá, expõe sua versão a respeito.

Dizia-se que os estudantes se internavam em Beacon e ali permaneciam pelo tempo que quisessem. Participavam de sessões psicodramáticas dirigidas pelo próprio Moreno e, em algum momento, as discutiam com alguém da equipe – Zerka, quem sabe? Também que tinham oportunidade de treinar-se nos vários papéis, como diretores e ego-auxiliares. Quanto à parte teórica, nada se fazia, considerando-se que quem quisesse estudar poderia fazê-lo por conta própria, recorrendo à bibliografia disponível. Faz lembrar de novo Jacotot, que investia contra o hábito de o professor intermediar a relação entre os estudantes e os autores dos textos por eles lidos, explicando-lhes e fazendo suas interpretações, como se os próprios estudantes não fossem capazes de entender, por si mesmos, o que os autores pretendiam dizer.

O "modelo de Beacon" estava presente, no mínimo como uma espécie de fantasma, quando formulamos o projeto da Escola de Tietê. Mas dentro do espírito do próprio Moreno, sem que nos obrigássemos a reverenciar suas práticas e a copiá-las como se fossem canônicas.

No entanto, procuramos tomar como referência o pensamento psicodramático, como o compreendíamos, a respeito de questões fundamentais como psicoterapia, educação e intervenção social. A espontaneidade e a criatividade como a base de todo o edifício não poderiam ser, impunemente, manietadas dentro de uma estrutura pedagógica que fosse a sua própria negação, como víamos acontecer nos nossos cursos de especialização.

Para que houvesse coerência, seria preciso que a Escola fosse espontânea e criativa, organizando suas atividades de modo flexível, atribuindo a todos os participantes do projeto a condição de cocriadores e coconstrutores do conhecimento que se pretendia alcançar.

Foi o que tentamos fazer, oferecendo uma estrutura básica favorável. Sabendo que a concretização de nossos objetivos passaria, necessariamente, por sermos superados, da mesma forma como Moreno nos "autorizou" (curiosa essa afirmação!) a ir além dele, pois só isso atestaria a plena realização de seus sonhos. ■

PROGRAMA DE PROFESSORES *TRAINEES*

O esquema de trabalho docente era baseado em três professores que se revezavam em duplas: enquanto dois atuavam, um descansava. Um dos dois era o titular da atividade, o outro auxiliava. Na atividade seguinte, o auxiliar assumia o comando, o que estava descansando vinha para auxiliá-lo, liberando o primeiro titular para seu período de repouso.

O objetivo era estabelecer ligação entre as diferentes atividades, garantindo a integridade do conjunto.

A primeira fragilidade desse modelo apareceu quando foi necessário abrir uma segunda turma. Precisávamos convidar mais três professores. Para levar a experiência inicial à nova equipe didática, uma das professoras da primeira turma foi deslocada para ela, para formar com dois professores novos. Um terceiro professor foi integrar o trio da primeira turma, substituindo a que havia sido transferida.

Aparentemente, uma boa solução. Acontece que o novo integrante da equipe da primeira turma não foi bem-sucedido. Depois de algum tempo, por decisão consensual, ele foi substituído por uma nova professora. O novo equilíbrio de forças trouxe certa tranquilidade.

No entanto, ficou uma questão pendente. O modelo da Escola era muito peculiar. E se fosse necessária alguma substituição eventual, em caso de doença, viagem ou impedimento pontual de um dos professores? Chamar alguém que não tivesse familiaridade com o projeto, como? E se houvesse necessidade de substituição definitiva?

Foi aí que decidimos começar um programa de treinamento de professores. Montamos dois grupos de estudos, um em São Paulo e outro em Campinas. A atividade interna dos grupos era autônoma. Não interferíamos na programação de leituras e discussões que eles faziam. O vínculo com a Escola era por meio da participação deles nas aulas, como observadores.

A observação era problemática, dadas as características das atividades didáticas, todas elas exigindo pleno envolvimento dos participantes. Não era possível permanecer apenas observando.

Algumas vezes, os *trainees* (adotamos esse nome emprestado à nossa experiência empresarial) se portavam como estudantes, outras vezes como professores. Mas era sempre uma posição desconfortável, pela imprecisão na definição de seu papel nas aulas.

Algum tempo mais tarde, tivemos de reunificar as turmas, voltando a ter apenas uma. Uma professora se desligou por ter se mudado do país. Foi então que decidimos flexibilizar também a equipe didática, estabelecendo um rodízio entre os professores, garantindo, porém, que a cada mês estivessem dois que tinham estado no mês anterior.

Essa medida, inicialmente voltada ao aproveitamento de todos os professores, com a unificação das turmas, adquiriu uma outra conotação, que era a de liberar os não escalados para um merecido descanso. As circunstâncias acabaram determinando a escalação de alguns *trainees* para assumirem pontualmente a titularidade. Com isso, o corpo de professores ficou virtualmente ampliado, sem comprometer o esquema básico de trabalho e com todos eles impregnados do "espírito de Tietê".

Uma avaliação desse processo, hoje, à distância, nos permite identificar alguns pontos que necessitariam ser modificados.

Um deles é a falta de um programa de educação permanente. Confiamos exageradamente na informalidade, nas trocas de ideias e de sentimentos que se estabeleciam nos mais diferentes contextos em que os professores se encontravam. Éramos todos muito amigos, amigos próximos. Parecia que isso era suficiente. Hoje constatamos que não foi.

Faltou um trabalho de nos debruçarmos séria e ordenadamente sobre o que estávamos fazendo, buscando aprofundar-nos na compreensão das relações tanto com os estudantes quanto entre nós mesmos. Coisas importantes nos escaparam. É possível, até, que entre elas estivessem algumas que teriam afetado o curso do projeto.

A articulação entre os docentes poderia ter sido melhor se tivéssemos investido nisso. Mesmo a preparação e integração dos novos companheiros, os *trainees*, que deveriam ter merecido maior atenção.

Essa medida com certeza facilitaria a superação do grande obstáculo que era a focalização do projeto na minha pessoa. Para vingar, ele precisaria ter sido mais grupalizado. Mesmo que boa parte das decisões organizacionais pudesse ser tomada, como o foi, centralizadamente, por uma questão de agilidade e eficiência, elas precisariam de um colchão de apoio, o amparo da coesão da equipe. Esse fenômeno nunca foi abordado, o que, hoje, considero uma pena.

É preciso dizer que, à época, pelo menos duas razões me levaram a evitar convocar encontros de educação permanente. Uma delas era certa aversão ao excesso de reuniões: era como se fosse um abuso que eu cometeria contra os colegas e contra mim. Por outro lado, ainda na linha do abuso, a remuneração dos professores era tão pequena que, se tivessem de dedicar ainda mais tempo e deslocamento de uma cidade a outra para reuniões da Escola, teriam todo direito de reclamar. Eu não me sentia à vontade para isso. Mas também nunca discuti isso com eles, tampouco eles tomaram a iniciativa de sugerir os encontros (ou se tomaram, em algum momento, fiz ouvidos moucos). Faltou.

Essa constatação conduz a uma reflexão sobre o conceito de emancipação. O sujeito emancipado não é necessariamente solitário. Mais que isso, ele precisa estar com os outros para se realimentar, para alinhar-se com eles, quando se trata de atuar em conjunto. Precisa trocar informações e experiências, precisa limpar os afetos. Só assim poderá viver plenamente sua condição.

Quando se pensa em produção coletiva, emancipar não é soltar, desligar, deixar vazar, abandonar à própria sorte. É antes atrair, sustentar, conter, apoiar, estabelecer esquemas de nutrição mútua, garantindo dessa forma um respeito que não seja apenas formal, beirando a rejeição. ■

2

COMPANHIA DO TEATRO ESPONTÂNEO: UMA ESTÓRIA DESSA HISTÓRIA

◈

JAMIL AIDAR

Eu tenho uma espécie de dever,
de dever de sonhar
de sonhar sempre,
pois, sendo mais do que
um espectador de mim mesmo,
eu tenho que ter o melhor espetáculo que posso.
E assim me construo a ouro e sedas,
em salas supostas, invento palco, cenário
para viver o meu sonho
entre luzes brandas
e músicas invisíveis.

(Fernando Pessoa [Bernardo Soares], *Livro do desassossego*)

Foi com surpresa que recebi o convite do Moysés Aguiar para escrever este texto falando sobre a Companhia do Teatro Espontâneo. Imediatamente busquei minhas primeiras lembranças sobre a Escola de Tietê ou Escola do Moysés, nomes carinhosos pelos quais a Companhia do Teatro Espontâneo também era conhecida. As primeiras recordações vêm da época de minha formação em psicodrama, no Instituto de Psicodrama e Psicoterapia de Grupo de Campinas (IPPGC), entre 1992 e 1994.

A Escola de Tietê era tida como algo inovador, dissidente, "de esquerda", de vanguarda, admirada por muitos e duramente criticada por outros tantos. Essas eram as minhas primeiras impressões, baseadas no meu olhar de aluno, ainda sem muita crítica ou vivência em psicodrama.

O fato é que nunca fui aluno ou professor em Tietê, e daí minha surpresa. Moysés, com sua calma firme, me explicou que a "encomenda" era de um texto baseado nas experiências da Miriam Tassinari, uma das professoras que, junto com ele e com a Angela Reñones, deram início à Companhia do Teatro Espontâneo.

Dessa forma, encontrei-me com Miriam para uma longa conversa sobre suas lembranças e impressões. Miriam foi uma das professoras que participaram de minha formação no curso de didata em psicodrama no IPPGC, e muitos dos aspectos positivos que eu observava em sua atuação didática foram ficando mais claros durante nossa conversa. Foi uma tarde agradável, na qual compreendi melhor a proposta desse grupo de profissionais. Cabe a mim, então, contar uma estória baseada na história da Miriam. Assim, era uma vez...

Em primeiro lugar, o nome da escola por muito tempo me causou curiosidade, fazendo-me refletir sobre o que realmente era ensinado e aprendido ali. Conhecendo um pouco melhor a obra do Moysés, entendo hoje sua preferência por denominar teatro espontâneo ao conjunto de teoria, método e técnicas socionômicas, que no jargão psicodramático ficou conhecido como psicodrama *latu sensu*, reservando o termo psicodrama propriamente dito para o instrumento da sociatria. Dessa forma, a Companhia do Teatro Espontâneo era uma escola para formação de profissionais que desejavam trabalhar com grupos utilizando o psicodrama ou, segundo Moysés, o teatro espontâneo como referencial.

A formação psicodramática do Moysés ocorreu em concomitância ao início do movimento psicodramático no Brasil, época do Congresso Internacional de Psicodrama, realizado em São Paulo em agosto de 1970. Nesse período, Moysés esteve envolvido com os trabalhos de Jaime G. Rojas-Bermudez e posteriormente com Dalmiro M. Bustos, tendo se formado na Sociedade de Psicodrama de São Paulo (SOPSP), além de ter acompanhado os trabalhos do próprio Moreno. Miriam e Angela foram alunas de Moysés em sua formação psicodramática no IPPGC.

Nasce inicialmente do Moysés o desejo de montar uma escola onde o ensino do psicodrama pudesse ser realizado em moldes diferentes daqueles praticados na ocasião, com forte **integração entre teoria e prática**. Miriam é rapidamente seduzida pela ideia. Apesar de já saberem que podem trabalhar juntos por experiências anteriores, optam pela inclusão de um terceiro elemento no grupo. É aqui que a Angela entra.

VER "INTEGRAÇÃO ENTRE TEORIA E PRÁTICA", NA PÁGINA 70

Formado o time, partem então para a busca de um local para montar a Companhia. O desejo era encontrar uma cidade próxima a Campinas, que oferecesse acesso fácil a alunos das cidades da região, sem se colocar como uma concorrência direta ao IPPGC, já estabelecido em Campinas. Andaram muito, visitaram muitas cidades, e foi em Tietê que encontraram as condições desejadas para a instalação da nova escola.

Em 1979 alugaram uma casa próxima à praça central da cidade, onde alunos e professores se hospedavam uma vez por mês, por um final de semana. A cidade, ao contrário do que se pode inicialmente imaginar, não acolheu muito bem os forasteiros e logo a casa ficou conhecida como a "casa da luz vermelha". Fácil imaginar a comoção causada, no final da década de 1970, por um grupo de oito mulheres e um homem que se trancavam numa casa durante um fim de semana inteiro, e de onde os vizinhos podiam ouvir gritos, risadas e choros provenientes das vivências. Durante os mais de dez anos de funcionamento, a Companhia mudou de endereço algumas vezes, indo para outra casa, depois para um hotel e finalmente uma chácara, onde muitas das aulas ocorreram ao ar livre.

A nova proposta de ensino da equipe para a escola baseava-se em alguns princípios – que devem ser mais bem explorados, pois de alguma forma exprimem as principais características assumidas pela escola ao longo do tempo.

O primeiro deles era a *imersão*. Todos chegavam na sexta-feira à noite e ficavam hospedados até domingo na hora do almoço. As aulas eram agendadas no início do ano e dessa forma era possível aos participantes se programarem antecipadamente. A imersão propiciava a convivência grupal e a possibilidade de aprofundamento e amadurecimento de um mesmo tema ao longo do período. Isso possibilitava algum amadurecimento das discussões e a retomada de um mesmo tema de um patamar diferente.

A imersão também proporcionava maior *vínculo* entre os participantes, que se tornavam mais próximos e íntimos. A vinculação era condição importante para manter o andamento adequado de um curso que funcionava com frequência mensal.

Outro princípio da Escola era o *trabalho baseado nas relações grupais* daquele grupo de alunos. A imersão favorecia esse aspecto do trabalho, mas além disso ocorria sempre um trabalho prático ou discussão teórica baseados em fatos reais, trazidos pelo grupo ou observados em suas próprias inter-relações. Não havia restrição de temas para a discussão, não havia um contrato explícito de que se tratava de um grupo de psicoterapia, mesmo porque não era essa a sua característica, mas sem dúvida funcionava como um grupo terapêutico, com riqueza didática vinda do trabalho baseado na observação do fenômeno *in loco*. Por outro lado, a psicoterapia psicodramática não era exigida dos alunos durante a formação, a exemplo do que ocorre nas escolas de formação vinculadas à Federação Brasileira de Psicodrama (Febrap).

Paradoxalmente, esse grupo funcionava com a característica de *grupo aberto*, ou seja, a cada encontro havia a possibilidade de ingresso de novos profissionais. Parece-me difícil imaginar como era possível conseguir um trabalho com tamanha profundidade e produtividade, mantendo vínculo entre as pessoas, com essa característica de grupo aberto. Novamente, a imersão era um dos pontos de favorecimento dessa boa interação grupal, e a escola chegou a contar com 23 alunos em formação ao mesmo tempo.

Esse aspecto de grupo aberto me traz alguma preocupação crítica sobre a garantia da passagem de um conteúdo didático mínimo e comprovado a cada um dos alunos, e de como seria feito tal controle.

Miriam me explica que a formação era prevista em um período de 20 e posteriormente 24 encontros. Não havia obrigatoriedade de frequentar todos os encontros ininterruptamente. Assim sendo, alguns alunos cursavam toda a carga horária em dois anos, enquanto outros levavam mais tempo para cumprir todos os créditos. Obviamente, havia um controle de frequência, e um determinado número de faltas consecutivas não justificadas traduziam abandono do curso.

O grupo aberto ainda trazia a possibilidade de convívio de alunos em diferentes níveis de formação, pois se tratando de turma única havia encontros com alunos já terminando o curso, outros na metade e finalmente alguns que o frequentavam pela segunda ou terceira vez. Essa heterogeneidade abria possibilidades de discutir conceitos em níveis de profundidade diferentes, novidade para alguns e aprofundamento para outros.

Pergunto se havia uma sequência de temas para as aulas, como um programa fechado de 24 encontros, e Miriam me explica que não, pois outro aspecto forte da nova proposta de formação era uma *intensa integração entre teoria e prática*. Dessa forma, os temas discutidos teoricamente estavam muito relacionados à vivência prática do grupo. Os professores se reuniam antes do encontro – e inclusive durante o encontro –, em longas caminhadas, para decidir qual tema deveria ser abordado, introduzido, aprofundado, revisitado... Tomada essa decisão, a bibliografia pertinente era selecionada e encaminhada aos alunos pelo correio. Na maioria das vezes, ao final da manhã de domingo já havia clareza de quais seriam os temas para o encontro subsequente. Por esse aspecto, o grupo aberto, a imersão e a coexistência de diferentes níveis de formação favoreciam discussões e rediscussões de temas e conceitos.

Pelo que já foi apresentado, é fácil perceber que outra característica da formação era a *ênfase na formação para trabalhos com grupos e não para psicoterapia.* Não que o conteúdo aprendido não pudesse ser utilizado na clínica psicoterápica, mas esse não era o foco da formação. Dessa forma, a seleção dos candidatos para a admissão ao curso partia do desejo ou necessidade de trabalhar com grupos, nos mais diversos contextos. Assim, o grupo de alunos era muito heterogêneo em sua formação profissional, havendo profissionais das áreas de psicologia, serviço social, sociologia, pedagogia entre outros.

Outra característica da proposta da Companhia do Teatro Espontâneo era a riqueza das *vivências.* Os encontros seguiam sempre uma mesma sequência de eventos, sempre deflagrados por uma atividade vivencial.

Ao chegarem, na sexta-feira à noite, havia uma vivência, seguida de um processamento, dirigida por dois professores, com os objetivos de iniciar a imersão, reaproximar as pessoas após o longo intervalo de um mês e aquecer o grupo para as atividades programadas para aquele encontro, além de oferecer um modelo de direção realizado por um profissional experiente.

Em algumas ocasiões, alguns professores que não estavam ligados à equipe foram convidados para essa primeira vivência, ampliando ainda mais os modelos de direção oferecidos.

Durante todo o final de semana os três professores se alternavam nas aulas e direções, estando sempre uma dupla diferente trabalhando a cada momento.

No sábado pela manhã havia outra vivência, dessa vez dirigida por um aluno, seguida de processamento e discussão teórica sobre temas previamente determinados ou surgidos nas vivências. À tarde e à noite, novas vivências, processamentos e discussões teóricas.

No domingo pela manhã havia uma vivência de encerramento, com processamento do encontro como um todo, arremates teóricos finais e pactuação de temas e textos para o próximo encontro.

Ficava garantida dessa forma a integração entre teoria e prática, o estudo de temas surgidos nas discussões, contextualizados pelas vivências, a cobertura de uma determinada quantidade de temas, escolhidos pelos professores, e o *exercício prático dos papéis de diretor e ego-auxiliar* proporcionado aos alunos, outro importante objetivo da formação proposta.

Apesar do nome Companhia do Teatro Espontâneo, algumas peças do teatro clássico foram estudadas com o objetivo de aprofundamento das técnicas dramáticas, facilitando dessa forma o entendimento e manuseio da dramatização no teatro espontâneo.

Não havia a obrigatoriedade de o aluno preparar uma monografia como trabalho de conclusão de curso e as avaliações dos alunos em formação eram baseadas em seu desempenho em sala de aula, demonstrando domínio dos conceitos adquiridos, além do controle de frequência e de alguns trabalhos escritos solicitados.

Miriam, de maneira muito autocrítica, reflete sobre a dificuldade em avaliar, hoje, o quanto dos conteúdos apresentados foram realmente apreendidos pelos alunos, ou melhor, quantos desses conhecimentos foram efetivamente incorporados à prática profissional de cada um, uma vez que não houve acompanhamento posterior dos ex-alunos.

Com todas essas características inovadoras, o curso pagou o preço da novidade e da firmeza de objetivos, não obtendo reconhecimento perante o Ministério da Educação (MEC) ou a Federação Brasileira de Psicodrama (Febrap). As mudanças curriculares necessárias para a adequação do curso aos padrões apontados tanto pelo MEC como pela Febrap terminariam por descaracterizar o curso. Dessa forma, ficou estruturado como curso de especialização.

Por outro lado, essas mesmas características apontavam para uma abordagem educacional realmente de vanguarda, com alguns aspectos que poderiam causar estranheza para a época, mas que parecem muito adequados e alinhados com as propostas atuais de educação de adultos.

A proposta de programa aberto, receptivo aos temas suscitados pela prática, permite ao aluno entrar em contato com um mesmo assunto várias vezes no decorrer do curso, porém o olhar para esse tema se dá sempre focado em determinado contexto vivencial, ampliando a capacidade de compreensão e aprofundamento. Além disso, a presença de alunos em vários níveis diferentes de formação permite aos veteranos apresentar conceitos aos novatos, exercitando o "aprender enquanto ensina", além de permitir ao aluno uma autoavaliação dos conhecimentos adquiridos e seus próprios progressos. Para os professores é um bom "termômetro" para avaliação do aproveitamento da turma.

Esse conceito de aprendizado me remete à aquisição do saber de forma cíclica: percorrendo o trajeto ascendente de uma espiral, visita-se novamente um mesmo ponto já conhecido, porém em um nível superior, munido de mais amplos conhecimentos e maior visão do todo. O aprendizado se aprofunda e se solidifica à medida que se adquire visão mais ampla de sua inserção no todo, sua abrangência e imbricação com outros conceitos.

David Kolb desenvolveu a teoria do ciclo de aprendizagem do adulto, dizendo que o a maior parte da aprendizagem de adultos começa com uma experiência. O aluno reflete e interpreta essa experiência à luz de experiências passadas e situações atuais. Por meio de integração e síntese existe a oportunidade de aplicar o novo conhecimento a outras situações, havendo assim uma generalização e aplicação do novo saber. Assim, teremos a sequência: experiência – reflexão – generalização – aplicação. A aprendizagem nem sempre é suave ou sequencial, e as características individuais devem ser respeitadas, entretanto o trabalho em grupo é um grande facilitador, uma vez que a compreensão aumenta por meio do diálogo. Dessa forma, podemos considerar cada componente de um grupo de alunos um parceiro facilitador no processo de aprendizagem.

Por tudo que foi descrito até aqui pela Miriam, percebo que a Companhia do Teatro Espontâneo proporcionava esse tipo de percurso aos alunos.

Refletindo sobre como é ensinar psicodrama e tentando fugir do reducionismo que as críticas à organização dos registros da obra de Moreno suscitam, penso que uma das dificuldades nesse aprendizado reside no fato de trabalharmos com conceitos intimamente interligados. É muito difícil definir um conceito em psicodrama sem utilizar em sua definição outros conceitos psicodramáticos. Dessa forma, o ensino linear de psicodrama fica também sujeito a críticas. Muitas das coisas aprendidas no início do curso só farão sentido para o aluno muito tempo depois, quando já houver amadurecimento e conhecimento de outros conceitos. Penso que em outras áreas do saber isso também ocorra, mas também deve ser criticado.

Lembro-me que o primeiro livro que comprei ao ingressar na Faculdade de Medicina foi um livro de histologia. Abri-o ao acaso, fascinado pelas muitas fotos de tecidos microscopicamente flagrados. Na legenda de uma das primeiras fotos li: "A gonadotrofina coriônica secretada pelo sinciciotrofoblasto será responsável pela..." Fechei o livro e me perguntei inicialmente se o idioma era realmente o português. Ao constatar que sim, me desesperei e imaginei que jamais poderia decorar aquilo. Decorei. Passei de ano. Levei muito tempo para ter intimidade suficiente com aqueles termos, percebendo posteriormente serem quase autoexplicativos, quando se conhece o jargão apropriado.

Ainda assim, reconheço que uma proposta de ensino como essa apresentada pela Escola de Tietê pode ser assustadora para alguns alunos. O papel de aluno é um papel social arcaicamente estruturado em cada um de nós. Temos um modelo muito forte da relação professor-aluno, vivenciado muito cedo em nossa vida, que pode ser encarado sem muito rigor científico como um dos componentes de nossa matriz de identidade "ampliada". O papel de aluno é um dos primeiros papéis sociais que desempenhamos fora do núcleo familiar, e que segue sendo desempenhado por muitos anos de nossa vida. Temos assim, estruturalmente arraigada, uma expectativa de desempenho do papel de aluno, com a consequente expectativa de desempenho do contrapapel de professor.

Acredito que esse seja um dos aspectos que faz muitos alunos se sentirem inseguros diante de uma proposta educacional como essa apresentada por Moysés. Há, para a maioria dos alunos, resíduos de seus vínculos com suas primeiras professoras, que os alfabetizaram e tomaram pelas mãos guiando-os pelo *Caminho suave* (a cartilha de alfabetização que eu e inúmeras crianças de meu tempo usamos na primeira série da escola). Como esperar agora que um professor, em vez de guiar o aluno pelo caminho, decida construir o caminho com ele!

VER "TRABALHO EM GRUPO ABERTO", NA PÁGINA 74

Quanto aos professores, esse tipo de atuação demanda preparo e flexibilidade. É muito difícil conduzir um **trabalho em grupo aberto**, com uma discussão aberta, mantendo-se receptivo para a novidade, para o aqui-agora, para a construção coletiva. Sabe-se sempre como a aula começa, mas nunca como ela termina. Essa mudança de paradigma novamente muda status e poder do professor perante o grupo de alunos, e o profissional precisa estar maduro o suficiente para abrir mão desse tipo de poder sem sentir-se ameaçado em sua competência profissional.

É dessa flexibilidade que eu falei no início deste texto, quando me referi à minha experiência de aluno da Miriam no curso de didata em psicodrama. Essa atuação é como que uma "marca" do seu tipo de trabalho como professora.

A Companhia do Teatro Espontâneo encerrou suas atividades por esgotamento da equipe de professores. Moysés e Miriam se mantiveram à frente durante todo o período, e o terceiro professor foi mudando com o decorrer do tempo, tendo participado, além de Angela Reñones, os professores Luiz Contro, Cida Davoli, Paula Freire, Marinilza Silva e Cláudio Pawel.

Encerro este texto admirado com a complexidade que a Escola de Tietê atingiu e muito bem impressionado com sua proposta pedagógica – que nos moldes atuais de educação de adultos mostra-se muito adequada – e com uma sensação engraçada de vazio e saudade de algo que nem mesmo conheci.

Recorro a Paulo Freire, esse grande educador de nosso meio, para uma frase que ajude a me despedir: "Não existem pessoas sem conhecimento. Elas não chegam vazias. Chegam cheias de coisas. Na maioria dos casos trazem junto consigo opiniões sobre o mundo, sobre a vida".

◈

INTEGRAÇAO ENTRE TEORIA E PRÁTICA

A teoria na prática é outra.

Afirmação repetida à saciedade, veicula um preconceito e embute um engodo ideológico.

O preconceito é contra quem se dá ao luxo de pensar. Desqualifica as formulações abstratas. Existe aqui uma distorção, por ignorância ou má-fé, do sentido da abstração. Insinua-se que ela se origina em meras fantasias, elucubrações de quem não tem compromisso com a realidade, jogo de palavras, ornamentos supérfluos de uma cultura vazia. Embora até possam ser criticadas certas produções que efetivamente têm esse teor, o que caracteriza o preconceito é a generalização depreciativa.

O engodo ideológico é a excomunhão liminar do pensamento, da reflexão, da crítica. A ideia que passa é de que é bom apenas o fazer, vale quem faz. Os fazedores são autômatos, basta que dominem a técnica e a apliquem. Pensar é perigoso, pode subverter a ordem, pode ameaçar a correlação de forças ora prevalente.

Essa mensagem corre sub-repticiamente nas notícias e nos comentários de todas as mídias, sejam as de comunicação de massa, sejam as do corpo a corpo dos púlpitos e das salas de aula.

No campo psicodramático a situação foi mais grave, até, do que isso, algum tempo atrás. Hoje, embora minorada, ainda permanece com as mesmas características. Paradoxalmente, o que se dizia é que o psicodrama era uma prática boa e desprovida de teoria. Embora essa afirmação possa parecer absolver o psicodrama da pecha de abstracionismo, o próprio julgamento, em si, admite a cisão entre teoria e prática.

Drama significa ação. O psicodrama teria vindo para substituir as práticas terapêuticas fundadas exclusivamente na comunicação verbal. Com tal força que uma de suas configurações atuais se designa pura e simplesmente "técnicas de ação", expurgando-o de sua vertente teatral. Ou simplesmente relegando-a a plano secundário ou ocasiões especiais.

Em função dessa característica, a formação dos primeiros psicodramistas, no final dos 1960, começo dos 1970, tinha no programa alguns "seminários teóricos" com baixíssima carga horária, se comparada com o tempo dedicado às vivências psicodramáticas, aos ateliês de diretor e ego-auxiliar e às oficinas de expressão corporal.

Daí, fácil chegar a um pressuposto crucial: o psicodrama não tem uma boa teoria. É uma prática sem fundamentação. Para fortalecê-lo, mister se faz importar e consumir outras teorias, ainda que referidas a práticas diferentes dentro do campo psicoterápico. Não conta, inclusive, a eventualidade de os objetivos dessas outras práticas serem coincidentes ou não com os do psicodrama.

Vivemos esse clima de inferioridade teórica durante bons anos. Pouco a pouco, entretanto, os psicodramistas começaram a se permitir pensar a própria prática. E, a partir daí, a elaborar sua própria teoria, sistematizando suas observações e suas hipóteses de trabalho.

Articular teoria e prática, entretanto, não é questão de verificar, no acervo conceitual já estabelecido, quais as formulações que justificam os procedimentos utilizados. Tampouco tentar explicar a prática por meio desses conceitos. Menos ainda, buscar na prática exemplos que mostrem a validade de algumas afirmações resultantes de especulação dela desvinculada.

Outro equívoco, infelizmente bastante comum, é tomar uma teoria e tentar estabelecer, com base nela, um esquema de atuação prática, como se esta devesse, necessariamente, ser consistente com determinadas hipóteses descritas pelos autores. Ainda mais quando essas hipóteses são adotadas com base em critérios tão arbitrários quanto professar a religião da família ou torcer para um determinado time de futebol.

Curioso relembrar que entre os colegas psicodramistas circulava uma pergunta a respeito da linha teórica à qual alguém se filiava, o que funcionava como um indicador de qual era sua rede sociométrica. O respeito à opinião alheia consistia, ironicamente, em desprezá-la, fugindo ao confronto e à reflexão conjunta, desconsiderando suas propostas teóricas.

Ainda que muitas vezes seja tomada em sua acepção de mero exercício de pensamento especulativo, não necessariamente conectado com o mundo real, a boa teoria é necessariamente uma reflexão sobre a prática. Fazer e pensar andam juntos. Não existe um fazer responsável se não existe uma visão crítica e uma tentativa de compreensão e sistematização dos acontecimentos que integram esse fazer. Da mesma forma, não existe uma teoria pertinente se não lastreada em fatos concretos e se não acompanhando de perto aquilo que efetivamente se faz. Essa interdependência se traduz, em alguns círculos, pelo termo práxis, uma síntese do fazer e do pensar, a indivisibilidade desses dois aspectos da ação humana.

Recorrer à produção teórica registrada em livros e publicações científicas em geral é um recurso da mente que procura ampliar o conhecimento, abrir-se para o mundo. O que outras pessoas, em outros lugares e em outros momentos, refletiram? A que prática se referem seus conceitos? Qual a semelhança entre sua prática e a nossa, contemporânea, aqui e agora? Quando se perde essa perspectiva, o risco é mesmo de tomar as ideias "conservadas" como dogmas religiosos, verdades reveladas, postulados, ponto de partida indiscutível.

O mais curioso é que esse tipo de consideração tem um forte potencial enlouquecedor porque os dogmas são em geral divergentes, não se encaixam entre si, cada um diz uma coisa diferente. Em quem acreditar? Para resolver esse problema, duas alternativas: ou o sectarismo (escolher a sua verdade e fechar-se a outras possibilidades) ou a renúncia à teoria.

Esse tipo de busca inútil é diferente daquela que nos leva a pensar sobre o que fazemos, a buscar pontos comuns entre os diversos momentos da nossa experiência e entre a nossa experiência e a de nossos pares, a fim de que seja facilitada a compreensão dos múltiplos sentidos de nossa inserção na realidade dentro da qual atuamos. Refletir em conjunto, trocar ideias, comparar experiências, por aí vai a práxis.

No campo do ensino psicodramático, construir essa atitude teorizadora é um dos mais importantes desafios educacionais.

Assim, na Escola de Tietê definimos que era menos importante que os estudantes visitassem todos os conceitos consagrados e fossem capazes de repetir o que estava escrito nos livros, do que passarem pela experiência de debater o que se fazia, de questionar, de inventar alternativas, de incursionar pelo aparentemente absurdo, sem medo de ser infeliz.

Fazíamos, sim, indicações bibliográficas. Como bons brasileiros, nem todos liam os textos recomendados. Faz parte de nossa realidade. Mas no geral todos se envolviam nas discussões em classe, ouvindo, opinando, rebatendo, perguntando. Não era nosso papel pedagógico explicar o que estava nos textos, como se os estudantes fossem incapazes de compreender o que estava escrito (muitas vezes eles se imaginavam assim, muito mais pelos vícios de autoestima do que em função de dificuldades reais). Optávamos por estimular a discordância metódica em relação ao que os autores diziam, para estabelecer uma autonomia de pensamento.

A dissociação entre teoria e prática – que diagnosticamos ao longo de nossa experiência como professores de psicodrama – não se resolveria pela mera estimulação da leitura teórica, menos ainda pela repetição da tentativa tradicional de identificar a prática na teoria conservada, ou a teoria conservada na prática cotidiana. Nem de delinear, por meio de esquemas teóricos, os parâmetros para a atuação do psicodramista, engessando-a e reprimindo sua criatividade – exatamente o oposto do que se pretende desenvolver quando se faz psicodrama.

O desafio era, pois, de outra ordem: era formar pessoas que pensam e que acreditam no que pensam. Era desenvolver, daí, a própria práxis. ■

TRABALHO EM GRUPO ABERTO (OU MAIS DO QUE ISSO)

Uma das experiências mais importantes da Escola foi a ruptura com a tradição de trabalhar com grupos fechados.

Inicialmente havia uma aposta pedagógica, a do currículo em espiral, que permitia fazer conviver num mesmo espaço de trabalho pessoas que já possuíam uma larga trajetória com outras que recém iniciavam o percurso de aprendizagem.

Dizia a tradição que os grupos se ressentem muito tanto das perdas que sofrem quanto da incorporação de novos membros. Esses fenômenos merecem, em geral, muita energia empregada tanto no sentido de fazer o luto quanto de integrar os que acabam de chegar.

Faz sentido.

Em termos psicodramáticos, um dos aspectos do luto é a reorganização do átomo social. Os papéis dentro do grupo precisam ser redistribuídos, uma vez que o membro que se ausenta tinha dentro dele algumas atribuições, não apenas operacionais e detectáveis na superfície, mas principalmente aquelas de ordem afetiva, nem sempre explícitas. Como uma das principais características dos papéis é sua intercomplementaridade, algumas dessas atribuições passam ao domínio de outros membros do grupo, impactando os respectivos contrapapéis. Ou seja, toda a dinâmica é reconfigurada.

Trata-se de um processo que ocorre naturalmente. O psicodrama possui recursos instrumentais para garantir tanto sua celeridade como sua qualidade.

Por outro lado, a entrada de novos membros nos coloca diante dos fenômenos uterinos da matriz de identidade.

O novo participante do grupo não possui, ainda, num primeiro momento, a condição de pertença. Precisa passar por um processo iniciático. Vai se apropriando, pouco a pouco, da história do grupo, do seu modo de funcionamento, dos seus valores, das regras formais e informais, de sua linguagem e linguajar, de seus referenciais de espaço e tempo, de seus objetivos explícitos e implícitos.

Essa apropriação não se dá de forma passiva. Na interação que ocorre gradualmente, o noviço faz suas contribuições trazendo novas ideias, forçando revisões, gerando acomodações originais. Ele vai assumir papéis dentro do grupo, sempre lembrando que não se trata apenas de papéis formais e oficialmente prescritos, mas de papéis informais, sutis muitas vezes. E, num processo semelhante ao do luto, toda a configuração do átomo social se reorganiza.

Esse fenômeno tem sua importância relacionada com o fato de que o novo participante do grupo vai incorporando, nessa experiência vital, a condição identitária respectiva. Vai poder falar plenamente do "nós" aplicado ao conjunto de indivíduos que portam a mesma identidade.

Mais do que isso, o próprio grupo agora é outro. Apesar de manter-se sistemicamente íntegro, com nome e sobrenome, tem sua constituição íntima alterada e, acoplado a isso, um novo modo de funcionar.

Esses momentos de perda e inclusão podem ser considerados críticos, e assim psicodramaticamente trabalhados. Outras abordagens grupais utilizam seus próprios recursos para enfrentar essas crises.

A inovação do projeto Tietê foi fazer dessas crises um fenômeno rotineiro.

A aposta era de que o grupo, acostumando-se com as contínuas entradas e saídas, poderia desenvolver uma atitude mais aberta, flexível, consciente de sua instabilidade, sem entretanto perder-se como sistema, preservando integridade e identidade.

No geral, esse objetivo foi atingido. Houve, é claro, crises mais agudas, situações mais embaraçosas.

No quesito perdas, a maneira como as pessoas se afastavam era um fator importante, assim como o eram os vínculos estabelecidos durante sua permanência. Também o tempo que permaneciam. Algumas despertavam desejos e, se não continuavam, geravam frustrações. Outras passavam despercebidas.

O grupo se defendia com rituais. Foi assim que se estabeleceram espontaneamente as festas de formatura. Havia uma regra da Escola, de que o estudante deveria completar a carga horária de 360 horas, distribuídas em 20 encontros. O grupo controlava isso, sabendo com antecedência quem e quando seria o próximo desligamento por esse motivo. A celebração era marcada pela originalidade: cada caso era um caso, cada festa era uma festa, sempre diferente das anteriores, compatível com as características e com a posição sociométrica de quem partia.

O mesmo se dava na integração de novos elementos. Havia procedimentos gerados pelos próprios professores que, dessa forma, demonstravam a importância do acolhimento e da "matrização da identidade" do calouro. Jogos e dramatizações ampliavam o repertório e mobilizavam a aquisição de conhecimentos por meio das discussões durante a fase de processamento e de seminários teóricos.

Mas o processo não se limitava aos espaços formais. Os recém-chegados eram "adotados" por um ou mais "veteranos" e iam sendo apresentados aos usos e costumes da comunidade.

O importante nessa experiência é que essa movimentação não interferia no desenvolvimento da programação didática. Ou seja, o grupo não precisava "parar" para enfrentar suas "crises". Elas faziam parte do dia a dia e, mais do que isso, estimulavam o processo de ensino-aprendizagem, fornecendo matéria-prima e juntando-se aos demais ingredientes da dinâmica grupal.

A observação dos resultados positivos dessa estratégia acabou por estimular novas experimentações.

Uma delas foi o rodízio de professores, examinado em detalhes num outro capítulo deste livro.

Outra muito importante foi a abertura das aulas a visitantes eventuais. Eram pessoas que, residindo em outras cidades e mesmo em outros países, desejavam conhecer o projeto vivenciando-o desde o seu interior. Outras, interessadas em aprender psicodrama e teatro espontâneo, simplesmente se propunham a participar de um encontro para ter uma ideia mais clara de como funcionava a Escola e verificar se ela se casava com seus interesses e suas predileções.

O impacto do participante de grupo que não veio para ficar trouxe um elemento novo para a construção do projeto pedagógico e para a compreensão do potencial do psicodrama.

Num certo sentido, os encontros funcionavam como uma espécie de "ato psicodramático", em razão de sua singularidade e da não continuidade do grupo. Ao mesmo tempo, não se descaracterizava o sentido "processual". Mesmo mudando os integrantes, o grupo não mudava. Não existia, a rigor, a não continuidade.

Esse fenômeno nos remete a uma reflexão sobre o sentido histórico das comunidades, da cultura e, como decorrência, remete-nos aos conceitos morenianos de coconsciente e coinconsciente. Os grupos acabam por constituir uma realidade supraindividual, algo que, todos sabemos em tese, não é o mesmo que a soma dos indivíduos que os compõem. Mudam os integrantes, o grupo continua – com todas as suas práticas, valores e, mais do que isso, conhecimentos acumulados.

As constantes mudanças na composição do grupo e as visitas frequentes, no caso de Tietê, apontam para a procedência dessa tese. ■

3
VIVENDO E APRENDENDO, APRENDENDO E VIVENDO

MIRIAM TASSINARI

QUANDO EU ERA CRIANÇA, tinha uma grande admiração pelos professores. Eles sempre me transmitiam um ar de cultura que eu sonhava adquirir. Pensava que eles sabiam muitas coisas sobre o mundo, as pessoas, os fenômenos, e que as respostas para as perguntas vinham fáceis ou com um leve esforço de memória.

Vinda de uma família de iletrados, estar junto desses seres transportava-me para um mundo fascinante e inexplorado onde supostamente o saber seria a principal motivação.

É claro que com o passar do tempo essas ideias foram dando lugar a outras mais realistas, mas a admiração por esses personagens da vida de todos nós permanece. Atualmente, posso dizer que tal sentimento de admiração é ainda maior, por saber das condições precárias de trabalho de muitos profissionais.

Acredito que nem precisaria dizer que me tornar professora era um desejo e que as irmãs e os amigos tiveram de se submeter às minhas "aulas", como treinamento para uma possível profissão. Desvios de rota e a chegada de outros interesses fizeram que a formação acadêmica não fosse essa.

Mas ao terminar a especialização em psicodrama, pelo Instituto de Psicodrama e Psicoterapia de Grupo de Campinas, reaparece o desejo de dar aulas, estimulada pela proposta da instituição de aumentar o seu quadro de professores com alunos recém-formados. Foram bons anos de leituras contínuas, planejamento de aulas, muita aprendizagem, boas avaliações e outras nem tanto, que fizeram que eu deixasse de lado qualquer resquício de glamour que meu lado criança insistia em preservar na figura do professor.

Alguns anos depois, Moysés resolve colocar em prática seu sonho de criar uma escola de psicodrama e convidou-me para uma parceria. Era uma proposta inovadora e, por isso, com um modelo pedagógico a ser desenhado. Apesar de estimulante, era preocupante começar a dar aulas de uma forma desconhecida. A experiência do Moysés como docente e sua convicção no projeto me ajudaram a aceitar a empreitada.

Costumo dizer que o estudo me deu tudo na vida. Considero-o um passaporte que me permitiu chegar a lugares nem sonhados pelos meus antepassados. Vejo cada aprendizagem adquirida, formal ou informalmente, como mais um carimbo nesse meu passaporte.

Das tantas experiências que deixaram suas marcas, ser professora da Companhia do Teatro Espontâneo aparece como especial.

De início, algo instigante pela proposta inovadora. Com o passar do tempo, a riqueza da empreitada foi tomando forma e impregnando a minha vida profissional de maneira geral e definitiva.

No dia a dia do nosso curso, conceitos como cocriação e construção coletiva deixaram de ser construtos teóricos e passaram a ter um sentido prático. Mesmo tendo um esboço do que seria o nosso curso, nós os professores alinhavávamos juntos o caminho e o formato de nossas aulas. Quando digo nossas, é porque eram realmente de "propriedade" de todos. Iniciávamos com um pequeno roteiro e os acréscimos (muitos, por sinal) vinham da participação dos alunos, tanto na parte teórica quanto nas vivências psicodramáticas.

A proposta/pretensão era que as aulas não ficassem restritas à transmissão de conceitos teóricos e técnicas psicodramáticas.

O professor, por sua vez, deveria funcionar apenas como um catalisador. O conhecimento prévio do assunto a ser tratado era considerado apenas um ponto de partida para uma reflexão, e não um ensinamento a ser transmitido.

Como eram sempre grupos multiprofissionais, as observações enriqueciam as discussões, fazendo que a proposta inicial se transfigurasse em um formato mais complexo e elaborado. A aprendizagem não era um simples acúmulo de informações, mas trazia uma reflexão crítica dos diferentes pontos teóricos. Aprendizagem, é bom que se diga, bilateral. Muitas vezes não era possível dizer quem ensinava quem.

Claro que nem tudo foram flores e música. Alguns desentendimentos aconteceram entre os professores, mas nada que pudesse desviar-se da meta pretendida com aquele projeto educacional.

Como foram vários anos de escola, não só o grupo de alunos foi se modificando como também o de professores. Entradas e saídas foram inevitáveis, obedecendo ao curso natural de amadurecimento e crescimento.

VER "PROFESSORES EM DUPLAS", NA PÁGINA 87

Com cada parceiro das diferentes **duplas de professores** tive uma aprendizagem distinta e rica, que foi recheando meu passaporte.

A autocrítica também surge nesse momento.

VER "UM SUPORTE MAIOR", NA PÁGINA 84

Poderíamos ter acompanhado mais de perto o uso do psicodrama pelos alunos. Não como uma vigilância sobre o que era aplicado, mas como **um suporte maior** para esses profissionais que se iniciavam nas práticas psicodramáticas.

Penso também que as nossas vivências eram, sem dúvida, impactantes, em vários sentidos. Um deles era chacoalhar as formas convencionais de aula e as tradicionais vivências psicológicas.

Obviamente, um curso de especialização não deve – e não consegue

– ser tão abrangente que contemple todas as necessidades e desejos de professores e alunos, mas penso que poderíamos ter cuidado mais do cotidiano dos profissionais que nos procuravam, oferecendo maiores subsídios para seu trabalho como psicodramistas.

Fácil falar, depois de dez anos de escola e alguns tantos anos de distanciamento da experiência!

De qualquer forma, hoje não tenho dúvidas de que cada uma das pessoas que passou pela escola levou a sua marca, talvez um carimbo no passaporte, como eu trago comigo. Pode ter sido uma aula, uma vivência, conhecer alguém especial ou uma simples conversa durante o café. Ninguém passou incólume.

Por acreditar que os processos da vida têm seu prazo de validade e não devem ser arrastados para além dele, fui a favor do encerramento da Escola de Psicodrama de Tietê. Na época, pensava que ela tinha cumprido um papel importante e que teve o seu tempo. Ainda hoje penso que foi a melhor alternativa, mas sinto falta das trocas profissionais e pessoais que ocorriam e que, confesso, ainda hoje procuro nos grupos que frequento.

Para finalizar, permitam-me contar uma pequena história.

Aos 10 anos de idade e cursando a quarta série[1], tinha uma professora chamada Aparecida, Dona Aparecida. Era uma senhora dedicada ao trabalho e muito atenciosa com todas as alunas. Em um dia qualquer no final de junho, fazíamos uma prova e Dona Aparecida percorria a sala como sempre, mas dessa vez com uma diferença marcante: chorava copiosamente enquanto tentava disfarçar e enxugar as lágrimas.

Intrigada com fato, chamei-a e lhe perguntei o que estava acontecendo. Ela delicadamente passou a mão nos meus cabelos e disse que não me preocupasse, que não era nada e que eu me concentrasse na prova.

Terminei a prova, fui para casa, dias depois vieram as férias de julho. No retorno das férias, primeiro dia de aula, para nossa surpresa não esta-

[1] Atual 5º ano do Ensino Fundamental.

va mais Dona Aparecida, mas Lúcia Helena – a nova, jovem e sorridente professora. A explicação dada foi que a nossa querida Dona Aparecida havia se aposentado. Naquele momento lembrei-me do seu choro incontrolável no dia da prova e tudo fez sentido.

Hoje, tendo tido a oportunidade de ser professora, mesmo sem a experiência e a eficiência dessa minha mestra, faço outra leitura do acontecido. Dona Aparecida estava triste, sim, por deixar suas meninas e interromper sua rotina de anos de ensinamento, mas acredito que junto a isso tudo havia uma perda ainda mais sentida: ela não aprenderia mais com suas alunas.

◈

UM SUPORTE MAIOR

Nós demoramos muito para introduzir a supervisão como atividade específica dentro da programação regular da Escola. Num primeiro e longo momento, a supervisão estava diluída em meio às diferentes atividades, quer como tema para vivência, quer como assunto de discussão teórica. Como último recurso havia o "espaço curinga", no qual algum assunto de trabalho que não pudesse ter sido objeto de investigação no decorrer da jornada teria sua chance de ser discutido e elaborado.

Nossa hipótese era de que a programação deveria ser o mais flexível possível. Os horários estabelecidos eram cumpridos, sim, quase rigorosamente, visando porém a um outro aspecto da formação de hábitos positivos, nesse caso, a disciplina para o trabalho. Mas o conteúdo propriamente dito das atividades dependia, sempre, do material emergente trazido pelos estudantes. Dentro desse material potencial se incluíam questões relacionadas com o exercício profissional e com a atividade psicodramática em situações de trabalho.

E os temas de fato apareciam, mas não havia um estímulo específico para isso. Dessa forma, os espaços eram preenchidos com conflitos e preocupações de outras naturezas, tais como as questões pessoais, a dinâmica das relações internas, a vida extramuros, imediata e mediata. Avaliávamos que ao trabalhar essa variedade de abordagens vitais, de alguma maneira estávamos contribuindo para que os estudantes pudessem compreender e se iniciar na prática do psicodrama em seus territórios profissionais, com a certeza de encontrar guarida para suas dificuldades, sempre bem-vindas aos nossos braços acolhedores.

O tempo foi mostrando que não estávamos na melhor rota. Perdíamos de vista o que os estudantes faziam com o psicodrama que aprendiam ali. Isso ficou bastante claro quando, sem nenhum planejamento, foi ficando estabelecido, tacitamente, que os que estavam em sua última etapa do curso – os formandos – deveriam fazer uma direção no espaço destinado ao laboratório. Ao assumirem esse papel, quase uma prova final, alguns chegaram a mostrar uma atividade que em nada se assemelhava com o que se imaginava terem aprendido durante o curso. E eram tidos como bons alunos!

Cada vez mais se fazia necessário um tempo destinado exclusivamente à supervisão. Foi o que fizemos, mais ao final da vida da escola, quando uma parte do laboratório foi oficialmente estabelecida como horário de supervisão e os estudantes traziam suas tentativas de utilização do psicodrama, em suas respectivas áreas de atuação, para serem discutidas e trabalhadas. Talvez um pouco tarde demais para aqueles que já haviam passado pela Escola, mas um claro sinal da evolução desta.

Hoje, nossa crítica vai um pouco além. Não só se faz necessário designar um momento formal para acompanhar o trabalho dos estudantes em sua prática profissional.

Há duas medidas que deveriam ser experimentadas.

Uma delas é a criação de oportunidades de prática. Nos laboratórios, segundo nossa concepção, os estudantes dirigem um grupo constituído por seus colegas. Não se trata de uma tarefa fácil, porque em geral é mais fácil coordenar um grupo de leigos do que um grupo de profissionais, uma vez que estes não só estão familiarizados com as técnicas (o que poderia ser considerado uma vantagem), mas também de alguma maneira competem com o colega-diretor, incursionando com "direções piratas" ou distorcendo o sentido das instruções.

Os alunos deveriam se encarregar da coordenação de grupos na comunidade, regulares ou não. A experiência por eles enfrentada seria matéria-prima de primeira grandeza para a construção do conhecimento. Processando-a e problematizando-a, não só se teriam conteúdos ricos para a aprendizagem técnica e teórica, como também se poderia desencadear um processo de apropriação do psicodrama como ferramenta de trabalho. Obviamente, essa atuação deveria ter o respaldo de um docente qualificado, que proporcionaria aos estudantes uma retaguarda efetiva.

Tal atividade não deveria ser considerada facultativa ou complementar, como os tradicionais "estágios", em geral introduzidos praticamente na fase final dos cursos, como algo isolado das demais atividades escolares. Poderia constituir, junto com as vivências em grupo psicodramático dirigidas por professores e por estudantes (laboratório), o tripé que sustentaria todo o projeto pedagógico. Uma nova revolução no ensino do psicodrama, com toda certeza. Hoje mais viável, inclusive, do que nos tempos de Tietê, dado que o psicodrama já vem sendo praticado muito mais largamente, em vários contextos comunitários.

Outro aspecto que deveria ser incentivado seria a implantação de um esquema de avaliação formativa, mais sistematizada, aproveitando as excelentes contribuições de educadores contemporâneos de primeira linha.

De alguma forma, nossa estratégia pedagógica inclui a avaliação formativa, uma vez que se criam espaços múltiplos para verificação do progresso dos estudantes. Só que a falta de sistematização enseja o descuido em relação a aspectos que deveriam ser mais bem observados, como é o caso das tentativas de utilização do psicodrama nas situações de trabalho dos estudantes. ■

PROFESSORES EM DUPLAS

Para facilitar a integração das atividades, estabelecemos um esquema em que cada uma delas contava com um coordenador e um auxiliar de coordenação, sendo que este último seria o coordenador da atividade seguinte, com possibilidade, portanto, de estabelecer o nexo entre as duas.

Sob esse ponto de vista, a estratégia se mostrou proveitosa porque, no conjunto, as atividades sempre se amarravam. O professor que ficava de fora, descansando, entrava na atividade seguinte como auxiliar e com isso tomava conhecimento da condição do grupo e se aquecia para ser o próximo coordenador.

Por outro lado, esse modelo favorecia um redimensionamento do papel de professor.

Tradicionalmente, o professor, trabalhando sozinho, é considerado o único responsável pelo que acontece em sua classe. Mesmo quando existe um tipo de controle de sua atuação, por meio de reuniões pedagógicas e registros de aulas, ela goza do privilégio da privacidade. O que ele registra e relata aos pares e superiores passa por esse crivo.

O trabalho em dupla, dentro do modelo da Escola, favorece o espírito de time. O professor, em classe, atua como membro de uma equipe. A metamensagem é de que por detrás da atividade presente existe uma organização, um entrosamento, um esforço de consistência e coerência.

Do ponto de vista pedagógico, o avanço é maior ainda, à medida que se sinaliza ao estudante, de forma direta e concreta, a potencialidade da produção coletiva.

Com isso, também se aprofunda o sentido da emancipação. Esta não implica um endosso ao individualismo e ao descompromisso com a dimensão comunitária, à concepção de autonomia como isolamento e egocentrismo. É, antes, um reconhecimento da responsabilidade individual diante do coletivo, para um processo de busca, constante e dinâmica, de equilíbrio e compatibilidade entre desejos, interesses e necessidades, em todos os níveis.

Não se trata de um processo fácil, simples e tranquilo.

Um dos aspectos positivos do trabalho em dupla é o caráter de respaldo encorajador da presença do companheiro. Há situações, inclusive, principalmente entre principiantes, em que essa alternativa funciona como muleta.

No entanto, ao trabalhar em conjunto com um colega, o professor também expõe suas fragilidades, o que nem sempre lhe é confortável, sendo que o constrangimento pode até mesmo lhe inibir a espontaneidade. Mas a superação desse entrave é exatamente o avanço que se pretende conseguir, não apenas nesse âmbito da atuação didática, mas no plano das relações humanas de um modo geral.

Com efeito, a fragilidade não pode continuar sendo vista pela ótica da moralidade burguesa, como um defeito, como uma coisa feia a ser ocultada, como algo que compromete o prestígio e a respeitabilidade das pessoas. É importante que ela seja reconhecida como uma realidade comum a todos – todos nós temos pontos fortes e pontos fracos. O agir coletivo é exatamente aquele que abre novas perspectivas em que o ser forte ou ser fraco individualmente não é o que conta, porque a força verdadeira se configura no coletivo.

Nossa experiência na Escola pode ser considerada apenas um engatinhar. Mas valeu como indicação de que, nessa linha, um novo mundo é possível. ■

4
SOBRE UMA ESCOLA E UM BOSQUE: ESBOÇOS PARA A HISTÓRIA

◈

DEVANIR MERENGUÉ

História e memória são campos distintos com muitos pontos de contato.

A história é engendrada por humanos, decidida por muitos ou poucos, produzindo um percurso a ser lido pelos mesmos sujeitos que a fizeram ou por aqueles que, em um dia futuro, irão atrás de documentos, objetos, discursos e também daqueles que construíram essa mesma história.

Assim, aquilo-que-será-história e seus criadores se confundem, pois estão imersos no momento. Sujeitos misturados com a ação, implicados no ato, não diferenciando a importância de cada situação na suposta linearidade do tempo. Em outro momento e lugar, será possível a construção daquilo que se chamará história, feita agora com olhar perscrutador, distanciado.

Essa distância do tempo e do lugar nos quais se desenrolaram os fatos estudados está, no entanto, marcada pelo presente que tudo toma. E, novamente, o historiador é puro momento: lerá, no aqui-agora, tomado pelos assombros do atual cotidiano, a história passada-presente.

A história é processo encarnado e isso implica a participação dos indivíduos para sua produção e narração. Ou seja, alguns produzem a história. Outros narram a história. E existem os muitos tipos híbridos. Existem os produtores-narradores, os narradores que transformam os produtores em meros personagens, existem os produtores que conseguem se distanciar para "melhor" narrar. Existem os personagens periféricos da história que se tornam, no futuro, um narrador. Fazer e/ou contar a história traz um sem-fim de questões e implicações.

A literatura e o cinema quando fazem da história ficção usam e abusam de todas essas possibilidades. A história pode ser pano de fundo para uma história de um personagem que, assumindo a protagonização, pode interferir ou não nos planos mais gerais dos fatos. Ou o contrário: a história invade vidas privadas e, para o bem ou para o mal, marca um desfecho. Interessa o quanto o narrador está próximo ou distante (em qualquer sentido) dos acontecimentos relatados.

Memória e ficção se aproximam e se afastam: o memorialista é um ficcionista, uma vez que precisa dar sentido, utilizando um olhar organizador dos fatos, enquanto o ficcionista recria, inventa algo verossímil e não necessariamente calcado no real. Um memorialista é um historiador? Podemos entender que, assumidamente, a subjetividade do escritor (ou do contador da história) tinge os fatos narrados. Isso, no entanto, não implica o contrário: que o historiador relate objetivamente a história. Será, também ele, um interpretador dos acontecimentos.

Encontro Angela Reñones em uma manhã de terça. Moysés Aguiar há muito desejava escrever um livro sobre a Escola de Tietê e sou convidado para conversar com Angela. Resisto muito em aceitar essa tarefa, pois tenho sempre compromissos demais e, ao que parece, para sempre. Mas mesmo assim nos reunimos.

Conversar com Angela é um grande prazer, pois ela é uma faladora que tem sempre histórias interessantes contadas de modo peculiar e intenso. A resistência não está, portanto, aí, mas na minha pouca familiaridade com os acontecimentos. Assim, mesmo com a ajuda de minha entrevistada, eu temia escrever inverdades ou, pior, simplesmente não conseguir falar nada a respeito que valesse a pena e que já não tivesse sido dito.

Quem conhece Moysés sabe de suas qualidades: inteligentíssimo, sedutor, persuasivo, obstinado quando quer alguma coisa. Virtude, muitas vezes; defeito noutras, quando tudo parece conspirar em sentido contrário daquilo que ele insiste. Capaz de convencer pedras com argumentos sofisticadíssimos. Um homem admirável, complexo, cheio de ideias interessantíssimas, algumas vezes de difícil objetivação. Releu Moreno como poucos e deu contribuições definitivas para o psicodrama brasileiro. Não sei se ele se sente reconhecido. Eu, pessoalmente, creio que não.

Por esse homem e por sua obra, estamos, eu e Angela, sentados em seu agradável consultório tomando um delicioso chá em uma luminosa manhã de inverno. E retomamos a História e seus personagens.

Fui a Tietê três ou quatro vezes. Conheci a casa que sediou a Escola por um longo tempo. Dei aula em uma única oportunidade, substituindo um professor. Nas outras vezes, estive lá para encontros promovidos pela Escola e, salvo engano, idealizados pelo próprio Moysés. Um dos grupos durou muitos anos, com encontros anuais em várias cidades, mantendo mais ou menos o projeto inicial.

A casa ficava em uma área periférica de Tietê, cidade do interior de São Paulo, não distante da capital e de Campinas. Lembro de uma cozinha com geladeira, dos quartos usados por muitos alunos, da sala de aula distante alguns metros dessa casa. Lembro de muitas moças e alguns poucos rapazes e, talvez por isso, o clima era bastante alegre e agitado. Naquelas relações havia algo de, digamos, comunitário, que reunia pessoas em um único local durante um final de semana por mês.

Perguntei (para quem?), certa vez, se o modelo da Escola de Tietê não seria parecido com aquele criado por Moreno em Beacon: um grupo que convive, se trata e aprende, mas não tenho certeza da resposta dada. Na experiência de Tietê não havia "pacientes", mas alunos que traziam cenas, escolhiam textos, discutiam a prática produzida por eles em aula, traziam suas práticas em consultórios, instituições e empresas para serem supervisionadas pelo grupo. Ou como diz Angela: "Discutiam a prática produzida e dirigida por eles em aula, desde o primeiro dia de sua chegada à escola". O aprendizado se dava por meio da vivência e isso, segundo Angela, facilitava e estimulava o estudo "muito mais seriamente".

Angela fala disso. Revive com entusiasmo a primeira fase da Escola. Naquele primeiro momento ela, Moysés Aguiar e Miriam Tassinari formavam um trio de professores que se encontravam uma vez por mês. Relata o cotidiano de um trio sociometricamente escolhido e comprometido. E atribui justamente a essa harmonia o sucesso da escola.

O conceito de coinconsciente, criado por Moreno, auxilia o entendimento que podemos fazer de histórias e até da História (para que mesmo precisamos escrever, algumas vezes, com H maiúsculo?). Assentado na ideia de que "algo acontece entre nós", mas na "desimportância" que informações e acontecimentos adquirem com o passar do tempo, só ganham sentido quando os envolvidos nas cenas em questão juntam peças que um ou outro detém, como em um quebra-cabeça: um afeto disperso, uma alegria negada, um sentido proscrito. Mais do que objetivamente juntar peças do quebra-cabeça, trata-se de criar no aqui-agora possibilidades várias para a história.

A delicadeza do conceito está, desse modo, em recolher aquilo que não é concreto, que não está escrito nas atas ou amarrado nas oficialidades, mas perdido nas relações humanas. O coinconsciente se assegura nas dobras do tempo, na fugacidade dos gestos e dos olhares, naquilo que já passou e que não passará nunca, pois potência e intensidade.

Fazer psicodrama é lidar com essas intensidades pouco ou nada objetivadas. O psicodrama é uma máquina de criar história e... memória. Não se detém em datas e fatos objetivos, mas pode associar, em um enorme painel, o objetivo e o subjetivo. Não se limita a reproduzir, mas busca vitalizar todos os veios.

Angela me transporta para Tietê. Relembro estradas, uma caminhada, um olhar sobre o rio (Tietê?). Cheiros, temores, desejos. Sou empurrado para 20 anos atrás e revejo minha juventude e uma impetuosidade que o tempo atenuou. Infelizmente, para o quesito juventude. Rostos sem nome. Vidas que seguiram por outros rumos. Um violão continua tocando no escuro, misturado ao som de grilos e vozes...

A experiência foi inusitada para professores e alunos. A diversidade de papéis vividos nos três dias que passavam juntos enriquecia sobremaneira o aprendizado. Os professores experimentavam algo bem mais solto que um projeto curricular autorizado de cima para baixo, diz Angela. Os alunos entravam e saíam conforme cumpriam um número específico de aulas. As entradas e saídas, na compreensão de Angela, de algum modo "obrigavam o grupo a ter de lidar com novas configurações sociométricas". A tutoria auxiliava o aluno nas suas dificuldades pedagógicas e pessoais.

Ela fala dos ganhos e das dificuldades surgidas com a entrada de novos alunos e novos professores. "Quando o número de alunos entrantes superou o que os professores consideravam o ideal para uma turma, tivemos de pensar em uma segunda turma. Com isso foi necessário pensar uma nova tríade de professores e, portanto, novas configurações sociométricas." Atribui a essas novas configurações certos desencontros surgidos, pois outros trios de professores foram criados. E, portanto, novas sociometrias; e "nem todas as escolhas eram recíprocas", no entender de Angela. Mas não, nada disso a faz renegar a experiência pedagógica, rica e produtiva.

Moreno amava o novo, o nascimento, a primeira vez, o experimento. Se confiarmos nos seus escritos, mais do que qualquer outra coisa, o espontâneo, o não determinado era seu foco. A atitude de repúdio para com aquilo que está instituído está implícita ou explicitamente presente na fase vienense, mas menos presente na sua fase americana. Ou não? Se sim, rebelião de juventude seguida de um desejo de reconhecimento na vida adulta? Se não, o que é efetiva invenção no que produz em território americano?

De qualquer modo, o instituído e o espontâneo estão continuamente tensionados no pensamento moreniano.

VER "INSTITUIÇÃO SITUADA NAS BORDAS", NA PÁGINA 98

No que o experimento da Companhia do Teatro Espontâneo inova? – devemos perguntar. Ao se constituir como **instituição situada nas bordas** e como alternativa aos cursos ministrados pelas escolas filiadas a uma federação (no caso a Federação Brasileira de Psicodrama), produz fissura onde antes tudo era supostamente unidade. A Febrap, como eu a entendo e como a história recente conta, foi construída com o desejo de congregar as diversas entidades de psicodrama que surgiam no Brasil.

Nesse sentido, eu, Angela Reñones e o próprio Moysés Aguiar estivemos fortemente ligados a uma outra instituição, o Instituto de Psicodrama e Psicoterapia de Grupo de Campinas. Diversos professores que fizeram parte da Companhia do Teatro Espontâneo também. Outros professores oriundos de escolas de São Paulo tinham plena clareza de suas filiações a essas entidades federadas e da presença da Febrap sobre todas elas, no que diz respeito à burocracia curricular e a todo ritual imposto por qualquer instituição. Isso sempre foi evidente.

O desejo de romper com a tradição talvez possa ser considerado uma ofensa, mas a gênese do psicodrama mais que autoriza as rupturas. Mas quais interessariam ao movimento (algo que se move?) psicodramático brasileiro? Pode-se argumentar, para fazer contraponto, encarnando o advogado do diabo, que a Companhia do Teatro Espontâneo rompe pouco com o estabelecido e que, sob roupagem diferenciada, se constitui um modelo que viria a se institucionalizar em seguida, ficando, no final das contas, mais ou menos igual.

Não é tão difícil assim observar que o aprendizado por meio da experiência e a produção teórica originada na prática foram bastante esquecidos pelas escolas federadas. Disciplinas estranhíssimas ao pensamento moreniano estiveram presentes, especialmente logo após a fundação da Febrap, nos tais currículos oficiais, atendendo a não se sabe quais desejos educacionais. Fica claro que não havia concretamente uma diretriz pedagógica nesses cursos, apenas uma boa vontade de organizar o que estava nascendo.

Moysés Aguiar assume com a escola um modelo pedagógico que se diferenciava radicalmente do até então feito no Brasil. Não tenho conhecimento de outras escolas ou pessoas que tenham utilizado algo parecido, mas talvez tenham existido. No entendimento de Angela, o aprendizado acontecia porque os alunos estavam "livres da armadura curricular, pré-obrigatória". O aprendizado de conceitos acontecia após a vivência. Ou como diz Angela enfaticamente: "No psicodrama ou se vive ou não se aprende. Se é ou não se é. Se está ou não se está".

Muitas experiências tidas como marginais em diversas áreas do conhecimento foram oficializadas e, muito frequentemente, retirando-se o caráter disruptivo advindo de tais vivências.

Pergunto: por que a Febrap não avaliou tal experiência para discutir o modelo oficial de ensino e aprendizagem que vinha/vem sendo ministrado na época?

Angela responde que sempre, nesses casos, existe uma espécie de pacto de lado a lado. A própria Angela afirma que, da parte dela, não desejava "a institucionalização". Não sabe se houve um empenho dos que participaram do trabalho na Escola de Tietê e nem interesse da Febrap em discutir essa experiência pedagógica, ficando as razões dispersas no inconsciente de toda a rede, sem que seja possível remontar no aqui-agora a história.

A saída de Angela Reñones de Tietê coincide com sua ida para a Espanha, justamente para ensinar psicodrama. Não é de estranhar que ela tenha aproveitado todo o aprendizado brasileiro e levado para a Europa um modelo radicalmente novo.

Sem muita certeza, mas correndo riscos, listo minhas respostas: *aparentemente* e *em minha opinião* o experimento se isola por várias razões:

- O modelo foca uma formação para todos os profissionais de nível universitário, não importando qual sua formação. Isso subverte o modelo utilizado pela Febrap que, lastimavelmente, não consegue formalizar ou aproveitar algo da experiência.
- O tempo de duração da formação é interessante quando se pensa em uma prática, mas curto demais para produzir uma profissão. E o curso não privilegia as profissões.
- A formação, por mais consistente que pudesse ser, não contemplava necessidades muito específicas. Casos clínicos ou institucionais são discutidos por todos, na diversidade de suas formações. E isso é considerado um modelo ideal. Mas pergunto: ele é sempre satisfatório?
- Com isso, a diversidade corre o risco de ter de se adaptar a um modo único de pensamento (não posso dizer que isso tenha acontecido, evidentemente).

Em minha opinião, a Febrap precisaria ainda resgatar da Escola de Tietê:

- Currículos nos quais teoria e prática fossem mais integrados, tentando, desse modo, romper com um modelo esquizofrênico de funcionar.
- Formação de professores de psicodrama capacitados para produzir discussões teóricas com base na prática.
- Compreender melhor o modelo de formação abrangente, misturando profissionais de diversas áreas, visando à problematização da questão.
- O foco, no entanto, deveria estar centrado na diversidade, mas atendendo a necessidades profissionais, teóricas e práticas específicas.

Talvez a Companhia do Teatro Espontâneo possa ganhar mais vida na sua pós-vida: assim como um poema, uma peça teatral, um quadro ganham muitas vezes significados inusitados muito tempo depois de concebidos. Projetos arrojados, tantas vezes, precisam de tempo para sua maturação, para a avaliação de seu valor. Que assim seja.

Eu encontro Angela Reñones caminhando pelas ruas de nosso tranquilo bairro. Sim, somos vizinhos. Enquanto eu luto com meu forte cão, doce quando acariciado, mas indomável por cheiros quando passeia por gramados e outras plantas, ela fala de uma ideia incrível: que tal pensarmos em dar a um imenso arvoredo o nome de quem plantou cada árvore e assim criou um bosque? O bosque se chamaria Armando Tassinari[1].

Belíssima e generosa ideia.

O mundo poderia pensar nisso e todo dia reconhecer o feito de alguém.

◈

[1] Pai de Miriam Tassinari, falecido em outubro de 2007.

INSTITUIÇÃO SITUADA NAS BORDAS

Anos 1980.

Na condição de professor atuando em algumas instituições psicodramáticas, diante dos crônicos problemas que cercavam nossa atividade, cheguei a propor a adoção de projetos político-pedagógicos que fugiam aos esquemas tradicionais. Era imperioso inovar, por isso eu vivia formulando ideias e as apresentava sempre que podia. Não se tratava do novo pelo novo, mas de uma busca por melhores caminhos para a formação de novos psicodramistas.

Mas mesmo quando encontrava uma dose suficiente de boa vontade e crédito de confiança, algumas barreiras se faziam intransponíveis. Não apenas por circunstâncias locais, mas principalmente por características do próprio movimento psicodramático como um todo.

Os colegas que se opunham às propostas ou que a elas aderiam com restrições não agiam assim por causa de algum aleijão conservador: apenas expressavam um outro aspecto do contexto em que todos vivíamos. Se eu, naquele momento, protagonizava o desejo de mudança, eles protagonizavam a cautela e o patrimônio experiencial já acumulado. Mefisto e Percival.

Para que se possa compreender o contexto histórico, é bom lembrar que o psicodrama surgiu no Brasil como uma alternativa à hegemonia psicanalítica no campo psicoterápico.

A necessidade de uma alternativa não era, entretanto, de natureza epistemológico-conceitual nem decorria de um questionamento abertamente ideológico. Se o establishment psicanalítico expressava, no seu todo, valores aristocrático-burgueses, havia dentro de seu território vozes dissonantes bem-sonantes. O ideológico estava encoberto por uma roupagem socioeconômica.

A prática psicanalítica apresentava um despudorado caráter elitista e corporativo, o que barrava o acesso tanto aos pacientes quanto aos profissionais de menor renda. A demanda social pela psicoterapia crescia na proporção inversa da capacidade de suas instituições formarem operadores em número suficiente para atendê-las, o que, pela lei da oferta e da procura, fazia que se elevassem os preços e, consequentemente, limitava a clientela aos estratos econômicos mais favorecidos.

Por outro lado, o aumento das oportunidades de escolarização em nível superior trazia para o mercado jovens com perfil adequado para exercer o papel de terapeutas e que, por isso mesmo, necessitavam de instrumentação específica. Uma bolha importante de demanda reprimida.

Ao mesmo tempo, muitos psicoterapeutas já estabelecidos, de alguma forma e por alguma razão insatisfeitos com sua prática, se encantaram com as aberturas que o psicodrama lhes ofertava, especialmente no que tange ao trabalho com grupos e à abordagem ativa, em contraposição aos consagrados esquemas individualizados e meramente verbais.

Mas no processo de aculturação do psicodrama – inevitável quando se trata de um conteúdo importado – ele sofreu algumas mudanças bastante relevantes.

Do ponto de vista teórico, o que os próceres apresentavam como fundamentação do trabalho era tido como precário, elementar, raso, se comparado com a vasta bibliografia de qualidade que integrava o acervo psicanalítico. Daí que, para poder encontrar um lugar ao sol, seria preciso algum tipo de complemento legitimador, o que acabou sendo encontrado na própria psicanálise.

Não foi, a bem da verdade, a única busca, já que à época se experimentaram associações importantes do psicodrama com a Gestalt-terapia, com o aconselhamento centrado no cliente, com o modelo comportamental, com as abordagens corporais (eutonia, bioenergética, calitonia etc.). Mas a força da psicanálise acabou imperando, o que trouxe à prática não apenas um psicodrama assumidamente analítico, avalizado por outras tradições também importadas, de outros fornecedores, mas também um psicodrama parapsicanalítico, verbal, preponderantemente bipessoal.

As estruturas de formação profissional não poderiam tomar rumo diferente. Seu processo de aculturação abasteceu-se tanto do modelo da psicanálise quanto da tradição da universidade brasileira. Desta, herdou a fragmentação curricular. Daquela, as questões relacionadas com as exigências de psicoterapia e supervisão.

Todos sabemos que na formulação de um projeto político-pedagógico estão implicadas questões ideológicas e econômicas.

Nossos pais psicodramáticos argentinos nos trouxeram um modelo de formação que tomava como base uma intensa experiência psicodramática, proporcionada ao grupo de alunos. Às sessões de psicodrama se acrescentavam algumas atividades, à guisa de complementação: uns poucos seminários teóricos e oficinas técnicas específicas.

Esse jeito de organizar o ensino tem o inconveniente de que o diretor de psicodrama – ao mesmo tempo terapeuta e didata – tem um poder institucional muito grande, não apenas por ter em mãos o eixo da formação, mas também, e como decorrência, pelos vínculos afetivos que desenvolve com os formandos. Poder esse vulnerável a tentações narcísicas e maquiavélicas.

Se a instituição formadora adota o modelo estatutário de sociedade aberta e a maioria dos associados é mantida fora da atividade-fim, gera-se um desequilíbrio nas relações internas – porque em princípio são todos iguais, mas alguns acabam sendo mais iguais do que os outros.

A solução política que se encontrou para esse problema foi a pulverização do curso em várias disciplinas, recurso que, por outras razões, sustenta a dinâmica institucional da universidade.

Do modelo psicanalítico se copiou, desfiguradamente, a análise didática: os alunos se obrigam a fazer terapia com terapeutas credenciados, por eles livremente escolhidos, que podem até mesmo pertencer ao corpo docente mas não necessariamente.

Essas duas medidas permitiram a ampliação, em tese, do número de pessoas que participavam do processo, democratizando-o. Como custo pedagógico, a experiência psicodramática grupal perdeu a condição de estruturante do processo formativo.

A exigência de terapia paralela (numa fase inicial do percurso histórico, deveria ser parcialmente prévia) tornou-se um nó difícil de desatar. Porque se o objetivo era ter um aluno/profissional devidamente terapeutizado, qual o sentido da exigência de a terapia ser feita com um terapeuta credenciado pela instituição formadora? Por que não outro? Como avaliar a competência de um terapeuta?

Avolumavam-se as queixas tanto de alunos que tinham que abandonar seus antigos terapeutas para adotar um novo, credenciado, quanto de terapeutas que, por não serem credenciados, perdiam seus clientes. O desconforto dessa situação perdura até hoje, mesmo depois de ter sido adotada uma política de liberação com credenciamento em massa de terapeutas de alunos.

Por outro lado, se o que se pretendia era que a própria terapia fornecesse um modelo de atuação terapêutica, que garantias havia de que o modelo era bom se não era possível sequer discuti-lo, sob pena de instituir o questionamento da atuação de um terapeuta ausente? Referências tímidas trazidas à sala de aula eram diplomaticamente desconsideradas como material didático, em respeito ao colega.

Forçoso reconhecer, também, que mesmo terapeutas credenciados acabavam não oferecendo trabalho grupal (apenas terapia bipessoal) nem trabalhavam em unidade funcional, e – paradoxalmente – nem sequer utilizavam mais o psicodrama. Isso acontece até hoje.

No frigir dos ovos, há uma questão mais básica que é a pertinência da própria precondição. Aí as opiniões se dividem entre os radicalmente a favor e os radicalmente contra, com direito a posições intermediárias ou abstenções.

O tamanho da encrenca se mede pelas tentativas de burla (procrastinações do início da terapia obrigatória, atestados falsos) e pela necessidade cada vez maior de medidas de controle, mais ou menos duras, variando de acordo com prioridades estabelecidas por gestores ou mesmo por instituições.

Fenômeno semelhante se verificava no campo da supervisão obrigatória. Cada aluno deveria procurar um supervisor credenciado e cumprir uma determinada carga horária de supervisão.

Só que, sem que se tivesse uma posição clara quanto à natureza da exigência, o conceito de supervisão poderia variar. Para alguns, a supervisão tinha um caráter essencialmente didático (apropriação de recursos técnicos), ou didático-terapêutico (trabalhar o papel de terapeuta), ou até mesmo o sentido de "controle" que caracteriza a supervisão psicanalítica.

No final das contas, o forte da formação acabava sendo o currículo teórico, no qual se incluíam aulas de técnicas denominadas, por tradição, ateliês de ego-auxiliar e de diretor.

A Federação Brasileira de Psicodrama, entidade de adesão voluntária, era o cenário em que desembocavam os impasses e as aflições relacionadas com a formação profissional do psicodramista. O caminho adotado foi, talvez como primeira tarefa da entidade, o estabelecimento de uma regulação que fornecesse os parâmetros para a especialização, procurando ao mesmo tempo contemplar os vários interesses, pressupostos e objetivos em jogo.

Democraticamente, as instituições participantes da federação se auto-obrigavam ao cumprimento das regras acordadas. Era um jeito de fortalecerem a entidade e, ao mesmo tempo, se fortalecerem.

Só que na prática as coisas não funcionavam bem assim. O regulamento era por demais detalhado em suas exigências, buscando satisfazer as preferências teóricas e políticas das entidades federadas, e deixava pouca margem aos ajustamentos locais e à criatividade pedagógica.

De novo, a solução da burla: as federadas operavam como bem lhes aprazia, adequando-se às exigências só até onde lhes convinha. No papel, porém, tudo era feito dentro dos conformes. Essa relação hipócrita era apenas um sintoma do mal-estar ideológico que permeava a própria iniciativa reguladora, e que não tinha espaço político para se explicitar.

O pacto federativo incluía, entretanto, outras exigências. Contrapondo-se ao modelo de formação personalista – em que um profissional, por sua conta e risco, se propõe como formador, recruta seus alunos e acaba se instituindo como uma força pessoal dentro do cenário político-profissional –, a Federação optou por apenas acolher entidades associativas que oficialmente se definissem como desprovidas de finalidades lucrativas.

Essa alternativa, estimuladora de relações mais democráticas e participativas, implicou o mesmo risco das normas de ensino, ou seja, o cumprimento apenas formal da exigência (algumas entidades eram apenas de fachada, disfarçando o modelo personalista que se combatia) e a proscrição da verdade: aqueles que assumiam não funcionar de acordo com esse modelo não podiam juntar-se à comunidade.

Dentro desse contexto, quando idealizamos a Escola de Psicodrama de Tietê, uma das decisões mais difíceis foi a não participação na Federação Brasileira de Psicodrama.

A rigor nem se tratava de uma escolha unilateral de não querer, de caráter contestatório, pois a própria conformação do projeto não permitia que fosse aceito pela entidade.

Houve, sim, o desejo de independência, para garantir a autonomia do projeto pedagógico, protegendo-o de pressões de quaisquer ordens, garantindo que a sementinha germinasse e crescesse sem o risco das intempéries político-institucionais.

Com o tempo, foram acontecendo algumas coisas importantes que, de certa forma, amenizavam o impacto dessa decisão.

Por exemplo, pouco tempo depois de fundada a Escola, se constatou que dois terços apenas das instituições psicodramáticas formadoras se reuniam na Federação, enquanto as não federadas contabilizavam um terço do universo. Ou seja, não estávamos sós.

É importante salientar que a maior parte das não adesões à Federação era motivada por razões econômicas: federar-se implicava um custo a mais, que nem sempre organizações pobres e pequenas conseguiam bancar. Nosso caso incluía esse aspecto também, mas o principal era, mesmo, a questão estrutural do curso.

Ainda mais tarde, a própria Federação foi gradativamente se abrindo, se modernizando e flexibilizando seus critérios. Chegou mesmo a haver um início de negociações para o ingresso da Escola, mas de novo algumas exigências tocavam em pontos não negociáveis, o que acabou frustrando esse movimento de aproximação.

Nada disso aconteceu sem dor, de lado a lado.

A existência marginal da Escola gerava desconforto no arraial febrapiano, o que se pôde constatar em várias ocasiões, não poucas. Ironicamente, não se questionava a qualidade do trabalho desenvolvido – em tese, era essa qualidade que as normas procuravam garantir –, mas o isolamento era considerado arrogante e ofensivo. Nesse contexto, ninguém se dava conta de que a recusa era bilateral.

Dois episódios indicativos desse mal-estar.

Em 1994 fui pessoalmente convidado a participar da reunião anual da Associação Espanhola de Psicodrama (AEP), quando me foi dado entrar em contato com as principais lideranças psicodramáticas daquele país. Terminado o congresso, viajei de carro, de Múrcia até Madri, justamente com o presidente da AEP. Durante a viagem, ele me expôs a proposta de realização de um congresso ibero-americano, com o objetivo de estimular o intercâmbio entre os psicodramistas de línguas portuguesa e espanhola. A ideia me encantou e de pronto contou com minha entusiástica adesão, materializada inclusive em alguns palpites e sugestões.

No ano seguinte, aconteceu em Buenos Aires um congresso da Associação Internacional de Psicoterapia de Grupo (IAGP). A ideia do congresso ibero-americano estava mais amadurecida. De novo, fui procurado pelo presidente da AEP, que trazia consigo um esquema mais concreto de coalizão de entidades, com o objetivo de fazer acontecer o conclave. Consultou-me sobre a adesão da Companhia do Teatro Espontâneo (a Escola de Tietê era uma das frentes de atuação da Companhia), o que acabou ocorrendo antes mesmo da adesão da Federação – com um processo decisório evidentemente menos ágil.

Integrando o "pool" de entidades patrocinadoras, tivemos uma presença significativa na organização do primeiro congresso, que teria como sede a Universidade de Salamanca. Por coincidência, uma das professoras da Escola estava residindo na Espanha, na ocasião, e participou, como representante nossa, das reuniões preparatórias.

Na abertura dos trabalhos, o primeiro sinal de desconforto foi estarmos sentados, lado a lado, na mesa diretora, eu, como representante da Companhia do Teatro Espontâneo, e a então presidente da Federação Brasileira de Psicodrama. Em termos de representatividade, a situação era insólita, porque eu tinha por detrás de mim cerca de 50 pessoas, enquanto a Febrap falava em nome de, pelo menos, 3.500. Assinalando essa diferença, eu expressei o desejo de, apesar de pequenos, oferecermos a nossa melhor colaboração, relembrando o slogan publicitário "quem não é o maior tem de ser o melhor". De pronto essa frase acabou tipificando uma presunção de que nós éramos melhores que os outros. Uma interpretação só possível dentro daquele contexto já comprometido.

Para completar o quadro, eu tinha sido convidado para dirigir o teatro espontâneo de encerramento do congresso. Um enorme privilégio, sem dúvida, cuja legitimidade, entretanto, foi desde logo posta em questão: por que o representante de uma entidade brasileira não federada? Moral da história: essa foi uma das mais difíceis direções que eu já fiz em toda a minha trajetória profissional. Só equiparável à situação que vivi num evento feminista – em que eu fui convidado a dirigir uma plateia composta de aproximadamente 200 mulheres que se perguntavam: por que um homem?

O revide veio no segundo congresso, realizado no Brasil. A Federação se encarregou de liderar a organização e em nenhum momento nos reconheceu como entidade coorganizadora.

Outro episódio tenso antecedeu o congresso internacional de psicoterapia de grupo acima mencionado. A equipe argentina encarregada da organização do congresso resolveu investir nos apoios informais, criando uma rede capaz de resgatar contribuições oriundas da experiência de grupos que viviam fora dos espaços oficiais. Mais uma vez, fui convidado a colaborar nesse projeto.

Nas vésperas do congresso brasileiro de psicodrama de 1996, aproveitando que alguns amigos vinham de cidades distantes e passariam por São Paulo, convidei-os para um encontro em Tietê, cumprindo um duplo objetivo: conhecerem a escola e conversarmos sobre o congresso de Buenos Aires.

Evidentemente, a reunião de Tietê chegou a Águas de São Pedro com a conotação de um movimento subversivo, como negação do papel da Federação como liderança psicodramática no país. Numa certa altura do congresso fui convidado a participar de um debate cujo tema era o congresso da IAGP – sendo tomado como um réu que tinha de se defender, e não como um companheiro cuja contribuição gostariam de compreender.

É importante ressaltar que em nenhum momento houve uma ruptura pessoal minha com a Federação. Pelo contrário, sempre fiz questão de me filiar a uma entidade federada, mesmo que não tivesse condições de oferecer uma colaboração direta.

Foi assim com a Sociedade de Psicodrama de São Paulo, cujo fechamento ajudei a impedir, durante uma crise extremamente grave, quando então, quebrando uma promessa que eu me havia feito anos antes, até me dispus a fazer parte de um órgão de direção da entidade, ajudei na elaboração de um novo estatuto e de um novo modelo de especialização em psicodrama (diferente do de Tietê, levando em conta as especificidades do contexto societário).

Foi assim com o Instituto Riopretense de Psicodrama, do qual fui um dos fundadores e guardo até hoje, carinhosamente, a condição de sócio honorário.

E depois, com o Instituto de Psicodrama e Psicoterapia de Grupo de Campinas, cidade para a qual me transferi e onde hoje localizo meu ninho.

E sempre fiz questão de manter e explicitar minha condição de professor-supervisor credenciado pela Federação!

Os contratempos políticos menores em nenhum momento chegaram a abalar nossa convicção de que deveríamos levar avante nosso projeto de escola.

Só depois de o curso ser desativado, por razões econômicas, alguns ex-alunos, barrados nos bailes das entidades federadas, começaram a questionar o acerto dessa opção – da qual eles tinham plena consciência quando aportaram na Escola em busca de uma formação que consideravam de acordo com o que desejavam naquele momento.

Tanto que alguns candidatos desistiram de frequentar a Escola por causa dessa condição, o que sempre respeitamos como, mais até do que um direito, uma alternativa por outros critérios também válida. Esses ex-futuros alunos foram por nós orientados a procurar instituições federadas com nome, endereço, telefone e, quando possível, pessoa com quem poderiam entrar em contato.

Passados tantos anos, uma pergunta não quer calar: valeu a pena?

Por um lado, sim. A proteção que quisemos dar ao nosso incipiente projeto foi efetiva, dado que em nenhum momento tivemos de alterá-lo em nome de exigências externas. Muitas vezes ele foi reformulado, porém com base na própria experiência, por coerência com o princípio de que a institucionalização de boas ideias pode, paradoxalmente, comprometê-las. Se erramos, o fizemos por nossa conta e risco.

Ao mesmo tempo, temos várias indicações de que o fato de termos levado a sério alguns pressupostos curriculares e pedagógicos contribuiu para que outros perdessem o medo de inovar. Ninguém copiou nosso modelo, mas ele serviu de inspiração para muitos. Com certa ponta de orgulho, chegamos a pensar que de alguma forma contribuímos, indiretamente, até mesmo para a flexibilização das normas federativas – as quais nos impediam de nos federarmos. Porto Alegre, com sua mensagem de que outro mundo é possível, faz Davos mudar.

Inovações técnicas e aprofundamentos teóricos que a condição especial da Escola favorecia também podem ser contabilizados em favor do laboratório que ali implantamos. Especialmente o reposicionamento do psicodrama diante do teatro espontâneo.

Não fomos os pioneiros do teatro espontâneo no Brasil, mas com certeza nossa Escola teve um papel importante em sua difusão, alinhando-se a uma espécie de "boom" mundial em que as ideias básicas do teatro espontâneo eclodiram – ainda que nem sempre com esse nome. E a independência da Escola foi um condicionante importante para que esses achados acontecessem.

Por outro lado, não. O custo afetivo foi muito alto. Algumas indisposições nunca mais foram superadas, o que nos entristece. As tentativas de construir pontes não chegaram a ultrapassar a fase dos pré-projetos. E o tempo acabou por consolidar territórios protegidos por barreiras intransponíveis, porque diferenças se tornaram pilares de identidade.

E a grande dúvida é se nossa contribuição não poderia ter sido mais efetiva se a tivéssemos feito de dentro ao invés de nos posicionarmos de fora.

É bem verdade que as tensões intrainstitucionais costumam ser ainda maiores do que aquelas exemplificadas pelos casos acima relatados.

Muita energia costuma ser consumida na mera manutenção do aparato institucional, sobrando pouca para as atividades-fim. Mas mesmo assim, a dúvida é se em Davos não se consegue maior efetividade no combate à pobreza do que em Porto Alegre.

Tudo isso, além dos inconvenientes da marginalidade aos quais não apenas nós, os líderes do projeto, nos condenamos, mas na nossa esteira uma centena de discípulos.

Aliás, sobre esse aspecto vale ressaltar que alguns de nós acabamos nos inserindo nas instituições oficiais, algumas vezes até mesmo disfarçando nossa inserção pregressa. Outros nos vinculamos a outros grupos de referência fora do campo do psicodrama e, aí, nos resgatamos como pertenças. Alguns de nós, ainda, nos cristalizamos como outsiders ou undergrounds, estrangeiros em nossa própria terra ou andarilhos que escondem, num lugar obscuro, a caixa de seus tesouros.

Cabe aqui uma reflexão sobre o papel das instituições. Seriam elas, em tese, enquadradas no anátema psicodramático – numa compreensão equivocada – às conservas culturais? Dentro dessa linha de pensamento, estaríamos nós, da Escola, assumindo uma postura anti-institucional?

Não é possível viver sem instituições. Todo acordo que envolva mais de uma pessoa para uma tarefa em conjunto caracteriza uma instituição. Ou seja, os envolvidos na avença "instituem" o seu projeto. Definem objetivos e procedimentos, nome e recursos, critérios e valores. Se for necessário incluir mais atores, estes deverão fazer voto de adesão, como condição para serem admitidos. O que faz muito sentido, porque não se pode pensar em agregar opositores, pessoas que trabalhem contra o projeto em questão.

Os instituidores da Federação Brasileira de Psicodrama, evidentemente, tinham um sonho e se organizaram para concretizá-lo. Toda ampliação do grupo inicial passaria, evidentemente, pela concordância básica com os ideais instituídos. Nada mais legítimo.

O projeto inicial que inspira a fundação de uma instituição é suscetível de revisões. Até para que se viabilize, isso é necessário, porque a própria concretização do projeto inicial transforma a realidade em que ele atua, gerando inevitáveis desequilíbrios no sistema e, portanto, novas necessidades.

A sobrevivência da instituição passa por sua capacidade de se autorrenovar. Quando uma instituição se enrijece, fatalmente passará por alguma crise, em algum momento.

Algumas instituições possuem uma força tal que acabam se "naturalizando", ou seja, tomadas como se fossem aspectos imutáveis da própria natureza. Outras, por sua vez, dependem de sua capacidade de convencer as pessoas a aderir aos seus propósitos.

A sobrevivência das instituições depende, portanto, de sua força política. Daí o investimento que se faz no sentido de assinalar sua importância e capturar adeptos. Daí, também, os inevitáveis confrontos com quaisquer outras forças que se lhes oponham ou que, pelo menos, com elas não colaborem. Conforme o texto bíblico, "quem comigo não ajunta, espalha".

Nem mesmo o anarquismo se opõe aos processos institucionais: sua visão das instituições não implica negar-lhes validade nem direito de existência. O anarquismo não postula e não é sinônimo de caos, desordem, voluntarismo, como muitas vezes se tenta fazer crer. Ele é basicamente um conjunto de valores que norteiam as relações de poder. Em outras palavras, é uma forma de organização que incorpora o princípio de que o poder não pode ser pura e simplesmente avocado, atribuído ou delegado: a gestão do coletivo tem de ser participativa, ninguém pode decidir sobre a vida e o comportamento dos demais, a ordem é objeto de um acordo sempre renovado.

É portanto insano pensar que se pode viver sem instituições. O que não implica que elas devam ser sacralizadas, universalizadas ou impostas autocraticamente, tampouco ser entronizadas acima de qualquer crítica ou desejo de reformulação. Sua renovação acontece fatalmente, queiram ou não aqueles que circunstancialmente as representam, como decorrência dos movimentos de acomodação e autopreservação dos sistemas sociais dentro dos quais elas estão contidas. ■

5
FRAGMENTOS DE UMA EXPERIÊNCIA IRREPETÍVEL

◈

ANGELA REÑONES

Quando Moysés me convidou/intimou/seduziu para que colaborasse com "uma parte" para compor "um todo" sobre o que foi a experiência de Tietê, me pareceu uma tarefa tão difícil que o tempo escoa pelos dedos e as folhas continuam em branco.

Por que tão difícil, se foi vivida por mim desde antes de existir? Poderia responder que me parece difícil escrever algo que esteja à altura do que lá foi vivido. Vou tentar!

Na Espanha se diz que as relações que acontecem ao redor da mesa fluem melhor.

Talvez por isso Moysés e Miriam Tassinari me convidaram para almoçar e, depois de falar de outras tantas coisas, me expuseram a ideia de abrir uma escola de psicodrama (nós três como professores) – a escola teria certas e certas características iniciais indispensáveis e depois colocaríamos outras que todos considerássemos convenientes.

Claro que me deram um tempo para pensar, desde que a resposta fosse "Sim, aceito!" Quase que a resposta já foi essa naquele mesmo dia, porém pensei, temi, vacilei e... aceitei.

Formar o grupo, começar, questionar, pensar, fazer, viver, agir, ir, ir, ir, ir...

Era um caminho sem volta.

O prazer desse algo novo era tão novo que não sabíamos como continuaria, nem o que seria vivido naquele dia tão novo e tão prazeroso.

Começava o prazer do nosso encontro e eu continuava escutando chegar cada dupla ou trio, gorjeando como pássaros, buscando a árvore onde passar o fim de semana, aprendendo novos trinados, novos voos, para levá-los depois para seus ninhos e campos habituais.

Passearmos os três professores pelos canaviais – entre uma aula e outra – ou sentarmos embaixo de uma árvore e compartilharmos nossas inquietudes e prazeres foi algo que não se pode explicar, senão viver.

Era a confirmação constante de que quando as escolhas são positivas e recíprocas é muito fácil (ainda com todas as dificuldades que enfrentávamos) levar à frente tamanho projeto.

Quando se respira esse ambiente – vínculo – de colaboração entre os professores, não é difícil que se estabeleça com os alunos algo assim, como se o vínculo fosse uma continuidade do que vem: professor-professor, professor-aluno, aluno-aluno.

A vivência *in loco* de diferentes papéis era um elemento muito forte. Além do professor-aluno, em outro momento éramos colegas que, passeando, comentávamos outras coisas, com a leveza de entender (ambos) que estávamos em outro papel e que de maneira alguma faltaria clareza para o nosso papel de professor-aluno que aconteceria logo a seguir.

A importância que cada aluno dava ao privilégio de ter a oportunidade dessa escola era tão grande que se achava natural que alunos viessem desde Fortaleza, uma vez por mês, e aproveitassem para fazer conosco terapia, curso e supervisão, com a certeza de que valia a pena o sacrifício, pelos trinados e voos que isso significaria.

Recebíamos muitas críticas, que chegavam atrasadas, já que quando pensamos na escola sabíamos que as receberíamos, por não estar dentro dos padrões esperados. Era mais do que esperado. Era aquilo que não se teme quando os mentores estão muito bem comprometidos com o projeto, seguros etc. etc...

Dessa experiência saiu um outro projeto, que era o de convidar colegas para formar um grupo que estivesse comprometido com o movimento psicodramático e desejasse discutir, discordar de ou concordar com (depois de destrinchar) um conceito e, após cada destrinchada, escrever o que foi concluído e ir fazendo desse grupo uma referência de estudos avançados.

Também fomos felizes realizando isso. Durante dois anos foi Tietê o lugar dos encontros e depois foram propostos outros lugares para que, em cada encontro, pudessem ser diferentes pessoas os anfitriões e nos locomovêssemos todos.

Pessoalmente, posso falar de Tietê e Boiçucanga, já que nos outros eu já tinha ido para Salamanca.

Os alunos nos diziam e nos dizem ainda que ninguém continua o mesmo após a experiência de Tietê, mas opino que os professores podemos afirmar o mesmo.

Moreno teria ficado orgulhoso de ter comprovado como funciona na prática o que ele teorizou com a sociometria.

Desde que começamos a experiência, eu brincava dizendo que o próximo passo seria uma filial na Espanha, que se chamaria "La Compañia". E... foi assim mesmo. Eu abri uma escola em León, nos mesmos moldes da Escola de Tietê, com o que tive a oportunidade de divulgar o psicodrama em duas províncias, León e Salamanca. Era uma novidade, já que todos os movimentos categorizados levam seus centros de estudo a Madri e Barcelona, pela facilidade de público, para formar grupos maiores.

Assim como para deixar Tietê fui motivada pela Espanha, para deixar a Espanha o motivo foi a gravidez de meus dois filhos. Dois netos divinos! Para desligar-me de ambos me dei um longo tempo de luto. Várias caixas de lenço de papel e a convicção de que poderia me arrepender de ter vivido cada um deles, mas que não queria me arrepender do contrário. Não me arrependo!

ÚLTIMO FRAGMENTO

Eu me sinto tão injusta escrevendo só isso de algo que foi tão importante para mim que creio vou me arrepender de não ter realizado um esforço maior. Estou, porém, em um momento no qual quero recordar as coisas positivas e pacíficas – claro está que nem todas foram desse estilo em Tietê. Mas se me propus escrever fragmentos, escolhi alguns dos que me resultaram tão agradáveis.

Com Moysés e Miriam minha amizade, enriquecida por essa experiência, continua estupenda e, até quando passamos longo tempo sem nos encontrarmos, nos parece que foi ontem que tínhamos interrompido o papo.

Como continuamos nessa rota pós-Tietê? Caminhemos. Vivamos. Respeitemos. Amemos. Descubramos. Aprendamos. Sintamos. Desejemos. Aceitemos. Vibremos. Pensemos. Sonhemos. Criemos. Cogitemos e cogitemos.

EM OUTRO MOMENTO

Falar do teatro espontâneo é uma tarefa difícil. Difícil porque ele é grande! Grande porque as emoções que experimentamos e o conhecimento que construímos não caberiam apenas em linhas escritas.

Eu diria que em Tietê cada encontro era um renascimento. Encontrar com colegas de profissão, com amigos, com pessoas com as quais tínhamos afinidades, e também com pessoas com quem não tínhamos afinidades, era sempre uma grande dose de emoção, de aprendizado. Trabalhar com um mundo de possibilidades, com as diferenças e, é claro, com a espontaneidade, proporcionava o renascimento, o ressurgimento de cada um de nós, de dentro de nós.

Talvez não seja suficiente falar ou escrever sobre o teatro espontâneo. Acredito que seja fundamental, vivê-lo.

VER "TERAPÊUTICA DO TEATRO ESPONTÂNEO", NA PÁGINA 118

Uma das experiências mais instigantes foi observar e vivenciar a **terapêutica do teatro espontâneo**. Por meio do lúdico, do imaginário, da expressão corporal e do contar e ouvir histórias, abria-se a oportunidade de olhar para si, para o outro e para o contexto daquilo que cada um vivia naquele momento.

◈

TERAPÊUTICA DO TEATRO ESPONTÂNEO

Não foram poucos os momentos em que nos assaltava uma dúvida: nossa escola é de psicodrama ou de teatro espontâneo?

Os nomes foram mudando. Inicialmente, Escola de Psicodrama. Mais tarde, Escola de Teatro Espontâneo. Depois, Escola de Psicodrama e Teatro Espontâneo. Ao final Escola de Teatro Espontâneo – psicodrama, sociodrama, axiodrama.

A dança dos nomes traduzia o movimento de formulação teórica, na perspectiva que adotávamos, de que a teoria nada mais é do que uma reflexão sobre a prática. O fazer é revisado, dissecado, avaliado, situado em contexto mais amplo, correlacionado, abstraído, categorizado, conceituado. Dessa forma, a experiência se instala como referência para novos fazeres, os quais serão sempre submetidos ao mesmo processo, de tal forma que a teoria não se fecha nunca, está sempre aberta a reformulações e aprofundamentos. Derruba-se dessa forma a traiçoeira afirmação de que a teoria na prática é outra. Não, essa teoria descolada da prática é ideologia pura, mais afasta do que aproxima da realidade. É enganação. A boa teoria é a quintessência da prática, a um só tempo inspiradora e inspirada.

Fomos compreendendo, aos poucos, que no chamado campo psicodramático o que constitui a base de tudo é o teatro espontâneo, entendido como uma modalidade de manifestação estética cênica fundada na improvisação e na criação coletiva. O potencial transformador dessa experiência, que rompe com a concepção aristocrático-burguesa da arte como privilégio dos gênios, faz dela uma ferramenta valiosa quando se pretende intervir na realidade e impactá-la significativamente.

Psicodrama, sociodrama e axiodrama se definem pelos sujeitos da intervenção. Se o sujeito é o indivíduo, chamamos de psicodrama. Se é o grupo como um todo, sociodrama. Se é a comunidade, representada por uma amostra, axiodrama.

Em Tietê fazíamos de tudo. Ora trabalhávamos problemas pessoais trazidos pelos alunos, objetivando seu crescimento como indivíduos. Em outro momento, o foco era a própria grupalidade, enfrentando as tensões e desafios próprios da convivência e do estar juntos numa mesma tarefa. Questões mais abrangentes, que diziam respeito à coletividade mais ampla – temas nacionais, políticos, por exemplo – também integravam o cardápio.

Experimentávamos, dessa forma, as várias possibilidades do teatro espontâneo. A psicoterápica, inclusive.

Só que essa experimentação nos apontou para outra formulação teórica, ou seja, a quase impossibilidade de diferenciar o terapêutico do educativo. Ambos os processos almejam produzir transformações em todos os níveis da vida humana, não apenas nos indivíduos, mas também em suas relações imediatas e mediatas. Tanto um quanto outro fazem o seu melhor quando se baseiam estritamente na realidade de seus sujeitos, apostam na capacidade das pessoas envolvidas de se constituírem como sujeitos e se responsabilizarem pelo seu desenvolvimento, trabalham para abrir o leque de alternativas de vida em vez de mediar a adesão a soluções hegemônicas.

O testemunho de todos os que participaram do projeto Tietê reforça essa convicção. Tietê era um projeto pedagógico muito específico: proporcionar especialização numa determinada ferramenta de trabalho. No entanto, o impacto transformador é reconhecido como o principal benefício auferido. Um impacto de tal ordem que mesmo aqueles que desistiram, por alguma razão, de utilizar o instrumento ali aprendido, reconhecem que essa opção acabou sendo facilitada pela experiência da escola. É paradoxal. Mas a plenitude da vida não se dá pela eliminação dos paradoxos e sim por vivenciá-los em toda sua intensidade e, tanto quanto possível, reconhecê-los e admiti-los.

Mas, afinal, o teatro espontâneo é terapêutico ou não? Parodiando Pirandello: assim é, se assim lhe parece.

Tudo depende da intenção com que se faz. É possível, sim, como referido acima, fazer teatro espontâneo como terapia, nos três níveis: individual, grupal e comunitário. Se esse for o objetivo proposto não apenas pelo diretor, mas por todos os participantes como um conjunto.

Embora terapia signifique originalmente ajuda, nem toda ajuda poderia ser considerada terapêutica. Também não é suficiente considerar o potencial transformador: outras práticas apresentam a mesma característica sem serem consideradas necessariamente terapêuticas.

Para ser considerada terapêutica, a atividade deve ser consensualmente voltada para uma ajuda transformadora. Se a ferramenta escolhida for o teatro espontâneo, com certeza ele cumprirá esse objetivo.

Mas o teatro espontâneo pode ser feito com outras finalidades. Ressalto, para os esclarecimentos aqui almejados, o teatro espontâneo como manifestação artística, pura e simplesmente. Assim como se pinta um quadro, se cria uma música, se esculpe uma pedra, se molda a argila, transformando matérias brutas em formas expressivas, com valor estético, da mesma forma se pode fazer teatro e, no nosso caso, o teatro de improviso criado coletivamente, que chamamos de teatro espontâneo.

A experiência do teatro espontâneo pode ser considerada, em si, transformadora. Uma transformação que traz a marca essencial da emancipação, uma vez que se baseia naquilo que as pessoas que participam têm e trazem como contribuição para o processo coletivo. Elas são encorajadas a assumir o que são e o que podem e a colocar isso em interação com o que as outras pessoas são e podem. É uma vivência que permite a todos se defrontarem com sua condição de potencialidade e responsabilidade, apreendendo a lição de que o resultado obtido representa a concretização daquilo que todos têm, num plano mais avançado do que seria se a tarefa fosse realizada individualmente. Um excelente estímulo para a vida, para as relações. ■

6

PSICODRAMA E EDUCAÇÃO: QUANDO O PSICODRAMA DESASSOSSEGA

ÁUREA M. GUIMARÃES

Imensa calma.
Penetrando as rochas
o canto das cigarras.

(Bashô)

A sensação de tocar com os dedos
O que não tem realidade –
Uma pequena borboleta!

(Buson)

Iniciei o magistério superior, no ano de 1991, em uma faculdade particular na cidade de São Paulo. Enfrentava salas de aula com aproximadamente 150 alunos, no período noturno. Apesar de trabalharem em atividades burocráticas e cansativas como bancos, hospitais, transporte urbano, vendas, eram estudantes muito dedicados. Sendo a faculdade cara para os padrões vividos por eles, reclamavam dos professores pouco comprometidos com a educação. Essa atitude chamou minha atenção, porque é muito comum, no caso de algumas instituições particulares, encontrarmos um descaso total pelo ensino e alunos que se queixam dos professores mais exigentes.

Minha admiração por eles aumentou meu desejo de transformar o conhecimento em algo importante para a vida desses alunos. Procurava exibir filmes, contar fatos históricos em forma de parábolas, solicitava pesquisas de campo em que pudessem entrevistar pessoas de seus interesses e paixões. Diziam que, apesar do cansaço, gostavam de assistir às minhas aulas. Resolvi investir mais em minha formação docente porque a sala de aula passou a ser um desafio constante, me obrigando a rever, o tempo todo, a relação forma e conteúdo. Percebia que saber a matéria e algumas técnicas didáticas não bastava, porque, além de transmitir informações, conceitos e teorias, era preciso propiciar aos alunos condições para eles produzirem um pensamento próprio em relação aos conteúdos trazidos para a sala de aula. O livro de Maria Alicia Romaña, *Psicodrama pedagógico* (Campinas: Papirus, 1985), me levou a buscar o psicodrama pedagógico como um método que pudesse me ajudar nessa empreitada de apreender o mundo de modo racional e sensível, "dando vida à rotina educativa".

Procurei a Oficina de Psicodrama Pedagógico e fiz um curso de formação em psicodrama pedagógico, durante dois anos, sob a coordenação da professora Stela Fava. Esse curso ampliou as possibilidades da minha atuação educacional, mostrando-me o quanto ela poderia ser criativa e prazerosa.

Restava/resta muito a aprender e a sensação de estar sempre na corda bamba, "sabendo que ao menor descuido se pode despencar" (Aguiar, 1998, p. 13), não me sossegou. Intuía o quanto estava em desequilíbrio toda vez que tentava "instrumentalizar" técnicas de aprendizado. A relação forma e conteúdo ainda me perturbava.

Colegas ligados ao psicodrama me conduziram a Tietê. Lá existia a Companhia do Teatro Espontâneo e sua trupe, coordenada por Moysés

Aguiar. Eles ofereciam um curso de especialização com duração de dois anos e meio e ministrado todo início do mês, no período que ia das 19 horas de sexta-feira até as 12 horas de domingo. Vivências, laboratórios, seminários teóricos constituíam suas atividades principais. Fui (a)traída pela palavra "teatro". Alguns amigos, que já conheciam a Companhia, me falavam também em "teatro da anarquia", porque buscava a confluência da arte com a educação e a política, desafiando convenções, concepções de mundo cristalizadas. Aceitei a proposta daquela trupe e aguardei com muita ansiedade o início do curso.

No dia 4 de fevereiro de 1994, numa sexta-feira à noite, lá estava eu entre pessoas das mais diferentes regiões do país, com formações e profissões também as mais diversas. Alunos antigos e recém-chegados davam os contornos daquele grupo. Uma casa simples, localizada em uma pequena chácara, acolhia os participantes. Ambiente alegre e aconchegante.

Os primeiros encontros já anunciavam que aquela jornada não seria nada fácil. O teatro, que tanto me atraiu para chegar até lá, causava-me sentimentos ambivalentes – medo, insegurança, tristeza e, ao mesmo tempo, descontração, confiança, alegria. Ocupar a plateia ou o palco onde ocorriam as sessões de psicodrama exigia de todos nós, professores e alunos, um mergulho no chamado "contexto dramático". Isso significava colocar em cena as ideias partilhadas pelo grupo. Em algum ponto, imaginação e realidade se imbricavam. Os dramas pessoais de cada um estavam sempre presentes, mas não eram o foco. Havia ali uma subjetividade que se objetivava, ou seja, o individual deveria dar margem à compreensão coletiva dos conflitos trazidos pelas histórias que marcavam/marcam nossa relação com o mundo. Era possível viver a interconexão entre os contextos dramático, grupal e social. O intuito desse trabalho nunca foi "solucionar" os conflitos presentes nas cenas, mas criar margens de liberdade para que as rupturas pudessem ser observadas, pensadas, escutadas, traçando com elas novos caminhos a ser percorridos.

A cada mês sentia-me como Sísifo[1] em sua busca desesperada por um lugar "melhor", mas nunca descoberto. Trabalhando na universidade pública, experimentei situações em que o psicodrama era considerado pelos alunos um "circo pedagógico" com o claro objetivo de "terapeutizar" as relações em sala de aula. Por esse motivo, em alguns momentos, Tietê significou estar no "limbo", pois, se de um lado pesavam as exigências conteudistas relativas ao ensino na universidade, de outro o teatro espontâneo, como local de formação, apresentava-se cada vez mais envolvido com a criação artística, sendo a estética o seu fundamento. Pareciam coisas inconciliáveis.

Ao "instrumentalizar" o psicodrama em sala de aula, ele perdia o vigor, mostrando-se uma simples técnica auxiliar que "ilustrava" o conhecimento a ser transmitido. Pensei em desistir da Companhia, porque mesmo durante os laboratórios, nos quais os eventos psicodramáticos eram dirigidos pelos próprios alunos, não ficava claro para mim a finalidade estética do psicodrama. Na "prática", minhas direções insistiam em adaptar o projeto dramático às questões vividas por mim na universidade. Havia um desejo de solucionar, naquele espaço, as dificuldades enfrentadas em sala de aula e que se resumiam num esforço tanto meu quanto dos alunos em aprendermos a produção de um pensamento próprio em relação aos autores, aos conteúdos das disciplinas ministradas.

Resolvi me afastar por um semestre, alegando excesso de compromissos. Só mais tarde fui entender essa decisão. Não havia mais lugar para o inesperado... uma vez que meus pressupostos quanto ao que seria "ensinar" colocavam-se acima do processo criativo daquele grupo. Tornei-me presa de um ideal a ser alcançado, desconectei-me do devir[2].

[1] Diz o mito que Sísifo foi condenado a rolar incessantemente um enorme rochedo até o alto de uma montanha; ao chegar ao cume, a imensa pedra desce atraída por seu próprio peso e ele é obrigado a recomeçar imediatamente a ascensão, com um trabalho sem trégua. Muitas razões são dadas para que ele tenha merecido tal castigo. Uma delas é que teria revelado um segredo dos deuses para ajudar Ásopo a encontrar a filha Égina, raptada por Júpiter (conforme P. Commelin, *Mitologia grega e romana*, s/d, p. 175-6).

[2] "Devir é nunca imitar, nem fazer como, nem se conformar a um modelo, seja de justiça ou de verdade. Não há um termo do qual se parta, nem um ao qual se chegue ou ao qual se deva chegar. Tampouco dois termos intercambiantes. A pergunta 'o que você devém?' é particularmente estúpida. Pois à medida que alguém se transforma, aquilo em que ele se transforma muda tanto quanto ele próprio. Os devires não são fenômenos de imitação, nem de assimilação, mas de dupla captura, de evolução não paralela, de núpcias entre dois reinos" (François Zourabichvili, *O vocabulário de Deleuze*. Rio de Janeiro: Relume-Dumará, 2004, p. 24).

O CINEMA, O IMAGINÁRIO E... O PSICODRAMA

NESSE TEMPO DE "FOLGA", dediquei-me a alguns estudos sobre cinema e imaginário. Percebia o quanto os filmes são rebeldes à análise, o quanto as imagens fílmicas, por estarem num fluxo constante, podem nos levar a várias direções.

Segundo Almeida (1998, p. 152), há filmes que, apesar de sua estrutura dramática, são atravessados em alguns momentos pela tragédia. Na tragédia, nos desinteressamos pelo drama pessoal e nos voltamos para a história dos grupos, da humanidade. A tragédia coloca em tensão os desígnios dos deuses e dos homens, o grupo no poder e o povo, o individual e o social.

Esses filmes possibilitam transcender as "caricaturas", pois os estereótipos vão se desfazendo e o público vai reconstruindo o papel dos personagens. Ao sairmos da história linear do filme, vamos em direção aos nossos mitos, tentando dar sentidos aos estilhaços dispersos que o filme ajuda a organizar. O público é surpreendido com a mudança na estrutura fílmica e convidado a buscar um outro sentido para poder entender o filme e fazer-se entender.

Iniciava-se a partir desse momento a minha tentativa de fazer algumas aproximações entre o cinema e o teatro espontâneo.

Se, no cinema, o diretor utiliza sua câmera para que o espectador apreenda os objetos vistos na tela compondo com ele várias possibilidades de leitura, como afirma Cezar Migliorin (2006), no teatro espontâneo essa ideia também está presente uma vez que, ao valorizar a interface entre o individual e o social, possibilita aos atores e à plateia participarem do espetáculo, intervindo nas cenas, improvisando o "roteiro" do projeto dramático.

Outro aspecto importante. O cinema, ao mesmo tempo que constrói os mitos da sociedade, legitimando os valores do poder que se instala e recontando à sua moda os acontecimentos passados, também carrega em si um potencial de liberdade (Almeida, 1999). Alguns filmes apresentam o que Pasolini (1982, p. 158) indica como "uma estrutura que quer ser outra", isto é, uma vontade de construir dentro dele mesmo uma outra estrutura que possa subverter a narrativa fílmica. Assim, drama e tragédia se misturam. Enquanto o drama fica restrito a vinganças pessoais, a regras morais que delimitam os "bons" e os "maus" personagens, a tragédia cria uma tensão entre as figuras tipificadas e "uma arquitetura de figuras que vão além dos indivíduos que as representam" (Maffesoli, 1985, p. 86). Por outro lado, no teatro espontâneo o drama pessoal, individual, expresso muitas vezes na forma de estereótipos, dá margem para a compreensão da história coletiva dos homens. Rompe-se a linearidade das histórias contadas. A imaginação se inquieta e nos aponta caminhos em várias direções.

Essa breve entrada pelo mundo do cinema e do imaginário trouxe elementos novos tanto para a minha docência quanto para a minha formação em Tietê.

O ETERNO RETORNO... NOVAMENTE EM TIETÊ

NESSE RETORNO, o primeiro fim de semana apresentou-se revelador, porque consegui trazer para o grupo, de forma mais explícita, as minhas dificuldades com o silêncio e o ritmo que eram imprimidos aos trabalhos lá desenvolvidos.

Mas o que é o ritmo? Em seu artigo, Migliorin (2006) afirma que são as questões rítmicas que estabelecem as relações do espectador com os objetos e com o mundo. Entender o ritmo, diz ele, é encontrar o desconhecido no interior daquilo que reconheço. O péssimo cinema é aquele em que só há reconhecimento; a invenção "não está nos novos objetos, narrativas, sons, mas na apresentação de dimensões que não conheço no interior mesmo de cada objeto [...]". Para Migliorin, produzir ritmo é fazer que a relação que certos gestos e pessoas estabelecem com a imagem possibilite uma resistência ao clichê.

Diz Hillman (1988) que as imagens têm seu próprio ritmo, elas são independentes da atividade mental do homem. Esse é um movimento que privilegia a imaginação e que é chamado por Hillman (1988, p. 23) de "a base poética da mente", libertando as imagens das interpretações literais desligadas do contexto da imagem e possibilitando, ao mesmo tempo, uma crítica à cultura à medida que a sociedade não permite aos seus indivíduos ver o que não se mostra. Imaginar, portanto, significa suspeitar dos acontecimentos na forma como eles aparecem, perseguir as imagens em suas múltiplas relações de significados, eventos históricos, artísticos, culturais, pessoais e portadores de uma importância coletiva.

Começava a ficar clara para mim a importância da estética na relação entre o teatro espontâneo e a produção de conhecimento no campo da educação.

VER "QUE TIPO DE FORMA ESTÉTICA?", NA PÁGINA 130

Então, **que tipo de forma estética** o teatro espontâneo toma?

Acredito que tanto o cinegrafista quanto o diretor de teatro, e arrisco afirmar do teatro espontâneo, utilizam a especificidade de suas técnicas para criar imagens e com elas condicionar a produção de uma estética.

Mas, como utilizar os recursos técnicos de modo que a plateia e os atores, ao participarem das cenas, narrem a sua própria imaginação?

No cinema, o uso da câmera, pelo diretor, produz vários efeitos na relação que se estabelece entre o espectador e os objetos, os personagens que estão sendo enquadrados na tela; ele também faz cortes, compõe, edita. Nos filmes em que as cenas são mais longas (planos-sequências demorados), e os cortes entre as cenas (montagem) mais lentos, o tempo se amplia e o espectador pode abrir a imaginação em múltiplas imagens.

No teatro espontâneo, a improvisação no uso de ferramentas emprestadas do teatro convencional – espaço físico, cenário, música, iluminação, papéis cênicos – como fonte estético-cultural favorece a criação de paisagens cheias de hiatos, proporcionando à plateia a possibilidade de criar e recriar sentidos. As passagens entre o que vemos no palco e os vazios deixados na penumbra causam uma tensão entre a história como memória e sentimentos coletivos e a história como memória e sentimentos pessoais.

Não basta estar na "pele" do personagem tomando-o por imitação ou duplicação da vida fora do palco ou da tela. Quando o público/plateia estabelece um efeito de verossimilhança sem falha, o real que se mostra nas imagens não é aprendido como criação e sim como equivalente ao próprio real.

A identificação com o que vemos não pode ser completa, pois em um trabalho de criação o ritmo deve propiciar a oscilação constante entre a ficção e a realidade, o individual e o coletivo, o silêncio e o barulho, o claro e o escuro, as ligações e as rupturas. O ritmo nos mobiliza, fratura nossa estabilidade, possibilita inventar novos ritmos.

A minha queixa fazia sentido, porque foi muito difícil, para mim, apreender essa produção rítmica e imprimi-la às atividades desenvolvidas em Tietê. Somente após alguns anos foi possível compreender que o arrojado dessa Companhia estava exatamente em trabalhar na tensão rítmica entre acolher o conhecido e introduzir nele o novo. A história narrada e conhecida pelo grupo, ao se transformar, pouco a pouco, em projeto dramático, "desfigurava", pelo uso de recursos técnicos, a "originalidade" das narrativas, arrancando-as dos significados que as aprisionavam.

Compreendi então que, no teatro espontâneo, trata-se de favorecer a elaboração de sentidos formando cenas/imagens que ultrapassem a realidade, em vez de formar imagens da realidade, como diria Gaston Bachelard (1990, p. 5) ao se referir à imaginação. Portanto, não adianta pensar que a reprodução de situações vividas em nosso cotidiano e representadas nas cenas psicodramáticas garanta a solução dos problemas apresentados. Nesse sentido, trabalhar com o teatro espontâneo nos obriga a abandonar a necessidade de seguir uma trajetória, de encaixar a vida na forma do tempo linear e dos conceitos. Somos convidados a desviar nosso olhar das imagens e dos acontecimentos já "naturalizados" para outros que tensionam nosso entendimento sobre o mundo, em vez de apenas confirmar o que já existe.

O teatro espontâneo pode oferecer espaços que, no limite, entre o real e a ficção, possibilitam uma visão ampliada do mundo, fazendo que os conceitos e os conteúdos a serem apreendidos funcionem como metáforas vivas (Hillman, 1988, p. 46-50) capazes de nos equilibrar entre as "variações rítmicas do mundo e das coisas" (Migliorin, 2006, p. 3).

◈

QUE TIPO DE FORMA ESTÉTICA?

Duas apreciações estéticas "não autorizadas", para iniciar.

Um pastor evangélico, na faixa dos 40 anos de idade, investia, em sua fala, contra a pintura moderna: "Um monte de borrões, horrorosos, e dizem que isso é arte, onde já se viu?"

Um jovem, na faixa de 20 anos, criticando cantores da bossa-nova: "Eles não têm voz e se metem a cantar e essa gente toda fica aplaudindo" (quem tem voz, para ele, são os cantores líricos, capazes de trinar nos extremos, agudos e graves).

São críticos populares opinando sobre a arte da elite, que se pretende referência para a produção estética e para a avaliação de sua qualidade.

As manifestações artísticas que ocorrem na periferia dos circuitos badalados só ganham certificado de qualidade quando conseguem romper a barreira, obter o *nihil obstat* ou até mesmo o mecenato, e instalar-se nesses circuitos. Aí viram arte de elite: José Antonio da Silva, o pintor, Plínio Marcos, o dramaturgo, a "Jovem Guarda", a "Banda de Lata", alguns rappers contemporâneos e assim por diante.

O domínio do pensamento elitista nesse campo tem como contrapartida das classes dominadas o desejo de ascensão social, de alcançar a cenoura que lhe é oferecida.

O psicodrama como proposta terapêutica vive essa tensão desde os primórdios, tendo se tornado marca da biografia de Moreno sua luta por reconhecimento e aceitação nos territórios nobres da ciência, da Academia, das entidades oficiais. Hoje vivemos o fenômeno da redescoberta do psicodrama como ferramenta de pesquisa, o que nos permite festejar sua acolhida nos meios universitários. Até que enfim!

O teatro espontâneo como proposta estética enfrenta as mesmas vicissitudes. Evidentemente que, pela sua própria natureza, não tem a menor condição de se pautar pelos cânones do chamado teatro legítimo. Não que a legitimidade da tradição teatral do Ocidente deva ser questionada exclusivamente pela forma como se produzem os espetáculos, desde a formulação do texto dramatúrgico, passando pelos ensaios e pela logística, até a bilheteria e os rituais consagrados.

Como se trata, no teatro espontâneo, de uma encenação sempre improvisada, não há como apurar o texto: ele é o que ocorre ao ator-autor no exato momento da representação. Depende, portanto, essencialmente da sensibilidade e da criatividade, postas à prova no aqui-agora.

Quando a modalidade de teatro espontâneo emprega atores profissionais, seguramente eles podem ser preparados como pessoas e municiados tecnicamente para que seu improviso obtenha níveis de qualidade crescentes.

No caso, porém, dos eventos em que os atores-autores são os próprios espectadores, vamos encontrar uma enorme variedade de sujeitos com maior ou menor sensibilidade, com maior ou menor espontaneidade, com maior ou menor quantidade de recursos histriônicos. Ainda que no período de aquecimento se possa fazer um treino rápido para incorporar a noção de personagem e de representação, esses atores nem sempre poderão demonstrar habilidade equivalente à dos profissionais.

Por outro lado, quando falamos aqui de profissionais estamos nos referindo às pessoas que integram a equipe que se encarrega do espetáculo. Muitas delas são amadoras, sem vínculos históricos com nenhuma modalidade teatral. Profissionais de outras áreas. A rigor, o teatro espontâneo é ainda um teatro amador e, como tal, padece de todas as suas precariedades.

O reconhecimento dessas circunstâncias não significa confessar a impossibilidade de um teatro espontâneo com qualidade estética. Implica, sim, abrir mão dos padrões do teatro convencional como critérios para avaliar a realização artística do teatro espontâneo. Há que definir outros parâmetros.

Um deles é exatamente a capacidade de provocar impacto significativo naqueles que dele participam, quaisquer que sejam seus respectivos papéis. E a pergunta pertinente seria, então, quais são as condições que favorecem esse impacto, no contexto acima descrito.

Evidentemente, há alguns recursos que podem ser herdados do teatro tradicional, podendo ser manejados pelo próprio diretor durante o espetáculo. Seu aproveitamento depende de uma pesquisa séria a ser desenvolvida pelos teatrólogos espontâneos, que têm essa fonte à sua disposição.

No entanto, esse resultado só pode ser obtido quando se consegue um nível ótimo de espontaneidade grupal – o que é de certa forma controvertido, uma vez que o desenvolvimento da espontaneidade é exatamente um dos objetivos do teatro espontâneo (aliás, originalmente chamado teatro da espontaneidade, o que veicula uma certa diferença). Se o que se pretende alcançar é ao mesmo tempo uma precondição, metemo-nos num beco sem saída. A arte consiste exatamente em lidar com as contradições, essa em particular.

Cada evento é um evento. Como o maná do deserto, na lenda bíblica da fuga dos escravos judeus do Egito, o teatro espontâneo é uma criação do momento, que deve ser degustada de imediato, enquanto se produz. Não pode ser conservada.

Isso implica uma concepção estética totalmente nova, cuja discussão mal começou. Felizmente, existe a preocupação de não permitir que o teatro espontâneo seja um teatrinho de segunda categoria, um psicodrama mais bagunçado e sem objetivo terapêutico, uma "dinâmica" como qualquer outra que se vende às empresas como se fosse o suprassumo da promoção humana.

Uma das linhas de desenvolvimento passa pela ruptura com a estética elitista em favor de uma estética do homem comum, emancipado das pressões colonizadoras e dono de seu próprio destino. Uma estética do gênio humano e não de alguns poucos gênios privilegiados e promovidos pela máquina publicitária.

O homem comum produz sua arte na rotina da vida. Alguns a chamam de arte "kitsch", porque não se enquadra nos padrões consagrados.

Mas é mais do que isso, porque é a expressão de sua alma, com os recursos que possui, com as ferramentas que tem à mão. O teatro espontâneo se faz dentro desse contexto e o parâmetro estético tem de ser definido também com base nesse contexto.

Diz a canção que "todo artista tem de ir aonde o povo está". Poderíamos, quem sabe, sugerir como alternativas que "todo artista já está onde o povo está", ou então que "todo o povo é o artista". O que muda todo o sentido da arte, toda a concepção estética. ■

7
TEATRO ESPONTÂNEO, VIDA E INTEGRAÇÃO

◈

ANDREA RAQUEL MARTINS CORREA

Presente e passado se fundem num enorme quadro pintado por muitas mãos. Um pequeno fio passa pelo tempo, atualizando cenas e imagens repletas de emoções que não nomeio.

Verde, azul, vermelho, preto, amarelo, opaco, brilhante, mais forte, fraco, grande, pequeno... traços e círculos com retas e losangos e triângulos que se encaixam, se desencaixam, se perdem ou se acham, ora ilustram ora destroem esta tela pendurada, mal arrumada na parede dos meus sonhos, nas lembranças ocultas e delicadas de uma época então já terminada.

Se é que em nossa imaginação tudo vive, mesmo já não existindo, estou novamente na Companhia do Teatro Espontâneo, nos idos de 1995, 1996, procurando algo que ainda nem sabia procurar.

Pessoas, gestos, palavras, movimentos, livros, horários, cama, comida. Gritos, silêncios, batuque, violão, roncos da noite e bocejos do dia. Um final de semana por mês estava o grupo reunido, mais ou menos o mesmo, quase a "mesma gente", mas nem tanto: novos alunos sempre entravam, outros saíam e as cores, as forças e os sons se modificavam.

Algo, porém, por todos nós esperava incansavelmente: o teatro. O teatro-palco, estrutura física, e o teatro ritual humano, que ri e que chora, que canta e dança qualquer dor, qualquer alegria.

Poderoso esse teatro, mágico por excelência e completo por ser imaginação e realidade, realidade e imaginação: "Aqui e agora tudo é possível, a ficção é pura realidade e a realidade, ficção" (Boal, 1996, p. 34).

Na experiência teatral, realidade e imaginação se fundem, revelando um ser humano que por vezes é único e indivisível, não fracionado. É objetividade e subjetividade ao mesmo tempo; é ação, emoção e pensamento numa só nota, criando melodias estranhas aos olhos do mundo circundante. Estranhas. Será?

VER "INTEGRAÇÃO DO TEATRO COM O MUNDO", **NA PÁGINA 145**

Uma das discussões importantes e recorrentes nos grupos dos quais participei na Companhia do Teatro Espontâneo dizia respeito à possibilidade de **integração do teatro com o mundo**, ou melhor, da prática do teatro espontâneo com a atuação profissional de cada pessoa que lá estava.

A Escola se configurava como um espaço de criação e liberdade, à medida que o conhecimento era produzido coletivamente, por meio de oficinas e seminários teóricos. Professores e alunos revezavam atividades de coordenação de grupo para vivências, processamentos ou debates calorosos sobre determinados temas. Tal proposta contribuía para que essas relações – professor/aluno – fossem bastante flexíveis, próximas e produtivas. Ademais, todos habitavam normalmente o mesmo espaço durante o Encontro.

A experimentação, sempre incentivada, possibilitava de fato o desenvolvimento de uma atividade estética (Boal, 1996) interessante, por meio da qual todos se mobilizavam. Mobilização para aprender, para crescer e partir.

Tínhamos de partir, e em cada partida levávamos algo novo. Um novo a que não sabíamos, porém, como dar vida – alguns sim, outros não; mas alguns, tenho certeza, não sabiam tecer os fios que ligam o teatro à vida.

Médicos, professores, psicólogos, enfermeiros, engenheiros, assistentes sociais... profissionais em busca de uma nova prática, um olhar diferenciado que pudesse contribuir com o próprio fazer diário da atividade profissional de cada um.

Ir e vir na Companhia do Teatro Espontâneo, transitar por universos que até pareciam se opor – realidade cotidiana x imaginação teatral –, instaurava uma tensão permanente e necessária. Às vezes, em função da própria sociometria do grupo e da intensidade das vivências, poder-se-ia fantasiar que Tietê representava um mundo à parte, o "mundo bom", acolhedor e prazeroso. Em outros momentos, no entanto, reinava a inquietude, a confusão e o medo.

No meu sentir, o primeiro registro – do "mundo bom" – foi mais intenso, marcante e significativo, algo um tanto perturbador por gerar certa cisão ou divisão entre a minha percepção da Escola e da vida fora dela.

A Escola, porém, como um espaço voltado para a criação de novos saberes, tinha por objetivo que essa experiência do novo pudesse se transformar num "saber para o mundo". Eis, portanto, o dilema. Novos horizontes e novas perspectivas foram criados pelo teatro espontâneo: era necessário aprender a experimentá-los na vida.

Tal discussão, evidentemente, não se restringe aos profissionais de psicodrama, nem à Companhia do Teatro Espontâneo. Ao contrário, trata-se de um tema amplo e polêmico, relacionado à própria estrutura educacional de nosso país e ao papel da escola: "para que serve uma sala de aula se não for capaz de nos transportar além da sala de aula?", pergunta-se Augusto Novaski no texto "Sala de aula: uma aprendizagem do humano" (Regis de Morais, 1994, p. 15).

O desafio de articular teoria e prática buscando encontrar soluções para os problemas humanos é constante. O conhecimento formal e sistematizado tem a função de ampliar nossas concepções acerca de um determinado fenômeno. No entanto, a produção desse saber – dito teórico – está articulada à experiência prática, à vivência cotidiana. Esclarece Regis de Morais (1994, p. 14):

> *A ação humana levanta, para o homem, problemas; problemas suscitam reflexão; a reflexão leva, uma vez bem conduzida, à teoria, sendo que o até aqui elaborado deve reverter em benefício de uma ação mais consciente. Este, como se pode ver, é o grande movimento espiralar que descreve círculos ascendentes em direção ao aperfeiçoamento do conhecimento e da sabedoria.*

O psicodrama – ou socionomia – desenvolve-se e cria-se nesse movimento teórico-prático para poder se constituir como conhecimento científico: é permanente construção, conforme propôs Moreno, articulando-se ainda a outros campos do saber como a arte, a filosofia e a religião.

Na Companhia do Teatro Espontâneo podíamos perceber e fazer parte desse movimento, pois por meio de nossas vivências questionávamos conceitos, alimentando a teoria e tentando dela nos nutrir. Nessa etapa do processo, porém, é que as dificuldades apareciam e a questão da integração do conhecimento se colocava insistentemente.

É possível desenvolver o método do teatro espontâneo cotidianamente, privilegiando a imaginação como recurso básico do ser humano? Sim, a imaginação, abandonada pelo racionalismo dominante e rejeitada pela ciência, pois terreno fecundo do delírio.

Fazer teatro? Improvisar respostas e brincar com ações do dia a dia para, quem sabe mais tarde, experimentá-las em situações reais? Se o lúdico já vem sendo renegado pela infância, agora órfã de alegria, quem dirá por nós, sérios e competentes adultos, habituados à competição grotesca do mercado de trabalho!

Encontrar respostas ou soluções para um problema tão complexo, que se refere ao próprio movimento psicodramático, não é minha pretensão.

Mas refletir sobre a inserção do teatro espontâneo, tanto no psicodrama quanto na sociedade, parece ser algo de fundamental importância.

O teatro espontâneo, segundo Aguiar (1998), constitui atualmente uma modalidade de teatro que pode ser desenvolvida em contextos diversos e com intenções também variadas. Matriz do psicodrama, o teatro espontâneo é considerado ainda, pelo autor, "a categoria mais geral" com base na qual os outros métodos foram criados.

Psicodrama, sociodrama e axiodrama originaram-se do teatro espontâneo e o constituem. "O psicodrama é o teatro espontâneo aplicado a situações em que cada participante procura para si mesmo, enquanto indivíduo, algum tipo de crescimento" (Aguiar, 1994, p. 25). Sendo assim, dirigir uma sessão de psicodrama ou sociodrama significa fazer teatro espontâneo.

Essa concepção, apenas esboçada no presente texto (os interessados podem pesquisar o assunto consultando o livro de Moysés Aguiar, *Teatro espontâneo e psicodrama*), é a base da Companhia do Teatro Espontâneo, fundamentando toda sua práxis. Trata-se de uma concepção que desconstrói uma série de pressupostos já organizados e legitimados socialmente.

Se o psicodrama, como método, nasceu do teatro espontâneo e dele não difere significativamente; se fazer psicodrama ou sociodrama é fazer teatro espontâneo, não importando tanto o contexto – clínico, educacional, comunitário –, mas a possibilidade de transformação dos participantes, então a divisão tradicional entre o que é terapêutico, psicoterapêutico e educacional acaba por ser questionada.

Terapias diversas, psicoterapias e modelos pedagógicos de educação nunca tiveram o mesmo status. O teatro espontâneo, porém, coloca-se como um recurso que atende, ao mesmo tempo, a objetivos terapêuticos e educacionais, compreendendo terapêutico como psicoterapêutico.

O mais importante, do ponto de vista do teatro espontâneo, é a criação de um espaço para a atuação fictícia, para a narração de histórias produzidas coletivamente. É essa atuação que promove a transformação pelo movimento da espontaneidade. Se o espaço físico faz parte de um consultório, uma escola ou uma praça... isso não é relevante: trata-se, de qualquer maneira, de um trabalho que se propõe tanto a tratar como a educar.

Onipotência? Utopia? Demagogia? É evidente que não se pode perder de vista o foco do projeto desenvolvido, algo que faz parte de um contrato previamente discutido. O problema (ou melhor, um dos problemas) parece-me ser de outra ordem: o valor e a perspectiva da arte.

O teatro espontâneo, como o próprio nome afirma, é arte. Arte cênica, fundada na improvisação. Trabalhar nessa perspectiva significa valorizar e olhar o mundo tendo como referencial uma arte que simultaneamente também é ciência, pois fundamenta-se em um corpo teórico constantemente investigado e produzido.

A separação entre os saberes – arte e ciência, por exemplo – existe, no entanto, como um paradigma ainda legítimo, queiramos ou não: paradigma que atravessa e regula nossas relações, articulando os papéis que desempenhamos, consciente ou inconscientemente. A arte não é ciência e vice-versa, portanto o teatro não é psicodrama.

Segundo relato de alguns amigos atores, ligados à Escola de Comunicações e Artes da Universidade de São Paulo (USP), o psicodrama é visto como um "teatro mal feito", e talvez alguns colegas psicodramistas também considerem o teatro espontâneo um "psicodrama mal feito". Por ser arte, perde o foco psicossocial para estes; por tratar das relações, deixa de ser arte para aqueles.

Acredito que ambas as posições são equivocadas, excludentes e sectárias, mas, de qualquer forma, é preciso considerar que somos sujeitos concretos e vivemos numa sociedade também concreta, que efetivamente determina nossos valores, comportamentos e desejos. Não há como desprezar, assim, os paradigmas cartesianos que regem nossa existência, por mais que a "nova moda" seja holística.

Clientes nos procuram, no consultório, para se tratar; alunos vão à escola para aprender, não para brincar, infelizmente. O lugar da brincadeira e da diversão é outro: o clube, a casa do amigo, o passeio no cinema ou no teatro (insiste Rubem Alves que isso deveria mudar!). Oficialmente, nossas ações e nosso movimento na sociedade estão delimitados por princípios e valores institucionais que podemos aprovar ou não, valorizar ou rejeitar.

A Companhia do Teatro Espontâneo, no meu entender, buscava romper com determinados padrões de conhecimento, criando seu próprio método de trabalho e assumindo uma posição diferenciada no cenário psicodramático, tanto que não se filiou à Federação Brasileira de Psicodrama (Febrap). A não filiação marca, por si só, um lugar que pode ser compreendido como marginal, no sentido de permanecer à margem, estar fora, não fazer parte.

É então o momento de nos perguntarmos: até que ponto é interessante, produtivo e, por que não, espontâneo, ficar à margem? Existe o risco de isolamento e exclusão quando não participamos de um sistema instituído? O confronto com a tradição, com as conservas culturais – ou algo equivalente – é sempre necessário para criarmos o novo?

Quando pensamos em integração do teatro com a vida, dizemos da participação dele em nosso mundo concreto, em nossas atividades diárias, bem como em nossa visão de seres humanos em relação. Portanto, integrar é incluir, é participar, talvez até de uma maneira diferente, mais original do que outras.

A Companhia do Teatro Espontâneo surgiu junto com outros grupos, nacionais e internacionais, advindos tanto do psicodrama como das artes cênicas, em um contexto de retomada e revalorização do teatro espontâneo como prática efetiva da comunidade psicodramática. Sua proposta, seu significado e suas contribuições vêm sendo compreendidos, difundidos e experimentados cada vez mais, inclusive nas instituições de ensino de psicodrama vinculadas à Febrap, como o Instituto de Psicodrama e Psicoterapia de Grupo de Campinas (IPPGC).

O fato, no entanto, de a Companhia não ter se associado à Febrap permite que façamos algumas especulações acerca de sua integração no cenário psicodramático brasileiro. Por exemplo, um aluno formado pela

Companhia teria mais dificuldade de participar do movimento psicodramático do que outros? Por quê? Talvez por não fazer parte da rede referenciada pela Febrap, que confere, concordemos ou não, uma posição social importante, legitimadora de um papel profissional, qual seja o de psicodramista?

E a relação desse aluno com outras instituições que exigem diplomas e documentos oficiais, carteiras e números institucionais comprovando sua formação especializada em institutos ou escolas reconhecidas? Sabemos que é o registro do Ministério da Educação (MEC) a principal garantia de um aluno, e tal registro não é conferido nem por escolas filiadas à Febrap (atualmente algumas escolas têm feito parcerias com universidades e com isso garantido o registro do MEC). Porém, a filiação à Febrap vem respaldar um certo pertencer social, importante para o funcionamento dos grupos e muitas vezes validado oficialmente, já que diversas outras categorias profissionais se organizam da mesma maneira.

Nesse sentido é que aquela sensação estranha – como aluna da Companhia do Teatro Espontâneo – de estar em um "mundo bom", mas afastada ou separada do real, pode apontar para algum significado mais amplo do que aquele conferido por minha própria história individual. Se, conforme exposto aqui, a posição sociométrica da Escola no cenário psicodramático era marcada por certa diferenciação e contestação, então é possível levantar a hipótese de que minha dificuldade em integrar os universos "dentro e fora" de Tietê relacionava-se à própria relação da Escola com o universo psicodramático.

Sem qualquer intenção de propor uma leitura explicativa ou causal dos fenômenos, essa relação proposta é apenas mais uma tentativa de contribuir com novos olhares acerca do tema em questão. Por isso vale lembrar que provavelmente uma boa parte dos psicodramistas, sejam de escolas filiadas ou não à Febrap, tem também dificuldades de colocar o psicodrama em prática. Trata-se de um processo lento e moroso, que depende de diversos fatores. Não há nenhuma receita a ser indicada para resolver o problema.

Talvez os profissionais liberais sintam-se menos atravessados pelas instituições em alguns aspectos. Profissionais que atuam no interior das empresas, das escolas ou do serviço público tendem a se sentir e a ficar mais engessados, com maiores impedimentos para desenvolver novos modelos de trabalho.

Acredito que o caminho a se firmar seja o da negociação e experimentação, partindo da própria realidade vivida. A direção oposta a essa, que busca impor determinada visão de mundo ou método, não se sustenta. Para integrarmos é preciso olharmos do olhar do outro, segundo nos ensinou o próprio Moreno, reconhecendo que fazemos parte de um todo social articulado e desarticulado ao mesmo tempo.

Em minha prática como psicodramista, o teatro espontâneo foi incorporado como uma forma de olhar as pessoas e a minha relação com elas. Compreendendo que todos existimos, eu e os outros, e que somos sujeitos da vida e na vida, somos autores e atores vivenciando histórias que escolhemos e não escolhemos. Fui aprendendo a trabalhar de uma maneira que hoje julgo um pouco mais livre e criativa.

O desafio da transformação, em instituições ou fora delas, é permanente e passa por conflitos nas relações, jogos de poder, necessidades não reconhecidas, sentimentos que se contradizem. O teatro espontâneo, ora pode se configurar como uma ferramenta técnica importante, ora pode ser apenas uma maneira de compreender o texto que está sendo narrado. Dramatizando ou não – e isso seria uma outra discussão –, o olhar se situa na relação que é possível ser estabelecida, na narrativa apresentada e na potencialidade criativa e espontânea dos vínculos.

Entretanto, do meu ponto de vista, a contribuição maior do teatro espontâneo para o psicodrama foi a proposta de trabalhar com o imaginário em todas as suas manifestações. À medida que nos sentimos livres para viver experiências diversas no palco, representando histórias que podem ser reais, pessoais, grupais, fictícias ou imaginárias; histórias que podem se traduzir em contos de fada ou fábulas, em criações surrealistas ou em peças engajadas politicamente, nessa medida experimentamos também o fazer artístico, revelando as tramas que nos engendram e nos aprisionam.

Somos artistas – junto com nossos clientes ou alunos ou colegas de trabalho – na arte de tentar construir novos rumos para a vida, buscando sentidos outros que ainda não havíamos vislumbrado em nosso percurso. Seguimos a trilha da imaginação, tão desprezada, e nem por isso deixamos de ser pesquisadores, cientistas e pessoas comuns.

Encerrando agora essa discussão que se pretendeu humildemente enriquecedora, gostaria ainda de lembrar Clarice Lispector em sua infinita intuição e sabedoria: "Não se preocupe em entender. Viver ultrapassa todo entendimento".

Muito mais do que razão, somos seres que se comunicam com os olhos; para além da emoção, somos corpo que dói e agoniza.

É então que o quadro pintado com muitas mãos, que ora apresentei, possa significar um som, uma melodia do que um dia quem sabe foi alguma verdade. Já não importa, no entanto, o que clama o passado, mas sim o que sonha o futuro.

◈

INTEGRAÇÃO DO TEATRO COM O MUNDO

As pessoas que procuravam a Escola vinham por dois motivos: viver uma experiência que, pelo que obtinham como informação, era um mergulho na própria subjetividade, da qual poderiam emergir com acréscimos significativos para sua vida pessoal, ou então encontrar uma ferramenta de trabalho que respondesse a suas inquietações e necessidades profissionais.

A Escola não oferecia um título que contasse pontos no currículo. Quem fazia questão de obtê-lo não passava dos contatos preliminares. Uma brincadeira que fazíamos, a propósito disso, era garantir que nosso certificado tinha o mesmo valor que o certificado de um curso reconhecido pela Federação Brasileira de Psicodrama, ou seja: nenhum! Porque nenhum dos dois tinha reconhecimento acadêmico. A aceitabilidade do documento tinha mais que ver com quem iria examiná-lo, o virtual empregador, e não com seu caráter oficial: quem conhecesse a Escola e a valorizasse receberia de bom grado o candidato, quem não a conhecesse ou não a valorizasse teria uma atitude diferente. O mesmo em relação à credibilidade da Federação e, consequentemente, de suas afiliadas.

Assim, a pessoa que fosse frequentar o curso teria de estar mesmo interessada no seu conteúdo.

Quanto ao impacto positivo do que se vivia em Tietê, o resultado pretendido dependia mais de quem o buscava. Para alguns, valia a pena. Para outros, não tanto. Para a maioria dos que levaram em frente sua participação, segundo depoimentos informais que colhemos aqui e ali, a tendência é considerar que esse foi seu maior ganho, uma experiência transformadora, com repercussões significativas em suas vidas, tanto no plano pessoal quanto no profissional.

A questão maior surge, mesmo, com a aplicabilidade do teatro espontâneo. Apesar do leque amplo de modalidades, tendo em vista a diversidade de situações potenciais nas quais se cogitava utilizá-lo, era recorrente o questionamento quanto à maneira de fazê-lo.

Não tínhamos uma receita para isso. A Escola era um laboratório onde as pessoas podiam fazer seus experimentos, suas conjecturas, suas reflexões, testar as possibilidades e os limites, dialogar com a vida prática, compartilhar esperanças e decepções, caminhos e descaminhos.

Ao não acenar com nenhuma receita, não se tratava de estratégia para "esconder o leite", nem denotava desinteresse pelo tema. Sequer nos frustrávamos por não tê-la nem nos magoávamos quando rejeitados por esse motivo. Era um caminho a ser construído durante o próprio caminhar e nós nos oferecíamos como parceiros para essa tarefa. Nada mais.

Não temos uma avaliação sistematizada do que aconteceu com nossos estudantes depois que nos deixaram, quanto ao uso que tenham eventualmente continuado a fazer da ferramenta que aprenderam. Aqueles que de alguma maneira circulam por territórios adjacentes ao nosso nos oferecem algumas informações interessantes. No geral, parecem ser poucos os que continuaram a utilizar o teatro espontâneo em suas atividades profissionais. E por razões as mais diversas.

Na verdade, o uso adequado de qualquer instrumento de intervenção na realidade humana depende de um conjunto de circunstâncias, entre as quais as mais importantes têm que ver com os sujeitos envolvidos, sejam eles os proponentes – que, em tese, são os que sabem manejar a ferramenta – ou os destinatários da proposta.

Em muitos casos, é a inabilidade e ou a inexperiência do diretor que respondem pelas frustrações ou pela não aceitação. Um leve descuido, aparentemente irrelevante, pode gerar uma impressão "negativa", dependendo muito do contexto em que acontece. Lembro-me de duas experiências significativas em minha própria vida profissional.

Eu fazia uma oficina de integração grupal com vinte e poucos diretores estaduais de um órgão público, cuja cúpula pretendia introduzir algumas inovações a título de melhoria no padrão de funcionamento da entidade. Eram, na sua maioria, políticos que não tinham conseguido se reeleger e que tinham obtido esses cargos como prêmio consolação. Ao longo de um dia de trabalho, depois de forte resistência inicial, foram aos poucos se envolvendo nas atividades que eu propunha, todas elas variações da técnica psicodramática, por meio das quais se procurava abordar o impacto emocional dos desafios que tinham pela frente. Ao final do encontro, uma roda de avaliação e compartilhamento. Algumas manifestações elogiosas, outras escorregadias. Eu falei, então, do quanto tinha sido difícil para mim o começo do trabalho e do alívio gradativo que fui sentindo à medida que se diluíam as desconfianças e que eu me sentia mais aceito. Bingo para eles! Na avaliação formal que fizeram, ao final do evento do qual meu trabalho com eles era apenas uma parte, a vivência foi mal avaliada porque "o próprio psicólogo confessou que era inseguro".

Outra. Num hospital público, eu dava os primeiros passos para a constituição de um grupo de trabalho para introduzir mudanças importantes na residência médica, com o fim de adequar a formação dos profissionais às necessidades do Sistema Único de Saúde. O teatro espontâneo era minha principal ferramenta para promover a integração grupal e mobilizar o interesse pelo projeto. Numa certa altura, eu propus, como sempre o faço, que as pessoas formassem um círculo e se dessem as mãos. Constrangimento geral, até que um dos médicos presentes, coordenador de uma das clínicas, explicitou: "Que negócio é esse de fazer machos ficarem pegando na mão um do outro, onde é que vocês querem chegar, o que estão insinuando?" Um detalhe relevante: o principal patrocinador do projeto, uma autoridade do Ministério da Saúde, considerado *persona non grata* do ponto de vista político-corporativo, era um enfermeiro homossexual. E eu era seu emissário [sic], psicólogo se metendo na área da formação médica.

Contratempos como esses são extremamente comuns e materializam a precariedade do aquecimento do grupo (aqui entendido o diretor e sua equipe como parte integrante dele) para a tarefa proposta. Essas manifestações, em vez de tomadas como sinalizadoras da inviabilidade do trabalho teatral, podem ser tidas como indicadoras de obstáculos a ser superados e de caminhos alternativos, além de constituírem informações úteis para os caminhantes.

Os grupos são muito sábios, em geral. Não são enganáveis. Conseguem proteger-se em sua integridade e objetivos. Se eles nos dizem que não está sendo possível aderir a uma proposta nossa, qualquer que ela seja, precisamos acreditar, entender o desafio e decidir se queremos ou não enfrentá-lo. Ou pelo menos criar uma solução imediata, deixando para outro momento a reflexão sobre macroencaminhamentos.

Se nos dispomos a dialogar honestamente com os grupos, incluindo-nos neles, podemos partir do pressuposto que o teatro espontâneo, em todas as suas finalidades e formatos, pode ser utilizado em qualquer situação grupal.

Esse era o pressuposto de Tietê, com base no qual empreendíamos, todas as mãos comprometidas, o desbravamento de territórios para aplicação de nossas propostas. ■

8
RELEMBRANDO A ESCOLA

◈

CARLA MARIA VIEIRA

O PRIMEIRO CONTATO

DEVO A APRESENTAÇÃO da Companhia do Teatro Espontâneo a alguns amigos que, em 1990, eram também colegas de trabalho e parceiros no processo de intervenção no Hospital Psiquiátrico Dr. Cândido Ferreira, em Campinas.

Nayara de Oliveira, socióloga e educadora em saúde, minha companheira no final de semana inaugural em Tietê, sempre mais decidida e corajosa, iniciou o curso logo após o primeiro contato e concluiu antes mesmo de mim, pois, confesso, fiquei paralisada por quase cinco anos.

Hoje, relembrando e reconsiderando, percebo os vários motivos dessa paralisia. Dentre eles, quero destacar os reflexos profundos das vivências de teatro espontâneo ocorridas naquele encontro, mas em particular da última sessão de psicodrama, dirigida pela psicóloga Angela Reñones, com efeitos psicossomáticos comparáveis a um abalo sísmico, colocando muita coisa fora do lugar, mas com ótimos resultados psicoterápicos.

A demorada paralisação, com tempo para gestar e parir uma Bárbara filha, também pode ser encarada como um tempo de espera, de amadurecimento diante de algo tão ousado e revolucionário, em se tratando de uma proposta educacional. Não tenho muita certeza, mas acho que deparei com um "medo de ser feliz" paralisante. Mas... observando minha amiga Nayara, que andava bem feliz e sem medo, e igualmente tantas outras pessoas que por lá passavam, respirei fundo e fui.

O QUE EU BUSCAVA EM TIETÊ: "MINHAS PULGAS"

Além do convívio com pessoas praticantes de uma proposta ousada e revolucionária de educação, carregada de afetividade, generosidade e com uma surpreendente aproximação entre a teoria e a prática, fui atraída pelo psicodrama da Escola de Tietê, também, pela necessidade de desenvolver "ferramentas" facilitadoras para o trabalho de educação em saúde. Tornar as atividades de grupo no campo da saúde e nutrição mais participativas, com maior capacidade de transformação dos sujeitos envolvidos e apoiar os projetos sociais na saúde – o fundo ideológico era a luta por uma sociedade mais justa e solidária.

Antes de iniciar a formação na Escola de Tietê, havia concluído o curso de especialização em saúde pública, com concentração em educação em saúde. Estava envolvida com a constituição do Laboratório de Comunicação e Educação em Saúde (Laces) do Departamento de Medicina Preventiva e Social da Universidade Estadual de Campinas (Unicamp). Atuei inicialmente como monitora e depois como docente no curso de especialização, e como "oficineira" dos projetos de extensão promovidos pelo Laces, numa proposta de educação em saúde com predomínio da construção de sujeitos por meio de uma abordagem multidisciplinar e um trabalho vivencial com grupos, no campo da saúde coletiva (L'Abbate; Smeck; Oshiro, 1992).

A escolha pela formação em psicodrama, ou teatro espontâneo (denominação com que mais me identifico), ocorreu pela necessidade de aproximação com mais um campo teórico e de apropriação de um método de trabalho confluente ao que vinha desenvolvendo no Laces.

As demandas internas diziam respeito, principalmente, à condução dos trabalhos em grupos, ao desejo de que os afetos e as subjetividades dos participantes em relação aos temas propostos fossem revelados e incluídos no processo de ensino e aprendizagem. O acolhimento, o lúdico e a criatividade foram elementos essenciais para desenvolver o processo de humanização da prática cotidiana do profissional de saúde que estava tomando força no movimento sanitário, como uma via para o fortalecimento do Sistema Único de Saúde (SUS).

Tenho certeza de que nem tudo isso estava claro quando iniciei meu caminho em Tietê. Mas algumas certezas de educadora em saúde e a capacidade de questioná-las sem medo foram alcançadas, em grande parte, nos caminhos trilhados por lá.

Para finalizar o assunto das pulgas, preciso revelar que não fui uma aluna exemplar e provoquei várias interrupções ao longo de minha formação, ganhando até o título de "aluna dinossáurica" – por ter passado por várias turmas, acompanhado várias formaturas e vivenciado a transferência da escola para Capivari e depois para Campinas (já formada, ufa!). De fato, tudo isso foi intencional, para manter-me ligada ao grupo por mais tempo e continuar praticando o teatro espontâneo, por pura diversão, amor e arte: o aprendizado mais significativo desse processo.

O QUE MAIS ME SEDUZIU

A APROXIMAÇÃO DA TEORIA E DA PRÁTICA

A proposta metodológica da Companhia do Teatro Espontâneo, voltada para a aproximação radical da teoria e da prática, foi sem dúvida o ponto mais atrativo. Autores da educação defendem essa ideia tanto para o ensino formal como para as atividades educativas em comunidades, com usuários de unidades básicas de saúde, entre outros campos de ação em que se desenvolve o processo ensino-aprendizagem voltado mais para o interesse de crescimento pessoal do que de formação e habilitação técnica. Apesar de que é importante reconhecer que essas duas dimensões andam juntas, porém, dentro da escola (qualquer que seja) existe sempre um objetivo claro e decisivo de habilitação técnica em ramos das ciências, enquanto a educação "fora" da escola desenvolve-se mais livremente para o crescimento pessoal. Nesta, o interesse técnico pode aparecer em segundo plano, pois não se tem o compromisso formal com um sistema de ensino, com normas e legislações a serem cumpridas.

O desafio estava posto. Uma escola que pretendia desenvolver de forma livre a construção coletiva de conhecimento, privilegiando o crescimento pessoal e cidadão, porém com a responsabilidade de ocupar-se com a formação técnica de profissionais de nível universitário a desenvolverem-se como psicodramistas.

Talvez nesse ponto deva fazer uma ressalva: por posicionar-me num lugar privilegiado, por não ser uma profissional "psi", o fato de a Companhia do Teatro Espontâneo não se ter vinculado formalmente aos organismos da corporação brasileira de psicodramistas não foi para mim um problema. Mas tenho consciência de que esse fato pode ter sido mais problemático para outros profissionais, que dependiam de um diploma de especialização com reconhecimento institucional. Permito-me inferir que esse seja um dos motivos que levam alguns autores da área a não reconhecer a Companhia do Teatro Espontâneo como um espaço formador na história do psicodrama brasileiro. Mas certamente não devem faltar outros motivos, pois a visão crítica do grupo formador e a capacidade de romper com os moldes da escola tradicional provocaram diversos incômodos. Uma pesquisa sistemática dos dados poderia reunir material para aqueles que tiverem interesse em aprofundar e apresentar argumentos plausíveis para essas hipóteses. Fica aqui registrada a sugestão.

Os educadores, a cada encontro, preparavam-se para um mergulho no escuro. As vivências e seus temas protagônicos surgiriam no decorrer do encontro. Esses educadores tinham a difícil tarefa de amparar o grupo de educandos no limite do processo psicoterapêutico que inevitavelmente ocorria nos encontros e, ao mesmo tempo, procuravam levar o grupo a tomar uma distância necessária para extrair da vivência elementos conceituais e teóricos para a capacitação técnica.

VER "DESDE O PRIMEIRO ENCONTRO", NA PÁGINA 163

O grupo de educandos – estimulados a experimentar **desde o primeiro encontro** sua capacidade de dirigir um grupo (formado pelos próprios colegas) com a interferência mínima ou nenhuma dos educadores (mantinham-se na plateia) – tinha a tarefa de conduzir a sessão de teatro espontâneo. Essa proposta, ousada, de aproximar a prática da teoria permitiu, pelo menos para mim, perder o medo de errar errando, pois errando sempre se acertava. Com o apoio de pessoas que já haviam passado por aquele momento e após a conclusão da sessão, com os professores que se reuniam ao grupo, a reflexão levava o/a "diretor(a)" a uma elaboração teórica daquilo que foi "inventado" no palco[1].

A condução da sessão pelos educandos fortaleceu a experiência do agir, sentir e refletir sobre a vivência, proporcionando-me uma segurança e uma autoconfiança que me acompanham em todos os momentos que me vejo diante de um grupo para desenvolver uma atividade, seja ela qual for: uma aula expositiva, uma roda de conversa de educação popular em saúde, uma dinâmica de grupo ou um raro, mas delicioso, momento de fazer teatro espontâneo.

O MÉTODO CIRCULAR DE CURRÍCULO

Sem grade disciplinar, sem conteúdos organizados em ordem linear, sem uma lógica sequencial para temas mais simples seguidos dos mais complexos, **a proposta do currículo** circular apostava na ideia de que os temas que emergiam a cada encontro iriam compondo, como em uma mandala, os elementos necessários para a formação dos psicodramistas.

[1] Vale lembrar que na perspectiva da escola tradicional, banhada pelo cristianismo que surge em nossa sociedade capitalista, bem fundamentada na proposta de ensino de abordagem teórico-metodológica comportamentalista, o erro é considerado um pecado ou um ato vergonhoso, ambos merecedores de punição ou repetição da operação até se encontrar "a resposta correta" única e verdadeira.

O risco de ficarem conteúdos de fora era grande e assumido pelo corpo docente, pois o conhecimento necessário para a formação, seja de qual profissional for, não tem fronteiras totalmente definidas. Como docente em uma universidade com um arcabouço burocrático totalmente definido e reconhecido legalmente, tenho uma ideia mais ou menos clara dos conteúdos teóricos e práticos de que os profissionais de minha área necessitam para ser considerados habilitados para sua atuação. É amplamente reconhecido, porém, que a formação de um profissional está sempre em dinâmica atualização e aperfeiçoamento. Sabemos também que nem todos os profissionais que se formam nas nossas academias podem ser considerados habilitados, apesar de terem cumprido todo o currículo. Nesse sentido, os riscos e as incertezas desses dois universos tão distintos podem ser considerados semelhantes.

Mas quais os indícios que me levaram a crer que o currículo circular poderia ser considerado um método educacional eficiente? Tenho para essa questão pelo menos três argumentos. A qualificação dos participantes, que ao longo do caminho concluíam o curso, funcionando como uma referência; o desempenho técnico como diretores, sua atuação como protagonistas e atores de improviso; a consistência de suas argumentações teóricas nos espaços de estudo e reflexão.

O segundo argumento diz respeito ao trabalho de mediação exercido pelo corpo docente, a proximidade estabelecida entre educando e educadores, numa posição horizontalizada nas relações. Apoiados pelo método dialógico de problematização centrado no processo de ensino-aprendizagem e no vínculo afetivo, os docentes ofereciam elementos essenciais à compreensão e apreensão dos conteúdos que estavam em pauta, em cada encontro, em níveis de aprofundamento distintos de acordo com o número de encontros que cada participante já havia cumprido.

Finalmente, a repetição dos conteúdos. Os conteúdos se repetiam, pelo menos mais de uma vez, pois as vivências de teatro espontâneo faziam emergir temas e dúvidas para os recém-chegados e também para os antigos que já tinham trabalhado o tema, mas em um nível de amadurecimento menor, tendo nova oportunidade de revisitar leituras ou fazer novas pesquisas bibliográficas sobre conteúdos já estudados e vivenciados em encontros anteriores.

Havia um questionamento que por vezes rondava meus pensamentos. Por que os conteúdos se repetiam "naturalmente"? Não tenho certeza sobre a resposta a essa indagação. Mas faço um exercício de imaginar que seja algo relacionado com a repetição das histórias que dramatizamos. De forma diferente, os dramas se repetem.

PARA FINALIZAR: O LÚDICO E A VIVÊNCIA CORPORAL

Estar junto com um grupo de pessoas um final de semana inteiro, uma vez por mês, num processo de imersão, exigia que as atividades fossem conduzidas de forma lúdica, tornando as vivências um espaço para rir e chorar, mas sem perder de vista a fantasia e a imaginação, elementos fundamentais da atividade lúdica.

A preparação para atuar como operadora de teatro espontâneo, ou como psicodramista, exigiu um conhecimento, mesmo que elementar, de dramaturgia. As atividades individuais, porém, e o contato corporal entre os participantes nos exercícios de teatro eram constantes, por meio de práticas de diferentes ramos do conhecimento. Essa movimentação, ou envolvimento do corpo inteiro no processo de aprendizagem, provocou inúmeros reflexos e transformações pessoais, permitindo-me alcançar maior flexibilidade e equilíbrio para os desafios de conseguir reproduzir, ou melhor, adaptar aquele aprendizado na minha prática profissional, nos espaços institucionais e organizacionais bem menos livres em que nos inserimos cotidianamente.

◈

A PROPOSTA DO CURRÍCULO (UMA AVENTURA RIZOMÁTICA)

À época em que foi fundada a Escola, os cursos de especialização vinculados à Federação Brasileira de Psicodrama adotavam um modelo curricular de estilo tradicional, ou seja, um elenco de disciplinas, cada qual com sua respectiva carga horária, distribuídas ao longo do tempo programado.

A Federação, no intuito de garantir a qualidade da formação oferecida no país, instituía um currículo mínimo, estabelecendo disciplinas, carga horária e obrigações acadêmicas. Nada permitia supor que esse conjunto de regras fosse resultado de uma reflexão sobre o processo educativo, em que as decisões práticas traduzissem intenções claras e bem pensadas. Pelo contrário, sabíamos, nós que estávamos do lado de cá, que a grade curricular resultava de uma negociação política em que as diferentes correntes do movimento pugnavam por garantir espaços simbólicos.

Tínhamos, dessa forma, uma verdadeira colcha de retalhos. Algumas disciplinas teriam como ementa (esse palavrão era totalmente desconhecido, pelo menos formalmente) o estudo de um determinado autor, e como bibliografia apenas um de seus escritos. Etologia, Bally, *El juego como expresión de libertad* – uma disciplina autônoma com carga horária e avaliação específicas. Spitz, *O primeiro ano de vida*, nem tinha um rótulo científico para disfarçar, era Spitz mesmo. E aí vinham, por exemplo, psicanálise, psicopatologia...

A colcha só se cosia porque a concepção de ensino/aprendizagem não era sequer questionada. Copiava-se o modelo tradicional, criando pequenos feudos incomunicáveis entre si. Um pouco mais de sorte tinham os estudantes quando um mesmo professor se encarregava de várias disciplinas, porque aí pelo menos tinham uma pequena chance de interdisciplinaridade. Mas era pouco, muito pouco, diante da enormidade da tarefa de formar novos profissionais.

A luta pelo pequeno poder determinou uma outra aberração pedagógica, a exigência de terapia com profissional credenciado, de livre escolha do estudante. No modelo moreniano, adotado pelos mestres que trouxeram o psicodrama ao Brasil, a vivência psicodramática era a coluna dorsal do sistema. Na aculturação tupiniquim, foi deslocada para a periferia. Por questões éticas [sic] o processo terapêutico dos estudantes deveria manter-se fora das salas de aula, intocável, inquestionável, não transformável em matéria-prima para a compreensão de conceitos ou técnicas.

A coisa se fazia ainda mais grave quando, com o correr do tempo, os próprios terapeutas credenciados abandonavam o psicodrama, utilizando abordagens outras, privando seus pacientes/alunos inclusive de um modelo de atuação a ser internalizado, ainda que acriticamente.

Essa exigência, não assimilável como de fundamental importância, era driblada pelos estudantes, que procrastinavam o quanto podiam, para desespero dos gestores das instituições formadoras. A leniência se fazia prevalente, à medida que os demais requisitos iam sendo atendidos, criando-se situações de verdadeiros fatos consumados, gerando anistias disfarçadas. Mas a missão formativa restava destroçada.

É importante levar em conta que, quando se pensa em projeto pedagógico, a grade curricular não é o único ponto a ser considerado. Todas as atividades práticas, atuação de campo, participação associativa, espaços informais, congressos e similares, tudo faz parte de um conjunto, e dessa forma precisam ser vistas, analisadas e planejadas. Assim, o "currículo" não se limita às disciplinas ministradas em sala de aula, mas inclui todas essas outras situações, que são agenciamentos muitas vezes mais importantes que a própria sala de aula.

Ao longo de minha militância nas hostes psicodramáticas, como professor e como membro de colegiados, sempre levantei e continuo levantando essas questões. Ainda que a repercussão desses questionamentos nem sempre sensibilizem os responsáveis pelas decisões e pela execução do projeto pedagógico.

Na Escola de Tietê foi criado um espaço de liberdade capaz de acolher uma experimentação que fosse fundo na questão curricular.

A primeira mudança radical empreendida foi a supressão das disciplinas. O ensino foi estruturado em torno de "atividades integradas": vivências sociopsicodramáticas, laboratórios de direção e atuação em teatro espontâneo, seminários teóricos e, mais ao final do período, supervisão. Isso, dentro da sala de aula. Fora dela, a máxima convivência comunitária, apoio às iniciativas dos estudantes, atuação na comunidade mais ampla – a cidade, estímulo à participação em atividades psicodramáticas extraescola – e, sobretudo, uma visão crítica de tudo isso (gerando inclusive temas para as vivências e os laboratórios).

Descartou-se, desde o início, a eventual exigência de terapia psicodramática. Os estudantes poderiam, se quisessem, submeter-se a um processo psicoterápico. Informalmente, eram até estimulados a isso. Mas deveriam fazê-lo quando, como e com quem quisessem, sem precisar dar satisfação nenhuma à instituição escolar. O pressuposto era que, como modelo de atuação psicodramática a ser absorvido e incorporado, a responsabilidade da Escola era proporcionar o máximo de oportunidades de participação em eventos sociopsicodramáticos e de desempenho dos diferentes papéis (diretor, ego-auxiliar, plateia etc.).

A constituição de um grupo aberto, com possibilidade de ingresso a qualquer momento, trouxe à baila a questão dos conteúdos cognitivos a serem aprendidos. A tradição sempre foi o estabelecimento de currículos lineares: define-se um ponto de partida, à guisa de iniciação, e logo uma sequência de temas para estudo, do mais simples ao mais complexo. Quando se discutia um currículo, a preocupação era saber que disciplinas viriam primeiro e quais viriam depois; e dentro de cada disciplina, qual a sequência dos itens a serem abordados. Ora, para um grupo de natureza "circular", o currículo também deveria ser circular, ou seja, estabelece-se uma sequência de temas de tal forma que a pessoa pode começar a examiná-los em qualquer ponto: seguindo a progressão, vai necessariamente retornar ao ponto inicial, que constitui mero ponto de passagem para os que partiram de pontos diferentes.

Do ponto de vista lógico, até que vai bem; se não é verdade, a trova é boa. Na prática, porém, o que se observava era que o grupo passava várias vezes pelo mesmo ponto, sendo que a cada vez a profundidade da abordagem era maior. Inclusive, observava-se que algumas ponderações mais elementares praticamente desapareciam do cenário, dando lugar a reflexões de nível cada vez mais sofisticado. Esse fenômeno nos fez pensar no currículo como uma estrutura em espiral. E aí tanto se poderia pensar numa espiral ascendente como descendente, se considerarmos as sucessivas passagens como "aprofundamento" ou como "níveis mais elevados". Questão semântica apenas?

Seguramente, não: o próprio modelo teórico da estrutura curricular não corresponde à experiência vivida. Porque o que propúnhamos ia além do elencar previamente os conteúdos considerados necessários ou indispensáveis à formação do profissional competente que tínhamos em mente. A bem da verdade, até chegamos a formular essa lista e a examiná-la, de tempos em tempos, como uma espécie de avaliação formativa voltada para o desempenho da própria escola. Mas não estava aí o cerne da questão.

Dentro do espírito da aprendizagem significativa, estávamos sempre buscando na realidade vivida aqui e agora os aspectos que despertavam curiosidade: o processamento das sessões e o exame das relações concretas intragrupais traziam essa marca, a reflexão sobre o efetivamente relevante para as pessoas reais envolvidas na experiência. Os temas técnicos e teóricos brotavam ali, e seguiam sendo examinados numa trajetória determinada pelas conexões que os próprios sujeitos faziam tanto interna quanto externamente, ou seja, tanto com outros fatos ali mesmo observados e vividos quanto com fatos observados e vividos no mundo lá fora.

O modelo não é nem linear, nem circular, nem espiralado: é, antes, rizomático. O rizoma não tem um ponto central do qual ele deriva, como acontece por exemplo com as ramificações dos galhos de árvores, todas elas referidas a um tronco. O rizoma não é raiz, é caule. Quando subterrâneo, como ocorre no caso de algumas gramíneas, ele vai avançando desde vários pontos e em várias direções, entrecruzando seus braços o tempo todo, sendo impossível estabelecer uma linha de começo, meio e fim: no máximo se identificam algumas pontas, mas elas não representam o fim. Qualquer interrupção nesse fluxo não chega a comprometer a totalidade rizomática, que segue do mesmo jeito sempre. Sempre avançando.

Na vida real é assim que se adquire o conhecimento. É dessa forma que aprendemos a língua, dominamos a natureza, instrumentamos nosso dia a dia, garantimos nossa sobrevivência. A aprendizagem verdadeiramente significativa decorre de nossa busca ativa, ainda que suavemente imperceptível, no cotidiano. Muito pouco do aproveitável nos é dado já pronto para o consumo: ainda que possamos incorporar contribuições de terceiros, a incorporação em si já configura subjetivação, ou seja, o que nos dão é metabolizado e transformado, sem o que não alcança eficácia.

O ensino formal corre o risco de tornar-se uma refeição altamente indigesta ou, no mínimo, um investimento alto com resultados pífios, se não for capaz de se aproximar o máximo possível dos dispositivos informais de aprendizagem. E estes, na metáfora do rizoma, são linhas fibrosas que se lançam nos espaços que encontram à sua frente, "buscando o desconhecido" e configurando um conjunto complexo, um emaranhado de caules radiciformes.

Num currículo rizomático, as descobertas são sempre surpreendentes, como o é o conhecimento alcançado. Na Escola de Tietê, apesar de monitorarmos cuidadosamente os temas abordados no processo de construção coletiva do saber, com base em um inventário prévio de temas desejáveis, constatávamos que vários conceitos e técnicas não chegavam a frequentar os debates e as pesquisas bibliográficas. No contato com psicodramistas formados em outras escolas, nossos estudantes se percebiam ignorantes a respeito de determinadas formas de discurso. Essa constatação nos levava a indagar se não estaríamos grassando na ineficiência metodológica.

Na perspectiva da aprendizagem significativa, entretanto, a estratégia da Escola parece validada. Ou seja: se um determinado conteúdo não aparece quando se discute uma prática a mais diversificada possível, durante dois anos, nada deixando passar daquilo que era considerado relevante, há que se perguntar se não se trata de uma ferramenta que vai permanecer na prateleira, enferrujando pelo desuso. Em outras palavras, se um dado conceito não é evocado quando se debruça responsável e detalhadamente sobre o que se faz, para que serve?

Por definição, toda abstração se origina de algo concreto e para ele deve voltar-se, como luz reflexa que o ilumina. Se esse processo não se confirma, na prática, a abstração é impertinente. O método rizomático é cruel no trato com formulações teóricas que não dizem a que vieram, ele simplesmente as desconsidera, delas não toma conhecimento. Perde o aprendiz? Não, pelo contrário, perderia seu tempo, isso sim, discutindo "sexo dos anjos".

Resta sempre a possibilidade de que esses conceitos não abordados possam, em determinadas circunstâncias, mostrar alguma utilidade. Ferramentas de uso raro. Ou então, como eles foram gestados como forma de dar conta de uma realidade no passado, apesar de terem sido supostamente superados por uma realidade que se tornou outra, podem ainda ser úteis quando se lança mão da investigação histórica como meio de esclarecer o presente – a vida é um *continuum*, qualquer que seja o ângulo pelo qual ela é vista. Nesse caso, esses conteúdos apareceriam em contextos bastante específicos e se os estudantes foram estimulados para a busca autônoma do conhecimento, eles estariam, em tese, aptos a identificar e a utilizar esses instrumentos, ainda que não os tenham manuseado no âmbito da educação formal.

A disciplinarização do ensino cria a falsa ilusão de que o estudante é capacitado em todas as alternativas do seu exercício profissional futuro. E os educadores contemporâneos têm demonstrado que são inócuos os esforços no sentido de superar os inconvenientes da compartimentalização mediante o recurso a atividades interdisciplinares. É preciso, mesmo, desativar a "disciplina" como estruturante do processo educativo. Tietê viveu isso, há duas décadas, pelo menos. ■

DESDE O PRIMEIRO ENCONTRO

Quando iniciamos o grupo de estudos sobre teatro, que se reunia em meu consultório da rua Ministro Godoi, em São Paulo, nos primeiros anos da década de 1990, contávamos com participantes, vários deles, oriundos não do psicodrama, mas do próprio teatro.

Um deles, professor de teoria do teatro na Universidade Católica, estava escrevendo uma peça. Quando surgiu a ideia de experimentar o teatro espontâneo, ele, sem nenhuma informação prévia, se dispôs a dirigir uma sessão experimental com o próprio grupo.

Sentado, com toda pose, na cadeira de diretor, ele definiu alguns personagens e escolheu os respectivos atores. Reportando-se à peça que estava escrevendo, descreveu o cenário e a cena inicial, pedindo aos atores que a representassem, deixando evoluir a trama. A intervalos, ele ia introduzindo elementos novos para redirecionar o enredo, personagens ou acontecimentos complicadores. Os atores foram se envolvendo de tal forma que a cocriação atingiu seu ápice, para constituir um exemplo vivo do que Moreno chamou de telerrelação. O diretor saiu bem nutrido para sua produção dramatúrgica convencional; todo o grupo se beneficiou com essa experiência.

Uma das repercussões mais concretas foi a inspiração para uma das estratégias pedagógicas da Escola de Tietê: a possibilidade de o estudante recém-ingressado ao grupo assumir a direção num dos espaços de laboratório.

Algumas vantagens pedagógicas que constavam de nossas hipóteses acabaram se confirmando.

A primeira, mais forte, era que esse batismo de fogo seria importante para a integração do novo membro do grupo. Por ser uma situação de exposição total, ele se dava a conhecer de forma mais intensa. Como não sabia nada ainda das técnicas e das regras, não tinha nenhuma obrigação de acertar, o que, pelo menos em tese, lhe facilitaria as coisas. Em função disso, também, os colegas mostravam maior tolerância, carinho e acolhimento, em geral gratos pelas surpresas positivas que sempre ocorriam. Valorizadas pedagogicamente, as decisões "frágeis" do diretor novato favoreciam sua assimilação, forjando sua identidade como membro do grupo (matriz de identidade).

No processamento dessas direções, em geral muito rico, a experiência era cuidadosamente discutida, porque permitia ao grupo refletir sobre os caminhos da dramatização e compreender de maneira mais clara o sentido de alguns cuidados que, recomendados em geral, acabam se transformando em regras rígidas que tendem a ser cumpridas (ou descumpridas) mecanicamente.

Os "erros" (a direção errática) dos calouros eram bastante ilustrativos e eles próprios viviam uma intensa experiência de aprendizado. Nosso cuidado nos processamentos, aliás, era sempre o de desencorajar – ou mesmo, em situações extremas, impedir – a crucificação do diretor por esses "erros".

Procurávamos identificar e explicitar as razões de cada intervenção que fazia ao dirigir, o que dava a oportunidade de compreender as decisões por ele tomadas. Em seguida, o grupo era estimulado a pensar caminhos alternativos, com base na realidade vivenciada e iluminada. Essa busca proporcionava a superação da categoria certo-errado, sugerindo o aspecto criativo e espontâneo da atuação do diretor.

Aliás, ficava em destaque o valor da criatividade. Uma pessoa sem nenhuma experiência ou informação anterior pode muito bem dar conta de uma dada situação, utilizando o cabedal de recursos acumulados ao longo da vida, em situações outras que podem não ter nenhuma ligação aparente com a atual. As soluções encontradas pelos novatos tendiam a ser sempre plenas de ingênua engenhosidade, o que as tornava muito ricas. Suscitavam reflexões provenientes de novos ângulos, dado que aportavam o inusitado, permitindo inclusive uma revisão dos conhecimentos já acumulados pelos veteranos.

Outra vantagem era a desmistificação da crítica como algo ameaçador, destrutivo e danoso à autoestima. Articulada com outra estratégia, que era a de os próprios professores se submeterem ao mesmo tipo de escrutínio, a dissecção do trabalho do diretor principiante embutia a mensagem de que o objetivo era mesmo, sem discursos vazios ou eufemismos: aprender com a experiência, com a permissão para jogar, com a ousadia de empreender a novidade.

Do ponto de vista pedagógico, quando o recém-ingressado no curso mostra o que consegue fazer, por si mesmo, isso permite traçar a linha de base, ou seja, o ponto de partida para a construção do conhecimento, o que já se sabe, alavanca o processo.

Era importante também notar o encorajamento que recebiam os calouros por parte dos veteranos. Eram estes, na verdade, os portadores da proposta: quando o professor abria essa alternativa, ela não apenas já era conhecida como já tinha passado por um processo de construção e fortalecimento informais. Alguns "irmãos mais velhos" chegavam a dar dicas e sugestões, que funcionavam mais como estratégia de estímulo do que como contribuição mais específica, por seu caráter de certa forma ainda dissociado da experiência concreta. Mas faziam bem. ■

9
UM ESPAÇO TERAPÊUTICO E PEDAGÓGICO

◈

MARILUCI MARTINS

SER PSICÓLOGA DE LIVRO não tem a mínima graça. Só hoje, olhando para uma trajetória, posso pensar assim. E Tietê foi um passo muito importante nesse caminho.

De cara, achei tudo muito esquisito, diferente do que eu havia presenciado em aulas, mesmo naquelas que se propunham ser vivenciais. Apesar disso, minha decisão foi dar outros passos e no final completar os 20 encontros para a formação.

Apesar de acreditar na força do psicodrama, não consegui sair de lá e depois estruturar um método aplicável diretamente em meu trabalho, e isso em alguns momentos do caminhar profissional foi fonte de angústia.

Durante várias passagens, discutimos: "Este é um espaço terapêutico ou pedagógico?"

Hoje sei, foram os dois, talvez mais terapêutico do que pedagógico.

Terapêutico, porque lá começou um processo de transformação do meu mundo interno e um olhar diferenciado para o mundo externo. Aí entra o buscar ser psicóloga de verdade. Primeiro, por escolher viver verdadeiramente as possibilidades da vida. Segundo, se vou trabalhar com gente, esta gente – "eu" – tem de estar minimamente trabalhada. E lá começou um processo de autoconhecimento, conhecimento do outro e principalmente do *socius*.

Empatia – tão falada na prática do psicólogo e tão mais fácil ser entendida e sentida por meio da perspectiva do outro, numa vivência psicodramática, numa inversão de papéis.

VER "SUJEITOS DA HISTÓRIA", NA PÁGINA 169

Sujeitos da história – à medida que criávamos histórias cenicamente, no mínimo acreditávamos que podíamos isso pela vida.

Espontaneidade – começar a observar que existe um universo interno de emoções e pensamento e que ele pode ser acessado, em vez de sairmos reagindo pelo mundo. E saber da possibilidade de expressar esses conteúdos honestamente.

Aceitação – vivências que mostraram o agir de cada um como fruto de suas experiências de vida, em vez do que automaticamente se imagina, como se o outro se comportasse para nós e por nós.

Enfim, 20 encontros não foram suficientes para eu ser quem sou, mas tiveram duas grandes contribuições – o aprendido e vivido nesse período e principalmente ter aberto a estrada.

Muito de Tietê, ou melhor, das vivências no papel de "Mari" ou no papel dramático em cena caminham comigo e permeiam meu ser pessoa e profissional.

Fico cansada quando deparo comigo ou com outros com uma distância muito grande entre teoria e prática, mas quando acontece dessas coisas aprendidas em Tietê estarem presentes é um verdadeiro encontro, como dizia Buber. Encontro eu-tu.

◈

SUJEITOS DA HISTÓRIA

O teatro espontâneo oferece aos seus participantes a oportunidade de serem construtores das histórias representadas. Para essa tarefa, contam com a máxima liberdade, podendo deixar fluir todas suas fantasias, traduzindo-as em atos e cenas, para que sejam comunicadas e possam tocar fundo os eventuais espectadores.

Para viabilizar essa construção, são colocados à sua disposição alguns recursos que funcionam como ferramental e apoio logístico. São algumas técnicas, materiais e, principalmente, a assistência fornecida pela equipe profissional.

O importante dessa experiência é a constatação que o próprio sujeito vai fazer, de que não somente ele é capaz como somente participando ativamente do processo poderá ver realizados seus desejos e objetivos.

De alguma maneira, acabamos todos sendo sempre sujeitos de nossa própria história, queiramos ou não. Mesmo quando nos colocamos passivamente, como um espectador de televisão cuja máxima capacidade de decisão é a manipulação do controle remoto. Isso porque, ao nos situarmos nessa posição, estamos interagindo com outros atores cuja atividade nos complementa.

Mesmo quando nos permitimos ser agenciados acriticamente em nossas ações para fazermos aquilo que querem que façamos, convencidos de que agimos por conta de nossa própria vontade.

O papel do educador, dentro desse contexto, é extremamente delicado. Porque ao interagir com o educando tem uma proposta que é, por definição, a de "conduzi-lo". Para onde? Quem define o destino? Com que direito?

Por isso, a proposta do educador precisa ser muito clara, tanto para ele quanto para o seu parceiro, nessa relação. O que nem sempre é fácil, porque mesmo o educador pode estar sendo agenciado, instrumentalizado para finalidades outras que não aquelas explicitadas e explicitáveis.

Mais difícil ainda é que o virtual educando possa compreender o sentido da proposta educativa e fazer sua decisão. Ainda mais que, tradicionalmente, o projeto educativo se aplica a "alunos" (palavra que significa "sem luz") que vão ser "iluminados", supostamente sem condições de cumprir a sua parte na negociação. É um processo unidirecional.

É nesse momento que se configura o grande desafio ético. É a clareza e a segurança ética do educador que vão garantir os princípios éticos da atividade educativa. Uma linha tênue na qual se convocam as habilidades de equilibrista, para que a travessia se complete sem quedas, danos e frustrações.

Tomar a pessoa humana como sujeito de sua história é um pressuposto antes de tudo ético. A educação não visa transformar sujeitos virtuais em sujeitos atuais: ela parte do reconhecimento do educando como um sujeito, desde sempre. Proporciona-lhe ajuda para que potencialize essa condição. E em toda relação de ajuda o ajudante tem uma posição subsidiária, cabendo ao ajudado o direito de comando, de definição de objetivos e, quando é o caso, procedimentos para atingi-los.

Uma situação complicada, porque se o educador é aquele que sabe o que o estudante não sabe; se ele já pensou, estudou e refletiu à saciedade sobre o sentido da relação educacional e o estudante ainda não; se ele tem clareza a respeito da proposta, o que não o tem o outro, como evitar que a posição do educador seja mais forte, hegemônica? Mais ainda quando se fala de educação de crianças, em que o adulto é quem decide quando, como, onde e sob que condições o processo acontecerá.

Com mais força se coloca o desafio ético: como não se valer dessa posição de poder em benefício próprio, em detrimento da liberdade e da dignidade da outra parte?

É nesse contexto que se coloca a proposta da educação emancipadora, que assume as contradições entre considerar os sujeitos (ambas as partes) emancipados e, ao mesmo tempo, em processo de consolidação da emancipação, sendo objetivo da relação educativa facilitar esse processo.

No caso do psicodrama, quando se pretende oferecer ao estudante uma ferramenta de trabalho, a perspectiva emancipadora tem uma importância fundamental.

Apropriar-se do psicodrama como ferramenta de trabalho não significa aprender algumas técnicas que possam ser aplicadas sem quaisquer considerações ético-políticas. Mesmo porque, quando elas são aplicadas dessa forma, costumam ser (felizmente) desastrosas.

O método psicodramático se baseia em alguns pressupostos que nem sempre integram o repertório comportamental e atitudinal de nossa cultura. São ideias que representam rupturas com concepções fundantes das relações humanas como tradicionalmente se delineiam. Se o operador do psicodrama desconsidera esses princípios, ele não consegue desenvolver uma atuação consistente e segura. Mais que isso, ele precisa ter esses princípios incorporados em sua prática cotidiana, em sua vida.

Ora, não se incorporam princípios por meio de métodos que os contrariem, como seriam os métodos "televisivos" ou "internéticos". É preciso que o futuro psicodramista viva na carne o funcionamento desses pressupostos, tanto no papel de "educando" quanto no de "educador", como membro do grupo que integra a plateia e vai dela ao palco para atuar suas fantasias e como diretor-professor, que vai conduzir a sessão para viabilizar as descobertas e realizações do grupo (do qual ele faz parte, com um papel diferenciado).

Sobre esses fundamentos se estruturou a estratégia pedagógica da Escola de Tietê. É fundamental que se aprenda com e por meio da prática concreta. O que se vive precisa ser pensado, amadurecido, para que se possa voltar à prática com mais força e maior lucidez. E tudo isso coletivamente. Porque o conhecimento que faz diferença é aquele que integra a coletividade – o individual não tem efetividade senão quando rompe a barreira solipsista e alcança o novo plano. ■

10

A DIFERENÇA QUE NÃO HAVIA

◈

LISETTE LAUBI CONTATORE

Fui a nona aluna a iniciar o curso na Companhia do Teatro Espontâneo. Em 1989, minha terapeuta Angela Reñones fez-me esse convite, pois ela fazia parte do corpo docente.

Eu já havia feito formação em psicodrama pedagógico e acompanhado, como auxiliar, outra formação. Mas confesso que não me sentia segura para atuar, pois tinha tido poucas ou nenhuma chance de dirigir um grupo.

Chegando a Tietê, na casa onde se daria o curso, me preparei para conhecer Moysés Aguiar, autor do livro *Teatro da anarquia*, que havia me inspirado a estudar e entender melhor essa prática. Ele estava lá, sentado numa cadeira de diretor de cinema, com um sorriso tranquilo e um olhar amigo, receptivo, um homem simples. À sua volta, sete alunas e muitas almofadas. A oitava aluna havia chegado comigo e estava indo pela segunda vez.

O aquecimento já foi diferente. Numa roda, cada um contou uma novidade pessoal acontecida consigo naquele mês. Já me senti entrelaçada àquele grupo.

Foram dois anos, um fim de semana por mês, no sistema de imersão, de sexta-feira a domingo pela manhã. Como ficávamos todos hospedados na mesma casa onde o curso acontecia, o contexto social era muito enriquecedor. Quem éramos, o que queríamos, por que chorávamos ou ríamos, tudo tinha sentido.

Lembro-me de muitas vivências, das minhas direções, de direções espetaculares dos colegas, das festas que fazíamos para cada um que se formava, do teatro "de verdade" que ensaiamos e apresentamos para nosso grupo, das saídas à noite no final do sábado na mesma pizzaria, do teste sociométrico que aprendemos a fazer escolhendo-nos e recebendo as devolutivas.

Iniciando a formação, pude perceber que aquela escola cumpria o seu papel, sua missão – ensinar a aprender aprendendo –, pois todos nós tivemos oportunidades de dirigir o grupo, contando depois com o respaldo dos professores no processamento.

Era muita liberdade e muito conteúdo entregues. Eu mesma, por muitas vezes, durante uma ou outra direção, olhava para os professores num pedido de intervenção e eles não se moviam, esperavam, cuidavam, respeitavam, acreditavam no caminho que o aluno-diretor havia escolhido. Toda aprendizagem era útil.

VER
"ENTRE O PSICODRAMA PEDAGÓGICO E O TERAPÊUTICO",
NA PÁGINA 177

Moysés conseguiu me mostrar que não havia diferença **entre o psicodrama pedagógico e o terapêutico**, pois tudo que surgia fazia parte do eco do grupo ou do momento pessoal do protagonista.

Falando em protagonista, esta história é engraçada. Muitas vezes a gente aprende mais com os erros do que com os acertos. Aconteceu comigo!

No psicodrama pedagógico não havia um protagonista que desse curso à história. O modelo que eu tinha de direção era muito intervencionista, isto é, o diretor e o ego-auxiliar cochichavam entre si e iam dando o rumo à história com base na percepção que tinham.

Na minha primeira direção fiz o mesmo. Propus uma série de jogos dramáticos interligados e, no compartilhar, uma colega comentou que eu tinha conseguido dirigir sem ter um protagonista!

Essa visão da necessidade do grupo, de que o protagonista e o tema muitas vezes são escolhidos mesmo antes da cena, no contexto social, foi um grande aprendizado para mim.

Moysés insistia muito que o psicodrama não deveria ser apenas um teatrinho, era um instrumento para cuidar da pessoa e do grupo, e tudo que acontecia tinha uma razão de ser e deveria ser respeitado.

Nossa formação abrangia a prática e também a teoria baseada nela. Depois da direção no sábado pela manhã, do compartilhar e processar, vinham algumas boas horas de discussão teórica em cima do acontecido. Aprendíamos a focar o problema, a entender as técnicas, seu bom e mau uso, por meio de discussões abertas em que a crítica era bem recebida e fundamentada tanto pelos formadores, Miriam, Angela, Moysés, Luiz, Paula, Cida Davoli e outros, quanto pelos alunos.

Minha formação como educadora é construtivista. A Companhia do Teatro Espontâneo veio comprovar aquilo em que acredito: não existe aprendizagem sem prática, sem avaliação, sem reorganização de ideias.

No sábado à noite, um dos professores dirigia uma vivência e nela os dramas pessoais dos alunos, familiares ou profissionais vinham à baila. Isso não era combinado claramente, mas acabava sendo frequente.

A equipe de formadores revezava-se na direção, e isso foi muito enriquecedor, pois acompanhávamos diferentes modelos de atuação. Nas direções dos alunos, aquele que tinha acabado de começar o curso, que vinha pela primeira vez, era convidado a dirigir. Qual escola que aceita isso? Aconteciam coisas incríveis, pois, mesmo sem o conhecimento teórico e prático, aquele que dirigia trazia sua bagagem pessoal, sua percepção e riquezas, e era muito motivador para nós.

Os alunos que frequentaram Tietê – este ficou como apelido da escola, por ter começado lá – até hoje falam com orgulho por tudo que aprenderam e se tornaram como psicodramistas. Pela forma de ensinar, dando embasamento e prática, a equipe coordenada por Moysés Aguiar transformou a didática desse ensino – e sua qualidade pode ser comprovada, pois todos que se formaram na Companhia do Teatro Espontâneo brilharam nas suas atividades profissionais, encontraram seu estilo de dirigir, mas com a segurança que é própria de um bom aprendizado.

Hoje, 15 anos depois, faço um trabalho com jovens com Síndrome de Down, utilizando o teatro espontâneo. Nosso objetivo é desenvolvê-los em todos os seus potenciais para ingressarem no mercado de trabalho. Os resultados têm sido surpreendentes, principalmente no âmbito emocional e social.

Termino agradecendo a oportunidade que tive de conhecer, aprender, refazer a mim, ao outro e ao meu trabalho com a minha formação na Companhia do Teatro Espontâneo – ou Tietê.

◈

ENTRE O PSICODRAMA PEDAGÓGICO E O TERAPÊUTICO

A distinção entre psicodrama pedagógico e psicodrama terapêutico é tradicionalmente justificada pelas peculiaridades das situações nas quais se fazem as intervenções. Ou seja, os objetivos são distintos, como o são as respectivas clientelas, os contextos em que acontecem. Como o seriam as condições socio-históricas, assim como os respectivos respaldos teóricos.

Nessa perspectiva, o psicodrama é visto como apenas uma ferramenta para a intervenção. Um instrumento de natureza versátil, com mil e uma utilidades. Passível de servir dentro de qualquer posição teórica, ética ou ideológica. Para o bem e para o mal.

Ao mesmo tempo, o ser humano é encarado como um conjunto de compartimentos que podem ser manejados separadamente, desde que se tenha clareza dos limites entre um setor e outro e que se tome cuidado para não confundi-los.

Dificilmente aqueles que operam por essa ótica admitiriam tanto a neutralidade teórica radical do psicodrama como essa fragmentação do ser humano. São posições insustentáveis e indefensáveis, embora constituam o substrato de muitas práticas e a inspiração de muitas decisões políticas.

O psicodrama tem como fundamento uma visão de mundo que é muito consistente com sua metodologia. Qualquer intervenção que desconsidere essa referência corre o risco de ser desastrosa. Isso explica, provavelmente, situações em que o psicodrama é severamente criticado, sendo-lhe atribuída a pecha de inócuo, teatrinho amador da pior qualidade ou, até mesmo, causador de danos.

Podemos tranquilamente dizer que o paradigma epistêmico do psicodrama de certa forma se antecipa e se coaduna com o conceito de complexidade, descrito mais recentemente por Morin e outros pensadores contemporâneos. Visto por esse ângulo, o indivíduo é não apenas, como o próprio nome o diz, uma unidade indivisível (portanto não compartimentalizável), de natureza complexa, como integra um todo também complexo, da mesma maneira "indivisível".

Um dos corolários dessa tese é a impossibilidade de se alcançar um conhecimento descritivo linear e completo. Em outras palavras, todo conhecimento é mera aproximação validada apenas no contexto em que ocorre: qualquer generalização peca pela precariedade.

Outro corolário: é impossível promover modificações apenas pontuais, qualquer que seja o âmbito de realidade considerado, sem que o todo seja atingido. Mais que isso, é impossível tanto prever como mapear as repercussões.

A própria experiência psicodramática é complexa. Todos os esforços que fazemos para compreendê-la nos permitem vislumbrar alguns sentidos, mas temos sempre a sensação de que existe algo mais, que o percurso é infinito, inesgotável.

Fazer psicodrama é aventurar-se no desconhecido. Constitui autoengano toda crença de que, manejando o psicodrama desta ou daquela maneira, garantiremos este ou aquele resultado, de que determinados limites que estabeleçamos proporcionem a segurança de que este ou aquele mal possa ser evitado.

Suspender uma dramatização que envereda pela revelação de intimidades podres ou doloridas, remetendo o protagonista à sua terapia pessoal, é uma medida que tem ardentes defensores, da mesma forma que é incorporada acriticamente por uma grande massa de psicodramistas.

Quando o diretor apela para essa solução por perceber que não há suporte suficiente e adequado, aqui e agora, tudo indica tratar-se de uma cautela louvável. Na verdade, um tipo de intervenção que não deveria ocorrer apenas em casos extremos: qualquer manifestação de não adesão ao que se está fazendo, seja ela do próprio protagonista ou do grupo, deve ser tomada como anunciação de limite e como tal respeitada. Configura uma ruptura que, tomando de empréstimo o raciocínio lacaniano, permite irromper o subtexto, cuja força cênica tende a superar a do texto em execução.

No entanto, se o que motiva o corte em pauta é uma distinção apriorística que interdita a continuidade da cena, há que refletir sobre o risco de estarmos diante de uma violência desnecessária, fundada numa posição ideológica corporativa.

A visão psicodramática do conflito individual, quando trazido protagonicamente para a cena, é de que ele revela, hipoteticamente, algo que se passa no plano grupal. A permissão para que o grupo intervenha na cena, por meio dos papéis complementares, de sugestões ou como caixa de ressonância, não apenas legitima essa hipótese como descaracteriza o desnudamento do protagonista como um ato de violência, voyeurista ou de exibicionismo.

Nesse caso, pode-se dizer que pedagógico e terapêutico se confundem, não por deslize ou incompetência, muito pelo contrário, como descortino na compreensão do ser humano em sua integralidade.

É verdade que a clareza de objetivos pode levar-nos à utilização de recursos mais adequados em cada caso. É o que acontece quando se pretende fazer um treinamento específico e são simuladas situações relacionais, sejam elas trazidas pelos integrantes do grupo ou até mesmo propostas pelo diretor. Ou então quando se pretende promover a compreensão de um conceito mediante a concretização de conteúdos abstratos. São estratégias próprias desenvolvidas para contextos de aprendizagem, o que não implica um pressuposto de fragmentação dos sujeitos. E se a continuidade do trabalho exigir que se explore mais intensamente alguma situação conflituosa, não há por que evitá-lo.

Essa era a orientação da Escola de Tietê. Com certeza, nunca favorecemos o charlatanismo nem a ilegalidade. O sentido de responsabilidade do diretor de psicodrama implica o reconhecimento de que seus limites pessoais constituem um ingrediente importante na construção das relações grupais (insistimos sempre no fato de que o diretor faz parte do grupo, integrando-o dinâmica e funcionalmente). Essa questão é ao mesmo tempo ética, estética, pedagógica e terapêutica: embora a ousadia seja uma qualidade indispensável ao fazer criativo, ela não pode ser temerária, até porque o próprio grupo, em sua inefável sabedoria, tem recursos para impor limites quando sinta que é necessário.

Trata-se de um pressuposto que decorre da própria proposta de relações estabelecidas entre sujeitos emancipados. Relações cujo objetivo último é aprender a lidar exatamente com essa condição e, assim, potencializar a vida. ■

11
UM MERGULHO NO FUNDO DO MAR

◈

MARCIA CASTAGNA MOLINA

Hoje recebi um convite para escrever sobre o que foi fazer o curso de psicodrama na Companhia do Teatro Espontâneo. Como as aulas aconteciam um final de semana por mês em uma chácara no interior do Estado de São Paulo, a escola passou a ser chamada carinhosamente de Tietê, nome da cidade em que se localizava.

Senti muita emoção ao receber o convite e resolvi começar de imediato esta empreitada e, mesmo sendo tão tarde da noite, me sentar para escrever este relato.

Não sei bem por onde começar, mas olhando daqui, dez anos depois, aquela experiência, me parece que há três temas diferentes e complementares que gostaria de abordar: relações, papéis e cogitar.

Tietê foi para mim um mergulho no fundo de um mar de conhecimentos e emoções, em que existiam milhares de novidades e, para onde quer que se olhasse, uma nova cor, uma nova forma, um novo ser, uma nova estrutura se revelava.

Talvez para um mergulhador profissional as descobertas do fundo do mar inexplorado tenham sido menos fascinantes do que foram para mim, "mergulhadora de primeira viagem".

Logo que cheguei percebi a diferença de conhecimentos que ali existiam e como eu, sendo farmacêutica de graduação e tendo me especializado em gestão, estava longe do conteúdo teórico daquela gente. Apesar de constituírem **um grupo multiprofissional**, muitos eram da área da psicologia ou trabalhavam em áreas afins, tendo, portanto, bagagem muito diferente da minha para participar das discussões.

VER "O CORPO DISCENTE", NA PÁGINA 197

Isso, se por um lado me assustou, por outro me deixou totalmente à vontade para questionar tudo que não entendia, afinal, eu "não era da área" e não tinha, por assim dizer, "obrigação de saber ou entender o que se estava dizendo".

E perguntei mesmo. Tudo que quis, esclareci todas as dúvidas que me ocorreram, mergulhei, nadei de braçada naquele novo universo que na minha frente se descortinava.

Imagine! Encontrar um lugar em que existia essa liberdade de questionamento, essa oportunidade de crescimento, essa possibilidade de ser eu mesma e de expressar meus pensamentos e sentimentos da forma mais plena que me era possível – porque havia contenção, pacto de sigilo, enfim, condições para se agir dessa forma.

É certo que nenhuma escola pode ser tão boa assim. Quem viveu toda a dificuldade para viabilizar uma proposta tão ousada como essa deve ter por ela um sentimento diferente, um olhar mais crítico, menos positivo.

Mas o fato é que ali havia uma proposta séria de mergulho, que possibilitava a quem quisesse, e pudesse aceitar o desafio, vivenciar uma das mais ricas experiências de aprendizado que se pode ter. Eram fornecidos os equipamentos, as instruções e disponibilizados os monitores e a infraestrutura de socorro, caso necessário; o resto era com você.

Eu aceitei o desafio e mergulhei fundo, muito fundo... E gostaria de poder relatar o que vi, ouvi e senti ao entrar em contato com esse mar. Sei que é impossível, mas mesmo assim quero trazer para este relato algumas pérolas coletadas, ensinamentos aprendidos, mesmo que traduzam somente a tênue imagem do que foi para mim estar em Tietê.

O APRENDIZADO DAS RELAÇÕES

ESTUDAR AS RELAÇÕES... Colocar o foco nas relações... Aprender mais como apreendê-las, senti-las, detectá-las. Saber quem é quem, o que ali representa. Olhá-las de um ângulo, depois de outro, e depois de outro ainda. Olhá-las por meio de suas teias, do passado, do presente, do futuro.

Entender mais aquela realidade, sintonizar. Aprender que existe 50% para cada um em uma relação, que não há "bandidos e mocinhos", mas uma complementaridade e corresponsabilidade e que no mínimo podemos transformar os 50% que nos cabem e assim recriar nossa própria realidade.

Que existem escolhas: positivas, negativas e neutras. Que isso é natural nos relacionamentos humanos. Que não é nenhuma tragédia não ser escolhido sempre, uma vez que também não escolho sempre, e que é possível "sobreviver" à não escolha do outro, mesmo que algumas vezes isso custe um alto preço.

São aprendizados crescentes, interligados e interdependentes que vão reformulando o olhar. Essa reformulação proporciona mudanças importantes de postura e de atitudes, tendo como possíveis consequências um melhor entendimento entre as pessoas, uma nova visão das situações de conflito, a criação de alternativas de encaminhamento e de possíveis soluções.

São mudanças profundas na vida de qualquer pessoa, porque todos nós nos relacionamos.

Penso que são aprendizados com impacto na vida pessoal, profissional e, no meu caso, na militância política, que ocupa espaço importante em minha vida.

Pessoal porque possibilitou um novo patamar, a aquisição de novas ferramentas, mais bagagem, mais estofo, estar mais preparada para enfrentar a vida, as situações, os desafios.

Trouxe muita luz aos cantos escuros, ajudou a romper barreiras, construir pontes, abrir túneis, alçar voos, avançar, progredir.

De fato era impossível voltar indiferente, não transformado, a mesma pessoa de antes, de um mergulho como aqueles realizados nos finais de semana em Tietê.

Profissional porque atuo em duas frentes de trabalho que envolvem obrigatoriamente uma quantidade e intensidade significativa de conflitos. A gestão do Sistema Único de Saúde municipal e a docência na graduação da Faculdade de Farmácia da Pontifícia Universidade Católica de Campinas.

Na gestão, são inúmeras as oportunidades de se aplicar os conhecimentos do manejo de uma teleobjetiva com diferentes focos, aproximando e afastando o zoom da máquina. E esse aprimoramento do olhar sem dúvida nos faz mais lúcidos, mais realistas e adequados, mais capazes de ajudar.

Na Universidade são muitas as dificuldades com as relações. É um ambiente altamente competitivo, onde as disputas e, consequentemente, os conflitos afloram com muita frequência.

Além disso, há que se admitir que não é fácil estar diante de 90 alunos, em uma única classe, e com eles desenvolver um processo educativo que valha a pena, especialmente quando boa parte deles tem 17 anos ou um pouco mais. Penso que o aprendizado de como funcionam as relações para um professor universitário submetido a essas condições é quase uma questão de sobrevivência.

Na militância política são ainda mais necessários esses conhecimentos. É um cenário de pura disputa de ideias e interesses, em que se lida com uma explosão de conflitos de várias naturezas, mas é um dos espaços importantes de construção da cidadania.

O curso de Tietê possibilitou a aquisição do referencial psicodramático para leitura, entendimento e atuação nessa realidade. Por exemplo, a cidadania se dá em relação e o foco do psicodrama é sobre a relação. Ainda temos muito que aprimorar nossas relações quanto ao respeito ao outro, a possibilidade de conviver com os diferentes, construir relações mais equilibradas, mais justas. Esse é um grande desafio do psicodrama que se relaciona, intrinsecamente, com a construção da cidadania.

O psicodrama tem como um de seus referenciais a teoria geral de sistemas. Assim, vemos que há vínculos nos interligando às outras pessoas, à natureza, ao universo. Então, quando uma floresta é devastada, isso contribui para o superaquecimento do clima da terra. Nada estando separado, o que atinge as outras pessoas me atinge também.

Incorporar e aprofundar a visão sistêmica tem impacto importante na forma como nos relacionamos.

Há ainda outras duas grandes contribuições que o psicodrama pode dar à construção da cidadania: a teoria de papéis e o trabalho desenvolvido para que se cogite, no espaço dramático, aquilo que se quer transformar na realidade em que se vive.

OS PAPÉIS

O EXERCÍCIO DA CIDADANIA não é abstrato, ele ocorre nos diferentes papéis, e conhecer essa teoria nos ajuda a compreender como é possível exercê-la nos diferentes aspectos da vida.

Além disso, a ideia criativa de poder assumir no espaço dramático diferentes papéis, incorporar o conflito ali expressado, encontrar alguma saída, um desfecho, vivê-lo em cena, poder acolher as emoções no compartilhar e entendê-las no processamento, foram experiências profundas e de muita riqueza.

Hoje, pensando naquelas vivências, me recordo de tantas cenas! Que interessante como fica gravado aquilo que nos marca de verdade.

Tietê tem esse mérito. A metodologia utilizada para o aprendizado tinha vários fatores importantes: envolvia o afetivo, era baseada em vivências e, sobretudo, tinha um diferencial especial, o princípio da construção coletiva do conhecimento. Nós tínhamos uma tarefa de leituras por mês, e parte das discussões se dava em torno de temas específicos. Tínhamos de participar de 20 encontros, de tal forma que as pessoas entravam e saíam do grupo, havendo sempre ampla diversidade de conhecimentos, pela variedade de profissionais e por haver formandos e iniciantes sempre juntos.

E as discussões aconteciam, ora melhores, ora piores, de acordo com o momento do grupo. Muito mais importante, porém, do que aprender o que cada conceito significava foi, para mim, aprender que é possível **construir coletivamente o conhecimento** por meio das diferenças.

VER "CONSTRUIR COLETIVAMENTE O CONHECIMENTO", NA PÁGINA 192

Como professora universitária há tantos anos e ali no papel de aluna, compreendi o que considero um dos maiores aprendizados de Tietê: a construção coletiva é sempre mais rica, mais criativa, mais adequada. Tão mais sólida e consistente que seu resultado compensa o trabalho que dá.

Ter experimentado esses resultados, vivido esse processo e conhecido a potencialidade dessa prática me tornou mais capaz de conseguir aplicá-la.

Considero esse um dos maiores desafios que temos. Porque incorporar tal princípio na vida diária exige grande esforço. As pessoas são diferentes, estão em momentos diferentes da vida e têm interesses diferentes, ingredientes que conferem complexidade a esse modo de agir.

Ainda na vivência de papéis, era um momento especial exercitar ser diretor. Assim como se aquela fosse a hora em que tivéssemos de pôr em prática tudo aquilo que tínhamos aprendido até ali. Sobre arte, teatro, técnicas psicodramáticas, conceitos. Era a hora H, exercício de sintonia, com a gente, com o grupo, com a escolha do protagonista, com o desenrolar da cena.

Dirigi todas as vezes que pude. Talvez por vontade de aprender, por considerar um desafio, ou por puro atrevimento, tive a ousadia de dirigir muitas vezes em Tietê.

Encantava-me a possibilidade e intensidade daquele exercício. Poder colocar os conhecimentos em prática e discutir a experiência com docentes e alunos não podia ser mais rico.

COGITAR

Descobri que no psicodrama se trabalha para que as pessoas cogitem, no espaço dramático, a possibilidade de terem relações mais simétricas na realidade em que vivem, no seu dia a dia.

Meu encontro com o psicodrama se deu primeiro em terapia nessa linha. Processo de trabalho intenso, que seguramente me trouxe uma condição diferenciada que possibilitou aproveitar melhor o curso de Tietê.

Cogitar é, para mim, incluir no rol das possibilidades, se ver fazendo o que até então era impossível, impensável, algo "fora de cogitação".

Na Escola era possível viver um intenso exercício de cogitar: se aceitássemos o desafio de estar em cena, assumir aquele determinado papel, ser diretor, aceitar ser o protagonista, o ego-auxiliar, o espelho. Ver-se em cena, ver como os outros veem você em cena, era como uma olimpíada, ali momento mágico, mas que exigia muito tempo de preparo anterior.

Cogitar algo melhor, crescer, avançar, ser diferente, recriar uma realidade a longo tempo estabelecida. Descristalizar, rematrizar.

Para mim era como se pusesse a minha vida em um caleidoscópio e fizesse inúmeros exercícios de rearranjo daquelas mesmas cores e formas, recompostas de várias maneiras, como se não tivessem fim as possibilidades de transformação daquele quadro.

O exercício de olhar a cena e ao mesmo tempo os bastidores, ouvir o texto e o subtexto, sentir o inconsciente coletivo atuar, e depois fazer essa análise no processamento, são etapas de um processo que viabiliza um novo olhar da realidade.

Novo olhar que já é início do processo de transformação.

Penso que Moreno foi um gênio. Sua contribuição para nos ajudar a construir relações mais simétricas, mais espontâneas, possibilitar mais encontros e, portanto, ser mais felizes, não tem medida.

Conhecer um pouco mais de seu trabalho, sua obra, seus pensamentos e seus seguidores foi um privilégio sem par.

Em relação à experiência vivida em Tietê, só tenho a agradecer.

A Deus, Pai cuidadoso, mestre universal, que coordena e harmoniza os movimentos no tempo e no espaço mais adequados para o nosso bem maior.

A Angela Reñones, irmã de alma, um dos maiores encontros de minha vida, que me fez cogitar não só viver o psicodrama em terapia e colher seus frutos, mas ser hoje psicodramista, uma das maiores honras que carrego comigo.

A Moysés e a Miriam, que formaram com a Angela o mais imbatível trio de professores que já conheci em competência, criatividade e afeto.

A tantos que participaram dos grupos comigo e deram cor e forma a esse mergulho, me ajudando a encontrar tesouros.

Assim termino este texto. Pensando que cogitei escrevê-lo, mesmo estando em uma fase muito exigente de minha vida, sem tempo para nada.

E gostei de fazê-lo, porque em cada momento roubado para a tarefa pude abrir de novo o álbum do meu coração e rever cada uma dessas pérolas que guardei, lembranças dos mergulhos dados, filme da alma que felizmente não se apaga.

Que este livro consiga traduzir a riqueza que foi Tietê e continue ajudando muitos a cogitar que uma vida melhor é possível. Talvez a maior contribuição que nós, psicodramistas, podemos oferecer para a construção de um mundo muito melhor do que este. Eu cogito que seja assim. Um abraço carinhoso a todos.

◈

UMA PERSPECTIVA POLÍTICA

O sentido mais comum que se atribui ao termo política tem que ver com a luta por hegemonia dentro das relações sociais. Associa-se, portanto, à noção de poder, à busca de ocupação de posições de mando.

Numa definição mais carregada de eufemismo, a política seria a arte de governar, atribuindo-se a essa tarefa um valor maior, ou seja, algo desejável, com a condição de que se faça com maestria e ética. Ou estética.

Poderíamos, entretanto, avançar um pouco mais, buscando inspiração na etimologia. Política vem do grego "polis", que significa a cidade, o lugar onde as pessoas vivem e, por extensão, a comunidade. A forma como se dão as relações entre os que compartilham o mesmo "habitat" é algo que precisa ser pensado e ordenado, organizado, com vistas ao bem comum. Pensar as relações, apresentar propostas, defendê-las e, se for o caso, gerir a sua implantação, é fazer política, cuidar da "cidade".

Nessa perspectiva, o poder não se confunde com a ocupação de posições de mando, como dissemos ao início, mas refere-se à capacidade de influenciar a vida em comunidade.

A questão é que nem toda influência se dá por meio de uma intenção e de ações concretas direcionadas para esse fim. Há uma espécie de "poder passivo", uma noção essencialmente contraditória, capaz entretanto de descrever comportamentos sociais relevantes na conformação da coletividade.

Em alguns momentos na história, esse poder passivo foi chamado de "maioria silenciosa", uma referência à grande massa de cidadãos (origem da palavra: os que habitam a cidade) que não se manifestam ante as disputas abertas pelo controle do Estado.

Podemos associá-lo, por outro lado, ao fenômeno recentemente descrito como resiliência, ou seja, à capacidade de resistir às mudanças sem entretanto entrar em choque com as forças transformadoras: amoldar-se a elas, num primeiro momento, para então, num segundo tempo, retornar ao estado anterior.

Também se enquadra dentro desse conceito a ideia de que as definições que contam, de verdade, na organização da vida em comum, decorrem de um trabalho "de formiguinha", invisível à superfície, que acontece na intimidade do tecido social. As formas visíveis só se fazem efetivas quando correspondem a essa realidade que nem se pode dizer que é necessariamente "oculta", porque no mais das vezes acontece à luz do dia – porém fora das disputas "abertas" pelo controle da sociedade.

Nesse sentido, a opção da Escola de Psicodrama de Tietê de não participar do acordo político entre as instituições que representavam a maioria – dois terços, num cálculo feito à época – do movimento psicodramático brasileiro, foi um ato político, uma decisão de situar-se à margem dos embates (sem qualquer conotação negativa) que se davam no território central, oficial.

O "poder passivo" desse posicionamento tem que ver com a afirmação de sua autonomia para empreender sua experimentação pedagógica sem quaisquer interferências institucionais externas, sem despender energias para conseguir aval ou para garantir o seu quinhão de poder dentro do movimento.

Implicitamente, uma denúncia: a de que as forças hegemônicas não comportavam toda a dinâmica da "polis" cuja vida pretendiam ordenar. Os parâmetros que estavam estabelecidos para o reconhecimento da "cidadania" dos vários segmentos traduziam vieses discriminatórios, engessando a criatividade e excluindo, por definição, habitantes desprivilegiados. Também na Grécia Antiga, o berço da democracia ocidental cristã, as populações eram divididas entre os que poderiam e os que não poderiam participar das decisões mandatórias, os que tinham direitos e os que não tinham, entre os que eram e os que não eram.

A recusa da tutela afirmava o direito à emancipação: meu pai não precisa mais dizer o que eu devo e o que eu não devo fazer, nem se responsabilizar pelos meus atos, eu dou conta de mim mesmo, posso decidir e, se for o caso, responder pelo que faço.

A condição emancipada é fundamental para o exercício da educação emancipatória. No entanto, é preciso reconhecer que, dentro do jogo do poder, a carta de alforria só é concedida quando interessa ao senhor, quando a liberdade do escravo lhe é mais conveniente do que mantê-lo sob jugo. A verdadeira liberdade não é a concedida, mas a conquistada. Assim o é a genuína emancipação.

Nessa avaliação feita muitos anos depois do fenômeno Tietê, é importante não se perder de vista que esse posicionamento reflete as condições daquele momento histórico, a correlação de forças então existente. A aplicabilidade de princípios no jogo político não pode ficar condicionada a comportamentos prescritos de forma conservada e conservadora. Exatamente o que propugna o psicodrama é pela espontaneidade, a capacidade de, diante de cada circunstância concreta, no exato "momento", encontrar o melhor caminho. Em política, isso é fundamental.

A "cidade" se constrói criativamente, num jogo dinâmico e complexo, de que todos, todos mesmo, participam, cada qual ao seu jeito. Onde não existem verdades eternas e absolutas. Daí ser inaceitável que se imponham unilateralmente regras e soluções que, com o não serem negociadas com todos, se pretendam verdades eternas e absolutas.

Esse princípio, enunciado com ênfase pelos teóricos do anarquismo, hoje tende a ser reconhecido mais amplamente, ainda que sem adesão explícita ao referencial ácrata. ■

CONSTRUIR COLETIVAMENTE O CONHECIMENTO

Um dos pilares do pensamento educacional contemporâneo é a proposta de substituir a tradicional "transmissão de conhecimentos" por uma nova estratégia: a produção de conhecimentos.

Essa nova orientação decorre de algumas críticas importantes à maneira como se pensava, no passado, a tarefa de preparar as novas gerações.

A mais importante dessas críticas aponta o fato de que o mero acúmulo de informações ou de habilidades não implica que o sujeito possa resolver satisfatoriamente os problemas que a vida colocará, no futuro.

Os velhos educadores partiam do pressuposto de que tais e tais conhecimentos seriam necessários e tratavam de incluí-los no rol dos conteúdos a serem tratados. Como nem sempre os aprendizes se davam conta da importância futura de saberem aquelas coisas, os estudos se tornavam fastidiosos, comprometendo a compreensão e assimilação dos temas em pauta. Os currículos costumavam ser recheados de mais e mais disciplinas, todas consideradas importantes para a vida futura, o que trazia um novo corolário: nem sempre os próprios educadores concordavam com essa exigência, tampouco possuíam conhecimentos suficientes a serem repassados. O ensino se tornava, consequentemente, um conjunto disforme e indigesto.

Ao lado disso, verificou-se à saciedade que os estudantes apenas se dedicavam ao que efetivamente lhes interessava, interesse que poderia ter uma origem externa e anterior ao processo educativo formal ou, ainda, na capacidade do mestre de motivar e atrair. Os professores mais afetivos e carismáticos eram os que conseguiam melhores resultados, apontando para a importância dos aspectos subjetivos mais do que da grade curricular.

Uma outra face do mesmo problema apontado acima era a desvinculação entre o que se aprendia no ensino formal e a prática da vida, ou a vida prática. Essa desvinculação decorria, evidentemente, da hipótese básica de trabalho, que era a aposta sobre o futuro, considerado mais importante – nem sempre com plena consciência desse fato – do que o presente. Por outro lado, aquilo que tinha efeito prático imediato e aferível (pelo próprio sujeito) era aprendido nos espaços de informalidade, em casa, na rua, nos meios de comunicação de massa. A aprendizagem formal se tornava assim cada vez menos necessária, o que deslocava sua defesa para as exigências do mercado de trabalho, no quesito diploma. Mesmo esse mercado vem sofrendo um processo de transformação cada vez mais significativo, voltando suas preferências para trabalhadores versáteis e capazes de resolver problemas, em vez daqueles com diplomas de boas escolas, com boas notas, ou detentores de habilidades operacionais muito específicas.

O advento da internet veio trazer a esse quadro um novo e decisivo elemento. Disponibilizando as informações, rompendo as barreiras do acesso limitado e controlado a elas, driblando pudores corporativistas e reservas economicamente determinadas, veio cumprir um papel que na educação tradicional era reservado aos professores. O navegante busca a informação que deseja, filtra as ofertas para situar-se cada vez mais próximo do seu real interesse, controla quantidade e qualidade, assimila o que interessa e – para desespero de alguns teóricos mais renitentes – aprende, aprende mesmo!

Moral da história: a nova geração não precisa de professores para transmitir informações. Pode adquiri-las autodidaticamente, com maior conforto, maior liberdade e na medida certa.

Esse processo, bastante complexo, inclui uma retomada, sob novos prismas, das reflexões sobre o papel do educador.

As pesquisas científicas vêm aportando novas constatações a respeito de como se processa a aprendizagem, o que faz que os educadores sejam obrigados a rever suas práticas também sob esse ângulo.

Alguns traços importantes vão se delineando para caracterizar uma nova educação.

Há um reconhecimento mais profundo da importância de outros agenciamentos que não a escola. A família, a organização do trabalho, os meios de comunicação, o jogo político em todos os níveis, os relacionamentos afetivos, a pressão originada de endereços incertos e não sabidos, a cumplicidade grupal e assim por diante, todos contribuem de alguma maneira para a formação das subjetividades.

Ou seja, todos são educadores.

A educação não se confunde mais com escola. Essa é apenas uma das influências, cuja antiga hegemonia não é mais, de longe, a mesma do passado.

O que não significa que não possa ter um papel fundamental, ainda, desde que se recicle, principalmente quanto aos seus objetivos.

Favorecer subjetividades marcadas pela autonomia, pela capacidade de gerir a vida de forma independente e competente. Capazes de ir buscar a informação onde quer que ela esteja, para subsidiar suas decisões e o enfrentamento dos desafios.

Ao propor que o conhecimento seja construído, a educação dá um salto de qualidade, situando-se noutro patamar, operando com um novo paradigma.

Nessa perspectiva – e Paulo Freire desponta aqui como aquele que teve a lucidez de postar-se nela e divisar o horizonte com clareza meridiana – o que se propõe é que o educador atue mais até do que como estímulo e facilitação, estabelecendo companheirismo com o aprendiz para construir o conhecimento junto com ele.

A hipótese de trabalho pode ser colocada de uma maneira simples – ou talvez até simplista, para facilidade de compreensão – da seguinte maneira: todos nós temos, a respeito de praticamente qualquer tema, algum conhecimento, ainda que rudimentar; com base nesse acervo, e diante de uma determinada demanda, se colocam curiosidades, questões que precisariam ser respondidas; essas questões monitoram o processo de busca das informações; estas são elaboradas de forma a integrar o corpo prévio de saberes, digeridas e assimiladas. Assim, completa-se o ciclo, sendo que a operacionalidade das novas aquisições vai, necessariamente, abrir novas frentes de curiosidade, com novos problemas a serem resolvidos, o que faz que se reinicie toda a trajetória.

A interação mestre-aprendiz constitui o núcleo de um novo avanço, que significa galgar um novo degrau: a construção coletiva. Ambos adquirem novos saberes, ainda que necessariamente partam de uma diferente linha de base.

O novo paradigma, o da produção coletiva, implica não apenas esse esforço comum, ampliando-se indefinidamente o número de sujeitos envolvidos no processo, mas principalmente um novo conceito no tocante à posse e propriedade dos resultados alcançados. Se na antiga perspectiva se tomava como pressuposto uma acumulação individual (cada pessoa tem seu próprio cabedal de conhecimentos, que é ampliado sempre que aprende algo novo), nessa nova abordagem a acumulação é comunitária (a coletividade é a detentora do saber, sendo que os indivíduos partilham dele cada qual à sua maneira, sendo importante a articulação que se produz entre os participantes do bolo). Ou seja, em última análise, o que se consegue é desfrute potencial de todos. Direta e indiretamente.

Esses princípios estiveram presentes na formulação do projeto político pedagógico da Escola de Tietê. No entanto, é preciso ressalvar que o foi de forma mais intuitiva do que racional e academicamente estruturada. Na verdade, resulta de uma compreensão das propostas do psicodrama, que embutem, à sua moda, todos esses pressupostos.

O acesso ao conhecimento por meio da criação dramática e da encenação improvisada tem como ponto de partida a convicção de que tanto a motivação quanto a matéria-prima constituem o aporte do próprio sujeito, cabendo ao diretor (terapeuta, no caso do psicodrama terapêutico) emprestar seu referencial metodológico para facilitar essa busca.

Ao mesmo tempo, a dramatização é coproduzida. Protagonista, atores auxiliares, público, diretor, todos trabalham juntos, cada qual com sua contribuição específica, com papéis que circulam entre os participantes, de acordo com as necessidades do momento.

A apropriação dos resultados não é privilégio do protagonista. Nem é tampouco pulverizada, cada um dos participantes garantindo o seu quinhão individualmente. É toda a coletividade que se beneficia, como coletividade (que não coincide com a soma dos indivíduos, constituindo antes uma supranova realidade). O compartilhamento é a tomada de consciência desse processo.

Outros aspectos dessa estratégia são discutidos ao longo deste livro. No entanto, é preciso ressaltar, por ora, um derradeiro aspecto: o próprio processo de construção coletiva do conhecimento é conteúdo de aprendizagem. Parafraseando a célebre afirmação de McLuhan, quando diz que o meio é a mensagem, a experiência da construção coletiva do conhecimento é o próprio conhecimento que se constrói. ■

O CORPO DISCENTE

Uma das primeiras definições do projeto da Escola foi oferecer capacitação em psicodrama a quaisquer pessoas que assim o desejassem. A única exigência era que os interessados possuíssem formação escolar de terceiro grau e aceitassem os objetivos e o modelo de trabalho adotado.

Mais que isso, a formação seria feita em conjunto com aqueles que pretendessem utilizar o psicodrama como método psicoterápico. Com isso, firmamos posição contrária àqueles que defendiam a exclusividade da prática psicodramática aos legalmente habilitados ao exercício da psicoterapia. E, mais ainda, aos que defendiam formações separadas, com um currículo mais compacto para os que não fossem ser psicoterapeutas.

Nosso pressuposto é que o psicodrama pode ser usado por qualquer profissional que tenha de lidar com pessoas, especialmente em grupos.

Ele não é um método essencialmente psicoterápico, que até poderia ser utilizado em outro tipo de intervenção, desde que sofresse as indispensáveis adaptações. Pelo contrário, ele se fundamenta em princípios aplicáveis a quaisquer circunstâncias, configurando uma série de procedimentos que tem como foco as relações interpessoais, especialmente temas relacionados com a convivência humana.

Sua utilização como ferramenta psicoterápica é, assim, apenas uma entre as múltiplas possibilidades, e por isso, mesmo sendo a mais conhecida e divulgada, não pode pretender exclusividade nem hegemonia.

Essa convicção tem alguns desdobramentos importantes na hora de se formular um curso de especialização.

À época da fundação da Escola, a maioria das entidades de psicodrama apenas ofereciam formação voltada para o exercício da psicoterapia. Ainda assim, enfrentavam um enorme desafio que era compatibilizar o método, inicialmente formulado para trabalhar grupalmente, com a prática bipessoal. Já se delineava a tendência ao esvaziamento dos grupos na clínica privada, prenúncio das severas restrições de mercado que caracterizam os dias atuais.

A transição não contava com uma prática pedagógica que lhe desse suporte. O compromisso era proporcionar aos estudantes uma ferramenta de trabalho, mas o que se tinha para entregar era pouco adequado aos novos tempos.

Ironicamente, quando a instituição se aventurava no campo do psicodrama pedagógico, como era inicialmente denominado, ou do psicodrama aplicado, designação eufemística posterior, o curso disponibilizado era uma espécie de versão reduzida desse outro, expurgada de conteúdos proibidos para os não iniciados. Por isso mesmo, a formação deveria ocorrer separadamente.

Até hoje encontramos resíduos dessa visão, configurados na diferença de titulação: existe um certificado para psicoterapeutas e um outro diferente para "os outros".

A proposta da Escola partia do princípio de que todos tinham direito de acesso ao saber psicodramático pleno – que não é sinônimo de psicodrama terapêutico. Aqueles que desejassem "aplicá-lo" à psicoterapia o fariam por sua exclusiva responsabilidade, havendo-se com a Lei e buscando complementações quando sentissem necessidade. Como de resto deveriam fazê-lo todos os que desejassem "aplicá-lo" a quaisquer outras finalidades.

A Escola, diante dessa oferta, passou a ser procurada por portadores das mais diferentes formações e carreiras profissionais.

Como não tinham formação psicológica, não foi difícil estabelecer reflexões produtivas por meio da vertente teatral do psicodrama, deixando de lado as veleidades diagnóstico-interpretativas que marcavam os cursos voltados para a psicoterapia. Uma leitura da tendência histórica da Escola, de valorização crescente do teatro espontâneo, deveria levar em conta essa peculiaridade do corpo discente.

Por outro lado, essa diversidade responde, em parte, pela riqueza do trabalho. Os aportes, oriundos de perspectivas e experiências de vida tão distintas, permitiam uma visão de mundo muito mais ampla do que aquela que se limita pelas quatro paredes de um consultório. Lentes diferentes proporcionavam imagens diferentes, cuja combinatória caleidoscópica construía um psicodrama e um teatro espontâneo de amplitude e profundidade que iam muito além do usual.

A babel profissional, que poderia em tese ser um obstáculo à comunicação e um enorme desafio caso se pretendesse unificar o discurso para que todos pudessem entender, acabou catalisando a construção de uma nova linguagem comum – "customizada", para usar um termo do "computadorês" de nossos dias.

Na verdade, o grande impulsionador parece ter sido o fato de que os estudantes eram considerados, antes de tudo, seres humanos emancipados. Essa condição era o ponto comum entre eles. Trabalhá-la por meio de recursos psicodramáticos era não só uma condição de aprendizagem, mas constituía, em si, um conteúdo a ser aprendido, não livrescamente, mas a partir de uma vivência concreta.

Mais do que simplesmente viver, poder debruçar-se sobre o que foi vivido para buscar uma compreensão agregadora de novidades e de avanços. Nessa trajetória, faz pouca diferença a condição profissional de cada um.

Outro aspecto da população discente que deve ser ressaltado é a amplitude da faixa etária: alguns estudantes eram muito jovens, mal terminado o curso universitário; outros eram profissionais tão mais antigos que alguns eram já aposentados e buscavam subsídios para uma reorientação de carreira.

Essa combinação permitia lançar na panela experiências de vida muito diferentes, algumas de alta quilometragem, outras com cheiro de carro novo. Essas diferenças se manifestavam nas atividades de maneiras também muito diferentes, o que novamente contribuía para a riqueza de tudo que se fazia. ■

12
A VIDA EM CENAS

◈

CECILIA MASSELLI

PASSADOS TANTOS ANOS, ainda não sei como consegui a coragem necessária para buscar a formação em teatro espontâneo (TE). Logo no primeiro contato com o Moysés, fui diretamente ao ponto crucial, que me impedira até então de chegar e que certamente me faria recuar: "E se eu não conseguir me expor dessa maneira?" Ao que ele respondeu: "A falha terá sido minha, no aquecimento inadequado ou insuficiente".

VER
"A RESPONSABILIDADE DA EMPREITADA",
NA PÁGINA 212

Primeiro, precisei acreditar ser dele **a responsabilidade da empreitada**, como se o desafio fosse apenas de me deixar expor, quase que passivamente. O mais difícil estava por vir: ser sujeito, agir, atuar e, sobretudo, dirigir. O que descobri mais tarde é que propor um aquecimento pressupõe aquecer-se. Quanto mais disponibilizado internamente estiver o diretor para perceber e interagir com o grupo, melhor o grupo perceberá e mais facilmente interagirá com sua proposta.

Essa constatação coloca em pé de igualdade os integrantes do grupo, que se revezam nos papéis de diretor, ator e espectador, todos com os mesmos desafios: refinar a sensibilidade, ampliar a criatividade, precisar a expressão estética e liberar a espontaneidade. Ou seja, tudo que se contrapunha ao meu velho, conhecido e assegurador modo de funcionar: apoiar-me no que sei para evitar a surpresa ameaçadora do contato com o que desconheço.

Era preciso abrir espaço interno para sentir o que percebia no grupo; permitir que minhas emoções mobilizadas pudessem expressar-se espontaneamente; e refinar esteticamente o sentido das expressões para que elas fossem mobilizadoras de soluções criativas dos conflitos. O caminho que tinha pela frente se apresentava como longo e árduo.

AQUECENDO-ME NO CAMINHO

2000. ESTOU CHEGANDO. Emoções em turbilhão. Quero apropriar-me de técnicas e conceitos para acessar minhas emoções e lidar com elas, mas elas me atrapalham. Os medos todos – de não ser aceita, de não ser incluída, de frustrar expectativas (minhas e dos outros) – ameaçam minhas vontades.

A Companhia do Teatro Espontâneo está completando 10 anos. Aceito o convite para a comemoração. Estão previstos dois dias numa área rural, verde, aprazível. Chego sozinha. As pessoas vão chegando, se reencontrando, fazendo-se festa, da qual não participo. Os poucos rostos familiares que encontro me tranquilizam um pouco, não muito. A expectativa é grande. O grupo se condensa diante da grande e bela casa colonial. Uma mulher com sotaque castelhano começa a falar ao grupo. Dá as boas-vindas, segue falando gostoso, atraente, inspirando-me confiança. Sem dar-me conta, aos pouquinhos, vou saindo do meu turbilhão e entrando em sua fala. Aponta para um barracão ao longe, do outro lado do lago, onde terão início as atividades. Propõe que caminhemos todos para lá com a seguinte instrução: "Este seu caminhar terá o tempo e a distância de que necessita para chegar lá pronto e disponível".

No caminho havia palidez de céu azul, frescor matinal na pele, calmaria no espelho d'água, verde grandioso e no detalhe, caminho batido de terra, cadência dos meus passos, ar fresco entrando ritmado até os pulmões, o dorso de quem segue à minha frente, o burburinho dos demais. E lá fui eu, deixando minhas inutilidades pelo caminho e fazendo espaço interno para o que de novo se apresentava.

Com esse aquecimento eu me disponibilizava internamente para viver as próximas experiências do evento.

DESCOBRINDO A FLEXIBILIDADE

Sábado à noite, estamos na grande sala da Companhia. No espaço dramático dois colegas estão em cena. No conflito que dramatizam surge a raiva. De início, apenas indícios nas falas. Eles falam da raiva, mas ela não aparece, ela não é expressa cenicamente. É como se a raiva falada viesse apenas da cabeça, ou que seu significado mais forte e profundo se esvaziasse nas palavras. Então a cena se perde em argumentos, se repete, se arrasta, enfadonha.

O diretor interrompe a cena e dá instruções que os apoiam a deixar a raiva emergir. Sugere que contenham a fala para que a expressão da emoção ocupe o espaço cênico. Atira-lhes também almofadas, incitando-os ao combate físico. Retomada a cena, tem início o corpo a corpo. Mas o confronto dos corpos enrijecidos, expulsando um ou outro do espaço dramático, inviabiliza uma solução cênica do conflito. O diretor congela a cena e ensina todos a jogar com o corpo, a flexibilizar-se de forma a desestabilizar a energia agressiva do outro. Todos experimentamos.

Ao experimentar, rígida, o enfrentamento com outro corpo enrijecido, revivi uma infinidade de outros combates não corporais. A sensação era de armazenar toda a energia agressiva, minha e do outro, de imobilizar-me na dor, de sufocar-me por não vislumbrar solução e assim extenuar-me. Em seguida, experimentar a flexão do corpo à ação do golpe teve o efeito mágico de deixar escoar a agressividade, de abrir no corpo e na mente espaços de ação, de busca de soluções, em liberdade, até o esvaziamento da emoção. Ficaram o alívio e o prazer enorme da descoberta a serem partilhados com os demais.

RECONHECER-SE NA CENA

Àquela época havia alguém no meu ambiente profissional que me fazia sofrer cotidianamente. Palavras, gestos, olhares e silêncios eram percebidos como expressão de desafeto, desconfiança e desprezo, imobilizando-me no sofrimento. Ela era má e eu a vítima. Numa noite de sábado essa história saiu de mim. Foi contada e dramatizada.

Na cena mais temida, em que o medo de ser avaliada e reprovada por ela me paralisava, assisti surgir um outro personagem, meu pai. Revivi em detalhes a cena original de reprovação. A dor profunda e intensa rebentou, aos borbotões. O choro da criança jorrou livre, copioso, aliviador.

Não me lembro como terminou a cena, mas por meio dela meu fantasma cotidiano readquirira proporções reais. Desnudando o que do meu passado eu projetava na minha colega de trabalho, eu recuperava a presença e a mobilidade necessárias para me relacionar com ela.

Do processamento dessa vivência, o que se confirma hoje como mais significativo para mim é que minha condição anterior, de vítima, não era fruto de um poder intrínseco da minha colega sobre mim, mas sim de sofrimento antigo meu, aterrador, que eu projetava nela. Não era ela, mas sim eu que me paralisava no papel de vítima. Desinvestindo-a dessa projeção, readquiria a força e os recursos necessários à minha defesa. Podia então deixar de ser vítima.

Depois disso, eu nunca mais pude contar e, sobretudo, ouvir uma história sem me dar conta, automática e insistentemente, de que o conflito depende de pelo menos dois para existir. Na queixa de qualquer vítima, há que se reconhecer a contribuição do seu papel na atuação maléfica do outro. Afinal, ninguém atua sozinho.

Em toda e qualquer história, vivida ou ouvida, há que reconhecer os papéis que estão em jogo, em cena, contracenando. Reconhecer-se em ação, em relação, amplia as possibilidades de transformar a história, o papel de vítima – ou outro qualquer –, enfim, o próprio conflito.

INCLUSÃO DA EMOÇÃO NO PROBLEMA

ACABA O INTERVALO e recomeça a aula na universidade. Ao lado da sala de aula, no banheiro já vazio dos alunos, minha colega – também professora de enfermagem – e eu nos encontramos ajeitando nossas enormes barrigas postiças diante do espelho. Conferimos mutuamente a adequação de nossos trajes e as instruções que recebemos para representar logo mais nossos papéis de gestantes. Inadvertidamente entra uma aluna. Ela nos surpreende, se surpreende e, visivelmente confusa, exclama: "Mas eu não sabia que vocês estavam grávidas!" Desconcerto, risos e a aluna se vai. A cena começara ali, assim, antes do previsto.

Eu agora observava mais a colega que o espelho. Seu papel era o de uma adolescente, solteira, sozinha, no dia do trabalho de parto. Ela estava empolgada, eufórica, caprichando nos detalhes. Em nada lembrava minha colega de sempre, tão rigorosa nos conteúdos das longas aulas expositivas.

Somos chamadas à espaçosa e arejada sala de aula. Adentramos o grande círculo formado pelos alunos, sentados, expectantes. Ao centro, no pequeno cenário que compunha as instalações de pré-parto, a professora que atuava no papel de enfermeira contracenou com cada uma das outras cinco professoras, em diferentes papéis de grávidas. Os distintos perfis das grávidas permitiam que as particularidades dos sintomas e procedimentos correspondentes, associados às singularidades de seus contextos pessoais, emergissem.

Choros e risos no partilhar de relatos pessoais. Intervalo. Retornamos para processar os conteúdos técnicos, que deixaram de ser áridos e assépticos para integrarem-se ao contexto humano do drama de cada personagem.

O pedagógico da experiência me remete à conhecida ideia de um arco cujas extremidades repousam sobre uma linha horizontal, que representa a realidade. Problematizar, conforme esse arco, é tomar um problema que emerge da realidade, decompô-lo em elementos, analisá-los, tomar consciência de seus fatores determinantes e ampliar assim a possibilidade de agir em relação a esse dado problema, de maneira a transformar a realidade.

Não consigo me lembrar se a associação das etapas do processo dramático – aquecimento, vivência e compartilhar ou processamento – ao símbolo do arco veio de dentro ou de fora de mim, mas passou a fazer todo sentido. Assim como na problematização, também na dramatização parte-se da e volta-se para a realidade das pessoas. A dramatização favoreceu o encontro da emoção e da razão como dimensões complementares do mesmo processo pedagógico.

ACESSANDO O NÃO DITO

Ela está no fogão, atabalhoada, tentando colocar o almoço na mesa a tempo de as crianças comerem para irem à escola. Ouve palmas e o latido dos cachorros que correm ao portão. Pela janela reconhece o visitador da dengue. Não pode e não quer recebê-lo, sobretudo não agora!

Despacha-o rapidamente, torcendo para que ele tarde a voltar. Não vê o menor proveito na sua visita. Com os problemas que tem, ele só vem lhe trazer mais amolação. Nenhuma solução.

São duas horas da tarde. Ele caminha sozinho pela rua quase deserta. O sol e o calor lhe pesam, fazendo a vida se tornar lenta. Pensa nas casas às quais se dirige, mas só no endereço. Afugenta as lembranças desoladoras que insistem em voltar. Caras e portões fechados, as desculpas evasivas para não entrar, a sensação desoladora de não se fazer entender. Por último, o desaforo recebido, sua humilhação, os xingamentos que se seguiram e... as ameaças todas que proferira, de fiscal, de multa e de boletim de ocorrência. Um bolo no estômago e as pernas amolecidas. Desvia o pensamento – põe-no a vagar longe dali – para se ajudar a caminhar. A casa se aproxima. Ele chega, respira fundo, revigora suas esperanças de que tudo sairá bem. Espera. Tudo que pede é que desta vez seja recebido e compreendido.

Essas são histórias contadas e dramatizadas por moradores de uma dada cidade e visitadores da dengue, tendo como tema os seus (des)encontros.

Até então eu só me servira do TE na prática educativa em saúde. Daí a surpresa diante da solicitação de empregar técnicas vivenciais em metodologia de pesquisa[1]. Os pesquisadores solicitantes consideravam que, quando indagadas de forma convencional, as pessoas tendiam a responder de acordo com o discurso aprendido sobre dengue, o que não estava ajudando a identificar e compreender as dificuldades de se avançar no controle da doença. Ao solicitarem a inclusão de técnicas vivenciais na coleta de dados, os pesquisadores visavam ultrapassar os limites do discurso oficial veiculado, autorizado, valorizado e reproduzido a respeito da doença, para acessar conteúdos mais subjetivos, ligados aos significados que as pessoas intimamente associam aos fatos, ao contexto em que se dão e às relações em torno das quais estabelecem.

Preparadas as estratégias vivenciais, começaram os trabalhos com os grupos de técnicos, visitadores e moradores, separadamente.

A cada grupo, os pesquisadores participavam da contratação dos trabalhos e depois se posicionavam à margem do salão, atentos e silenciosos. Não filmavam, mas gravavam e anotavam tudo que observavam.

Ao contar e dramatizar suas histórias, os participantes reviveram o cotidiano de suas relações, desvelando expectativas e frustrações que, es-

[1] Em 2000, profissionais da Superintendência de Combate a Endemias (Sucen) solicitaram apoio metodológico ao Laboratório de Comunicação e Educação em Saúde (Laces) da Universidade Estadual de Campinas (Unicamp) para a realização de grupos focais que utilizassem técnicas vivenciais em pesquisa sobre a dengue. O objetivo da pesquisa era apreender significados e concepções que os profissionais do Programa de Erradicação do *Aedes aegypti* de Americana-SP e a população por eles atendida elaboravam a respeito do trabalho casa a casa de combate à dengue de maneira geral e, em especial, da atividade educativa que realizavam e do tratamento focal com o uso do larvicida. DONALISIO, M. R. C *et al.* "Concepções dos atores sociais envolvidos nas ações do Programa de erradicação do *Aedes aegypti* (PEAA), de Americana, SP, Brasil, 1999", *Rev. da Sociedade Brasileira de Medicina Tropical*, v. 34, suplemento I, 2001.

tando presentes no cerne de seus conflitos, são comumente reprimidas, não ditas. Era o que essencialmente buscavam os pesquisadores.

BRINCAR E CHORAR COM OS ADOLESCENTES

São alunos de enfermagem em estágio de "saúde do adolescente" em uma escola pública. Cabe a cada grupo de universitários desenvolver trabalhos educativos com uma classe de estudantes de 5ª a 8ª séries (atuais 6º a 9º anos do Ensino Fundamental). A experiência deve preparar os universitários a estabelecer parcerias institucionais visando à promoção da saúde dos adolescentes. Os universitários devem estabelecer vínculos de confiança com os adolescentes no sentido de mais ouvi-los e dialogar com eles que lhes prescrever boas condutas.[2]

A maioria desses alunos de enfermagem trabalha em hospitais como auxiliares ou técnicos de enfermagem para custear seus estudos universitários. Estão tão moldados e enrijecidos pelos rigores que legitimam como científicos seus procedimentos que desacreditam, desmerecem, desconfiam e resistem à proposta de desarmar-se, de brincar, de escutar para encontrar-se profissionalmente com outro ser humano. Parece que, com a mesma tenacidade com que buscam impedir que germes e impurezas contaminem seus procedimentos, empenham-se em tornar assépticas suas relações, isentando-as de emoções.

A professora de enfermagem reserva o início e o final de cada manhã na escola para apenas estar com os universitários. Primeiro ajudando-os a chegar, relaxar e concentrar-se, e depois partilhando o vivido, encorajando, esclarecendo e preparando as próximas etapas. Ouve pacientemente seus temores, responde partes de seus questionamentos, acolhe suas ansiedades diante do desconhecido. Tenta estabelecer com os universitários laços de confiança que lhes sirvam de referência para suas relações com os escolares. Aos poucos os universitários vão ganhando confiança

[2] MASSELLI, M. C. "A universidade como mediadora da construção de vínculo entre saúde e educação do adolescente". Congresso Nacional da Associação Brasileira de Saúde Coletiva (Abrasco), Brasília, jul. 2003.

em si, abrindo-se para brincar e sensibilizando-se para perceber e acolher os escolares em suas necessidades.

Na terceira manhã de um grupo em que o tema previsto é "cigarro, álcool e outras drogas", os universitários começam seus trabalhos dramatizando o ingresso de uma adolescente no mundo das drogas. Em seguida, em um grande círculo, os universitários pretendem processar os conteúdos presentes na dramatização, mas os adolescentes começam a contar suas próprias histórias. Ouvem-se atentamente uns aos outros. As primeiras histórias são mais distantes, de alguém que ouviu ou que soube de outro alguém. Até que um deles conta o desmantelamento de sua família, passo a passo, por causa do alcoolismo paterno. A tensão geral começa a desmanchar-se em lágrimas. Ao final do relato, o narrador, sob a tutela de uma instituição de caridade, promete ao pai bêbado na sarjeta, sem trabalho nem teto, ser alguém na vida para ampará-lo. Esse é o seu objetivo ao frequentar e aplicar-se na escola. Chora a maioria. Choram escolares, universitários e auxiliares de saúde.

A professora de enfermagem também está emocionada. Ajuda o grupo a ouvir e acolher os relatos. Explica que quem conta a dor de ter o pai alcoólatra e que estuda para poder ampará-lo busca apenas não percorrer sozinho esse longo caminho.

A professora de enfermagem era eu, que antes tanto temera as emoções. Mas foi com alegria crescente que percebi que a tão temida expressão de emoção não me ameaçava mais. O choro transformara-se. De temível ameaça passava a significar expressão de confiança no partilhar de emoções.

Além das técnicas para fazer emergir as emoções, o TE me havia favorecido lidar com suas expressões. Não só com o temido chorar, mas sobretudo com o desvalorizado rir e o desusado brincar, restituindo-lhes papel e dignidade, enfim, legitimando-os.

Na infância sabemos aquilo que, para nos tornarmos adultos, desaprendemos: brincar. A criança brinca fácil, como lhe é fácil abrir-se. Ao olhar uma criança brincar, vemos mais facilmente, como através de uma janela aberta, seu interior, sua essência. Como expressões de emoções, choros e risos vêm e vão livremente. A criança cresce e deixa de ser criança, deixando de brincar, fechando-se, protegendo-se das suas emoções, limitando ou reprimindo choros e risos reveladores, agora ameaçadores.

E quando não mais criança, quando precisa e quer abrir-se, expressar-se livremente, acessar seu interior, há que refazer os necessários caminhos. Não sem dor e muito labor, pois há muito entulho impedindo a passagem.

Sem dúvida alguma, esse foi, e continua sendo, um dos meus maiores desafios. E o TE meu mais valioso aliado.

A VIDA EM CENAS

Apesar de o contexto profissional ser o espaço em que a criação e a expressão das técnicas de TE costumam ser mais evidentes, o essencial do seu aprendizado é pessoal. É o que cada um descobre por meio do TE que tem o poder de transformar sua relação consigo mesmo, com seu círculo familiar, social e profissional.

Não há mais história, vivida ou ouvida, que escape ao crivo da implicação dos papéis na identificação do conflito ou drama, mesmo que não dramatizado. A busca da espontaneidade criativa na aproximação do essencial das nossas vivências pode ter apenas a vida cotidiana como cenário, sermos nós mesmos os protagonistas e reconhecermos nos nossos interlocutores os papéis com os quais contracenamos. Dependendo do conflito, até um jogo de papéis pode ser experimentado. E a busca do prazer no brincar continua como desafio.

Mas a descoberta que considero mais significativa para mim é o papel das histórias como recurso privilegiado de acesso a conteúdos mais subjetivos, sobretudo a emoções. Histórias puxam histórias. De onde? De dentro, do fundo de cada um. Da realidade (lugar, pessoas, circunstâncias) ou de um estímulo qualquer – instrução, história, música, objeto ou mesmo dramatização – um certo conteúdo nos penetra, atingindo diretamente o coração (ou o estômago!), liberando dentro de nós uma cena ou uma história. No TE contamos a nossa, ouvimos a dos demais e escolhemos uma a ser dramatizada. Mas na vida nem sempre, ou não necessariamente.

Há um ano e meio, chego para morar no Laos, um país do sudeste asiático. À proporção que me separo do que conheço, vou me abrindo para mergulhar na novidade da viagem, chegada, paisagens, pessoas, hábitos, língua, sons, cores, odores... Tudo que na nova vida me mobiliza, passo a recortar em cenas. Escrever é o meio que encontro para expressá-las. Minha tarefa diária é a de silenciar-me para ouvir o que cada detalhe me diz. As cenas cotidianas, as mais corriqueiras, brotam em palavras e frases embaralhadas, que anseiam por fazer sentido. Descrevê-las, de roldão, não me satisfaz. É o jogar com as palavras, buscando precisá-las, que me permite satisfazer a necessidade de comunicar o que é essencial para mim. O que quero partilhar com o leitor não são palavras em quantidade, mas emoção em profundidade.

No TE busca-se impedir que a fala mentalmente elaborada esvazie a expressão cênica da emoção, dificultando o acesso ao que é essencial na dramatização: fazer emergir o conflito. Da mesma forma, ao exprimir-me por escrito, empenho-me em procurar o caminho mais curto. Tento – nem sempre me satisfazendo com o resultado – não cair na armadilha da fala, que frequentemente se presta a esconder ou desviar-me da emoção principal.

Preciso ser estética, como o foi Moysés, um dia, num processamento, ao definir a própria estética: "É o caminho mais curto para atingir a emoção mais profunda".

◈

A RESPONSABILIDADE DA EMPREITADA

"Não existe mau aluno, só existe mau professor." Ouvi essa frase de Fred Keller, um professor americano que dava aulas de psicologia experimental da Universidade de São Paulo. Atônito, como a maioria dos colegas, diante do radicalismo da afirmação, eu a carrego comigo ao longo da vida.

Keller falava do condicionamento operante, de seus experimentos com ratos, cobaias e pombos. Dizia que se o programa for adequado consegue-se do animal (humano, inclusive) qualquer comportamento que se deseje.

Extrapolei para a tarefa educativa: se o estudante não está conseguindo se desenvolver como esperado, algo deve estar falhando na metodologia aplicada. Se for por desmotivação, é porque se está tentando ensinar o que ele não quer aprender, ou se está fazendo de maneira a espantar a curiosidade. Ainda que se possam identificar limitações no/do aluno, cabe ao mestre encontrar o caminho de levá-lo à aprendizagem.

Qualquer que seja o conteúdo? Claro que existem as limitações de ordem biológica: o pombo jamais conseguirá declamar Camões. Mas dentro do espectro permitido por seu equipamento, a superação de qualquer dificuldade depende de quem o está ensinando.

Na verdade, o que propõem os comportamentalistas nada mais é do que identificar os caminhos da natureza e valer-se deles para manipulá-la.

A utopia da plena capacidade de manipulação do comportamento alheio, que B. F. Skinner apresenta em *Walden II*, encontra seu pleno horror em *1984*, de George Orwell. Supondo-se verdadeira a hipótese de que é possível condicionar qualquer comportamento, sérias questões éticas se colocam imediatamente. Instalar-se-ia, com certeza, uma guerra de competências científicas, com desafios cada vez mais à moda da esfinge, "decifra-me ou te devoro".

Extrema se tegunt, se diz em língua morta, para significar que os extremos se tocam: o papel do educador, na versão Walden original, é tanto mais eficiente quanto mais facilite ao estudante encontrar-se com o saber por meio de sua própria curiosidade e de seu próprio empenho. É o mote da educação emancipadora.

Em psicodrama, essa ideia é muito clara. O diretor é, em essência, um facilitador da espontaneidade – que não é um "comportamento condicionado", o que significa que as técnicas psicodramáticas passam longe do ideário comportamentalista.

O sentido de todo trabalho fundado no teatro espontâneo é exatamente criar as condições para que cada indivíduo e o grupo como um todo – e por extensão a comunidade – resgatem seu potencial de vida, aí incluída a aprendizagem, encontrando seu caminho em meio aos entulhos "condicionados".

Vista por esse ângulo, a responsabilidade do diretor se situa exatamente em sua habilidade para proporcionar o necessário aquecimento, condição do comportamento espontâneo-criativo.

Mas o exercício desse papel implica a renúncia ao poder manipulativo, um salto no escuro quanto aos resultados, que poderão – com a maior probabilidade, aliás – não coincidir com suas convicções e seus desejos.

Os objetivos terapêuticos não podem incluir uma definição de cura como a substituição de atuações e sentimentos socialmente indesejáveis por outros que sejam no mínimo mais palatáveis. Isso vale tanto para o indivíduo quanto para os grupos e as populações.

Os objetivos educacionais trazem marca semelhante. O saber deixa de ser um conteúdo específico a ser transmitido e se configura como um ignoto a ser eventualmente construído.

O papel do educador é apenas promover a emancipação dos sujeitos para que encontrem seus próprios caminhos. E é por esse ângulo que deve ser avaliado.

Na Escola de Tietê, esse foi o caminho que procuramos. Nossa emancipação como educadores nos colocou à margem das conservas culturais que pretendiam nos receitar comportamentos educacionais, dizer como deveríamos fazer o que elas pretendiam (e não o que nós pretendíamos). Ao buscar a emancipação de nossos estudantes, foram muitos os descaminhos, por falta de conhecimentos pedagógicos mais amplos ou por mera obstinação de nossa parte. Mas a aprendizagem rizomática nos colocou todos no mesmo plano, no avanço pelo desconhecido.

É importante ressaltar que na produção deste livro algo semelhante ocorreu. A permissão para que cada coautor contribuísse com sua própria abordagem foi uma aposta no desconhecido, não apenas nos aspectos formais (estilo de redação, extensão do texto etc.) mas também quanto ao conteúdo: nem sempre as ideias aqui veiculadas coincidem com as do organizador. Mas o conjunto permite ao leitor conhecer a Escola, não linearmente, mas incursionando em sua complexidade. ■

13

ENTREVISTADORA E ENTREVISTADA: DUAS PERSPECTIVAS E UMA SÓ FILOSOFIA

◈

GELSE BEATRIZ MONTEIRO

Houve um tempo em que as ocupações com a família, trabalho e estudos não deixavam espaço para conhecer algo de que se ouvia falar sem saber ao certo do que se tratava. Havia rumores, que vinham da escola em que meus filhos estudavam, sobre uma escola de Tietê que promovia transformações nas pessoas, algo especial, muito instigante. As pessoas iam para lá em finais de semana e voltavam felizes, com uma nova motivação e pensamentos e emoções.

Anos mais tarde, houve outro tempo em que eu procurava novos caminhos em formação de pessoas, recursos humanos, criatividade. Foi quando fui sorteada e ganhei a participação num curso de criatividade. Quando cheguei lá, vi que não era bem assim, não se tratava de mais uma teoria sobre criatividade apenas, mas sim de um curso de teatro espontâneo.

Confesso que não compreendi bem a proposta do curso naquele primeiro contato, mas tive certeza de que ali encontrara um novo caminho em desenvolvimento de pessoas. Isso se confirmou nos subsequentes encontros que frequentei, algumas vezes em Capivari e muitas vezes em Campinas.

Nessa época iniciou-se a amizade entre mim e Paula Freire, que fora psicóloga da escola em que meus filhos haviam estudado e professora da Escola de Tietê, sobre a qual eu ouvira falar uma década antes.

A escola de teatro espontâneo que frequentei e que conheci como Companhia do Teatro Espontâneo foi um dos importantes marcos de ampliação da consciência em minha vida, mas sobre a Escola de Tietê eu pouco conheci.

Agora se apresenta a oportunidade de entrevistar Paula Freire e saber por ela a história de uma mesma escola, em tempos anteriores.

Paula e Moysés conheceram-se ao partilhar o mesmo consultório, nos idos de 1979. Desde então, as afinidades resultaram numa grande amizade. Depois, Miriam se juntou à dupla. Um tempo mais e foi criada a Escola de Tietê, cujo nome na realidade era Companhia do Teatro Espontâneo, como nos conta Paula:

Já no nome, a escola inovava, resgatando o termo "teatro espontâneo" e trazendo em si a ideia de um grupo andante, itinerante, criador do momento. É um dos nomes mais lindos e precisos que já vi. O nome traz à luz um Moreno não clínico, não médico, transgressor e livre para o ato criativo. Além da amizade com Miriam e Moysés, foi a proposta de um trabalho pedagógico construído enquanto era feito, transdisciplinar e integrado à vida real, que me motivou a enfrentar o desafio. Olhando de longe, sei que de uma forma ou de outra todos os que compuseram aquela equipe de "professores/educadores" tinham esse mesmo anseio. Fazer uma educação nova, espontânea e criativa, como acreditávamos o psicodrama.

Era uma escola aberta a profissionais de todas as áreas, tendo como pré-requisito a formação universitária e o interesse em teatro espontâneo. O objetivo da escola, desde o início, foi formar especialistas em teatro espontâneo ou psicodrama. O termo "psicodrama" parece ter sido mais utilizado no início. Na época que cursei a mesma escola quase só se utilizava o termo "teatro espontâneo", o que evidencia um distanciamento entre o psicodrama como um processo psicoterapêutico e o teatro espontâneo como atividade mais abrangente e passível de utilização em diversas áreas de trabalhos com grupos e desenvolvimento humano. Isso pode ser percebido na fala da nossa entrevistada:

A utilização do teatro espontâneo, aos nossos olhos, se estendia para bem além das áreas psicoterapêutica ou pedagógica. Talvez por isso nunca nos tenhamos filiado à Febrap. Imagino que isso tenha sido importante na história do psicodrama no Brasil. Foi uma transgressão, saímos do campo restrito dos psicólogos e psicoterapeutas. Pessoas/profissionais frequentavam o curso com o propósito de enriquecer sua perfomance e aprimorar as relações de trabalho, fosse qual fosse a área.

A equipe de professores da CTE era formada por psicólogos, fato ainda raro naquela época. Sem dúvida, nossa formação mais voltada para o humano e bastante para o socius determinava um tipo de relação mais horizontal, mais circular, com os alunos. Nosso Moreno era outro, mais tropical, mais latino talvez. E com certeza mais artístico, mais estético, mais teatro.

Durante os dois anos que frequentei o curso de direção e atuação em teatro espontâneo, conheci e pratiquei um método de trabalho com grupos que condizia com minha filosofia educacional e sociocultural. Esse método de trabalho me foi apresentado com embasamento teórico suficiente para ser utilizado de forma científica. A entrevista com Paula Freire mostrou que o método de ensino/aprendizagem da Escola de Tietê se manteve na escola que eu frequentei já em Campinas, a Companhia do Teatro Espontâneo.

Eram encontros mensais nos quais se associavam prática, reflexão e teoria em função da prática, bem aos moldes do mestre Paulo Freire. Enquanto aprendiam sobre o teatro espontâneo, os alunos aprendiam também sobre si, num trabalho informativo e formativo ao mesmo tempo. Era uma escola em que novos alunos podiam chegar a cada encontro e integrar-se aos veteranos, independente do que se estava estudando.

Como o aluno entrava no processo? Pelas vias do afeto: sua primeira atividade era a vivência (na sexta-feira à noite). Ali ele passava a fazer parte do grupo como um ser emocional. Ali ele se igualava aos outros, experimentando o convívio com o grupo em condição de abertura e garantia afetiva. Utilizávamos um princípio educacional que propõe que a aprendizagem comece pelo afeto. O estudante experimentava o psicodrama vivendo, recebia a lição fisicamente.

No dia seguinte tínhamos o processamento e a teorização, criando-se assim um arcabouço pessoal técnico, teórico e vivencial sobre o psicodrama. Todas as perguntas eram permitidas durante as aulas e qualquer aluno podia responder. Muitas vezes havia a repetição das perguntas, mas não a repetição das respostas, sempre diferentes porque baseadas também na vivência. O grupo todo construía um cabedal técnico/teórico e o tempo todo nós aprendíamos uma coisa nova. **O encadeamento dos espaços** *– vivência, processamento, técnica, teoria e reflexão – ia formando um conjunto ao longo do final de semana. No último dia, o trabalho com as necessidades específicas dos alunos completava o processo.*

VER "O ENCADEAMENTO DOS ESPAÇOS", NA PÁGINA 221

Essa estreita e intensa convivência criava uma intimidade muito grande.

Comer, dormir, descobrir, praticar, celebrar juntos nos fazia próximos e abertos para a aprendizagem. A arte circulava nos momentos informais e nas cenas. O intervalo de um mês entre um encontro e outro permitia a lenta apropriação do conhecimento pelos alunos, que frequentemente relatavam, no encontro seguinte, as associações que haviam feito entre as experiências vividas e o cotidiano (pessoal e profissional). Era um aprender de grande intensidade.

Ali era vivida a essência do psicodrama. Uma experiência eficaz e democrática.

Depois de concluir o curso de especialização, continuei na esfera no teatro espontâneo, fazendo parte da trupe que se apresentava em congressos, em reuniões com público pagante, que promovia workshops e seminários.

O teatro espontâneo passou a ser ferramenta para meu trabalho em sala de aula. Quando iniciei o mestrado, decidi que esse seria o instrumento de pesquisa científica – e não só o utilizei para descobrir o que pensavam estudantes deficientes visuais, como tive a oportunidade de expor as bases teóricas e os resultados da pesquisa em artigo científico publicado em periódico internacional. Portanto, pode-se considerar hoje que o teatro espontâneo é um instrumento de investigação científica validado. Atualmente estou desenvolvendo outro estudo, no doutorado, e novamente o teatro espontâneo será ferramenta de investigação.

E porque essa tarefa não se resume a contar histórias, há que se acrescentar a visão crítica sob dois aspectos:

Primeiro, da perspectiva de método científico, quem busca referências bibliográficas encontra poucos autores que demonstram objetivamente a cientificidade do teatro espontâneo no trabalho com grupos.

Por outro lado, quando se analisa o método de ensino/aprendizagem utilizado na Companhia do Teatro Espontâneo restam algumas questões.

Quanto ao corpo docente, havia necessidade de um trabalho mais sistemático para cuidar das relações entre os professores.

Era preciso um cuidado com a equipe que ficava imersa no trabalho com os alunos. Um amparo psicopedagógico: tratar os conflitos entre os professores, dos professores com alunos, dos professores com o conteúdo, dos professores com a direção. O fato de não haver bastidores no teatro espontâneo (a regra é que tudo aconteça no palco) nos induziu a ignorar **os bastidores da escola**.

VER
"OS BASTIDORES DA ESCOLA",
NA PÁGINA 229

Julgamos que tudo estava sendo posto à luz, mas o desafio era muito maior. O método deveria ser aplicado às últimas consequências.

O formato do curso, que concentrava aulas num único final de semana mensal, em imersão, não contemplava a transposição para a vida cotidiana.

O desnudamento e a sensibilização tornavam difícil transpor aquele ambiente para a vida lá fora. Ficávamos numa bolha, o que dava a sensação de que **só na bolha** *as coisas podiam funcionar. O psicodrama é o momento, é absoluto, perde-se a noção de tempo, de lugar, a gente só existe ali, naquele momento. Você sai da lógica convencional e vai para um ambiente subjetivo em que tudo pode ser. Há necessidade de auxiliar o estudante a fazer a ponte entre essa permissividade criativa e a vida real, tarefa importante do educador em psicodrama. A arte, a beleza e a improvisação são aspectos que encantam e estão ligados ao sagrado. O palco tem uma abertura para o público e outra para o céu, para o sagrado, para o que transcende.*

VER "SÓ NA BOLHA", NA PÁGINA 226

A profundidade da experiência pede um cuidado com o retorno à vida cotidiana. Talvez se o curso fosse organizado em aulas semanais, houvesse mais tempo para diluir e incluir o aprendizado na vida cotidiana.

Para Paula Freire, a Companhia do Teatro Espontâneo foi a experiência mais forte vivida em seus 35 anos de profissão, transformadora e educativa para a convivência espontânea.

Além dos momentos ricos que tivemos ali como pessoas, foi um exercício de coragem bancarmos juntos um projeto tão ousado.

Para mim, que busquei alternativas no trabalho de educação, formação e desenvolvimento de pessoas, abriu-se um amplo e abrangente campo de trabalho e de pesquisa.

O ENCADEAMENTO DOS ESPAÇOS

Um fim de semana típico, em Tietê, tinha suas atividades organizadas assim:

- vivência psicodramática;
- laboratório;
- seminário teórico;
- espaço curinga.

Os professores se encarregavam de coordenar, cada um, uma dessas atividades, exceto o espaço curinga, cuja coordenação era decidida na hora, dependendo de como se iria utilizá-lo.

O coordenador tinha sempre um outro professor ao seu lado para auxiliá-lo. Nas vivências psicodramáticas, funcionava como ego-auxiliar. Coordenava o processamento, no caso da vivência e do laboratório. No seminário teórico, não tinha uma função diferenciada, senão a de observar e participar como um dos docentes. O professor auxiliar era sempre o coordenador da atividade seguinte.

A vivência psicodramática poderia assumir qualquer das modalidades de acordo com o momento, o que não implicava não poder decidir com antecedência a que seria aplicada. Essa decisão prévia resultava de um consenso entre os três professores, com base em avaliações que faziam nos intervalos entre as atividades.

Após a vivência, seguia-se um processamento técnico e teórico. Em geral se partia das observações e dos questionamentos levantados pelos próprios estudantes, que queriam entender o porquê da atuação do diretor ou do ego-auxiliar, os recursos técnicos utilizados, decisões e intervenções, assim como as mensagens das cenas e histórias construídas.

O que se destaca nesse procedimento é o grau de exposição que se dava ao diretor, cuja atuação era escrutinada com um nível de detalhamento que exigia dele a explicitação do movimento subjetivo que acompanhava o seu trabalho, e não só as ações aparentes.

Com o revelar o aspecto humano do exercício do papel de liderança, com todas as suas fragilidades e fortalezas, essa prática favorecia também uma horizontalização das relações entre docentes e estudantes. Concretizava-se, ali, de modo bastante evidente, a ideia de que nesse encontro todos aprendem. Muitas vezes o professor-diretor explicitava que se dava conta, naquele momento, de uma inadequação, um cochilo, uma emoção perturbadora. Uma descoberta, uma ampliação do saber.

Esse processamento funcionava também como um facilitador do processamento que se fazia no espaço laboratório. Este era ocupado, na maior parte das vezes, por dramatizações dirigidas pelos próprios estudantes. E no processamento se fazia com o diretor-estudante o mesmo que se fazia com o diretor-professor: dissecar sua atuação no papel.

Outro aspecto do processamento que pareceu ser de grande importância era a ênfase que se dava à busca de alternativas, ou seja, pensar o que aconteceu pelo prisma do que poderia ter sido feito se o quiséssemos de outra maneira. A tendência era uma ampliação do leque, com uma boa reflexão sobre prós e contras, sobre o sentido de cada intervenção imaginada. Isso fazia diminuir o sentido de crítica desaprovadora de falhas, escorregões, cegueiras, pisadas de bola. Toda intervenção tinha um sentido reconhecido, um contexto que a continha, e era essa compreensão que fazia a riqueza do processamento.

Uma das manifestações da aceitação do método era a quantidade de estudantes que se oferecia, voluntariamente, para assumir a direção. Isso contrastava com situações anteriores que todos conhecíamos, de fuga e recusa, pelo medo de se expor com suas falhas perante colegas e mestres.

Para oferecer oportunidades iguais a todos, fomos obrigados a elaborar uma escala de diretores-estudantes. A escala pressupunha que a cada encontro haveria duas direções de estudantes, sendo uma com diretor voluntário e outra com diretor escalado. Qualquer diretor-estudante que assumisse esse papel iria obrigatoriamente para o fim da escala. Os tímidos agradeciam.

Os processamentos forneciam subsídios para planejarmos tanto atividades de treinamento específico, dentro do espaço do laboratório, como a temática a ser abordada nos seminários teóricos.

Ao final de cada encontro se decidia que tema teórico seria objeto de discussões no encontro seguinte. Com base no tema, a bibliografia. O acesso dos estudantes à bibliografia era bastante precário, sendo que a Escola procurava ajudá-los, principalmente disponibilizando cópias xerografadas (uma confissão!).

Os textos não se limitavam à bibliografia psicodramática. Eram examinadas obras sobre teatro, peças teatrais, ensaios sobre os mais diversos assuntos que tivessem que ver com o que se estava enfrentando na prática, inclusive textos sobre epistemologia. Não havia restrições.

Enfrentamos, na prática, um dos problemas mais sérios do estudante brasileiro: o hábito de ler pouco, de deixar tudo para a última hora, de culpar terceiros pelas dificuldades de cumprimento das tarefas. Procurávamos, não havia outro jeito, valorizar e aproveitar as leituras que tinham sido feitas, como base para as discussões. Buscávamos ser criativos na forma de conduzir os seminários, estimular a leitura, facilitar o acesso aos textos, mas a lição de casa só era feita, mesmo, por aqueles que a fariam sem nenhuma dessas medidas.

Curiosamente, entretanto, o nível das discussões crescia sempre, o tempo todo. Essa foi uma das mais interessantes constatações, porque mudavam os integrantes do grupo e o grupo ia traçando sua história como se fosse sempre o mesmo, em linha ascendente.

Nos seminários iniciais, a demanda era por esclarecimentos a respeito dos textos, que os professores deveriam explicar porque os estudantes não os compreendiam bem. Diante da nossa recusa em fazer esse papel, pouco a pouco foram passando para uma nova atitude de incorporar as informações que possuíam à reflexão coletiva, de tal forma que esta ficava enriquecida pela multiplicidade de olhares e de subsídios.

Os questionamentos foram adquirindo profundidade e abrangência, num movimento que a todos incluía, professores, estudantes veteranos e calouros, quase indistintamente.

Para nossa reflexão atual, um ponto que se destaca é que provavelmente o bom resultado das discussões teóricas se deva ao fato de que os temas estavam intimamente relacionados com o que os estudantes estavam vivenciando em sua prática. Apesar de se tratar com temas abstratos, a abstração tinha como base o concreto conhecido.

Na ótica da emancipação, sujeitos emancipados podem pensar e pensam. Nosso papel, como educadores, é estimular o uso de suas potencialidades, valorizando-as não por meio do mero discurso, mas por meio de atitudes concretas e consistentes.

E aí se coloca o problema da leitura, o quanto ela é realmente necessária, como ela deve ser inserida no contexto educacional, as contradições que cercam essa exigência.

A perspectiva acadêmica tradicional supõe que quanto mais o sujeito lê, mais ele sabe. A aferição do seu saber se dá pela capacidade de identificar, a cada passo do seu pensamento, as fontes das ideias que apresente. A originalidade é ao mesmo tempo estimulada e negada: se o sujeito intui uma ideia, por meio de seu próprio esforço e sensibilidade, ela não tem valor em si, à medida que alguém, em algum momento, em algum lugar, tenha vislumbrado algo semelhante. Pelo contrário, se o sujeito tem essa ideia e não sabe que outro já a tinha pensado, ele é punido por essa ignorância.

A emancipação do pensamento, em contraposição, se fundamenta na liberação do sujeito em relação aos "pais", às influências sofridas, além da aposta radical na capacidade do sujeito emancipado de digerir e absorver lições de mestres anônimos para construir um modo próprio e autônomo de pensar. ■

SÓ NA BOLHA

Um dos aspectos relevantes da educação emancipadora é a vinculação estreita entre o que se aprende e a vida real dos sujeitos. Os conteúdos que não atendem a esse critério representam projetos de vida elaborados por terceiros, com base em interesses que se situam em outras esferas, daí o seu indesejável sentido colonizador.

A educação contemporânea está atenta a esse aspecto. Os projetos político-pedagógicos tendem a ser elaborados de tal forma que seja a prática efetiva aquela que suscita as questões de aprendizagem, traçando dessa forma os caminhos para a busca do saber. Esse saber deveria, segundo essa concepção, não apenas satisfazer a curiosidade do aprendiz mas proporcionar a ele instrumentos que lhe facilitem a vida, que o tornem competente para desempenhar-se como profissional, como cidadão, como ser humano.

O ideal, portanto, na aprendizagem do psicodrama e do teatro espontâneo seria que os estudantes tivessem, desde o início, uma situação na qual pudessem atuar como operadores do método, com acompanhamento *in loco* de um profissional mais experiente, que pudesse dar cobertura em caso de necessidade. A vivência desse papel seria a mais rica oportunidade de aprendizagem, desde que acompanhada de um processo de reflexão e pesquisa, em que se encontrariam as respostas aos problemas que fossem encontrando, preparando-os, inclusive, para avançar na mesma prática, agora com novos subsídios.

Na época de Tietê isso sequer foi pensado, e mesmo que o tivesse não haveria condições de implantar semelhante programa. Hoje, duas décadas depois, há mais espaços em que se oferece o psicodrama, há inclusive um clima propício à implantação de sessões regulares de teatro espontâneo. Talvez fosse possível avançar nessa direção.

Na Escola, o avanço possível foi transformá-la em lugar para essa prática básica. Os estudantes operavam o grupo formado pelos colegas e professores, dirigiam as sessões, atuavam os personagens necessários e sacavam dessa experiência as situações típicas e inusitadas que serviriam de base ao aprofundamento de seu aprendizado, nos processamentos e nos seminários teóricos.

Ainda assim, havia uma certa precariedade no contexto de aprendizagem. Os membros do grupo eram pessoas que, de certa forma, já estavam acostumadas a participar de sessões de teatro improvisado, nos mais diferentes papéis. Com todo envolvimento e boa vontade, comprometidos com o processo de aprendizagem, constituíam um grupo especial, muito diferente daqueles que seriam encontrados fora dali, nas empresas, escolas, unidades de saúde, orfanatos, presídios etc. Um viés que por um lado facilita a atuação do diretor-estudante, porque sua comunicação se dá numa linguagem que já é comum ao grupo, e por outro dificulta sua aprendizagem, por lidar com uma situação de certa forma viciada, atípica.

A supervisão oferecida nos espaços vivenciais como alternativa mostrou-se insuficiente para esse objetivo. Não só porque nem sempre as experiências práticas se faziam tema como porque eram poucas, mesmo. Só com o tempo os próprios estudantes foram criando suas oportunidades, determinando a necessidade de criar um espaço específico, dentro do programa de atividades da Escola, para exame de assuntos profissionais.

Vale ressaltar que a condição ideal não é a de criar estágios obrigatórios, conforme nossa tradição nos cursos profissionalizantes. O estagiário em geral não tem compromisso com o cliente, limita-se ao período letivo, recebe tarefas periféricas dentro da rotina da instituição em que estagia, fazendo trabalhos "braçais" e dependendo da boa vontade dos tutores locais. E quando não é assim, oferecem a eles um trabalho mais regular, porém como mão de obra barata. É verdade que nos últimos tempos temos presenciado esforços no sentido de mudar esse quadro, mas de qualquer forma ele não serve aos objetivos da educação emancipadora.

A atividade didática precisa aproximar-se o máximo possível da realidade a ser vivida pelo estudante quando receber a liberação para o exercício pleno do papel que pretende. Se possível, aliás, o exercício já deveria ocorrer desde o início do processo, ainda que sob supervisão direta, para oferecer desde logo as verdadeiras questões de aprendizagem.

Em Tietê, infelizmente, ficamos longe disso. Embora tenhamos, ao introduzir o ensino fundado numa prática, cumprido o papel de romper com a tendência livresca e racionalizante – não a prática dos sonhos, mas pelo menos alguma prática. ■

OS BASTIDORES DA ESCOLA

Como em todo grupo de qualquer natureza, existem fatos que são mais visíveis, abertos, de conhecimento geral e outros que permanecem na penumbra, ou mesmo invisíveis, desconhecidos senão por alguns membros, atores ou confidentes.

Supõe-se, inclusive, que estes últimos constituam a grande massa submersa, enquanto os aparentes podem ser apenas a ponta de um iceberg.

O corolário dessa tese é que o que move o grupo não são apenas os acontecimentos normalmente iluminados, mas sim todo o conjunto, que inclui esses e os demais, os que estão na sombra.

Em linguagem teatral se diz que há coisas que acontecem no palco e coisas que acontecem por detrás dele, nos bastidores. Os bastidores são uma espécie de ferramenta utilizada para confecção de bordados: dois aros, em geral de madeira, que se encaixam um no outro; colocando-se um pedaço de pano entre eles, o pano vai ficar esticado, facilitando a operação de bordar. A figura é rica: o que acontece nos bastidores é o que antecede o bordado pronto, que se mostra ao final. A peça de teatro que se representa no palco é apenas o produto final de um longo processo invisível.

Os bastidores da Escola representam o que se passa nos espaços que antecedem e sucedem os fatos normalmente levados em conta, o que se vê e se pode descrever.

O teatro espontâneo como ferramenta de investigação e expressão da realidade das relações humanas tem potência para revelar bastidores, em vez de apenas reproduzir em cena aquilo que é aparente, que todos sabem. Por isso é usado como terapêutica para indivíduos singulares, grupos e comunidades, porque permite o acesso a conteúdos pouco evidentes e que são relevantes para compreender e acionar transformações.

Sendo a realidade extremamente complexa, toda revelação será sempre parcial. É apenas um entrever. Possibilita a atribuição de novos sentidos, sem entretanto pretender alcançar todos os sentidos possíveis ou um sentido síntese.

O fato de essa revelação ser assim tão limitada não implica que ela seja irrelevante. Muito pelo contrário, a experiência mostra que por mínimo que seja o "esclarecimento" de algo que estava obscuro, a mais tênue luzinha já acrescenta segurança significativa à movimentação. Em outras palavras, é um enorme avanço.

Os espaços de vivência na Escola permitiam que muito do que ocorria nos bastidores viesse à tona, digital ou analogicamente, de forma direta ou por meio de figurações. Tensões e conflitos podiam, assim, ser trabalhados, capturados praticamente *in vivo*.

A constatação que fazemos, tomando distância, é que mesmo assim muita coisa relevante acabou ficando de fora.

A dúvida que se levanta, com base nisso, é se esses espaços foram suficientes ou não para garantir a estabilidade do projeto. Mais, em que linha deveríamos trabalhar para melhor explorar seu potencial.

Uma das questões é se todos os fatos podem ou devem ser revelados a toda a comunidade ou se, pelo contrário, existiriam espaços de privacidade a ser preservados. O público deve saber o que se passa nos bastidores do teatro ou deve ver apenas o produto final? O desnudamento do ator, proposto por Moreno, significa trazer ao palco tudo que acontece por detrás dele?

Em caso positivo, como lidar com o pudor dos atores que não desejam se desnudar? Violentá-los, seduzi-los? Respeitá-los seria desrespeitar o público em seu suposto direito de saber de tudo? Respeitar os resistentes seria abusar dos não resistentes?

Deveríamos criar um teatro espontâneo para o público em geral – como o eram as vivências da Escola, com participação de professores e estudantes – e outro para os bastidores? Trabalhar as relações entre professores e dirigentes da Escola em espaço separado configuraria essa divisão? Quais as vantagens e desvantagens? Qual o sentido ideológico dessa separação?

Não se trata de um tema simples. Avançar em sua discussão parece ser altamente relevante.

O que se sabe é que o trabalho em separado com equipes gestoras e com equipes técnicas costuma produzir resultados positivos, potencializando uma atuação que é, por definição, de efeitos multiplicadores.

Por outro lado, também mostra a experiência de que algumas transformações significativas só podem acontecer quando o movimento é de baixo para cima, de dentro para fora. Ou seja, nem sempre é uma boa estratégia fazer depender o bom andamento do que acontece no andar de cima.

Como hipótese, nesta altura, o desafio é a compatibilização entre as duas estratégias, o que se materializaria numa estratégia de mão dupla, que contemple duas necessidades por meio de intervenções em dois planos. ■

14
A CONFRARIA, CONTRADIÇÕES, MISTURAS FINAS

◈

RAQUEL PASTANA TEIXEIRA LIMA

PRIMEIRA CAMADA OU A CONFRARIA

MINHA CHEGADA A TIETÊ se deu lá pelos anos 1988, junto com um pequeno grupo de ex-alunas do IPPGC que continuou a fazer supervisão com Moysés em seu consultório, então em São Paulo. Grupo já antigo, a novidade era aquela maluquice do Moysés de alugar uma casa na rua Lara Campos, onde passávamos o dia. Essa era a segunda novidade: a sensação de imersão da qual não saíamos as mesmas. Nunca. Valéria Pansani, Ilza Magalhães Rodrigues, Edna Killer, Maria Cristina Pierre, Aurora Pansani, Miriam Martins e eu. Na volta, vínhamos ainda aquecidas pelas conversas, pensando nos nossos projetos e nos caminhos recém-descobertos.

O modelo de supervisão ainda era o clássico: levávamos "casos", contávamos no grupo, e era escolhido um para ser encenado. Quando sobrava tempo, outros podiam ser também discutidos. Parece coisa banal, mas para nós era puro exercício de leitura de grupo, de direção, de criação, e de teorizar com base na prática.

A vizinhança da casa, em pleno centro da cidade, achava que lá só tinha doidos, tal a gritaria e algazarra que começaram a tomar conta daquele pedaço da pacata cidade de interior. Pois a cotidiana mania de fazer teatro espontâneo de tudo que se dizia abria um leque de tragédias-comédias, de celebrações e de estreitamento de vínculos.

Após um tempo, não me lembro quando foi, houve a mudança para a chácara, e aí fomos convidados (digo no masculino pois Luiz Carlos Contro, o Lurico, já estava no nosso grupo) a ir participar de aulas do curso de formação em teatro espontâneo. A Companhia tomava forma e adotava uma espécie de currículo integrado.

As pessoas chegavam pelo fim da tardinha de sexta, quando começava o primeiro período. Ia até umas 22 horas, se não me engano, e depois decidia-se o que fazer: comer uma pizza na cidade, tomar um lanche por lá mesmo, fazer uma cantoria no terraço. Enfim, confraternizar. No sábado, acordávamos cedo, tomávamos um belo café e descíamos para a sala de aula. Algumas vezes utilizávamos o gramado e outros espaços, todos tornados belos cenários para discussões acaloradas. Esses espaços constituíam um dos pontos altos da escola.

Como os alunos provinham de formações e experiências profissionais as mais distintas, sua contribuição para a construção de conhecimento era, de um lado, enriquecedora. Porém, também havia uma espécie de diretriz da escola em estimular a participação ativa de todos nos debates, além de um cuidado especial para não haver **monopolização nas discussões** nem interferências que pusessem em risco a capacidade de pensar de alunos e professores.

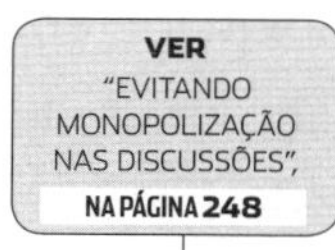
VER "EVITANDO MONOPOLIZAÇÃO NAS DISCUSSÕES", NA PÁGINA 248

Não estou certa de quando aconteceu, mas o fato é que em um determinado momento nosso grupo de supervisão acabou se desdobrando, conforme as expectativas, em dois: um deles queria continuar somente com a supervisão; o outro constituiu um grupo de estudos psicodramáticos, passando em seguida a funcionar como um banco de profissionais *trainees* da Companhia do Teatro Espontâneo. Nele estavam Albor, Edna,

Valéria e eu. Começamos a participar mais constantemente do curso. Eu, absolutamente apaixonada pelo modo de operar da escola, e certamente orgulhosa de fazer parte de um time formado por pessoas queridas e capazes. Angela, Cida Davoli, Miroca (Miriam Tassinari), Marinilza, Paula, Luiz e, é claro, Moysés.

Cada final de semana era coordenado por um trio, que se revezava em duplas para as atividades. Cada espaço, assim, era coordenado por um professor e acompanhado por outro, que ficava com a função de observador da dinâmica grupal e dos conteúdos que emergiam dos debates, para posterior planejamento das próximas atividades ou mesmo das aulas seguintes. Não havia a priori uma definição de todas as aulas, e isso assustava principalmente os mais novos. Como acreditar na seriedade de uma organização tão anárquica, que não tinha respostas tranquilizadoras para as ansiedades traduzidas nos pedidos de um currículo organizado, de nomes e de critérios, de verdades/dogmas sinalizadores que funcionassem como proteção ou garantia, enfim, como conviver com a ausência de controle no mundo normatizado ao qual estávamos todos acostumados?

A sequência das atividades seguia, sim, uma certa ordem que aos poucos ia sendo percebida pelos participantes. Vivência seguida de processamento, de discussão teórica que levava a nova vivência e assim por diante, num movimento em que cada um deveria interferir no que estava por vir.

O processo de aprendizagem na direção tinha início assim que o novo aluno entrava para o curso, sem muita (ou sem nenhuma) preparação anterior, o que desmitificava o papel de diretor que fazia parte do imaginário coletivo – de exigência de um grande conhecimento teórico e prático para que pudesse ser experimentado. Isso obviamente trazia consequências. No melhor dos casos, a experiência resultava inteiramente nova e espontânea, desprovida dos vícios comuns aos alunos com alguma formação anterior na área psi e àqueles que já conheciam o psicodrama. No pior, rendia a oportunidade de discutir com base no exemplo da vivência os fundamentos do teatro espontâneo, a teoria da técnica, o porquê e o como fazemos.

VER "NÃO PSICOLOGIZAÇÃO DOS CONFLITOS", NA PÁGINA 240

Como existia (implicitamente?) um acordo sobre a **não psicologização dos conflitos** cênicos, além de uma política institucional de não expor os eventuais protagonistas ao vexame público por meio da revelação de seus "pontos fracos" ou de suas fragilidades, a aceitação ou disponibilidade dos grupos em participar dos teatros espontâneos e mesmo em colaborar com os colegas eventualmente diretores era bastante facilitada. Isso não quer dizer que não surgissem conflitos, pois muitas vezes o emergente do grupo, que se tornava protagonista, tinha expectativas em relação à direção e à cena que não se realizavam.

Algumas vezes tínhamos participação de psicodramistas convidados. Lembro-me mais claramente de Marisa Greeb, Enrique Stolla e de um pastor que nos brindou com uma vivência que ele chamava de bibliodrama. Simplesmente fantástico. Penso que essa seja uma das coisas boas: a experimentação de outros enfoques, de novas maneiras de trabalhar, de outros olhares sobre o psicodrama e o teatro espontâneo.

Ainda há outras características que faziam que Tietê fosse nossa escolha. Éramos convocados a ler textos e livros de autores pouco conhecidos, e alguns absolutamente novos para nós. Nos cadernos publicados pela casa, desde os clássicos Bustos e Sérgio Perazzo até André Monteiro e Valéria Brito, ou ainda Maria Elena Garavelli. Nos livros, Gilles Deleuze e Félix Guattari, René Marineau, Jacob Levy Moreno, Fritjof Capra e Antony Williams nos proporcionaram preciosas oportunidades de pensar.

A implicação política do trabalho no ensino e na práxis do teatro espontâneo também pode ser considerada uma característica de "Tietê". Havia uma predisposição à transformação que não se fixava em dogmas ou ideologias, mas no desenvolvimento da *ação política como dimensão do agir humano* e da leitura dos eventos coletivos e sociais. Havia, sim, uma certa simpatia "moysesiana" pelo anarquismo, ainda que longe de tornar-se imposição de valores ou verdades.

SEGUNDA CAMADA OU AS CONTRADIÇÕES

TENSÃO É O NOME que consigo dar ao mal-estar sempre presente, ainda que não explicitado, em algumas situações vividas ao longo dos anos de minha convivência com a Companhia do Teatro Espontâneo.

Tentarei lembrar das que mais me afetavam.

O método levado a efeito para realização dos processos de tomada de decisão era, digamos, quase sociométrico. Ao mesmo tempo que as escolhas de alunos e professores eram levadas em consideração, também havia assuntos para os quais o **"núcleo duro de poder"** reservava-se o direito de decidir, não se esforçando para tornar claros os critérios e motivos dessas opções.

VER "NÚCLEO DURO DE PODER", NA PÁGINA 245

De um lado, a escola primava pela explicitação do projeto dramático com ênfase na atualização dos vínculos e o recontrato de expectativas. De outro, o esquecimento dessas mesmas disposições encontrava em alguns certa desconfiança. A respeito disso, devo dizer que essa espécie de sentimento de exclusão ou de perseguição era então muito forte em mim, por isso eu talvez "carregue nas tintas" quando me lembro de situações em que as decisões não eram socializadas, e nas quais eu não era escolhida, mas sem saber por quê.

Teria sido mais fácil se a radicalidade do método houvesse sido respeitada: os porquês de alguém escolher positivamente ou negativamente alguém para alguma coisa, em algum lugar, num determinado tempo. Hoje penso que essa socialização cuidaria dos fantasmas que me assombravam sem cerimônia.

A posição da Companhia do Teatro Espontâneo no cenário político-institucional do psicodrama brasileiro e internacional é um outro ponto de tensões, pois existia um desejo de independência e até de desafio às instituições. Ora, isso implicava a não filiação da escola ao movimento oficial, uma certa diferenciação com relação às demais associações psicodramáticas brasileiras. Porém, em vários momentos pagava-se um alto preço por essa escolha. Três consequências me vêm diretamente à lembrança.

A primeira diz respeito à necessidade de reconhecimento, de valorização. Tietê não escapava dela, nem pelos alunos, nem pelo corpo docente. Até mesmo pela alta qualidade do processo ensino-aprendizagem desenvolvido na escola, era necessária uma alteridade que fizesse essa certificação ou acreditação. Muito embora vários professores fossem individualmente bastante respeitados no meio psicodramático, era inevitável que as instituições não oferecessem as mesmas oportunidades para os não filiados. A Escola se ressentia, como se houvesse sido excluída (de novo os fantasmas, dessa vez grupais).

A segunda é então a sequência direta da anterior: a alienação em relação ao movimento psicodramático brasileiro produziu um paradoxo. A escola que estimava o estudo e a experimentação de autores muitas vezes desconhecidos, sem preconceitos, começa a alimentar certo preconceito contra si. Penso que **uma certa arrogância**, própria de uma época em que Tietê tinha de ser "a melhor, já que não era a maior", foi a forma encontrada de se proteger dos ataques de todos os que se sentiam desprezados pela posição adotada por nós em relação aos "outros". O Congresso Ibero-americano em Salamanca retratou em vários momentos como Tietê era então uma ilha, separada de todos os demais brasileiros. Essa condição, por sua vez, lhe negava a possibilidade de interferir nos destinos do movimento psicodramático oficial, protagonizado pela Febrap.

VER "UMA CERTA ARROGÂNCIA", NA PÁGINA 243

Por último, trata-se de um efeito colateral, prático, mas também associado às demais análises feitas. Os alunos que fizeram a formação pela Companhia do Teatro Espontâneo ressentiam-se de não ter direito a um certificado com valor acadêmico, uma vez que cumpriram todos os critérios de formação, mas não eram aceitos como tal: para esse reconhecimento, só mesmo passando por um processo de adaptação de currículo em uma das instituições federadas... ou seja, a vingança tarda, mas não se esquece!

Talvez uma contradição com implicações mais tardias tenha sido a escolha por um modo de funcionamento que se mostrava proibitivo para muitos que gostariam de fazer o curso de teatro espontâneo. Refiro-me ao aspecto financeiro: o processo do *curso era muito caro* para a maioria dos mortais. Os valores pagos pelos alunos eram condizentes com a manutenção de um corpo técnico qualificado, mas ao longo do tempo acabou por diminuir muito a capacidade de captação de novos alunos, pois o achatamento da classe média brasileira, verificado especialmente a partir de meados da década de 1990, impossibilitou a manutenção do projeto no modelo adotado. Triste ironia, a Escola, que tanto se preocupava com o desenvolvimento de habilidades para o trabalho de inclusão social, tornava-se inacessível, principalmente para os alunos que vinham de Fortaleza, Florianópolis, Vitória e muitos outros sítios deste Brasil.

MISTURAS FINAS

Este esboço de análise do processo vivido pela Companhia do Teatro Espontâneo pretende ser uma das milhares de leituras possíveis, não se arrogando um universo fechado ou uma totalização da realidade. Penso que as camadas que apresento em separado sejam o tempo todo misturadas, pois um fato é sempre relacionado a outros, não valendo a pretensa divisão em duas categorias, só utilizada para organizar as minhas lembranças. Faço-o como uma declaração pública: de amor pela ousadia do Moysés, de saudade da convivência com pessoas tão preciosas, de aprendizagem pelos desafios sempre novos e de reconhecimento do valor que essa experiência teve (e ainda tem) para minha vida. Mas isso está virando um verdadeiro "sharingar", diria Cida.

◈

NÃO PSICOLOGIZAÇÃO DOS CONFLITOS

A descoberta do potencial terapêutico do teatro espontâneo representou uma inflexão nos rumos da história do pensamento de J. L. Moreno, que desde então passou a incorporar ao seu trabalho uma dimensão psicológica. Talvez, na verdade, mais explícita e assumida, porque de alguma maneira ela estava presente nos seus primeiros experimentos teatrais.

Suas técnicas de produção cênica, aplicadas sobre uma temática orientada para conflitos comportamentais, encantaram o mundo "psi". Desossadas, poderiam ser aplicadas como alternativa comunicacional dentro de contextos teóricos e objetivos terapêuticos distintos de sua formulação original.

Paradoxalmente, foi esse processo que, entre muitas outras coisas, facilitou a expansão e a aceitação do psicodrama em círculos corporativos mais fechados. Despojado de seus "frágeis" fundamentos [sic], além de não oferecer risco político, de não ameaçar hegemonias, ainda poderia servir para fortalecer essas outras abordagens, enriquecendo-as.

A análise desapaixonada desse fenômeno sugere a ocorrência de avanços importantes, à medida que a investigação dos fenômenos psicológicos passou a contar com uma ferramenta poderosa, juntando-se aos recursos verbais até então quase exclusivos. Aliás, o próprio Moreno de alguma maneira estimulava a investigação de aplicações alternativas de seu método, ainda que por vezes manifestasse preocupações com sua descaracterização.

O crescente prestígio da ciência psicológica, que fascinou o mundo ocidental no século XX, acabou contaminando o psicodrama a tal ponto que se observa uma espécie de transbordamento: a encenação foi cedendo lugar, gradativamente, como eixo metodológico, às chamadas "técnicas de ação" e a terapias verbais que guardam com ele o vago parentesco designado como "postura psicodramática".

O resgate do teatro espontâneo, fenômeno mundial na virada do século passado para o presente, se afigura como o contraponto dialético dessa tendência. Ou seja, adquire características de uma "despsicologização" do psicodrama, quando não um abandono deste e uma franca retomada do teatro "impromptu" como manifestação artístico-política.

A Escola de Tietê acabou se alinhando com essa tendência renovadora. Já de início apontava para essa direção, uma vez que fazia parte de um projeto mais amplo, o da Companhia do Teatro Espontâneo. Mas ainda assim não abria mão de sua identidade como formadora de psicodramistas.

Ocorre que ela se constituía numa vertente paralela a outra linha investigativa, que era a da trupe de teatro espontâneo, que levava o nome da Companhia, e que mantinha com a escola uma relação quase incestuosa: era celeiro de alunos e professores, ao mesmo tempo que recrutava e acolhia estudantes da Escola para integrá-la.

E os avanços experimentais da trupe repercutiam no funcionamento de Tietê, contaminando o processo formativo, estimulando novas experimentações, agora no plano especificamente psicodramático. E essa influência não se dava apenas no plano do aperfeiçoamento dos recursos técnicos, com a injeção de contribuições teatrais, mas também no plano teórico, sugerindo reflexões com aproveitamento de categorias emprestadas das artes cênicas.

Esse viés foi tornando clara a necessidade de "despsicologizar" o pensamento para dar lugar a novas possibilidades de compreensão dos fenômenos humanos, especialmente dos conflitos vitais.

Essa "despsicologização" não implica uma negação do valor da psicologia como ciência e como prática libertadora. O que se pretendeu evitar foi o vício hermenêutico, uma banalização do método psicanalítico, paródia da liberdade poética, uma espécie de "liberdade interpretativa", ou seja, uma interpretação fora do contexto e baseada em jargões, rasa, até mesmo irresponsável.

Mais do que isso, como o curso era destinado a profissionais das mais diferentes áreas de atuação, a maior parte deles não possuía a formação psicológica que supostamente portariam os psicólogos (nem mesmo os médicos, autorizados legalmente a praticar a psicoterapia). A ferramenta de trabalho que lhes era oferecida deveria propiciar condições de uso independente de um domínio mínimo do sistema conceitual da psicologia. Ainda mais que a pseudopsicologia que baseia a "interpretose" nada mais é do que uma caricatura da psicanálise – e esta apenas uma das vertentes do pensamento psicológico. Que, aliás, pela voz de seus puristas, nem deseja ser considerada pertencente ao campo da psicologia!

Nesse afã de emancipar o pensamento do jugo da "baixa" psicologia, a investigação da Escola se orientava para uma ampliação dos fundamentos teatrais do psicodrama. Isso tinha como corolário uma ênfase na dramatização como tal (não cingida às imagens, esculturas e jogos), com repercussões importantes no plano da técnica e da compreensão teórica.

Uma verdadeira ruptura epistemológica. ■

UMA CERTA ARROGÂNCIA

Quando o projeto Tietê foi elaborado, a intenção era renovar o ensino do psicodrama brasileiro, experimentando uma nova maneira de levá-lo a efeito. Foram cuidadosamente examinadas as fragilidades tradicionais, buscando-se uma forma inovadora de enfrentar esses problemas. Evidentemente, a busca era montar um esquema que redundasse em melhor qualidade na formação dos novos operadores.

As novas propostas pedagógicas não se resumiam a variações cosméticas, buscavam, na verdade, ir ao âmago dos problemas, construindo uma nova forma de trabalho que fosse consistente com a visão que o próprio psicodrama tem do processo educativo.

Como a experiência não tinha acolhida nas instituições "oficiais", ela precisou estruturar-se na franja marginal, sujeita portanto a toda sorte de discriminações e hostilidades que fazem parte das tensões intergrupos e, principalmente, entre grupos majoritários e grupos minoritários (não apenas do ponto de vista quantitativo, mas principalmente como dinâmica social).

As minorias discriminadas procuram desenvolver esquemas de autodefesa que de alguma forma vão além dos processos habituais de construção e manutenção das identidades grupais, de diferenciação entre "nosso grupo" e os "outros" ou o "grupo deles".

O pertencer a um grupo discriminado nem sempre decorre de uma escolha intencional e consciente. É o que ocorre com as classes proletárias, com a condição feminina, com as orientações sexuais divergentes, com os grupos étnicos. A autoafirmação desses estamentos sociais se dá por meio de comportamentos políticos de todos os matizes, desde a sujeição pura e simples, passando pela resistência passiva, pela subversão discreta, por vários estágios que podem culminar até mesmo na luta armada.

Já o escolher fazer parte de um grupo discriminado implica engajar-se noutro tipo de batalha em que a luta política adquire contornos próprios. No caso da Escola, por exemplo, o grupo precisava encontrar uma resposta adequada para o fato de seus membros não poderem receber certificados reconhecidos por outras instituições da área, não poderem participar em igualdade de condições dos congressos científicos e – ironia mais recente – sequer serem considerados parte da história do psicodrama pátrio.

Não foi difícil encontrar numa suposta qualidade superior do processo de formação a pedra de toque da autovalorização diante do "pobre outro". Se estávamos conseguindo concretizar o sonho de uma escola de padrão mais avançado (pela coragem de inovar com base, até mesmo, nas ineficiências identificadas nos "outros"), estava aí uma boa razão para compensar toda a inferioridade atribuída aos integrantes de qualquer setor marginal.

Houve ocorrências de alta tensão ligadas a essa arrogância, as quais motivaram a realização, dentro das aulas, de sociodramas que tangenciavam a designação de axiodramas, nos quais se trabalharam as relações com grupos e pessoas "estranhas", na acepção de Bauman.

Pode-se ampliar a consciência dessa dinâmica, gerando um aprofundamento da reflexão ideológica e mudanças de atitudes. Impossível porém suprimir os movimentos de autodefesa dos grupos, especialmente dos grupos minoritários. ■

NÚCLEO DURO DE PODER

Instituir, ou seja, criar uma instituição, é um ato de poder. Quem institui tem um plano em mente, necessitando, para realizá-lo, de prover os meios adequados.

Quando a concretização do plano implica a atuação de mais pessoas, além do(s) instituinte(s), ocorre um chamamento de colaboradores, aos quais se explica o que se pretende e as tarefas que lhes cabem. Celebra-se, dessa forma, um tipo de contrato muito específico, que é o contrato de adesão: os colaboradores aderem ao projeto. Exercem seu direito no momento que decidem, sim ou não.

Eventuais negociações, quando da adesão, dizem respeito a condições de participação ou, no máximo, a algum detalhe do projeto, mantidos os objetivos iniciais – estes, objeto da instituição, estão fixados pelo poder instituinte.

A implementação do projeto pode ser gerida de forma autocrática ou democrática, unilateral ou participativa, delineadas, dessa forma, as diretrizes para as relações de poder entre seus operadores. Qualquer que seja a orientação adotada, ela representará, em princípio, o desejo de quem a decidiu, em geral, o próprio instituidor.

Se a regra política for democrática ou participativa, teremos configurada uma "democracia consentida" ou "participação consentida". Como no caso da liberdade, quem a concede tem o poder de retirá-la.

O quadro acima pode ser revertido ou modificado em pelo menos duas circunstâncias.

Primeiro, quando a instituição se amplia ao ponto de o número de colaboradores se tornar significativamente grande, o suficiente para imprimir às relações uma dinâmica própria, pressionando a cúpula instituinte no sentido de organizar o poder interno com base na vontade coletiva e não apenas em uma decisão unilateral.

Segundo, quando o poder instituinte é o próprio povo, por meio das instituições políticas por ele criadas e/ou sustentadas. Nesse caso, a vontade popular pode sobrepujar a vontade dos eventuais gestores da instituição, exigindo que o poder seja organizado e distribuído obedecendo aos ditames estabelecidos pelo poder maior, que é o do povo. Os colaboradores do projeto institucional representariam, na forma como se comportam em relação ao poder, porta-vozes da coletividade mais ampla.

A dinâmica política não é determinada por um núcleo central. Ela é uma correlação de forças. Se os detentores do poder formal conseguem impor suas decisões, isso só acontece porque, de alguma forma, são suficientemente fortes politicamente. Caso contrário, o poder se desloca para outro ponto, provocando desequilíbrios e movimentos de equilibração, sob pena de ruptura institucional.

A Escola de Tietê era uma instituição e funcionava como tal. O "núcleo duro de poder" era constituído basicamente pelos professores fundadores. Num segundo plano, vinham os professores titulares não fundadores. As principais diretrizes da Escola e as decisões mais importantes, do ponto de vista da efetivação dessas diretrizes, eram tomadas por esse colegiado.

Outro plano de decisão era regido pelo princípio de que ninguém deve decidir o que os outros devem fazer, mas todos estão livres para decidir aquilo que eles próprios vão fazer. Isso era válido tanto para ações de caráter individual quanto para ações coletivas.

A democratização das relações de poder era uma busca, uma construção. Nós, brasileiros, não temos democracia no sangue, ela não faz parte de nossas tradições, não fomos treinados desde a mais tenra infância nesse tipo de exercício do poder. Para a geração que se formou nas décadas de 1960-1980, anos sombrios da ditadura militar, a prática democrática é uma nebulosa, apenas a imaginam, o modelo relacional internalizado nada tem que ver com ela.

Isso cria uma série de dificuldades.

Uma delas é que o desejo de uma nova forma de relação de poder, ainda não experimentada na prática, faz confundir autoridade com autoritarismo, levando à rejeição liminar de qualquer manifestação de poder. “Há governo, sou contra!”

Outra é a inconsistência de quem exerce o poder, quando deseja estabelecer relações democráticas mas não tem experiência nem clareza de como fazê-lo. Suas ações acabam sendo contraditórias e geradoras de conflitos. Decisões que caberiam aos gestores são submetidas à comunidade, decisões que estariam no âmbito desta são feitas unilateralmente. Isso gera um clima de incertezas e insatisfações.

Os desencontros fazem parte do aprendizado. Mesmo porque o equilíbrio nas relações de poder é utópico: quanto mais se avança em sua direção, mais se desloca o horizonte. O que é bom, porque faz avançar.

A utilização de recursos sociátricos para trabalhar as tensões grupais em Tietê foi de grande valia nesse campo. O que não significa que todos os conflitos tenham sido enfrentados de maneira satisfatória. Primeiro, porque estávamos todos aprendendo a conviver. Segundo, porque nem todos os focos de desequilíbrio obtiveram permissão para emergir, seguramente porque os envolvidos não se sentiram suficientemente seguros para explicitá-los. Aqui caberia uma discussão dos mecanismos de defesa, mas seria uma digressão impertinente.

Hoje, passados tantos anos, temos distanciamento para perceber uma série de coisas de que, na época, não nos demos conta. É que seguimos aprendendo e temos olhos mais discriminativos, que nos permitem uma visão mais acurada. ■

EVITANDO MONOPOLIZAÇÃO NAS DISCUSSÕES

Discussão em grupo, como de resto o próprio teatro espontâneo, constitui palco privilegiado para manifestações narcísicas, o que demanda do coordenador não apenas um cuidado genérico, especial, mas o uso de algumas técnicas de facilitação.

O objetivo dessas técnicas não seria meramente repressivo, ou seja, conter o sujeito exibicionista e evitar os danos que ele pode causar à coletividade com comportamentos inadequados. Há que potencializar o resultado que se pretende alcançar com o debate: aprendizagem, construção coletiva do conhecimento, decisões grupais, conscientização, mobilização etc.

Em tese, considera-se que quanto maior for a participação dos membros do grupo, melhor o resultado. Maior participação implica, nesse caso, entre outras coisas, uma distribuição equitativa do tempo e das oportunidades entre todos os participantes.

Existe uma tendência, facilmente verificável, de as discussões acabarem centralizadas em poucas pessoas. Há aquelas que se estendem demasiado, tomando o tempo para si. Outras, acirrando aspectos polêmicos, provocam uma polarização das posições, o que impede a circulação das ideias e a busca de novos ângulos de abordagem do problema em pauta. Não é raro que esse movimento abrigue questiúnculas de ordem pessoal, travestidas em teses de interesse coletivo.

Ao coordenador do debate cabe lidar com essas situações, o que não costuma ser fácil, especialmente se, por qualquer razão, for perdida a neutralidade moderadora.

Uma das possibilidades é utilizar a velha técnica de registrar inscrições, contratando com o grupo que as intervenções seguirão a ordem cronológica das manifestações objetivas do desejo de falar.

Essa estratégia, aparentemente justa e democrática, pode comprometer o debate pelo fato de facilitar algumas distorções. Uma delas é que as pessoas inscritas podem, a partir da inscrição, deixar de ouvir o que os outros estão falando enquanto não chega a sua vez, acalentando o que pensou em falar e preservando-o até que seja explicitado.

Como decorrência desse fato, todo eventual avanço da discussão corre o risco de ser desconsiderado, fazendo-a retornar ao ponto em que estava no momento que o sujeito se inscreveu. Repetindo-se esse fenômeno com vários participantes fazendo a mesma coisa, o vaivém torna o debate estéril e repetitivo, e gera por consequência desinteresse, tédio e desmotivação.

Outro inconveniente é que, à medida que o sujeito tem de esperar sua vez, quando toma a palavra aproveita para expor várias ideias, listando pontos e opinando sobre vários aspectos do problema em pauta. A sequência do debate, quando aproveita essa intervenção, não tem como abordar todos os itens, o que implicaria tantas linhas de considerações simultâneas quantos sejam eles, o que é impossível. Como resultado, a maior parte do que foi dito é inutilizada e descartada. Ou seja, foi mera perda de tempo falar tudo de uma vez.

Existem coordenadores que preferem não controlar as falas, deixando ao próprio grupo haver-se com o problema. Que cada um batalhe pelo seu direito de expor suas opiniões. Que o próprio grupo estabeleça os necessários limites, cerceando os abusos monopolizadores. Que os omissos sejam cobrados pelos companheiros se estes quiserem saber o que está sendo sonegado.

Na opinião desses coordenadores, o deixar livre a palavra permite capturar a dinâmica grupal em sua autenticidade, as linhas de conflito, as alianças e cumplicidades, as forças de liderança, a luta pelo poder, as configurações sociométricas, enfim.

De forma mais ou menos intuitiva, adotava-se em Tietê uma estratégia mista, em que o coordenador partia com abertura total, mas tratava de conter os excessos pelo estímulo à participação dos mais tímidos ou pontualmente calados. Nesse caso, a prioridade era mesmo o exame do tema, buscando a maior profundidade, ainda que a expressão das vertentes sociométricas ficasse comprometida, ou na penumbra, pela intervenção da autoridade.

A abertura da palavra aos renitentes não tinha o sentido de proteger os fracos e oprimidos, garantindo-lhes o direito de se manifestarem e serem ouvidos. Era antes uma cobrança, um chamamento ao dever de explicitar opiniões e pensamentos, para que a comunidade se enriquecesse com esses subsídios à reflexão em curso. Longe de configurar uma tutela, tinha mais o sentido de estimular a plenitude da emancipação em sua dimensão coletiva.

O texto seguinte descreve o "método do carrossel", nome de batismo de uma estratégia desenvolvida com base nessa experiência. O texto foi produzido como material didático para coordenadores de grupo. ■

COORDENAÇÃO DE GRUPOS: O MÉTODO DO CARROSSEL

O método do carrossel é uma estratégia de coordenação de grupos que tem como objetivos:

– garantir a maior participação possível de todos os integrantes;

– estimular uma progressão na análise do tema, estabelecendo com clareza o ponto inicial (chamado de linha de base), avançando a compreensão e o aprofundamento o quanto for possível, porém de forma tal que, ao final, o grupo sinta que algo lhe foi efetivamente acrescentado;

– treinar a capacidade de ouvir e levar em conta a opinião alheia.

Com muita frequência, nas discussões, surge-nos uma ideia inspirada na fala de um outro participante. Para colocá-la na roda, fazemos nossa inscrição e aguardamos a nossa vez de falar. Enquanto esperamos, nossos ouvidos se dessensibilizam para as intervenções feitas por outras pessoas nesse meio-tempo. Quando, enfim, tomamos a palavra, a discussão retrocede ao ponto em que estava quando tivemos a ideia.

Se esse fenômeno ocorre repetidas vezes com diferentes atores, caracteriza-se a deplorada e deplorável discussão que não avança, que fica patinando no mesmo lugar.

Agora, vejamos um contraste. Na Companhia do Teatro Espontâneo desenvolvemos uma técnica de atuação muito peculiar.

Num dado momento, um dos atores entra no palco sem ter a mínima ideia do que vai fazer lá. Não tem personagem, não tem discurso, apenas o movimento de entrar num espaço vazio, ante os olhares curiosos da plateia. Sem direito a titubeio, começa a agir e, se lhe ocorre, a construir frases ao léu.

Num tempo também improvisado, outro ator sobe à cena para o contrapapel, também sem nenhum projeto em mente. Somente entra e faz o que lhe ocorre, tendo como referência apenas que lhe cabe contracenar com o protagonista (o primeiro que entrou, o "primeiro combatente").

Mais um tempo, não muito longo para não criar ansiedades, embora indeterminado, entra um terceiro ator, da mesma forma, também instruído para referir sua ação ao protagonista, intervindo na relação já em movimento. Todos os atores aceitam as "ofertas" de seus parceiros, ou seja, acatam os conteúdos das ações do outro, integrando-os à cena e tomando-os como base para sua própria atuação.

Ao protagonista cabe criar o desfecho da cena que, como vimos, não se estende por muito tempo. Os dois outros atores, sabendo dessa regra, respeitam-na.

Acredito que numa discussão verbal possa acontecer algo semelhante. Se abrimos os nossos ouvidos para o que vão dizendo as outras pessoas, teremos condições de criar nossas intervenções em sintonia com o movimento afetivo-racional do grupo.

Essa forma de trabalho ajuda a minorar os efeitos da tendência ao estrelismo que leva muitos de nós a polarizar os debates, roubando a oportunidade de outras pessoas também se manifestarem. Mais do que isso, até, serem levadas em conta.

É comum, nas discussões, que algums intervenções sejam consideradas irrelevantes ou inócuas. Com certeza, elas veiculam conteúdos que não sabemos identificar e, por isso, os desprezamos. Além do que, essas intervenções podem ficar mesmo empobrecidas pela própria estratégia de discussão que está sendo empregada, centralizada nas "ideias brilhantes" que só uns poucos podem/devem ter.

Com base nesses pressupostos, idealizamos e vimos testando um método de discussão que represente um avanço em relação à forma clássica de prodecê-la. Foram estabelecidos alguns passos, adaptáveis às circunstâncias específicas de cada caso.

Primeiro passo: Identificação do tema

Nesse momento, o coordenador ou alguém por ele indicado situa para o grupo o que se propõe que seja discutido. Pode ser uma fala extremamente breve, umas poucas frases, ou então uma exposição um pouco mais longa, especialmente se houver necessidade de começar com alguma informação ou conceituação considerada indispensável. Como alternativa, pode ser a leitura conjunta de um texto ou alguma outra forma imaginativa de introduzir o tema.

Segundo passo: Identificação da linha de base

Aqui, todos os participantes devem expor, de forma sucinta, o que pensam sobre o tema. É a opinião que têm antes de começar a discussão e que, eventualmente, poderá vir a ser modificada como consequência.

Nessa etapa, não se deve permitir apartes e muito menos discussões: cada um fala o que pensa, todos ouvem, ninguém se manifesta nem contra nem a favor. Se possível, nem sequer esclarecimentos são solicitados.

Terceiro passo: Discussão propriamente dita

Nessa fase, cada pessoa que se manifesta deve basear-se, em sua fala, no que foi dito pelo participante que acabou de falar antes dela. Essa referência pode ser para divergir, para concordar, para acrescentar, para desdobrar, para fazer uma proposição oposta, o que for, mas levando a sério o que foi dito. Caso, nessa intervenção, a pessoa se refira a algo que foi dito bem antes, ou simplesmeste coloque uma ideia nova, desconectada de alguma intervenção anterior, o coordenador deve solicitar que faça conexão com o que foi dito por quem a antecedeu.

Alguns cuidados a serem tomados pelo coordenador:

1. não há fila de inscrições prévias para falar. Caso haja várias pessoas dispostas a falar num dado momento, o coordenador dará prioridade a quem ainda não se manifestou na discussão;

2. caso a discussão esteja limitada a apenas alguns participantes, o coordenador pedirá explicitamente a opinião de pessoas que estejam caladas;
3. se alguma pessoa permanecer calada quando todas as outras já se manifestaram, o coordenador abrirá espaço para essa pessoa se manifestar.

Quarto passo: Finalização

Quando faltarem alguns minutos para o término do tempo previsto (que deve ser contratado e rigorosamente respeitado), o coordenador promoverá uma nova rodada, pedindo a cada participante que diga o que lhe foi acrescentado pela discussão comparando com o que pensava ao início.

Quando o grupo for muito grande, pode-se dividi-lo em subgrupos, especialmente para o segundo e o quarto passos. Cada subgrupo terá um relator que apresentará ao "grupão" uma síntese do que foi comentado. ■

15
PARA SEMPRE, TIETÊ[1]

◈

MARISOL WATANABE

Era uma vez, numa rua de terra em Tietê, uma escola. Uma escola onde o saber almejado pelos alunos era sobre o psicodrama, o teatro espontâneo, o inconsciente coletivo. Um estudo que não só exigia dedicação, mas também coragem e desejo de ser ora aprendiz, ora mestre, ora você mesmo, ora você presente em um personagem da vida de toda gente.

Uma escola diferente. Uma casa de esquina, de muro alto, com tijolinhos à vista, contendo diversos cômodos, cozinha, banheiros e um quintal enorme. Um balanço na árvore que ficava em frente a uma estrutura de alvenaria, com telhas de barro e folhas verdes.

Naquela estrutura, acolhia-se um palco, isso mesmo, o PALCO! Um espaço próprio para instruir, ou seja, para dar experiência aos alunos. Era ali, no encontro com os mestres, que se construía a essência que se

[1] Agradeço ao Mestre Moysés Aguiar pelo convite honroso, a todos os professores e colegas que compartilharam comigo desse aprendizado e dessa vivência. Ao meu pai, Mario Watanabe, às amigas Piera Prandoni e Maria Lúcia Naime de Vilhena, e ao Sr. Antônio Seixas, da União Brasileira dos Trovadores, da Academia Mageense de Letras e do Grêmio Haicai Mirindiba.

buscava, dando luz à aprendizagem e à vida. Porque naquele tablado se representava não somente a vida de cada um dos alunos, mas de todos nós, já que o inconsciente coletivo procede da experiência ancestral e transparece em símbolos encontrados nas imagens psíquicas – cenas. Arquétipos pertencentes a toda a humanidade.

Na criação coletiva e
no olhar do outro, vou
expandir com todos!

Aconteceram inúmeras atuações, papéis e contrapapéis, em que o autor/aluno auxiliava a direção e a construção do projeto dramático, não só personalizando coisas ou sentimentos, sensações, mas também personificando outras pessoas e entidades, podendo ter um referencial do diretor ou do protagonista da cena, mas colocando-se no lugar do outro e estando também consigo mesmo.

Os arquétipos emergiam e havia o reconhecimento e a visibilidade das várias possibilidades no criativo e no espontâneo, para transmutar e transcender. Assim, a vida e o aprendizado se renovavam uma vez por mês quando se encontrava, em um final de semana, o grupo aberto formado de professores e alunos.

Na inter-relação,
Há papel e contrapapel.
Diretor e Ego.

Logo, à noitinha, a casa vazia ia se iluminando de gente, carinhos, abraços, alegrias, vontades, enfim, de muita luz. O calor do aconchego das pessoas – professores, alunos, caseiros – e do espírito de aprendizado que envolvia a todos, esquentava os corpos, os corações e as mentes ao som da música, das cordas de algum instrumento, até mesmo nas noites frias de céu estrelado e enluarado.

Noites e dias de muitas catarses, de grande assimilação de conhecimentos, comilanças, risadas, lágrimas, confidências, novos amigos e antigas lembranças, como se o inconsciente coletivo fosse inesgotável, no tempo e no espaço, à luz da vivência da consciência mágica que proporciona o teatro espontâneo.

Com o aquecimento, a estruturação do cenário, a emergência do protagonista, a escolha do projeto dramático, a direção e atuação dos auxiliares na construção coletiva da história, a dinâmica grupal dentro e fora de cena, o encaminhamento para a finalização, o compartilhar e o processamento, isto é, a discussão do aprendizado adquirido no palco, pelo grupo, ao vivenciar e redescobrir a teoria e a si mesmo.

No grupo aberto, alunos de diversas origens, sexos, idades, crenças, ocupações, relações e objetivos compartilhavam 20 encontros mensais até o momento da formatura. Um momento esperado, mas não almejado, pois a permanência e a conclusão do aprendizado não estavam na aquisição de um certificado, mas na apropriação e incorporação de um "fazer" e "pensar" já preconizado por Jung (1986), Moreno (1984, 1993), Bustos (1982), Aguiar (1990, 1998) e tantos outros mestres.

Por isso, um dos conflitos dos alunos, dentre tantos representados no palco, fosse no início, no meio ou no fim do curso, estava na seguinte questão: Estariam eles prontos, após transcorrerem os 20 encontros? De que forma? Como? **Vinte encontros seriam o suficiente?** Será que passariam por tudo de mais relevante da teoria, do método, da formação ética (pessoal e profissional) no que tange à formação de um terapeuta psicodramista ou de teatro espontâneo?

VER "A DURAÇÃO DO CURSO", NA PÁGINA **261**

Isso porque a escola propunha uma formação nos moldes da espontaneidade e criatividade, isto é, um grupo em que cada um e o coletivo se responsabilizavam e se comprometiam com a formação, sendo também o próprio grupo o celeiro desse aprendizado.

Os mestres, assim como os preceptores, eram os grandes indagadores, instigadores e acolhedores de tamanha ebulição de dúvidas, respostas, furor de sentimentos e sensações relativas não só ao aprendizado teórico e metodológico, como também ao aprendizado emergido pela vivência e pela convivência do sincrônico, da sociometria, do espontâneo, da criação, da transformação e da arte.

Ou seja, pela experiência, o aluno era direcionado a alcançar a ruptura epistemológica da racionalidade e do controle do conhecimento e sofrimento individual e pessoal, a fim de acessar o todo – a coletividade.

Vários foram os encontros, eventos e *formaturas*, reveladores das potencialidades desse aprendizado. A cada um que saía, outro chegava e o grupo o incorporava ou não. Cada um de nós sentia e atribuía uma significância peculiar ao aprendizado e aos sentimentos e relações ali aflorados.

Numa relação,
Há espontaneidade.
Não no conflito.

Assim, recordo-me da formatura que ocorreu no meu primeiro final de semana em Tietê, quando atuei no papel de filha na dramatização dirigida por uma formanda. Uma experiência sublime e inquietante. A partir de então, eu estava diante de uma forma de aprendizado diferente de tudo que já havia vivenciado em minha trajetória educacional, do ensino básico, médio e até superior, sob o controle do conhecimento e da racionalidade, como forma de entendimento e conduta processual.

Eu sou Tietê[2]
Sociometricamente
E sempre serei!

Também me lembro de duas outras formaturas de cinco colegas, memoráveis, que trouxeram valor e brilho especiais à minha formação pessoal e profissional e devido às quais, desde então, percebo o quanto

[2] Frase impactante na reunião anual realizada pela escola em setembro de 1994, intitulada "Aberta para Balanço".

se pode sentir as pessoas em nós, podendo reviver a vida na despedida, visto que, naquele momento, eu as sentia em mim, comigo e para sempre. Como agora. Como se estivessem incorporados e sedimentados, no arcabouço do inconsciente do aprendizado, os princípios, as atitudes e os estilos de percepção, direção e serenidade, o fazer o teatro espontâneo e o psicodrama com espontaneidade, criatividade e firmeza, quer com os trabalhadores de uma fábrica, quer no bipessoal do consultório.

As formaturas em si são especiais, embora de algumas nos lembremos com mais emoção. Como a de um grande parceiro e profissional que me entregou uma almofada que a ele fora um dia entregue por um aprendiz da primeira turma, simbolizando a escolha pela continuidade não só da espontaneidade, criatividade e vivacidade do teatro espontâneo, como também da forma de aprendizado dessa escola. Uma vivência inenarrável e inesquecível que me reporta à minha formatura.

O especial da minha formatura foi poder compartilhar o valor da maturidade em processo – que foi e continua sendo construída na coletividade – com a experiência e o aprendizado do psicodrama e do teatro espontâneo, devido à vida vivida nos papéis e contrapapéis, à visão das possibilidades e ao vislumbre da imensidão da realidade na fantasia, no mito e na catarse da construção coletiva, ao me colocar no lugar do outro, na perspectiva de outro olhar.

Afinal, com o decorrer dos 20 encontros, as relações foram transformadas, por meio do rompimento e da superação de sentidos e de significados únicos e cristalizados, criando um horizonte novo e complexo de sentidos ao modificar o olhar sobre a problemática pessoal, por meio do deslocamento dela do próprio umbigo para a coletividade (Aguiar, 1998, p. 156-7).

Concordando com Aguiar (1998), finalizo dizendo que cada um de nós, alunos, descobriu seu potencial artístico e a importância do fazer a arte como instrumento no processo de melhoria da qualidade de vida, assim como eram os encontros naquele palco, em um tempo não muito distante, na Escola de Psicodrama em Tietê.

Penso e sinto que, qualquer que seja o modo como tenhamos nos apropriado dessa vivência, ao participar desses processos nos eventos, formaturas e encontros, assim como eu, os outros alunos que passaram pela Escola de Tietê têm, hoje, um retorno sobre o que e como aprenderam e também já devem ter compreendido o que foram buscar nessa escola.

Cabe, então, a cada um de nós, contar sua história, embora eu acredite numa unanimidade: que todos desejam permanecer envolvidos na espontaneidade do teatro espontâneo para assim criar e estar sensível ao potencial do inconsciente coletivo. Como estivemos, por momentos, na profundidade do haicai[3], uma forma de poema que aprendi com os colegas convidados de Córdoba/Argentina[4] e que, nessas reflexões, traduz em simples tercetos alguns pontos importantes do meu aprendizado em Tietê e o que essa vivência significou para mim.

Assim, é com prazer que ofereço, simbolicamente, o último terceto como se novamente estivesse passando a almofada que recebi na escola, para quem quiser criar, a fim de que continuemos, sempre na espiral da centelha de vida.

Identidade
Psicoartística
Neste palco da vida

◈

[3] Poema japonês constituído por três versos que resumem um drama, uma impressão etc., dos quais o primeiro e o último são pentassílabos e o segundo é setissílabo (Ferreira, 1988).

[4] Reunião anual da Escola, em Sarapuí, com a Companhia do Teatro Espontâneo – Retomando as origens do Psicodrama, em dezembro de 1995.

A DURAÇÃO DO CURSO

Quais são os critérios para se determinar a duração de um curso?

Eles dependem, obviamente, dos objetivos que se pretende alcançar e dos caminhos escolhidos para se chegar a eles.

Na educação tradicional, um dos critérios mais importantes é o tempo necessário para que se possa cumprir toda a programação, considerando-se os conteúdos a serem transmitidos e assimilados. Quanto mais amplo o leque de disciplinas e quanto mais extensa a lista de temas incluídos em cada uma delas, evidentemente se necessita mais tempo. Posto que cabe ao professor abordar cada ponto do currículo, é a sua experiência que informa o planejamento da carga horária. O professor sabe quanto tempo necessita. Embora haja variações individuais, a tradição estabelece a duração ótima.

Uma vez estabelecido esse parâmetro temporal, seguem-se os indispensáveis ajustes. A inclusão de novas disciplinas vai necessariamente forçar a redução programática das já existentes. A eliminação de alguma delas cria uma folga para as demais. É permanente a luta por hegemonia – ou, em muitos casos, por "justiça".

As reformas curriculares cuidam de adequar esse tempo às exigências do mercado, reduzindo ou ampliando conforme o caso. Entenda-se por mercado, aqui, as aspirações e disponibilidades de cada segmento da cadeia: os alunos em potencial, os usuários dos serviços, o potencial de consumo em função da economia global, as lutas corporativas e assim por diante.

Quando fizemos o planejamento da escola, vínhamos de uma experiência dolorosa com uma turma de alunos de um dos mais tradicionais cursos de psicodrama do país. Por uma série de circunstâncias, o curso chegou a quatro anos e meio de duração. Como eu me encarregava da supervisão curricular do trabalho com grupos, era um dos últimos, senão o último docente a ter contato com os estudantes. Estes se mostravam extremamente cansados, quase não suportando mais, só não desistindo porque tinham chegado até ali e não fazia sentido abandonar, morrer na praia.

A maioria desses estudantes tinha formação superior com duração de cinco anos. Ou seja, a especialização significava praticamente um novo curso, com duração equivalente.

Sua crítica foi valiosa como subsídio para reflexões a respeito do conteúdo curricular de um curso de especialização em psicodrama e, consequentemente, do período ideal de duração.

Havia disciplinas demais. Coisas importantes merecendo praticamente o mesmo tempo que conteúdos subsidiários. A fragmentação tornava hercúlea a tarefa de ponderar, estabelecer a importância relativa de cada uma delas e, ainda, articulá-las entre si e com a prática profissional.

Era necessária tamanha carga horária? Para quê?

Aí surge um outro critério, que é o do controle social. A instituição que certifica assume, de alguma forma, perante a comunidade, a responsabilidade de garantir a qualidade dos profissionais que ela forma.

Não apenas os conteúdos programáticos precisam ser cumpridos para lastrear essa garantia. É preciso acompanhar o estudante em seu amadurecimento: ele precisa de um tempo largo para submeter-se a terapia (obrigatória, por suposto) e para demonstrar perfeito domínio do que fazer. Os mestres se investem dos poderes de representantes da comunidade para avaliar os profissionais que, no futuro, vão atender a essa mesma comunidade. São formadores e avaliadores, ao mesmo tempo. E a avaliação não se restringe a aspectos objetiváveis do conhecimento, mas alcança inclusive aqueles não objetiváveis.

Um dos aspectos objetiváveis é o cumprimento da carga horária, estabelecida de tal forma que nem se torna necessário atendê-la integralmente, bastando que se alcance um determinado percentual. Para que essa tolerância seja possível, sem prejuízo da qualidade, obviamente que o ponto máximo tem de ser localizado um tanto além do mínimo indispensável.

Foi dentro desse contexto que optamos por alguns critérios diferentes dos tradicionais.

O primeiro foi romper com a hipocrisia embutida na tolerância. A carga horária, uma vez estabelecida, deveria ser cumprida integralmente. Assim, a duração total do curso dependeria da assiduidade do estudante. Se não faltasse nunca, poderia terminar dentro do prazo mínimo. Se faltasse, esse prazo seria estendido na proporção das suas faltas.

O segundo foi considerar que a experiência pedagógica deveria ser entendida como o disparador de um processo e não como o processo todo. Queríamos que nosso curso fosse uma espécie de rito de passagem: nosso estudante viria de uma fase da vida educacional em que, supostamente, não fora iniciado na autonomia e deveria passar por um processo emancipatório para adentrar a nova fase com uma nova postura, capaz de empreender os próprios caminhos, sem tutelas e com plena responsabilidade pessoal.

Assim, renunciamos à pretensão de entregá-lo pronto e acabado profissionalmente. E muito menos do ponto de vista pessoal. Nosso papel seria de catalisar uma vivência potencialmente transformadora, cujos resultados não teríamos condições de prever nem controlar.

Não se tratava de lavar as mãos, pura e simplesmente. Nossa convicção era de que, mesmo nos procedimentos tradicionais, era ilusória a pretensão de considerar cumprida a missão de entregar pronto o novo profissional. Todas as cautelas de que se cercavam eram suficientes apenas para provocar a sensação de tranquilidade de consciência. Insatisfatória, entretanto.

Também nos recusamos a funcionar como agentes do cumprimento da lei. Consideramos que o acesso ao conhecimento deve ser democrático e universal, sendo que a utilização do saber é responsabilidade de cada um. Os limites estabelecidos pela coletividade, por meio das regras de convívio, devem ser cobrados por essa mesma coletividade, por meio dos recursos que ela mesma institui.

Estabelecemos, com base nesses parâmetros, um curso com 360 horas de duração. O programa de atividades didáticas permitiria que o estudante desse conta dessa exigência frequentando as aulas em 20 etapas mensais completas, ou seja, de 18 horas cada uma. Os famosos 20 encontros mencionados pelos diferentes autores ao longo deste livro.

A participação era computada encontro a encontro, rigorosamente. Se o estudante não participava do encontro todo, chegando mais tarde ou saindo mais cedo, apenas as horas reais eram consideradas. Isso permitiu, inclusive, que alguns deles interrompessem temporariamente o curso e voltassem depois para completar a sua carga horária.

Nossa avaliação, absolutamente subjetiva, é de que nossa intuição não falhou. Apesar de se poder considerar que cada estudante tem seu próprio tempo, poucos chegaram a se queixar de exaustão, de que o tempo se estendia mais do que consideravam útil e necessário. Na outra extremidade da curva, também foram poucos os que manifestaram que gostariam de ficar mais tempo.

Quanto a estes últimos, nossa posição inicial foi de desaconselhar – ou melhor, não permitir – que continuassem participando dos encontros. Em nome da emancipação. Numa fase mais próxima do final da experiência da Escola, chegamos a flexibilizar essa regra, mas não foi significativa a quantidade de estudantes que se valeram disso.

Em síntese, para as características do nosso projeto, 360 horas evidenciou-se de bom tamanho.

Assim, completando seu vigésimo encontro, o estudante era considerado formado e se desligava do grupo. Sua última participação era cercada por um clima de vitória, uma euforia que muitas vezes encobria sentimentos que estariam mais próximos da tristeza pela separação. Luto, tanto para quem partia como para quem ficava.

Do ponto de vista da Escola, as coisas se davam sem quaisquer formalidades. Não havia exigência de um trabalho final, prático ou escrito, entrega de certificado, despedidas oficiais, nada semelhante.

Para os estudantes, ao contrário, costumava ser motivo de festa. A convivência de aproximadamente dois anos permitia que os companheiros se conhecessem suficientemente bem a ponto de acionar a criatividade para montar uma "solenidade" ajustada ao figurino de cada colega que se desligava. Os próprios formandos, em geral, se juntavam aos festeiros para planejar, até com certa antecedência, o estilo de celebração que seria adotado. Quando esse planejamento não acontecia, lançava-se mão da capacidade de improvisar.

Ao lado desse aspecto festivo, entretanto, alguns questionamentos se colocavam para toda a comunidade.

O primeiro era quanto ao processo avaliativo. Não tínhamos nada sistematizado a respeito. Cuidávamos de garantir a participação de todos em todas as atividades, estimulando os mais tímidos e os mais evasivos, evitando a superatuação dos mais arrojados e vorazes, sempre em busca do maior equilíbrio possível.

Esse cuidado nos permitia acompanhar a produção de cada aluno, o que era tema das conversas peripatéticas dos professores quando tratavam de organizar as atividades didáticas. De alguma maneira, acabávamos adotando a avaliação formativa, sem entretanto formalizá-la. Até mesmo sem conhecê-la nominalmente.

Nossa tradição educacional carrega o peso da visão mais antiga a respeito do sentido da avaliação. Ela se fundamentava em critérios formais e levava em conta apenas aspectos formalizáveis do desempenho do estudante. Decidia-se sobre sua vida de forma unilateral e autoritária.

O repúdio a essa prática não veio, na trajetória de transição, acompanhado de algo que pudesse substituí-la, o que implicou, em número significativo de casos, sua abolição pura e simples, ou então mantê-la como mero simulacro.

Nesse campo existem várias propostas sedutoras, nenhuma delas suficientemente provada e internalizada ao ponto de se encaixar suavemente na rotina escolar. Isso explica por que ficamos no meio do caminho, utilizando nossas observações para orientar as decisões pedagógicas sem entretanto gozar da segurança de um processo mais bem pensado e sistematizado.

Além dessa questão da avaliação do desempenho do estudante, que a rigor deveria vir acompanhada de uma correspondente avaliação do desempenho do corpo docente, das condições de funcionamento da escola, do projeto pedagógico e assim por diante, havia uma outra, de cunho mais propriamente ideológico.

A concepção de educação que nos inspirava nos atribuía o papel de disparadores de um processo sobre o qual não tínhamos, por opção e por convicção, nenhum controle. Os estudantes deveriam receber de nós a contribuição que buscavam e, em seguida, partir para a vida, sem nossa companhia.

Nessa perspectiva, a avaliação que nos cabia era a respeito da intensidade do impacto que o curso havia provocado na vida do sujeito. Desencadeou-se alguma transformação? Houve avanços? Muito bem, e quais as perspectivas de seguir avançando, de modo autônomo, no futuro? Avaliação impossível com as ferramentas que manejávamos.

As festas veiculavam uma mensagem, ao menos sociométrica. Porque, sem dúvida, as celebrações de colegas mais populares incluíam festividades idem. Os menos populares tinham uma festança mais discreta. E a popularidade traduzia, de certa forma, a avaliação que os colegas faziam uns dos outros. Isoladamente não pode ser tomado como fato relevante, mas no conjunto talvez sim.

A formação em psicodrama em países do chamado Primeiro Mundo costuma ter uma duração muito maior; como moda estatística, quatro anos. Há um pressuposto de que se faz necessária uma experiência mais estendida no tempo para propiciar a maturidade que se exige de um diretor de psicodrama. É uma hipótese considerável, desde que levemos em conta, também, as condições socioculturais dentro das quais ela se origina e se testa. Além, é claro, da concepção educacional subjacente.

No nosso caso, a aposta era de que, dado o impulso inicial, aqueles que quisessem prosseguir em sua busca de competência poderiam fazê-lo, levando em sua bagagem tudo aquilo que puderam usufruir na convivência em Tietê.

Quando olhamos a nossa volta, vendo o que aconteceu com nossos ex-estudantes, temos a sensação de que valeu a pena. Embora nem todos tenham se fixado profissionalmente como psicodramistas nem como operadores de teatro espontâneo, sua trajetória profissional parece compatível com o sentido de emancipação que adotamos para o nosso trabalho. ■

FOTO: MOYSÉS AGUIAR

A casa da chácara onde funcionou a escola.

FOTO: ARQUIVO DA ESCOLA

Grupo de alunos em data festiva.

16

O TÚNEL DO TEMPO

◈

MARIA ELIZA SUMAN DE GODOI

Lembro-me do curso de graduação em psicologia, mais precisamente no quinto ano, quando finalmente começávamos a atender. No meu caso, adultos, na linha rogeriana, e crianças, em ludoterapia.

Podíamos escolher duas formas de atendimento. Eu gostava muito da linha rogeriana, por enfatizar os sentimentos trazidos pelo paciente. A segunda opção era trabalhar com crianças, mas não na linha psicanalítica. Mas na época era a única opção, então embarquei nela porque queria ter contato com o trabalho com crianças.

Nessa época comecei a ter os primeiros contatos com o psicodrama. Primeiro, em uma Jornada realizada pelo Instituto de Psicodrama de Campinas (IPPGC), participei ativamente em um psicodrama dirigido pelo Pedro Mascarenhas. Mais tarde, como meu interesse maior era trabalhar com crianças, fui convidada para assistir um trabalho de conclusão de curso sobre psicodrama com crianças escrito pela Miriam Tassinari, que posteriormente se tornou uma das minhas professoras do curso de especialização em psicodrama, e também supervisora e amiga.

Meus primeiros atendimentos, na época da faculdade, já mesclavam ludoterapia e psicodrama. Muitas vezes usávamos a caixa de brinquedos para ser um barco, a sala se transformava no mar e eu mergulhava nas histórias junto com meu primeiro cliente. Na época não tinha muita clareza do que acontecia, mas como eram sessões livres podia permitir que ele (cliente) usasse de sua criatividade, e eu da minha. Mais tarde descobri que usamos muito um recurso do psicodrama, que era inversão de papéis.

Antes de terminar o quinto ano, iniciei finalmente o curso de especialização em psicodrama na Companhia do Teatro Espontâneo. Éramos alunos de Tietê. Pensar nessa época é voltar no tempo, lembro do primeiro encontro de que participei. Era uma casa no centro de Tietê. Como toda cidade pequena, imaginávamos que as pessoas da cidade ficavam curiosas para saber o que acontecia naquela casa durante o final de semana. Os membros do grupo que já estavam há mais tempo fazendo o curso contavam que o pessoal da cidade dizia que aquela era a casa da luz vermelha. Nós nos divertíamos com essa história. Bem, ficamos pouco tempo nessa casa, não me lembro bem, mas acho que no terceiro ou quarto encontro nos mudamos para uma chácara, muito mais confortável e adequada para nossas necessidades. Tinha uma sala de aula que dava para um gramadão de mais ou menos uns mil metros quadrados – imagine?

VER
"ESSE PROCESSO DE IMERSÃO",
NA PÁGINA 273

Gostava muitíssimo do formato do curso. **Esse processo de imersão** nos permitia vivenciar um aprofundamento técnico-teórico e pessoal sobre o teatro espontâneo. Chamo de processo de imersão porque passávamos o final de semana juntos. Na sexta-feira à noite era a chegada e normalmente acontecia um psicodrama dirigido pelo Moysés Aguiar. No sábado, o dia todo com aulas teóricas e direções de alunos supervisionadas. Na noite do sábado outra direção de outro professor, e no domingo mais aula teórica e encerramento. Nesse tempo de curso participei de muitas histórias como ego-auxiliar, às vezes escolhida pelo protagonista, outras porque pedia para entrar. Adorava contribuir com as histórias, poucas vezes dirigi o grupo, e sempre existia uma tensão para saber quem dos alunos iria fazer a direção supervisionada, que era uma direção acompanhada pelos professores, sendo que em outro momento era feita a discussão técnico-teórica desta. Fui protagonista apenas uma vez nesse tempo todo. Lembro-me que o Moysés fez a direção e pude sentir o cuidado e o respeito que ele teve com a minha história, e a sensibilidade em perceber até onde ele podia ir como diretor. Obrigada, Moysés, você me ensinou muito com essa direção.

Vivíamos uma família temporária, dormíamos na mesma casa, todas as refeições as fazíamos juntos, pensávamos, vivenciávamos, falávamos e respirávamos o teatro espontâneo por três dias. Dizíamos, quando voltávamos no domingo para casa, que estávamos grávidos, que precisávamos de tempo para digerir tanta informação e tanta vivência. Muitas vezes voltamos plenos e em silêncio.

Tietê me ensinou muitíssimas coisas, mas as que mais tenho comigo são: saber separar os papéis e saber diferenciar os contextos (social, grupal, dramático). Na teoria, acredito serem coisas muito simples para se aprender, talvez básicas, mas na prática é outra coisa. Falo isso porque tinha como colega de curso meu namorado, que se tornou meu marido com o passar do tempo, e tinha minha futura sogra como uma das minhas professoras.

Enfim, depois de 20 encontros mensais, praticamente dois anos, terminei o curso de especialização.

Teoricamente falando, aprendemos talvez o suficiente para construir um primeiro degrau para outras possibilidades de teatro espontâneo. Tietê, pensando hoje, nos deu asas para voar, nos permitiu que fôssemos além do criador.

Praticamente falando, desde o término do curso de especialização participo de um grupo de pesquisa chamado Truperempstórias. Esse grupo tem dez anos e trabalhamos não só com os conceitos morenianos, mas também com imaginário grupal, expressão corporal e, ultimamente, com um conceito novo para mim, que é o de corpo sem órgãos (Gilles Deleuze e Félix Guattari).

A Truperempstórias trabalha com o que chamamos de teatro de criação, no qual a apresentação depende de todas as pessoas presentes no espetáculo, sejam elas plateia, atores ou diretor[1]. Além desse trabalho, estou atualmente num projeto piloto para aplicar o teatro de criação com crianças. Vamos ver se é possível!

Agradeço imensamente ao Moysés por ter me convidado a escrever algumas linhas sobre Tietê. Precisei falar um pouco de mim porque de alguma forma sou o reflexo do que o curso pôde me proporcionar.

◈

[1] Para saber mais, v.: Reñones, A. V. *Do Playback Theater ao Teatro de Criação.* São Paulo: Ágora, 2000.

ESSE PROCESSO DE IMERSÃO

Num primeiro momento, a opção por concentrar as aulas todas num fim de semana tinha apenas um caráter pragmático. Como a escola se localizava fora do local de residência dos alunos em potencial, todos, em tese, teriam de viajar. Nosso objetivo era mais amplo do que meramente atender pessoas que eventualmente residissem em cidades vizinhas, de fácil acesso. Tínhamos em mente uma abrangência bem maior: queríamos mesmo alunos que viessem de longe. Isso inviabilizaria, por exemplo, um esquema de distribuição da carga horária que incluísse aulas semanais ou mesmo quinzenais.

Havia uma experiência anterior, mesmo dentro do psicodrama, que sugeria a possibilidade de compactar a carga horária. Tanto Rojas-Bermúdez como Dalmiro Bustos, quando vinham ao Brasil para dar formação, utilizavam um esquema intensivo, aqui permanecendo, por exemplo, uma semana a cada dois meses aproximadamente. É verdade que em nenhum caso se tinha uma autêntica imersão, com os alunos reclusos num espaço fechado. Mas o caráter intensivo, sim, era conhecido.

Por outro lado, comentava-se, à época, que em Beacon os alunos se instalavam no centro de psicodrama e ali permaneciam por tempos variados, participando de diversas atividades que aconteciam todos os dias, ou mesmo de várias no mesmo dia. Era uma ideia imprecisa, mas suficiente para sugerir que alguma coisa nessa linha poderia dar certo.

Também se levou em conta a prática comum a empresas que, ao propiciar capacitação ao seu pessoal, colocavam os sujeitos num hotel durante alguns dias, com um programa carregado que se estendia da manhã à noite, de tal forma que os participantes em nada mais poderiam pensar senão nos compromissos do curso.

Essas referências tiveram peso suficiente para se pensar que bons resultados poderiam ser obtidos se as aulas fossem concentradas.

Numa primeira fase, em Tietê, a imersão era relativa. Os alunos se hospedavam na casa que ficava no centro da cidade, onde também aconteciam as aulas. Mas as refeições eram tomadas fora, em restaurantes próximos. À noite, terminada a jornada, a maioria do grupo buscava algum tipo de lazer, uma forma de relaxar, espairecendo, desfazendo as tensões do dia. Se não iam jantar ou bebericar, pelo menos um passeio pelas ruas e pela praça central. Essas saídas estabeleciam o contato da escola com a comunidade – para o bem e para o mal, porque a alegria irreverente de estudantes, que não eram exatamente os jovens das baladas e discotecas, descomprometidos com a sisudez provinciana, provocava algum tipo de choque.

Temos boas razões para suspeitar que o dono da imobiliária que administrava a locação da casa onde funcionava a escola, por conta de seus próprios pudores ou pressionado pela comunidade, arranjou um pretexto para pedir a casa de volta, oferecendo como alternativa a chácara localizada na periferia da cidade, para onde nos trasladamos.

Males que vêm para o bem. A nova localização permitia acomodar um número maior de pessoas, possuía uma bela piscina, permitia que as aulas acontecessem num salão apropriado, fora do corpo da casa, oferecia um espaço bem mais amplo, com gramado e árvores frutíferas, tinha uma casinha anexa que poderia acomodar uma família de caseiros, além de oferecer silêncio e um entorno convidativo para caminhadas.

A distância foi um fator importante para o processo de imersão que se foi estruturando. As refeições passaram a ser feitas na própria casa. As saídas à noite deixaram de ser a melhor alternativa de lazer, uma vez que os estudantes acabavam se organizando para ter esses momentos por ali mesmo, sem precisar lançar mão de carro ou fazer a pé um percurso relativamente longo. Os violões tinham um momento de glória e privilégios. Idem as festas. Como não tínhamos televisão, até mesmo o contato com o mundo externo acabava se limitando aos telefonemas para as respectivas famílias e similares.

Paralelamente a esse processo de definição logística, foram-se evidenciando as vantagens do ponto de vista pedagógico.

O mais importante era a construção da grupalidade. Muitos fatores convergiam para que as pessoas se relacionassem mais profundamente. Permaneciam juntas por um tempo razoável, que extravasava o horário das aulas propriamente ditas. Compartilhavam a intimidade, dormindo juntas num espaço exíguo onde até mesmo a acomodação dos pertences pessoais era um desafio coletivo. A compatibilidade de hábitos pessoais era importante para determinar informalmente as escolhas sociométricas ("quem eu quero ter no mesmo quarto de dormir"). Tinham de se organizar para utilizar os mesmos banheiros – e aí algumas tensões com os "folgados" que demoravam muito ou que não cuidavam devidamente do asseio. Partilhavam a mesma comida, no mesmo horário. Buscavam-se para conversar ou para fazer alguma coisa juntos, nos momentos livres. E assim o grupo se solidificava como grupo, proporcionando inclusive bons temas para as vivências que aconteceriam no espaço didático formal.

E não somente o grupo de estudantes se encontrava nessa situação de alojamento coletivo. Também os professores ali estavam, imersos da mesma forma, embora tivessem seus quartos separados. Essa separação, além do seu caráter simbólico, assinalando a diferença de papéis, permitia que ao mesmo tempo preservassem sua privacidade, se envolvessem menos nas atividades extra-aulas, por vezes demasiado frenéticas. Assim, podiam descansar mais e preparar-se melhor para a atuação docente, assim como dedicar-se a temas familiais (alguns levavam até filho).

Destaca-se, nessa convivência, o intercâmbio de apoios afetivos. Reveses da vida, conflitos, inseguranças, estados emocionais alterados encontravam sempre um ombro amigo, um conselheiro sábio ou não tanto, um colo acolhedor, um puxão de orelha. Mesmo as rejeições, quando vinculadas a essas carências, poderiam ser positivas para a construção dos vínculos, da pertença e da identidade.

Tanto alunos quanto professores eram constantemente desafiados no sentido de aprender a conviver. Em especial, conviver com a diferença e com todas as manifestações claras ou veladas dos diferentes fluxos afetivos que, necessariamente, circulam pelos grupos. As configurações sociométricas, pulsantes, eram detectadas de imediato e tinham de ser administradas no ato. Como processo de aprendizagem, uma experiência ímpar.

Ao mesmo tempo, a circulação dos conteúdos específicos do psicodrama e do teatro espontâneo, nos espaços fora da sala de aula, mostrou um potencial insuspeitado até então. As dúvidas eram discutidas e, muitas vezes, resolvidas nesse âmbito. Era o *setting* privilegiado para a "pedagogia do irmão mais velho", mais eficaz do que qualquer aula por mais bem preparada e executada que fosse. Mais do que isso, era um espaço de reflexão – o objetivo maior de qualquer processo de aprendizagem digno desse nome. Ou seja, ali se questionavam as práticas e as formulações teóricas, ali se trocavam experiências, sonhos e fantasias, ali se pensava o potencial do psicodrama e do teatro espontâneo como ferramentas concretas para situações concretas de cada um.

Na mesma direção das reflexões pedagógicas contemporâneas, pode-se legitimamente perguntar se esse processo informal não teria sido muito mais importante para caracterizar e aprofundar o modelo de ensino-aprendizagem da Escola do que propriamente as práticas adotadas nos espaços formais.

O que era contingente pode ter sido o essencial. ■

17
NADA

◈

ANTONIA POLLI DE ARRUDA

VER
"LABORATÓRIO DE TEATRO ESPONTÂNEO",
NA PÁGINA 279

PARECE QUE É ISSO – nada – o que tínhamos em mãos quando entrávamos para um **laboratório de teatro espontâneo**.

E talvez, por ser um laboratório, nos sentíssemos assim. Éramos naquele momento apenas aprendizes, acanhados, medrosos, observados pelos nossos mestres e colegas. Era no depois que percebíamos que em algum momento poderia ter sido diferente. Talvez um outro caminho, um outro protagonista de um drama grupal.

No decorrer dos meses, aumenta o nosso aprendizado e ao final, depois de deixar o grupo, de sair de perto dos mestres, ganhar asas, alçar alguns voos, percebemos que continua assim, sem nada.

Quando entro para dirigir, não sei ao certo para onde seguirá o aquecimento. Iniciamos com uma proposta e talvez até com algum provável caminho, mas o grupo quer outra direção. Ele determina o rumo porque cada dia é único e ao unir sentimentos, sensações, emoções de diversas pessoas em um único momento, será desse momento grupal que emergirá o tema que terá algo de cada um de nós.

Bom, isso me parece algo. Afinal, talvez não esteja entrando sem nada.

E então percebo que esse nada continha tudo, tudo que precisávamos, porque cada participante leva um pouco, doa e compartilha o que pode naquele momento.

E hoje, olhando mais de perto, percebo que tínhamos tudo de que precisávamos.

Alguém, num determinado laboratório, disse que a teoria de Moreno estava em mutação, porque a cada aprendiz cabia descobri-la e em descobrindo-a, descobrir-se nela, e era isso que a tornava excitante, porque não existem duas sessões de psicodrama/teatro espontâneo iguais, como não existem na vida dois *encontros* iguais.

◈

LABORATÓRIO DE TEATRO ESPONTÂNEO

Uma das três colunas que sustentavam o projeto pedagógico, os laboratórios eram aulas práticas com características especiais.

Por um lado, era o momento em que os estudantes treinavam seu papel de diretor. Numa primeira fase, o diretor-aprendiz era escolhido entre os voluntários, que se apresentavam com antecedência. Curiosamente, a concorrência era ferrenha: sempre tínhamos mais do que um interessado em viver a experiência de coordenar uma atividade dramática.

Acredito que esse interesse era estimulado pela maneira como se dava o processamento posterior, sempre feito logo após a direção do estudante. O norte era não fazer críticas que veiculassem uma pressuposição de erro.

Essa postura era facilitada pela maneira como se procurava encarar a técnica: não como um conjunto de regras a respeito de como se deve fazer corretamente as coisas, mas como um conjunto de macetes acumulados ao longo da história, procedimentos que facilitam e potencializam o ato dramático. Em outras palavras, não existe, a rigor, erro técnico; o que existe é o não lançar mão de estratégias facilitadoras.

Assim, cada aspecto discutido comportava questionamentos que nunca desmereciam a atuação do diretor-aprendiz. Ao discutir, por exemplo, uma dada intervenção, o que se procurava era entender a intenção que a informava, os dilemas enfrentados, as hipóteses operativas. Por outro lado, buscava-se estimular os demais estudantes no sentido de que imaginassem intervenções alternativas.

O estudante dirigia desde o início da sessão, começando com o aquecimento e terminando com o compartilhamento. Sua atuação era observada pelos professores que, eventualmente, se dispunham também a participar do grupo, sendo, assim, dirigidos pelos alunos. Não era a regra, mas era uma possibilidade.

Raramente o professor responsável interferia na atuação do diretor--aprendiz. A hipótese pedagógica era de que a própria sociodinâmica grupal providenciaria as indispensáveis defesas contra uma eventual direção perigosa. O protagonista, não se sentindo seguro, jamais entraria numa rota de superexposição. O próprio grupo trataria de ajudar o colega, caso fosse necessário. O pior que poderia acontecer seria um "desperdício" do conflito abordado – ou não devidamente abordado. A sequência da programação sempre possibilitaria uma retomada dos aspectos relevantes que pudessem não ter sido trabalhados na profundidade necessária.

Esse voto de confiança, com o aumentar a responsabilidade do diretor-aprendiz, o que poderia constituir fator ansiogênico, era também encorajador, à medida que fortalecia a autoestima, adquirindo o sentido de reconhecimento do seu potencial e de sua espontaneidade. Veiculava a metamensagem de que o que o diretor-aprendiz fizesse seria sempre o seu melhor dentro do contexto.

Essa linha de trabalho não foi concebida do nada. Antes de ser fundada a Escola, tínhamos um grupo de estudos de teatro[1], composto inicialmente por psicodramistas, mas logo ampliado com a participação de outros interessados. Foi esse grupo que gestou o interesse pelo teatro espontâneo, tendo feito, a título de experimentação, várias vivências nas quais o diretor trabalhava sem nenhuma referência técnica prévia a respeito desse tipo de teatro. Muitas dessas vivências foram extremamente ricas, com a utilização de recursos que hoje seriam considerados heterodoxos. A riqueza dessas experiências era o lastro para a confiança de que nenhuma direção tecnicamente "ingênua" representaria qualquer tipo de risco.

Tudo indica que essa abordagem era recebida positivamente pelos estudantes que, em função disso, tinham ganas de experimentar-se no papel de diretor.

[1] Em sua fase inicial, esse grupo se reunia em meu consultório da rua Ministro Godói, em São Paulo. Com o tempo ele se transformou na trupe da Companhia do Teatro Espontâneo.

Fazíamos um seguimento para ter certeza de que as oportunidades de experimentar o papel de diretor-aprendiz eram distribuídas de forma equânime entre os estudantes. À medida que o grupo foi crescendo, fomos obrigados a adotar um recurso que rompia com a tradição de escolher o diretor entre os voluntários: uma das direções obedecia a uma escala, em cujo topo estavam os que tinham tido menos oportunidades. A outra era de um voluntário. Os que dirigiam, numa ou noutra condição, passavam para o fim da lista.

Mas o espaço de laboratório não se destinava apenas às dramatizações dirigidas pelos próprios estudantes. Nele se encaixavam outras atividades, tais como treinamentos específicos de algumas técnicas, exercícios de desenvolvimento do papel de ator, de formas expressivas. Num outro momento, identificou-se a necessidade de formalizar, dentro do programa das aulas, uma supervisão destinada aos estudantes, em seus respectivos labores profissionais. No entanto, o treinamento prático por meio das vivências psicodramáticas era o carro-chefe. ■

18
CONVERSANDO COM PATRÍCIA

◈

ANTÔNIO RAMOS DA SILVA

Este texto é resultado de uma conversa – programada para resultar em um texto melhor do que este – entre a psicanalista Patrícia Bichara, diretora de teatro espontâneo, hoje não praticante, que durante dois anos frequentou a Escola de Teatro Espontâneo em Tietê, SP, e Antônio Ramos da Silva, eu, professor, que tal qual o J. Pinto Fernandes do Drummond não tinha entrado na história.

Os temas da conversa, aqui apresentados em uma sequência, mas que, obviamente, surgiram de forma entrelaçada em nosso "aquecimento", foram: Moysés Aguiar (tópico que, considero, acabou tornando-se o "protagonista", por ressurgir durante todo o bate-papo); o teatro espontâneo, suas técnicas e seus instrumentos; a Escola de Tietê e a estrutura de suas aulas e, por fim, vivências na Escola de Tietê.

Acerca do Moysés, contei à Patrícia uma historinha particular que acho uma delícia: meu avô paterno, dentista, de nome Rubens, era com quem ele fazia, em sua juventude, seus tratamentos bucais. O consultório era contíguo à casa e o Moysés, parente de meu avô e morador de outra cidade, costumava se hospedar por lá. Em certa ocasião, à espera da consulta, ele começou a levar pelas mãos uma criança que até então só engatinhava... o Moysés ensinou minha mãe a andar!

A partir daí falamos um pouco mais sobre ele como diretor da Escola de Tietê. A Patrícia lembrou-se do cuidado que ele despendia no trato com seus alunos, acolhendo-os e estando sempre acessível a seus questionamentos; da sua habilidade ao administrar as vivências na Escola, atuando com aguçada destreza na condução das dramatizações; da sua busca pela incorporação de uma estética do teatro ao trabalho desenvolvido, convidando atores e diretores teatrais a participar da Escola; da sua crença inapelável na possibilidade de transformação do mundo em algo melhor por meio de vivências coletivas... e, então, comentou o fato de o movimento do teatro espontâneo refletir nitidamente essa simplicidade, essa competência, esse interesse pelo belo e esse otimismo tão presentes em seu criador.

Indaguei-lhe sobre um comentário, mais ou menos corrente, de que o Moysés era, no final das contas, um diretor de teatro frustrado. Patrícia pensa que não: acha que ele, se quisesse, teria condições de sobra para sê-lo ("lo" referindo-se a "diretor de teatro" e não a "diretor de teatro frustrado", entenda-se). Ela considera que ele não é diretor teatral simplesmente por sua praia ser outra. Das críticas que já ouviu sobre ele, contou que aquela com a que mais concorda é, em sua ótica, um elogio: a que diz que Moysés Aguiar é um verdadeiro "Recruta Zero" – o que caminha na direção oposta à que todos se propuseram seguir. Considera um elogio porque, ao tomar o caminho contrário, o que por vezes o impede de alcançar certos objetivos, ele ao menos deixa rastros.

Cumprindo meu papel (aliás, verdadeiro) de desinformado sobre o assunto, perguntei-lhe em que consistia, exatamente, o trabalho com o teatro espontâneo. De forma bem didática, ela explicou-me o uso de ferramentas das artes cênicas em dramatizações para terapias, normalmente coletivas. Conversamos sobre algumas técnicas, tais quais: aquecimento para busca do tema protagonista, inversão de papéis, duplo, espelho, congelamento e escolha do ego-auxiliar. Patrícia falou-me sobre a importância do diretor na aplicação dessas técnicas – elas por si só não dariam conta de manter o interesse de quem está participando de uma sessão de teatro espontâneo: é de suma importância a condução de alguém que, atento aos avisos do "público/ator" (um bocejo, a eterna volta a um mesmo tema...), não permita seu esvanecimento. Pensei, nesse momento, no quão *preparado* alguém deve estar para conduzir algo que se intitula *espontâneo*... e isso chegou a me parecer uma contradição.

Começamos a falar sobre a Escola de Tietê. Quis saber como acontecia o curso, se haviam módulos, quem eram os que o buscavam etc. Patrícia começou esse tema explicando-me, enfaticamente, que as aulas eram sempre um acontecimento muito prazeroso em sua vida. Dito isso, contou-me do esquema habitual das aulas: às sextas-feiras, comumente, os alunos iam chegando e escolhendo as acomodações onde iriam ficar. Os primeiros escolhiam primeiro, os últimos não escolhiam: ficariam onde houvesse espaço, dividindo-o com o penúltimo – que poderia bem ser alguém com quem a pessoa, por exemplo, não tivesse afinidades.

Nessa mesma noite havia um aquecimento. Dele provavelmente sairia um tema que seria o protagonista do fim de semana. Perguntei-lhe sobre quem determinava o tema, se era o diretor, se era uma decisão coletiva, se algum aluno poderia fazê-lo. Ela me aclarou que a escolha era feita pelo coletivo, embora conduzido por quem estivesse a cargo da direção da aula. Esse aquecimento fazia as vezes de "vivência para o acolhimento". Entre outras coisas, essa "vivência para o acolhimento" era importante para que as pessoas se conhecessem, já que ao mesmo tempo concorriam, às mesmas aulas, alunos já mais avançados no curso e outros que estavam apenas começando. Todos para frequentar um curso, que, seja dito, não exigia um mínimo de frequências por um lado, nem por outro emitia algum tipo de diploma com reconhecimento de classe etc., o que acabava favorecendo uma certa instabilidade na composição do grupo. Além disso, havia um rodízio de professores – Antonio Ferrara, Luiz Contro, Miriam Tassinari, Angela, Cida Davoli...

Os alunos vinham para esse momento com estudos de textos solicitados na aula anterior. No sábado era praxe haver momentos teóricos e vivências (laboratório de direção e outras), de forma intercalada. À noite ou havia festas (como festa à fantasia, por exemplo) ou saídas a Tietê, para jogar conversa fora. No domingo havia o chamado **espaço curinga** – que podia ser usado para programar o encontro seguinte, para debater algo que não ficou bem amarrado ou outra coisa qualquer. Dentro daquilo que eu estava pensando, de preparar-se bem para o não previsível, a necessidade de haver um momento curinga, opino, reforça a contradição: um momento reservado para o inesperado, para o não programado, denunciaria a existência de uma espontaneidade nem tão espontânea assim...

VER "ESPAÇO CURINGA", NA PÁGINA 287

Pedi a Patrícia que me relatasse vivências suas por lá. Ela lembrou-se de algumas mais emblemáticas, como uma em que, de tão tocada, a pessoa que iria ser protagonista no fim de semana não conseguira levantar-se da cama no sábado por culpa do aquecimento conflituoso da noite anterior, ou outra em que uma das pessoas que estavam representando chegou a desmaiar de tanta emoção, interrompendo de forma abrupta a aula do mês. Esses me pareceram relatos de algo pesado, tumultuoso. Muito longe daquilo que a Patrícia havia me dito (e que voltaria a afirmar no fim do bate-papo) sobre as aulas na Escola de Tietê serem um momento prazeroso.

Da conversa, sobrou-me a impressão de ter conhecido, por um lado, uma profissional que, embora já tenha abandonado a prática do teatro espontâneo, ainda respeita de forma consciente o movimento e, por outro, e principalmente, uma pessoa que ainda nutre um enorme carinho por ele. Da Escola de Tietê continuo imaginando o mesmo que imaginava antes do encontro com a Patrícia. O caos organizado.

◈

ESPAÇO CURINGA

Embora marcadas por uma disposição de respeitar ao máximo o movimento grupal, as atividades da Escola obedeciam – diria quase rigorosamente – a uma programação. A hipótese era de que o movimento se expressaria dentro dessa estrutura, que teria um caráter de facilitação e não de engessamento.

Havia uma preocupação de manter os horários programados, sem as costumeiras concessões à brasileira. As atividades começavam com quem estivesse presente. Os retardatários iam sendo constrangidamente integrados conforme fossem chegando.

Esse sentido de disciplina nos parecia relevante, à medida que se oferecia uma referência segura para desenvolver expectativas adequadas e facilitar o desenvolvimento dos papéis, lembrando que esse desenvolvimento se materializa em expectativas fundadas na experiência da própria relação em pauta.

A sequência básica se mantinha ao longo do fim de semana, nos diferentes momentos: vivências, processamentos, seminários teóricos. No entanto, havia necessidade de um horário dentro da programação no qual coubesse não apenas o que não se enquadrava como objetivo nas atividades anteriores, como também o que tivesse ficado pendente nessas atividades, em função dos limites de tempo.

O último horário do encontro era chamado "espaço curinga". Nele se faziam avaliações do fim de semana; abordagem de problemas pessoais ou grupais que eventualmente não tivessem sido tratados nos espaços anteriores ou que, mesmo, tivessem surgido como decorrência deles; avisos e discussões de temas de ordem prática, administrativa ou organizacional; planejamento de atividades para o mês seguinte ou para o intervalo; continuação de processamentos ou debates teóricos; enfim, um tempo para o que se fizesse necessário. Era uma das garantias a mais para o bom andamento das relações educativas.

Era também um período de desaceleração. Em geral as atividades eram muito intensas, exigiam uma entrega que direcionava todas as energias para o cumprimento das tarefas comuns. Assim como do *de-rolling* pós--dramatização, em que os atores se despem dos respectivos personagens para poder voltar à condição original de membros do grupo, nos contextos grupal e social, o "espaço curinga" se destinava a preparar os estudantes para o encerramento da jornada e para o retorno aos respectivos lares.

Mesmo quando, por necessidade detectada no momento, se tinha um acontecimento psicodramático de alta voltagem, essa vivência tinha o sentido de fechamento, de curativo ou de retirada de pontos cirúrgicos, preparando o "paciente" para a "alta". No geral, entretanto, a temática do espaço curinga tendia a ser mais leve, uma desaceleração sem necessidade de pisar no freio, ou apenas pressionando devagar até a parada final. ■

19
UM POUCO DO QUE FUI, MUITO DO QUE SOU

◈

RALMER N. RIGOLETTO

Em dia azul de verão, sinto o vento.
Há folhas no meu coração: é o tempo.
Respondo que ele aprisiona, eu liberto.
Que ele adormece as paixões, eu desperto.
E o tempo se rói com inveja de mim,
me vigia querendo aprender
como eu morro de amor pra tentar reviver.

(Cristóvão Bastos e Aldir Blanc, "Resposta ao tempo")

Quando recebi o convite para participar deste livro, fiquei muito feliz, especialmente pelo fato de poder contribuir com o resgate de um modelo de ensino e formação de teatro espontâneo que, acredito, tenha significado um importante diferencial para os profissionais que por ali passaram. A mim, particularmente, tão intenso que permaneço ligado à Companhia do Teatro Espontâneo até hoje, colaborando no desenvolvimento de novos instrumentos em teatro espontâneo (tais como o "teatro debate" e o "play-on", por exemplo); exercendo as funções de diretor e ator auxiliar em trabalhos desenvolvidos com diversos tipos de grupos e empresas que nos procuram para tal; como docente em workshops e oficinas que eventualmente oferecemos.

Ao pensar em minha experiência como aluno da Companhia, fui tomado por um turbilhão de sentimentos. Tantas coisas para contar, para revisitar... Optei então por contar o funcionamento geral de um final de semana de imersão. Mas não um final de semana qualquer. Resgatei o meu primeiro final de semana (salpicado de alguns comentários ligados a outros momentos mais avançados do curso) e algumas das impressões que foram significativas para a decisão pelo referencial ou *modus operandi* que caracteriza minha prática profissional e minha compreensão acerca dos intrincados fenômenos das relações humanas.

Como se trata de uma experiência muito pessoal, também decidi abandonar o estilo acadêmico de escrita, recheado de citações e referências, e ficar mais próximo da prosa. Enfim, contando a um amigo – leitor – um pouco do que vivemos no curso oferecido pela Companhia do Teatro Espontâneo, em Tietê, SP. Agora, é momento de reavivar notáveis momentos que construíram grandes relações e grandes profissionais. Não quero faltar com a modéstia ao afirmar que fiz e faço parte dessas construções, bem como fui e sou, na maior parte do tempo, construído e reconstruído nesses dois aspectos. Mas, querido leitor, para que possa entender um pouco melhor a minha visão dessa história, farei um pequeno preâmbulo de como cheguei até a Companhia.

Minha ligação com o teatro não é recente e nem se restringe ao psicodrama. Quando recorro à memória, lembro de ter uma predileção pelas atividades escolares que envolviam o teatro. Posso até dizer que trago isso no sangue, pois minha mãe, musicista de formação e profissão, também foi uma amante dos palcos, bem como meu pai, professor, escritor e historiador, sempre gostou de estar à frente de uma plateia, fosse de alunos ou de ouvintes. Mas assumi verdadeiramente o amor pela arte dramática e encarei palcos além dos escolares por volta de 1980, em grupos de teatro amador. Em 1984-1985, cursei o que seria uma espécie de piloto para a instauração do curso de graduação em artes cênicas da Unicamp, prestando, logo em seguida, um exame perante o órgão de classe profissional artística do Estado de São Paulo, com o qual conquistei o status de ator profissional. Na sequência, passei a diretor de teatro em minha cidade, Campinas, exercendo profissionalmente essas duas funções até 1998.

Além da paixão pelos palcos, porém, algo mais clamava por realização pessoal, o que resultou no curso de psicologia, que comecei em 1988 e concluí em 1993.

Ao longo do percurso que descrevo acima, tive a felicidade de realizar meu processo psicoterapêutico pessoal na abordagem psicodramática e, assim, vislumbrar o casamento desses dois amores. Até hoje, considero a descoberta do psicodrama um dos principais marcos de minha vida, daqueles que fazem você pensar em antes e depois na sua história. Esse marco descortinou o que seria o meu futuro como profissional que desejava realizar duas coisas, sem que uma atrapalhasse a outra. E assim foi. Assim é.

No final de 1991, época em que minha turma de graduação em psicologia estava às portas da opção pela(s) abordagem(ns) em que cada um daria prosseguimento à sua formação profissional, ato que significava para todos uma grande dúvida, ansiedade e sofrimento, eu já tinha claro o caminho a seguir, apesar de esbarrar num terrível problema: a universidade não oferecia formação em psicodrama.

Nessa ocasião, tive meu primeiro e arrebatador contato com a Companhia do Teatro Espontâneo. Ângela Vilela, uma amiga muito querida a quem sempre respeitei pela ponderação e pelo carinho, naquela época atuava como enfermeira psiquiátrica do Hospital das Clínicas da Unicamp e era minha colega no curso de psicologia. Ela já havia feito o curso de especialização em psicodrama pelo IPPGC e estava cursando teatro espontâneo em Tietê. Eu não tinha muita noção do que era teatro espontâneo e como isso poderia ser usado na clínica. Só sabia, pela referência oferecida pela amiga, que era "como se fosse" uma formação em psicodrama, sendo que nessa escola o curso priorizava a práxis do trabalho de diretor de psicodrama. Resolvi conhecer. Entrei em contato com a coordenação, agendei e fui. Qual não foi a minha grande surpresa quando encontrei mais dois colegas da faculdade que haviam concluído a graduação há pouco: Albor Vives Reñones e Maria Eliza Suman de Godoi. Embora não tivéssemos muito contato nos corredores da universidade ou da clínica-escola, ambos sempre me chamaram muito a atenção. Eram (e são ainda!) daquelas pessoas que se destacam dos outros, pois exalam sensibilidade. Essas três pessoas, Angela Vilela, Albor e Eliza, foram fundamentais para minha certeza: havia sido conquistado já no meu primeiro final de semana de imersão em Tietê.

AGORA COMEÇA A HISTÓRIA QUE NOS INTERESSA

A Companhia do Teatro Espontâneo, quando de minha matrícula, mantinha duas equipes de docentes e dois grupos de aproximadamente quinze a vinte alunos em processo de formação. Esses grupos faziam a imersão em finais de semana diferentes. Sabíamos da existência uns dos outros, mas não nos encontrávamos e nem nos conhecíamos. Eu chegara em um momento interessante, quando os professores estavam fazendo um tipo de rodízio nos grupos. Eram eles: Moysés Aguiar, Luiz Carlos Contro, Miriam Tassinari, Cida Davoli, Angela Renõnes e Paula Freire.

Fui acometido de uma paixão avassaladora pela maneira forte e quase agressiva de direção de uma das professoras e me havia determinado a desenvolver um estilo semelhante. Tempos depois descobri que cada um tem o seu estilo de dirigir as cenas no teatro espontâneo e que o meu tende mais a um tipo de "observação acolhedora", em que muito eventualmente aparece um pouco das características outrora admiradas. Esse processo todo significou um profundo aprendizado e, por si só, já valeria um livro.

A imersão começava na sexta-feira às 19 horas com uma sessão de teatro espontâneo dirigida por um dos professores e seu posterior processamento, que durava até por volta das 22h30 ou 23 horas. Minha chegada não foi nada tímida e me lembro ainda do final da cena, em que participei interpretando um mordomo que, sedutoramente, fugia com sua patroa, deixando uma "visita" (que era a protagonista da cena) com uma bandeja nas mãos. Lembro também que foi um momento catalisador numa cena que estava emperrada, e minha entrada alavancou um final carregado de aspectos análogos entre a cena e a história real da protagonista. Isso ficou evidenciado numa "troca de impressões" que aconteceu depois de finalizada a cena. "Ah! Essa deve ser a parte terapêutica!", pensei. Relembro agora o quanto foi difícil enfrentar todo o linguajar técnico inerente aos momentos específicos de todo o trabalho, em especial o que todos ali estavam chamando de "processamento" daquilo que para mim tinha sido um simples jogo de improvisações. "Nossa! Onde foi que eles viram tudo isso? Eu só entrei para destravar a cena e ajudar a terminar." Fui elogiado pela participação e pelo desfecho, mas na verdade nem sabia o que tinha feito!!! Essa foi a minha primeira impressão sobre minha primeira participação em cena, na minha primeira noite de minha primeira imersão. Tantas primeiras coisas... Primeiras dúvidas também!

VER "O TAL PROCESSAMENTO", NA PÁGINA 301

Após **o tal processamento**, terminadas as atividades didáticas da sexta à noite, descobri que o grupo tinha seus hábitos: havia aqueles que iam para o centro de Tietê para fazer um lanche, aqueles que se recolhiam, aqueles que ficavam num animado bate-papo e os que gostavam de uma cantoria embalada pelo violão. Ao longo do tempo que lá fiquei, tive a oportunidade de participar de todos esses eventos. Mas nessa primeira noite estava meio aturdido. Fiquei por ali, conversei, cantei e depois me deitei. Mal consegui dormir.

Amanhecera e só então eu pude tomar contato com a chácara onde ficávamos internados. A casa principal ficava numa parte elevada do terreno e bem próxima ao portão de entrada. Nela funcionavam os dormitórios dos alunos e dos professores (embora alguns preferissem ficar num hotel da cidade), toaletes, refeitório e, se assim puder dizer, a administração do curso. Saindo da sala usada como refeitório, uma longa varanda ladeava a casa e terminava numa escada que conduzia a um farto e plano gramado. Ao fundo da casa, o que um dia pode ter sido um depósito ou uma garagem grande era a **nossa sala de aula**, com duas portas-balcão que davam para o gramado e uma frondosa árvore que nos dias mais acalorados serviu de teto para nossas discussões e aprendizados. Dentro da sala de aula, as paredes em tijolo à vista conservavam, sob a forma de pôsteres, a história dos inúmeros eventos de psicodrama nos quais aqueles professores estiveram, além de uma lousa modesta; as carteiras ficavam dispostas em "U", misturadas com almofadas, almofadinhas e almofadões; no centro, um praticável compunha o palco em arena. No meu segundo ano de curso, as carteiras deram lugar a bancos de alvenaria e o palco foi fixado ao chão.

VER "NOSSA SALA DE AULA", NA PÁGINA 304

Voltando à descrição da chácara, mais ao fundo ficava a casa dos caseiros, local onde nunca estive.

Diante da varanda na lateral da casa havia uma piscina de azulejos envelhecidos, o que lhe conferia uma aparência pouco convidativa. Mesmo assim, tivemos ali bons momentos com bom humor batizados de "aquadrama". Pois é, caro amigo leitor... Difícil lembrar sem ser tomado pela emoção...

No sábado pela manhã o grupo foi se reunindo aos poucos para o café da manhã, preparado pelo casal de caseiros que cuidava da infraestrutura, limpeza e alimentação. Em seguida, fomos para a "aula". Esse momento se destacava por ser uma breve retomada do que fora discutido no encontro do mês anterior e ao qual se dava uma sequência de estudos e discussões de textos preestabelecidos. A proposta era de que as leituras acontecessem entre uma imersão e outra. Esses textos constituíam a "teoria" do teatro espontâneo e do psicodrama propriamente dito, muito embora, segundo me recordo, tenhamos estudado até física quântica[1], numa época em que isso nem era moda. Mas isso se explica

[1] KAPRA, F. *O Tao da física*. São Paulo: Cultrix, 2000.

pela proposta que a Companhia sempre manteve, de construção coletiva do conhecimento, em que as necessidades do grupo ao longo das experiências, das leituras e das discussões, definiam os textos para os encontros vindouros, sempre sob a orientação acurada dos professores. Embora eu tivesse sido informado dos textos que seriam discutidos naquele final de semana, pois esse era um cuidado da equipe organizadora, a leitura prévia não significou muita coisa. Hoje não estou bem certo de ter aproveitado algo dessa primeira aula. Peguei o "bonde andando" e tentei acompanhar. Devo ter aprendido alguma coisa, afinal de contas, pois nos meses que se seguiram já conseguia ampliar minha participação e compreensão nas discussões teóricas.

Novo intervalo e voltamos para uma sessão de teatro espontâneo, dessa vez dirigida por um dos alunos. Comecei exatamente nesse momento meu encontro com as etapas da "sessão de teatro espontâneo": aquecimento inespecífico, eclosão ou escolha do protagonista, aquecimento específico, projeto protagônico, montagem do cenário, escolha de atores auxiliares, ação protagônica, dramatização... "Ufa!!!" Não sei bem explicar, mas consegui acompanhar tudo isso logo de cara, apesar de fazer alguma pequena confusão nalgumas etapas. Vale dizer, porém, que o fato de ter experiência como ator e diretor em teatro convencional e como paciente de uma psicodramista não ajudaram muito. Creio que minha predisposição em assimilar o máximo que pudesse foi o que se destacou e resultou na minha primeira direção de teatro espontâneo no mês seguinte ("putz!"). Se fui audacioso? Sei lá! Queria aprender. Mas essa também é outra história.

Continuemos com o primeiro final de semana. Em seguida à direção do colega, devíamos compartilhar. "O que é isso? Compartilhar o quê? Como assim?" Muito tempo se passou até que eu entendesse efetivamente que nesses momentos de compartilhar *eu* estava desconstruindo velhos e cristalizados conceitos e construindo, no lugar disso, um conhecimento acerca do ser humano, das relações humanas e muito de mim mesmo. Algo mutável e evolucionável que se arraigou em minhas células. Fez de mim a pessoa, o ator, o diretor e o psicoterapeuta que sou hoje. Fosse recebendo e acolhendo a manifestação dos outros ou oferecendo a minha, esse momento era um verdadeiro cadinho de laboratório operando profundas transformações. Caro leitor: se posso dizer que existe um momento em que se apreende a ação e o real significado de vincular-se afetiva e socialmente com aqueles que o cercam, esse é o "compartilhar"! Uma força que tornava o grupo uma entidade única, somando-se as impressões, sentimentos e experiências vividas de cada um e resultando num aprendizado coletivo (além de, por tabela, acontecer mudança individual). Afirmo que nunca saí "muito normal" dessas experiências e que esses momentos acabavam me reclamando um tempo de "convalescença".

Depois do compartilhar realizamos o processamento da atividade. Interessante que, embora fosse o segundo dia em que estava participando, eu já compreendia que essa era a fase na qual resgatávamos, segundo a minha percepção, o objetivo de estar ali no curso como alunos. Era quando se discutia exaustivamente cada etapa, os recursos utilizados, os caminhos escolhidos pelo então diretor. Falávamos das funções, das atuações dos atores auxiliares dentro das dramatizações, das técnicas psicodramáticas empregadas, enfim, tudo que teria contribuído (ou não) com a atividade que ocorrera. Comecei, então, a entender e apreender o que significavam de fato as funções de diretor, ator (ego) auxiliar, todos os diferentes elementos constitutivos de uma cena, a estética e a dramaturgia, tudo isso segundo a ótica do teatro espontâneo.

Vale ressaltar (mesmo ficando repetitivo) que, apesar da minha formação em artes cênicas, essa ótica fez muita diferença para que eu entrasse de fato no exercício profissional de psicodramista. Para a maioria dos demais colegas, cujas áreas de atuação profissional eram as mais variadas (dentista, fisioterapeuta, nutricionista, terapeuta ocupacional, relações públicas, médico, físico, enfermeira, psicólogos, entre outros), os estudos propostos na Companhia do Teatro Espontâneo significavam o primeiro contato e provavelmente a única compreensão acerca do conjunto de técnicas e funções envolvidas na montagem de uma cena.

Após o almoço, o período da tarde se abriu com mais discussões teóricas. Dessa vez lutei internamente para acompanhar o raciocínio de todos. Não que o assunto fosse extremamente difícil, mas eu fora tomado de profundas reviravoltas de pensamentos: "Será que é isso mesmo que estou buscando? Essas pessoas já estão num nível de entendimento e de relação tão avançado... Será que vou alcançá-los?" Quem me salvou de um possível afogamento nesse mar de devaneios foi, mais uma vez, Ângela Vilela. Conversamos bastante durante o pequeno intervalo e suas palavras, como sempre muito ponderadas, me acalmaram e estimularam o suficiente para seguir adiante.

Depois, nova direção de aluno, com todas as etapas já descritas anteriormente. A novidade desse momento foi que a colega que emergiu como diretora estava profundamente insegura. Revelou que precisava sentir-se apoiada pelo grupo para prosseguir e o que aconteceu em seguida foi mais um profundo aprendizado. O grupo (e eu integrado a ele) não só a apoiou, ela foi acolhida por todos, num abraço, numa elevação que não consigo explicar como se deu. Quando prestei atenção, a colega havia sido erguida do chão, embalada num ritmo suave e posteriormente recolocada no centro do palco. Ela então se mostrou pronta e realizou sua direção. E eu, a essa altura do meu primeiro final de semana, consegui me sentir um pouco mais solto. Se existia até ali alguma resistência, esta cedeu e então me vi participando mais livremente dos aquecimentos e da dramatização, sem me importar muito se iam julgar certo ou errado. Simplesmente fiz o que tive vontade de fazer e entrei em contato com algo que seria meu alvo escolhido dali para frente: a espontaneidade. Compartilhamos e processamos.

Entre essa atividade e a seguinte, que se daria à noite, havia um espaço mais longo para um repouso, banho, lanchinho...

As atividades do sábado à noite eram dirigidas por um professor. Vale comentar que nessas sessões todas também valiam os experimentos técnicos de diferentes formas de aquecimento, codireções, possibilidades de atuação dos auxiliares, sessões temáticas, tudo enfim que pudesse nos ilustrar e preparar como profissionais. Mais um dado interessante de apontar: as cenas dirigidas pelos professores também eram processadas no mesmo formato das dirigidas pelos alunos. Hoje entendo esse procedimento como um diferencial significativo em minha formação. Um desprendimento e uma oferta dos professores, colocando-se para um tipo de avaliação e de crítica por parte de um "bando" de neófitos que às vezes nem sabiam o que estavam falando. Assumo aqui que muitas vezes falei besteira... Mas aprendi, nesse exemplo dos mestres, um modo de ser como pessoa e não apenas como profissional.

Assim como nas sextas-feiras à noite, após as atividades do curso, os sábados se faziam convidativos. A cidade de Tietê, porém, oferecia muitos atrativos: lanchonete, restaurante, um ou outro bar. A cidade pequena não permanecia com seus estabelecimentos abertos até muito tarde. Mas ainda lembro que os proprietários de alguns desses lugares sabiam da existência do curso e já nos esperavam. Sair da chácara para o centro de Tietê às vezes configurava uma verdadeira aventura. Havia noite em que aproximadamente dez pessoas se embodocavam dentro de um Chevrolet Opala, que pertencia ao Albor e nos transportava para a noite tieteense.

Considero essas cenas da realidade, que compartilho agora, parte integrante e fundamental do nosso processo de formação. As relações de afeto entre os participantes do grupo consistiam o alicerce que permitia o trabalho de construção que todos ali estavam empreendendo, repleto de confiança e respeito.

O domingo se abria com certa indolência. Já prevíamos a hora de voltar para nossas atividades cotidianas. Às vezes isso era desejado e esperado, às vezes não.

Após o desjejum, outra "sessão" com direção de aluno ou professor. Isso era combinado anteriormente, no encerramento das atividades do sábado. Às vezes era feito o processamento da atividade do sábado à noite; às vezes a conclusão de uma discussão teórica e, por fim, um "repasse" das leituras definidas para o próximo encontro.

Aconteceria o intervalo de um mês durante o qual, naquela época, a comunicação ainda se fazia por carta (daquela que chega pelo correio)!

Terminei meu primeiro final de semana com uma sensação de pertencimento difícil de explicar, até porque meu coração ainda pertence a todas aquelas pessoas daquela época. Decidi continuar o curso. A história dos meses subsequentes pediria imensa paciência sua, leitor amigo. Mas é importante dizer que tudo sempre teve um colorido, um sabor, um sentimento a mais. Também acontecia diversão com eventuais festas temáticas: "Entrega do Oscar", "Festa à fantasia", "Arraial da Companhia", "Noite do ridículo", "Black tie", foram alguns dos temas que presenciei. E, para não dizer que os eventos eram apenas festivos, havia o Encontro Anual da Companhia do Teatro Espontâneo, uma espécie de minissimpósio ou minicongresso em que apresentávamos trabalhos, conhecíamos os membros do outro grupo, ex-alunos, trocávamos impressões e até realizávamos sessões de teatro espontâneo com a comunidade de Tietê.

Estive lá durante vinte meses que, por necessidade, sofreram uma divisão. Foram separados em duas etapas por uma interrupção que tive de enfrentar. "Quantos têm a oportunidade de começar duas vezes algo tão emocionante? Eu tive!"

Conheci e reconheci pessoas que serão sempre amadas, pois fazem parte efetiva do homem que sou. Vi muitos indo embora e levando um pedaço de mim, assim como vi outros tantos chegando e me entregando uma parte de si. Nunca houve uma turma fixa. As pessoas cumpriam seu período de formação e partiam enquanto outras iniciavam sua jornada, cada uma em seu tempo. Experiência de dor e prazer, enriquecendo mais nossa alma do que nossa formação profissional.

Recordo ainda a despedida (formatura) do Albor e da Eliza. Cito esses colegas em particular, sem desmerecer os outros que são tão queridos quanto eles. Houve uma dramatização, uma cena do drama verdadeiro vivido por todos com a saída de ambos. Num momento apoteótico, de resolução da cena, ele pegou uma das almofadas, a constituiu como um baú onde colocou seus principais tesouros, atributos que compartilhou conosco como aluno, colega e amigo. Características estas que sempre tornavam nossas aulas uma experiência qualitativamente superior (a atitude de questionamento é a de que mais me recordo). Em seguida, sou chamado para a cena; ele me entrega o baú e confere a missão de cuidar, continuar e manter presentes conosco os seus tesouros... Perdoe, leitor amigo. Fogem as palavras, pois algumas emoções não carecem de explicação.

Essa cena me remete ainda a uma outra dramatização feita com base em um livro infantil e que me tocou imensamente: *A história de uma folha*. Nessa cena, reproduzimos o ciclo de nascimento, morte e renascimento da folha de uma árvore com tamanha delicadeza, sensibilidade, simplicidade e poesia, que daquele dia em diante tive a certeza de fazer parte de algo muito maior, pleno e sábio. Ali eu soube que existia uma razão grandiosa para todo o nosso processo de vida – nascimento, construção, ação, envelhecimento, morte e ressurgimento.

Quando de minha formatura, tomei o cuidado de deixar o "baú", acrescido de mais algumas coisas, com outra colega: Marisol.

Essas experiências que ora compartilho com você, leitor, são um recorte parcial de algo muito maior que podemos realmente chamar de construção. O caminho disso foi a espontaneidade descrita e proposta por Moreno, reproduzida com todo cuidado, carinho e atenção pelos nossos professores e, em especial, pelo coordenador do projeto que, como mestre atento, não descuidou de nenhum de seus discípulos. Moysés, muito obrigado por ter me possibilitado esses e tantos outros aprendizados!

◈

O TAL PROCESSAMENTO

O processamento das vivências psicodramáticas foi uma das colunas mestras da metodologia da Escola.

Não tínhamos à época, ainda, a clareza expressa no artigo publicado posteriormente na *Revista Brasileira de Psicodrama*, resultado, em boa parte, da experiência de Tietê, no qual se categorizam as várias abordagens possíveis no trabalho de processamento.

Logo após cada vivência, fosse ela coordenada por um diretor-professor ou por um diretor-estudante, dedicávamos um tempo nobre à revisão de tudo que tinha acontecido.

Um dos cuidados que tínhamos era não confundir processamento com compartilhamento. Na terceira fase da sessão, o compartilhamento, abria-se a oportunidade para que os membros do grupo depusessem a respeito do impacto emocional que lhes havia provocado, até então, o trabalho em fase de conclusão. O objetivo do compartilhamento é retornar ao protagonista os efeitos de sua exposição diante do grupo.

Já o processamento tem como meta uma compreensão racional dos acontecimentos. Não consideramos uma quarta fase, ou um desdobramento necessário da terceira. Ele só cabe em situações didáticas, como um recurso pedagógico.

Para marcar essa diferença, um ritual simbólico que utilizávamos era mudar a posição das pessoas dentro do grupo. A mera troca de lugares já produz esse efeito. Mudar o *setting* implica alteração nas atitudes, nas posturas, nas disponibilidades. Proporciona novos ares.

Em geral, a estratégia de processamento consistia em fazer um levantamento inicial dos pontos do trabalho que mais chamaram a atenção dos estudantes. A mera listagem, com pequenos esclarecimentos, já produzia um efeito positivo. Na sequência, tratávamos de selecionar os pontos que mereceriam discussão, dentro do tempo de que dispúnhamos.

Sobre esses pontos, a manifestação era livre. Mesmo nas situações em que algo impactava negativamente, estimulávamos uma formulação respeitosa e elegante do problema, evitando que críticas contundentes pudessem ferir a dignidade e a autoimagem da pessoa cuja atuação estivesse sendo analisada. Na verdade, respeito e elegância têm que ver com a formulação racional do problema em termos teóricos, o que desautoriza, em tese, críticas de ordem pessoal.

Mais até do que uma formalidade, o que procurávamos incentivar era o respeito real pela atuação das pessoas envolvidas. O pressuposto era sempre de que o que uma pessoa faz, em qualquer circunstância, representa sempre o seu melhor daquele momento e tem um sentido, uma razão de ser. Vista de outro ângulo, em outro momento, a atuação poderia, em tese, ser diferente do que foi, mas essa suposição só se sustenta pelo fato de que a perspectiva é outra.

Sobre esses fatos, a reflexão técnica procurava enfocar as intenções do agente, as dúvidas e os conflitos que antecederam ou acompanharam suas decisões, os efeitos imediatos e mediatos de sua atuação, e, por último, mas não menos importante, que caminhos alternativos poderiam ser pensados em vista desses novos dados.

O objetivo dessa discussão passa pela desmistificação da técnica como um conjunto de regras que dizem o que é certo e o que é errado, o que se deve e o que não se deve fazer. As recomendações técnicas são caminhos descobertos com base na experiência de terceiros, servem como referência, mas não têm estatuto canônico. Não comete falta quem não as segue. No máximo, perde esteticamente, tem um caminho mais tortuoso até alcançar seu objetivo.

Do ponto de vista teórico, não nos movia a intenção de forçar um encaixe do que estava sendo processado neste ou naquele conceito já consagrado. O que importava era organizar a compreensão, formulá-la em termos genéricos ou generalizáveis, discriminar diferenças e criar, pelo menos para uso provisório, uma nomenclatura para as coisas observadas. O processo era mais importante que o produto. Ou o produto era o processo.

Não investimos muito em registrar e arquivar as ideias que surgiam durante os processamentos. Talvez se o tivéssemos feito poderíamos ter rico material para artigos científicos e textos didáticos. Não é possível contemplar todas as demandas e vantagens – este livro é um processamento da Escola, e essas considerações são um processamento do processamento.

As discussões no momento do processamento propiciavam uma apropriação maior da experiência vivida, por meio da reflexão. É o que potencializa a autonomia. É o que permite incrementar a qualidade. É o que facilita a ordenação do caos.

O respeito à atuação do outro é um fator de fortalecimento da condição de emancipação, à medida que os sujeitos se sentem valorizados tanto na condição de pedra como na de vidraça. O pensamento abre o leque de sentidos e de alternativas práticas, possibilitando que cada um faça suas escolhas com inteira liberdade, sem tutelas diretas ou indiretas. O pai-censura sai da área. ■

NOSSA SALA DE AULA

Nossa sala de aula também foi objeto de experimentação.

No início, quando estávamos na primeira casa, optamos por trabalhar em dois ambientes: um espaço de teatro e uma sala de reuniões.

O espaço de teatro tinha o formato tradicional do psicodrama, um tablado retangular no centro da sala, com cadeiras em volta.

Evitamos o *setting* que se havia cristalizado no psicodrama brasileiro, consequência mais ou menos remota da fase jovem-paz-e-amor dos anos 1960, almofadas espalhadas pelo chão, que serviam tanto para sentar quanto para funcionar como peças de cenário e simbolização de personagem nas dramatizações.

Nossa constatação vinha sendo de que a postura corporal, nesse contexto, desaquecia os integrantes do grupo para a passagem ao ato, dado o esforço necessário para levantar-se do chão, colocar-se em pé e iniciar o movimento em direção ao palco. No caso das cadeiras, conseguia-se uma prontidão mais adequada ao ritmo das cenas em andamento.

Na sala de reuniões tínhamos uma grande mesa, em torno da qual se sentavam todos, professores e estudantes, para as tarefas de caráter intelectual: momentos administrativos, seminários teóricos, processamentos.

A mudança de contexto favorecia, segundo podíamos observar, o trabalho reflexivo, de elaboração abstrata, diferenciando-o das atividades dramáticas, em que se privilegiavam a expressão cênica, o uso do corpo e a explicitação das emoções.

Quando nos mudamos para a nova casa, na chácara, tivemos de reformular esse esquema.

Ali, os espaços disponíveis eram diferentes.

Primeiro, tivemos de adaptar um barracão originalmente destinado a depósito, para abrigar as atividades do curso. A reforma consistiu em elevar o pé-direito e colocar portas-balcão, para aumentar a luminosidade e a ventilação.

O tablado foi levado para essa sala, juntamente com as cadeiras. Ali ele foi sendo testado, ao longo do tempo, em várias posições – ao centro, numa das paredes da sala, junto dela ou afastado, várias tentativas. Até que, num momento mais adiante, foi necessário fazer uma readaptação do espaço para comportar mais pessoas: construiu-se um palco central, em alvenaria, arquibancadas em três paredes e, num dos cantos, um patamar elevado à guisa de balcão, inspirado no design sugerido por J. L. Moreno, como uma virtual extensão do espaço cênico – o espaço dos deuses e das potestades.

Logo que nos mudamos para a chácara, tentamos reproduzir o esquema da primeira casa, com atividades intelectuais em volta da grande mesa, na sala de jantar do casarão. Não deu muito certo porque era onde também passaram a acontecer as refeições (na casa anterior, almoçava-se fora, em restaurantes da cidade), o que implicava algumas necessidades logísticas adicionais que interferiam no ritmo das aulas. Por outro lado, o número de alunos foi crescendo, tornando impossível que todos pudessem estar confortáveis em torno de uma única mesa.

Assim, as cadeiras originais foram substituídas por carteiras escolares e todas as atividades passaram a acontecer no mesmo espaço, o barracão que virou sala de aula. Para marcar a diferença entre as atividades cênicas e os momentos de reflexão, abstração e análise, utilizávamos o recurso de pedir aos estudantes que se distribuíssem na sala de forma diferente, trocando lugares, o que significava criar um novo ambiente.

Um aspecto interessante é que, impulsionados os participantes por uma disposição criativa, era muito frequente que os espaços de trabalho fossem diversificados. Assim, tínhamos aulas tanto num círculo de carteiras sob uma frondosa árvore, como em volta da piscina, ou então, quando as atividades envolviam corpo e movimento ao ar livre, circulando pelos três mil metros da chácara. Ou até mesmo na rua deserta onde se localizava a casa, a única do quarteirão.

Essa mobilidade ajudava a diminuir a fadiga resultante de uma carga horária pesada, que exigia de todos um esforço concentrado para cumprir 18 horas/aula em duas noites, duas manhãs e uma tarde. ■

20

O MERGULHO

◈

REGIANE BATAGLINI MICHELSOHN

Que interessante esta situação, refletir sobre como foi minha formação em teatro espontâneo! Já faz algum tempo. Uns oito anos. Lembro-me da fase em que eu estava, tinha me formado em psicologia há uns seis meses e meu trabalho era algo que não me dava nenhum prazer: call center. Eu tinha de colocar alguma atividade mais atraente na minha vida. E como psicóloga recém-formada trabalhando com zero psicologia, decidi fazer uma especialização na minha área.

O psicodrama sempre me atraiu na faculdade. Usar arte como instrumento terapêutico me deixava mais confortável para exercer o papel de psicóloga. E a arte teatral sempre me atraiu.

Então, qual especialização escolher? Teatro espontâneo ou psicodrama? Não vou teorizar aqui sobre isso, mas vou dar uma opinião, muito pessoal, sobre minha escolha: a formação em teatro espontâneo me dava a sensação de estar mais perto do teatro do que da psicologia.

Ai, ai, ai, será que foi muito ousada essa minha colocação? Será que deixei transparecer aquele questionamentozinho que já me visitou algumas vezes, sobre se eu deveria fazer artes cênicas e não psicologia? Mas isso é assunto para outro livro...

VER
"O TREINO DE ATOR",
NA PÁGINA 310

Agora será fácil entender qual foi minha parte preferida no curso: **o treino de ator**. Esse era o momento em que a arte de atuar espontaneamente recebia iluminação especial. No teatro espontâneo, as cenas são compostas de um protagonista, que seria o ator principal, e do ator auxiliar, que é quem contracena com o protagonista e tem a função de auxiliá-lo a expressar suas emoções em cena. O mesmo que ego-auxiliar no psicodrama.

Por um bom tempo, foi a trupe da Companhia do Teatro Espontâneo que trabalhava conosco (alunos do curso) no treino de ator. Sempre tínhamos um bom aquecimento corporal antes de começarmos os exercícios cênicos. O cansaço físico funcionava para mim como um "afrouxador" da timidez ou da minha autocrítica e ajudava a abrir meus canais e ligar minhas antenas da criatividade.

Lembro-me de um exercício que repetíamos de tempo em tempo. Uma pessoa era escolhida para ser o protagonista e entrava no palco sem planejar nada antes, sem ter a menor noção do que ia fazer. Ele começava a cena e em seguida um ator auxiliar entrava para contracenar. Outros atores auxiliares poderiam entrar na cena e o diretor sinalizava quando esta deveria se encaminhar para seu final. Essa cena inspirava a próxima e então um novo protagonista (agora voluntário) pulava para o palco e começava outra cena. E assim eram feitas três ou quatro cenas consecutivas sem interrupção para discussões técnico-teóricas.

O fato de não discutirmos nada entre as cenas possibilitava que o nível de emoção vivido na cena anterior fosse transportado para a seguinte e assim por diante. Essa bola de neve fazia que as últimas cenas sempre fossem as melhores, pois os atores estavam mais conectados.

Após o término de uma série de cenas, chegava a hora da discussão técnica e de compartilhar as emoções vividas. Discutíamos coisas como o sentimento do protagonista em cena, ou se alguma atuação do(s) auxiliar(es) poderia ter sido diferente para proporcionar uma explicitação maior da emoção do protagonista. O auxiliar se relacionou com o outro auxiliar em cena e ignorou o protagonista? Qual o efeito cênico disso? Poderia ter sido diferente? Quais as sensações dos auxiliares? Como a plateia (os alunos que não estavam em cena) viu/sentiu as cenas? Os atores ficaram de costas para a plateia? Perdeu-se com isso ou foi proposital?

As respostas para tais perguntas não eram somente verbais. Às vezes íamos novamente para o palco, para experimentar diferentes maneiras de desenvolver a cena, ou diferentes finais, ou até mesmo para melhorar a estética de algumas partes.

Uma vez, uma cena de estrangulamento não ficou verdadeira e forte o suficiente, então experimentamos da seguinte forma: o "estrangulador" aproxima suas mãos do pescoço da "vítima" e faz, com elas, força para fora, enquanto a "vítima" segurando os pulsos do "estrangulador", na tentativa de se salvar, faz força para dentro (para a direção do próprio pescoço). A aplicação de força real faz que a tensão sentida pelos atores beneficie a emoção cênica, trazendo-os para o momento presente, podendo até gerar uma reação inesperada.

Toda discussão inspirava o próximo bloco de cenas e assim seguia... eu podia "jogar" isso por horas! O volume da minha criatividade e espontaneidade estava ligado ao máximo.

Esse foi meu grande aprendizado na formação. Aprendi a me colocar no melhor estado para fazer teatro espontâneo. O estado de entrega total às minhas sensações. Quando minha resposta em cena é um reflexo da minha verdadeira sensação naquele momento, consigo ser puramente espontânea. Mantenho-me entregue ao aqui e agora.

Atuar nesse estado é como mergulhar. O barulho do mundo exterior, o de fora da água, cessa. Faço parte daquele mundo aquático, como se fosse um peixe, e minhas atenções estão completamente voltadas aos barulhos ou ao silêncio daquele lugar. Percebo a mudança de temperatura da água. Entro em contato com o que sinto quando um peixe se aproxima, ou quando toco em um coral, ou quando sou tocada por uma alga. Estou ali, pronta e aberta para sentir e reagir a tudo que aquele lugar me proporciona.

O TREINO DE ATOR

Pode parecer estranha a ideia de treinar atores em teatro espontâneo. À primeira vista seria como caminhar na contramão dos objetivos tanto do teatro espontâneo, em geral, como do psicodrama, em particular.

Acontece, primeiro, que não podemos falar simplesmente de teatro espontâneo, mas sim de teatros espontâneos. Idem em relação ao psicodrama: psicodramas.

Cada formato de trabalho implica uma visão diferenciada do papel do ator.

Primeiro, existem dois tipos de atores: os considerados "profissionais" e os "não profissionais". Os primeiros, que no psicodrama são chamados de ego-auxiliares, fazem parte da equipe que coordena a sessão, juntamente com o diretor. Os segundos são os membros da plateia, que são chamados a atuar dependendo das circunstâncias e das necessidades.

Os atores "profissionais" necessitam de treinamento, que varia, nos detalhes, de acordo com o formato utilizado.

No psicodrama, em geral, os ego-auxiliares têm um tipo de tarefa bastante específico, que é contracenar com o protagonista, utilizando algumas técnicas destinadas a trazer para o texto conteúdos que permanecem ocultos ou disfarçados, do subtexto. Dentre essas técnicas, destaque para as mais comuns: a dublagem, em que o ator duplica o personagem protagônico, expressando porém aquilo que o "original" não consegue; o espelho, em que o ator reproduz o personagem protagônico para ser visto de fora por quem o estava representando; a inversão de papéis, quando o ator, que fazia um papel complementar passa a fazer o papel protagônico, enquanto o outro faz o complementar.

Para que esses recursos surtam efeito, há necessidade de que o ator desenvolva habilidades, principalmente de observação e de expressão do observado. A dublagem baseada em estereótipos de interpretação psicológica, por exemplo, perde todo seu potencial. Já o espelho, quando caricaturiza o protagonista, pode provocar um efeito contrário ao desejado. A inversão, da mesma forma, precisa captar o sentimento do personagem representado e expressá-lo adequadamente.

Quando o ator ego-auxiliar tem um bom preparo para a função, ele faz o apoio necessário para que o protagonista libere sua espontaneidade. Esse é o sentido de sua missão em cena.

Existem algumas formas de teatro espontâneo em que o papel dos atores profissionais se assemelha em muito ao modelo clássico do psicodrama. Eles entram em cena para ajudar os membros da plateia a estruturar seus personagens, suas cenas, a desempenhar seus respectivos papéis. Por isso, são conhecidos como atores auxiliares.

Entrar em cena para fazer os personagens requeridos e, ao mesmo tempo, desempenhar a missão de facilitar a improvisação dos atores não profissionais, demanda o aprendizado de estratégias adequadas. Sua atuação não é uma atuação "comum", sua espontaneidade somente se pode liberar quando tem clareza da situação que está vivendo e do metapapel que está desempenhando.

Outros formatos de teatro espontâneo trabalham com improvisações feitas por uma equipe de atores profissionais. É o caso, por exemplo, do *playback theater*, do teatro de criação, do teatro debate.

Para entender a necessidade de treinamento dos atores, nesses casos, podemos fazer uma analogia com o processo de produção de tecidos. Aliás, existem alguns termos que lhe são tomados por empréstimo, como é o caso da palavra "trama".

Para tecer um pano, o tecelão trabalha com duas dimensões: a urdidura e a trama. A urdidura são os fios tomados como base, em geral esticados, lado a lado, entre duas extremidades onde ficam fixos e dão, como regra, o sentido do comprimento. A trama consiste de fios que cruzam os fios da urdidura, no sentido da largura, sendo que a maneira como cruzam é que produz a textura. Fios coloridos podem ser colocados tanto na urdidura como na trama, produzindo o desenho – quando é o caso.

Essas modalidades de teatro espontâneo, em que os atores profissionais improvisam diante da plateia, desenvolvem alguns modelos de quadros e cenas que funcionam como urdidura. A trama é que é improvisada, com base nos elementos oriundos do público – clima emocional, sociodinâmica, emoções específicas, histórias narradas, manifestações diversas.

Temos aí, portanto, uma combinação de treinamento com espontaneidade. A urdidura é "urdida" em laboratórios, onde são aprendidos os modelos já consagrados, onde esses mesmos modelos são modificados e aperfeiçoados e novos modelos são criados e desenvolvidos, onde um código de comunicação se estabelece entre os membros da equipe, onde são traçados os caminhos do trabalho como um todo.

Também nos laboratórios se planejam apresentações, se avaliam trabalhos realizados, ao mesmo tempo que se cuida das relações internas dentro da equipe, para alcançar a melhor harmonia e para potencializar a criatividade coletiva.

Por outro lado, há que se considerar um aspecto que é fundamental na compreensão tanto do psicodrama quanto do teatro espontâneo, em todas as suas modalidades e aplicações. Estamos falando, sempre, de teatro. O teatro é uma modalidade artística e, como tal, possui uma linguagem própria. O texto falado do teatro não é um texto qualquer, da mesma forma que um conto, um ensaio ou um aforismo. O diálogo dramatúrgico possui características peculiares. Mas a linguagem teatral não está restrita às palavras que são pronunciadas pelos atores em cena. A maneira de dizer as coisas faz diferença, assim como o faz a postura corporal, os movimentos, a voz, a localização no espaço, o gestual, a iluminação, o cenário, o modelo de palco e de auditório, a sonorização, o figurino e assim por diante. Cada detalhe tem um sentido comunicacional.

É a boa combinação de todos esses elementos que permite alcançar um bom padrão estético, entendendo-se como estética, aqui, não a reprodução de valores elitistas, mas o potencial comunicativo da própria vivência como um todo.

Aprender um idioma é fundamental para a convivência com as pessoas que vivem num determinado espaço e que o utilizam para se comunicar. Esse aprendizado não é um atentado à espontaneidade dos contatos, sendo antes um facilitador, posto que se faz "urdidura" sobre a qual se desenvolvem os comportamentos, espontâneos ou não.

Aprender o "idioma" teatral é fundamental para que se faça um bom teatro espontâneo. E, consequentemente, um bom psicodrama.

Esse aspecto mereceu, na Escola de Tietê, uma atenção especial, ainda que incipiente, uma vez que se tratava de uma aprendizagem em processo, um caminho construído *pari passu* com o próprio caminhar. Hoje, essa visão e essa preocupação estão muito mais difundidas e assimiladas entre os psicodramistas e teatrólogos espontâneos, o que tem aberto portas e janelas, deixando entrar um ar novo e contribuições preciosas vindas de outras paragens.

E essa possibilidade decorreu da condição de sujeitos emancipados, que puderam abrir mão dos modelos de trabalho mais psicologizados, exigidos pela tutela institucional, herança recebida dos pais e avós. Por meio da compreensão de sua própria responsabilidade, buscaram novas respostas para os problemas que lhes eram colocados, alguns novos, outros inclusive bastante antigos, cristalizados. A emancipação potencializa a criatividade.

As novas gerações nisso nos superam, inclusive. Felizmente! ■

21

A FANTÁSTICA FÁBRICA DE CRIAÇÃO (RELATO DE UMA VISITA À COMPANHIA DO TEATRO ESPONTÂNEO)

ANA CRISTINA BENEVIDES PINTO

Fico a pensar no turbilhão de ideias que Moreno deve ter tido diante das suas experiências com o teatro espontâneo. Particularmente porque quando vou escrever sobre a nossa visita (Marilene Queiroz e eu) à Companhia do Teatro Espontâneo, tento fazer um diálogo interno para selecionar por onde começar e fico repleta de ideias. Preciso realizar escolhas, mesmo com o receio de omitir algo importante.

Resolvi ser fiel e sincera comigo mesma. Deixarei a espontaneidade fluir e as escolhas acontecerem.

"...nosso encontro permanece a meta sem cadeias: o Lugar indeterminado, a palavra indeterminada para o Homem indeterminado."

(Jacob Levy Moreno, "Divisa")

Nossa ida à Companhia do Teatro Espontâneo estava prevista para março de 1997, porém como aconteceria em junho o Congresso em Salamanca, despesas a mais, problemas de saúde foram adiando a viagem.

Comecei a me sentir como Charlie, o personagem do filme *A fantástica fábrica de chocolate*, que procurava tarjas douradas em tabletes de chocolate, as quais equivaleriam à entrada na fábrica. Senti-me premiada quando finalmente recebi as passagens aéreas e falei com o Moysés Aguiar.

Tinha na minha imaginação que assim como aquele menino ia conhecer o processo de fabricação do chocolate, eu iria conhecer, vivenciando, como surgiu o psicodrama. Para minha gostosa surpresa, assim como Charlie , eu conheci e vivi muito mais!

Chegando a São Paulo, seguimos logo para Campinas.

Ah! Antes tem uma comédia da viagem aérea. Eu, como estudante obsessiva, passei as cinco horas, dentro do avião, lendo parte do material teórico que estudaríamos lá. A Marilene Queiroz lia a outra parte, um texto do Devanir Merengué, quando comentou comigo uma bonita frase sobre morte. Eu achei genial!

Ao voltar a minha leitura passo a vista pela tela de projeção do avião, que mostrava o título do filme que seria exibido: *Hora de matar*! Puxa!

De relance parece estranho, porém quando silenciei acabei estabelecendo um novo diálogo interno para perceber quantas mortes existenciais eu passei para estar ali. Ali, não só indo para São Paulo, mas ali como espaço-tempo do meu percurso vital.

Quantas travessias!!!!

Mas voltando a nossa saída para Campinas. Nesse instante, começamos a sentir a diferença brusca do clima local em relação ao nosso verão ensolarado de Fortaleza.

Chegamos a Campinas. Ávidas por livros, começamos a peregrinar pelas livrarias, enquanto aguardávamos a hora marcada para o José Maurício de Oliveira nos apanhar e levar a Capivari, local do encontro.

O Maurício foi o nosso primeiro contato direto em terra. Na realidade, foi para mim a garantia de que eu não estava só! Pois assim como eu, ele parecia tímido e introvertido. Consegui respirar tranquilamente. Começamos a conversar o que depois, em tom de brincadeira, a Marilene chamou de anamnese. Foi um papo gostoso e profundo. Chegamos a confabular sobre o perdão!

Chegando a Capivari, antes de nos alojarmos, encontramo-nos com o Moysés, em reunião com os demais professores. Pareciam dar **os retoques finais**, o que fez aumentar minha expectativa: Como será? O que vai acontecer?

VER "OS RETOQUES FINAIS", NA PÁGINA 322

Anoitecia e a temperatura caía, fomos nos paramentar com roupas de frio para o primeiro encontro. Tomamos um cafezinho para aquecer e fomos calorosamente recebidas pela Raquel.

Oba! Mais alguém a aumentar o meu respaldo de introvertida, já com outras características bem singulares. Identifiquei-me muito com a Raquel, pela sua forma tranquila e firme de ação. E mais tarde eu teria a grande alegria de encontrar a velha utopia moreniana, além da melódica voz e do carisma da Raquel.

E assim esse cafezinho foi nos aquecendo orgânica e socialmente. Lá inaugurávamos os contatos com os demais alunos e professores.

Nessa noite iniciamos uma maratona de atividades: teatros espontâneos, laboratórios, processamentos, discussões teóricas, "multiplicação dramática" (feita pelo Guillermo) e a graciosa festa de formatura da Antonia.

O nível de produção do grupo é muito intenso, muitas coisas ainda estão em franca elaboração para mim, pela riqueza de questionamentos que conseguiram suscitar.

Alguns aspectos foram extremamente marcantes. Ei-los:

Vivemos numa sociedade em que a cada dia as pessoas adoecem mais de pânico e depressão, causados pelo isolamento social.

É provável que tenhamos perdido de vista a dimensão cósmica do homem, de que Moreno fala:

O homem é um ser cósmico; é mais do que um ser psicológico, biológico e natural. Pela limitação da responsabilidade do homem aos domínios psi-

cológicos, sociais ou biológicos da vida, faz-se dele um banido. Ou ele é também responsável por todo universo, por todas as formas do ser e por todos os valores, ou sua responsabilidade não significa absolutamente nada. (Moreno, 1993)

Constatei na Companhia do Teatro Espontâneo a possibilidade concreta de realizarmos o projeto socionômico de Moreno, ou seja, tratando pequenos grupos trataremos a sociedade como um todo. Isso em consonância com a existência aberta do universo.

Dentro da eternidade de cada momento em que vivenciamos o teatro espontâneo, o particular se aproxima com tamanha naturalidade do universal que só vinha à mente a premissa moreniana de que o drama, antes de ser individual, é coletivo.

A cada instante que passei na Companhia do Teatro Espontâneo, lembrava e correlacionava com um e outro aluno do Núcleo Moreniano de Psicodrama[1] (Numop) e de repente percebi mais do que nunca não estar só. Agora com sentido de quantas pessoas nós trazemos conosco!

Quando aconteciam as cenas eu olhava a plateia e ficava estarrecida de cumplicidade por ver risos e lágrimas tão concisos. As catarses ocorriam simultaneamente.

Adorei ver a emoção do pai, que ousou driblar posições "politicamente corretas para os dias de hoje" e assumir o desejo de ter um filho varão.

O espetáculo proclamou vários encontros com a verdade de cada um, ao mesmo tempo que nos libertava para um trânsito relacional e emocional mais tranquilo.

Como declarou nosso amigo argentino, que fez o papel do pai, a sua experiência se estenderia aos companheiros na Argentina.

Nisso consiste muito da genialidade de Moreno, pois o teatro espontâneo enseja a liberação da espontaneidade e da criatividade, além de desvelar a verdade em suas dimensões individual, grupal, social e

[1] Entidade de Fortaleza - CE.

universal. Dialeticamente, não há fronteira entre drama individual e trama social.

Em outro momento, na multiplicação dramática, emocionou-me profundamente um tema: agressão velada. De todas as cenas, intensamente cocriadas, surge esse tema, a meu ver como o grande aglutinador do conflito dramático, permeado no coinconsciente grupal.

Com estética singular, o protagonista encarna na sua agonia a angústia do *socius* e, como um desmascaramento, rompe a verdade. Lembro o que diz Moysés Aguiar: "O psicodrama busca apropriação dessa tensão, sem favorecer (pelo contrário, buscando superar) a alienação que decorreria do fato de simplesmente se fazer uma escolha a pretexto de eliminar o conflito" (*Teatro da anarquia*, 1988, p. 27).

Quantas violações realizamos, em nós mesmos e nos outros, às vezes apenas para nos livrarmos do conflito, da ansiedade e da responsabilidade de cocriadores do universo!

Recordo ter compartilhado com o grupo a fala de Moreno (s/d, p. 133-4): "O bravo mundo dos homens precisa ser não apenas compartilhado, mas também coproduzido; isto é, deve ser criado não apenas por um ou por poucos gênios somente, mas sim pelos esforços de todas as pessoas".

É interessante porque o mesmo método, compromissado radicalmente com a verdade e superando o moralismo burguês, resgata a liberdade de escolha e de ação. Subsidia quem tiver coragem de buscar e vivenciar a verdade onde quer que ela esteja.

Como aparece no filme *História sem fim*, a fala do cientista: "Armadura bonita não adianta, as esfinges podem ver o que há dentro do coração". E mais: "Ao defrontar com o seu verdadeiro eu, a maioria dos homens foge gritando".

O psicodrama revela além das máscaras, das armaduras, passando por reconhecimento do eu e do tu, por "fenômenos télicos relacionados ao encontro que acontece em um momento, com liberação de espontaneidade, que por sua vez leva à criatividade" (Fonseca Filho, 2000).

Recupera no homem a sua consciência de fazer escolhas, de organizar a sua existência multifacetada para o crescimento, por meio de relações interpessoais mais harmoniosas, participativas e criativas.

Para finalizar, gostaria de mencionar um personagem fantástico, dentre tantos com "aquecedores automáticos", que assistimos na Companhia do Teatro Espontâneo: uma TV maravilhosa com milhares de canais, uma barriga, uma velha "morre-não-morre" etc. Esse personagem é o duende. Aquele que garantiu à criança (protagonista) a possibilidade de romper com a opressão às suas brincadeiras e à liberdade. Um duende que muda de voz, sobe telhados, estoura "pesos vivos", além de encantar a todos. Provavelmente porque a fantasia nunca poderá deixar de existir. Nós crescemos, mas não podemos perder a nossa imaginação. Isso nos assegura a capacidade de sonhar e não adoecer tanto.

Cito novamente o filme *A história sem fim*, quando menciona que "cada ser que existe em Fantasia é uma parte dos sonhos e das esperanças da humanidade". "O nada é o vazio que resta. Ele é como o desespero, destruindo todo o mundo. Porque as pessoas que não têm esperança são fáceis de ser controladas."

Diante de tudo isso, o que então dá significado a nossa vida?

A cada correlação teatro e vida descobrimos um pedacinho desse significado. Entretanto, existe um núcleo de crença no homem e na felicidade, sob a perspectiva ascética.

Se um homem
mirando dentro de seu próprio coração
não é sincero consigo mesmo,
se ele não crê
Que seus atos têm influência
sobre o curso do mundo....
...Como pode ele crer em mim?
(Moreno, 1992)

À Companhia do Teatro Espontâneo, professores e alunos, o meu sincero agradecimento pelos momentos que passamos juntos e pela preservação da raiz do psicodrama.

◈

OS RETOQUES FINAIS

Éramos sempre três professores, que atuavam em duplas: enquanto dois trabalhavam, o terceiro descansava.

A coordena, B auxilia, C descansa
B coordena, C auxilia, A descansa
C coordena, A auxilia, B descansa

O objetivo desse revezamento era garantir a continuidade entre as sucessivas atividades dentro de uma mesma etapa (fim de semana) de aulas, assim como entre uma etapa e outra, entre um mês e outro.

Antes de se iniciar a etapa, os três professores faziam uma revisão, com base no que havia ocorrido na etapa anterior, o que tinha sido programado como leitura, os estudantes que estariam presentes (faltas anunciadas, novos participantes), a escala de estudantes que deveriam dirigir vivências etc.

Nos intervalos entre os diferentes períodos de aula, essa revisão se repetia, buscando entender como andava o grupo, que necessidades se evidenciavam, que estratégias específicas poderiam ser utilizadas.

A base de tudo eram as vivências psicodramáticas e seu respectivo processamento. Era por meio delas que se identificavam as necessidades técnicas e teóricas, quais deveriam ser atendidas imediatamente, quais entrariam na pauta para atividades posteriores.

Sobretudo, havia um monitoramento da sociodinâmica do grupo, identificada tanto nas vivências propriamente ditas quanto nos diferentes tipos de atividades, assim como nos bastidores.

Numa primeira fase da escola, os papéis dos professores eram fixos. Um deles era encarregado de dirigir as vivências, tendo o outro como ego-auxiliar. O ego-auxiliar poderia coordenar o processamento, feito logo em seguida.

Esse ego-auxiliar seria o coordenador da atividade seguinte, que era uma vivência dirigida por um dos alunos. O terceiro professor, que durante a vivência anterior estava descansando, agora entrava como parceiro, pau-para-toda-obra.

Os seminários teóricos eram coordenados sempre por esse terceiro professor, que tinha o primeiro como seu auxiliar.

Com o tempo fomos descobrindo a conveniência de rodiziar essas funções, para que os estudantes pudessem conhecer diferentes estilos de direção, de coordenação pedagógica e de pensamento teórico. O rodízio era uma aposta na diversidade, na ampliação do leque de alternativas.

As reuniões de professores eram no geral peripatéticas. Saíamos a caminhar juntos pelas ruas das redondezas. Era a oportunidade de falar dos sentimentos, tanto em relação aos estudantes quanto em relação aos colegas. Era a oportunidade de pensar alternativas, sem contudo definir o que o colega teria de fazer, para não tolher sua criatividade e seu estilo pessoal. Sobretudo, era nosso aquecimento como equipe, para nos entrosarmos, para afinarmos nossas ações.

Era nesse momento que definíamos, com base no que ia acontecendo, as leituras que seriam recomendadas aos estudantes como forma de aprofundar os temas já discutidos, assim como de ampliar o âmbito da pesquisa e da reflexão.

Nem sempre esse esquema funcionava redondo. A dinâmica interna da própria equipe impunha limitações. Difícil trabalhar em trio evitando o fenômeno do terceiro excluído (muitas vezes até mesmo autoexcluído). Mas quando acontecia – a maior parte das vezes, com certeza – havia reflexos positivos sobre o trabalho pedagógico. Principalmente pela linguagem comum e pelo sentido de respeito e solidariedade que se criava, possibilitando a explicitação de divergências técnicas e teóricas sem que nos enredássemos numa disputa por hegemonia.

Muitas vezes chegamos a sentir necessidade de nos encontrarmos no interregno das aulas. Isso acontecia, em geral, quando constatávamos que o tempo, em Tietê, era curto demais para conter nossas preocupações e nossas necessidades. ■

22

UMA VIAGEM INESQUECÍVEL[1]

◈

MARÍA ELENA GARAVELLI[2]

Em junho de 1995, durante o Congresso Internacional de Psicoterapia de Grupo, em Buenos Aires, depois da apresentação de teatro espontâneo da Compañía El Pasaje, fomos a um bar, juntamente com Moysés Aguiar e sua trupe paulista.

Nosso grupo debutava com essa apresentação para uma plateia de 150 pessoas! Entre os participantes havia muitos amigos do Brasil (nessa época eu viajava com frequência para trabalhar lá) e também gente de todas as partes do mundo.

Nesse bar, numa esquina de Buenos Aires, entre pizzas e cervejas, Moysés nos convidou para coordenar algumas oficinas de teatro espontâneo na Escola de Tietê.

Nessa época, Mónica Moll, Fabiana Levin, Mónica Barbieri, Luis Leblebidjian, Eugenio Mazzucco, Chelo Venturini e eu formávamos a

[1] Traduzido pelo organizador.

[2] Com ajuda das recordações de Mónica Moll, Eugenio Mazzucco, Fabiana Levin, Luis Leblebidjian.

"Compañía de Teatro Espontáneo El Pasaje", e estávamos estreando, em Buenos Aires, audácias, paixões e criatividades grupais.

O entusiasmo e a alegria circulavam entre nós e o grupo do Moysés, nesse bar portenho. Aceitamos o convite e começamos a pensar como conseguiríamos dinheiro para chegar a Tietê.

Buenos Aires tinha sido nossa primeira viagem como grupo de teatro e nos encantou a possibilidade de viajarmos juntos para o Brasil.

Mas como tornar isso possível?

Mónica Moll conhecia um funcionário da Prefeitura de Córdoba e lá fomos, ela e eu, para uma entrevista com ele, para pedir que financiassem nossa viagem.

Agora me dou conta de que nesse momento começávamos a mostrar e divulgar o que fazíamos fora da Pasaje[3].

O funcionário da Cultura gostou de nossa proposta. Mas na época havia também resistência dos artistas da cidade em relação a esse teatro espontâneo, que alguns chamavam de "teatro dos psicólogos"...

Depois de vários dias de espera, nos avisaram que a Prefeitura de Córdoba nos daria o dinheiro que precisávamos para viajar de avião até São Paulo, em troca de três apresentações em centros comunitários de diferentes bairros da cidade.

Recordo a alegria do grupo diante dessa notícia. Uaaauuuuu!!!

A viagem começava a tomar forma! Mas era também uma porta de saída da Pasaje e de entrada para a atividade comunitária da cidade.

Não apenas abríamos as portas da Pasaje para que as pessoas viessem contar suas histórias, mas saíamos em busca delas onde elas viviam, elas nos contavam histórias a respeito de suas vidas e nós as transformávamos em cenas.

Essas sessões de teatro nos centros de convivência comunitária foram também, para nosso grupo, uma entrada para a comunidade teatral de Córdoba. A partir de então, começamos a ser considerados um grupo

[3] A sede da companhia "El Pasaje" se situa numa ruela sem saída, curiosamente chamada "Pasaje Reartes", na região central da cidade de Córdoba, Argentina. (Nota do organizador)

de teatro e a participar dos Festivais Internacionais de Teatro do Mercosul. As pessoas davam os mais diferentes nomes ao nosso teatro espontâneo, mas pouco a pouco ele foi sendo aceito como uma nova maneira de fazer teatro.

Assim como alguns psicodramistas, quando falam e escrevem sobre nossas práticas, opinam que o teatro espontâneo não é psicodrama, algumas pessoas do teatro dizem que o que fazemos não é teatro. Acredito que ambos têm razão.

Depois de ter andado bastante pelo mundo, divulgando, dirigindo e treinando as pessoas para fazer teatro espontâneo, posso dizer que estamos entre vários territórios, um arquipélago com pontes e travessias, navegando grupalmente em águas criativas com relatos e cenas, às vezes mais perto de uma borda do que de outra.

No meu caso, olhando para trás, me dou conta de que faz muitos anos que meus portos preferidos estão em terras teatrais, talvez por serem mais recentes em minha vida, apenas quinze anos em trinta de psicodramista.

As pessoas que dirigem teatro têm muito para me ensinar a respeito de cenas e de como os corpos recebem o que acontece no palco. Essa investigação, aliada a um treinamento permanente em regras teatrais das cenas que improvisamos, tem feito que cada vez mais sejamos convocados pela comunidade e que trabalhemos com plateias mais numerosas. Chegamos a trabalhar com 400 pessoas em um teatro tradicional, quando até mesmo as pessoas que estavam ao fundo do auditório atravessavam pelo corredor para contar suas histórias.

Isso nos foi levando a modificar os modos de trabalho com os quais estávamos habituados.

Mas voltemos a Tietê, um porto inesquecível, por ser o primeiro ao qual chegamos como grupo, depois de Buenos Aires. Mais do que isso, pelo surpreendente, criativo, inovador, alegre, comovente, exigente e deslumbrante que foi para nós.

Quando Moysés me convidou a escrever para este livro, contei isso para os integrantes da Companhia que tinham viajado para Tietê.

A partir desse momento, ficamos acesos, compartilhando uma torrente de lembranças, emoções, alegrias. Passaram-se treze anos, e essa experiência renascia em todos nós com uma intensidade incrível.

Em nosso espaço semanal de experimentação estética, começaram a circular as histórias que ressoavam em cada um de nós. Os outros membros da Companhia, mais jovens e mais novos no grupo, desfrutavam também, recriando esses momentos vividos por nós em **Sarapuí**.

VER "SARAPUÍ", NA PÁGINA 332

Ao chegar a São Paulo, estavam esperando para levar-nos por um tour pelas salas de teatro e centros culturais da cidade, antes de viajarmos para a fazenda onde seria o encontro. Desfrutamos esse passeio pelos espaços artísticos, um reconfortante mergulho na criatividade paulista.

A viagem até Sarapuí foi uma aventura. Perdemo-nos várias vezes até que finalmente chegamos, muito mais tarde do que o previsto. Outros, como nós, iam chegando também.

Tinha começado a travessia criativa.

Essa noite, tínhamos de abrir o encontro de fim de semana com uma apresentação nossa. Não tínhamos muito tempo entre a hora em que chegamos e a hora para que a sessão estava anunciada. Estávamos agitados pela viagem, pelo passeio pela cidade e pela labiríntica chegada a Sarapuí. Necessitávamos recuperar grupo e fazer máquina antes de sair rodando, antes de aparecer no palco circular, ao ar livre, onde nos esperavam cerca de 80 psicodramistas de diferentes lugares do Brasil, alguns que faziam formação na Escola de Tietê e outros profissionais convidados para essa ocasião.

Tudo era desafio.

Os atores e as atrizes jovens da Companhia desfrutavam a experiência de modo mais leve, sem sentir a pressão do olhar dos profissionais que eu sentia. Eles confiavam em minha direção. Para eles, o teatro espontâneo era um jogo criativo e essa viagem era para ser usufruída.

Apenas Mónica Moll fazia parte da rede de psicodramistas, como eu.

Para mim, a confiança na Companhia era o que me animava, e me anima até hoje, a dar esse salto no escuro que é cada sessão de teatro espontâneo. Eu estava consciente de que o que fazíamos era novo e que muitos dos profissionais que participavam desse seminário de fim de semana iriam vê-lo pela primeira vez.

Preparamo-nos em nosso quarto para entrar em cena, até que nos sentimos prontos para isso, como corpo grupal.

Na plateia havia rostos amigos que me davam confiança e outros que nos olhavam expectantes. Ali estavam Cida Davoli, Marinilza, Antonio Ferrara, Claudia, Albor, Agenor, Luis, Pedro, Vera e tantos outros...

Para ir chegando, decidimos começar pelo que havíamos vivido por último, ou seja, o perder-nos várias vezes na viagem de São Paulo a Sarapuí.

Jogamos com esse nome sonoro, brincalhão, sarapuí, sara, sa, sa, pui, pui, sarapuí, escondendo-nos entre as colunas de uma varanda que usamos como palco, em frente a uns degraus circulares, como se fosse um anfiteatro, onde estavam sentadas, esperando nossa aparição, as 80 pessoas que participavam do seminário.

Escondíamo-nos, aparecíamos, a única palavra que usamos foi "sarapuí", jogando com os tons e os ritmos, surgindo em diferentes lugares, até que fomos perdendo a insegurança, o medo, a inibição de todo começo, nos juntamos no meio do palco e nos apresentamos em uníssono: sarapuí!!!

As pessoas nos aplaudiram, dando-nos as boas-vindas e assim começou a sessão.

Histórias de perder-se até se encontrar. Isso era algo conhecido para nós. Toda noite de apresentação na Pasaje começava com uma ou duas histórias ligadas a dificuldades para encontrar o lugar. Embora estejamos no centro da cidade, nosso teatro se encontra numa viela escondida e, na primeira vez, não é fácil chegar.

Foram histórias de pessoas que não conseguiam chegar, de gente que se perdia, que pedia informações e a quem os moradores da cidade davam indicações contraditórias. Todos acabavam chegando tarde, dando conta de quão difícil era localizar a fazenda onde estávamos agora.

Hoje me pergunto se estaríamos falando apenas de Sarapuí ou do recôndito lugar do teatro espontâneo dentro do psicodrama, dos difíceis caminhos que percorremos até chegar ao que estávamos fazendo.

Tínhamos chegado a um lugar novo, brincávamos, nos perdíamos, criávamos, nos surpreendíamos, nos assustávamos, nos encontrávamos, mas acima de tudo éramos um grupo jogando no labiríntico caminho do teatro espontâneo.

Foram três dias e três noites inesquecíveis, criando cenas e refletindo sobre o que fazíamos. Criando alquimias em nossos encontros uns com os outros e outras, perdendo-nos entre nós, aprendendo, divertindo-nos, diversificando-nos, polemizando, protagonizando, observando, escutando, reencontrando-nos.

Depois dessa primeira sessão de histórias de chegadas, nos pediram que seguíssemos coordenando outros espaços. Não houve tempo para descansar!

Na segunda noite, participamos de um teatro espontâneo dirigido por Moysés, a única atividade que ele dirigiu nesse fim de semana. Lembro-me de momentos muito criativos, nos quais mergulhávamos em cenas oníricas e saíamos com personagens que nos apareciam como linguagem de sonhos. Cenas desopilantes, surpreendentes.

Quando terminávamos as atividades programadas, que eram muitas, demasiadas, nos encontrávamos em espaços muito bonitos, muito verdes, com varandas enormes, que usávamos pouco durante o dia.

À noite, comíamos e bebíamos na casa ou no parque, nos reuníamos em pequenos grupos, conversando ou fazendo música.

Lembro-me de que havia dois grandes grupos de músicos. Na varanda, estavam os da bossa-nova, mais românticos, que convidavam para a serenidade e para encontros mais íntimos sob as estrelas. Dentro da casa, e em torno dela, havia música mais agitada, com as pessoas dançando ao som de uma sanfona tocada pela dona da casa e de energizados percussionistas. As pessoas podiam alternar os espaços musicais na direção indicada pela bússola do desejo.

Lembro-me de ter dançado até o amanhecer, dormido pouco e começado a dirigir muito cedo, depois de um delicioso café da manhã.

Foram dias de dormir pouco e viver muito.

A experiência foi muito intensa, para nós como grupo, pelo contato com as pessoas com quem estivemos criando durante três dias e noites. Lembro-me dele como um encontro muito criativo, em dados momentos quase onírico, entremeado com espaços de reflexão, processamento das vivências e dos questionamentos, abrindo-se para novas perguntas, sempre se abrindo.

Isso é o que nos aconteceu nesse fim de semana em Sarapuí, organizado pela Escola de Tietê, dirigida por Moysés Aguiar, com quem me encontro de vez em quando, sendo que cada encontro gera em mim um novo olhar sobre a vida, sobre as pessoas, sobre a arte e sobre o teatro espontâneo. É forjar, em cada ocasião, novos sonhos.

Para nossa Companhia de Teatro Espontâneo, uma viagem inesquecível!

◈

SARAPUÍ

Sarapuí é uma pequena cidade do Estado de São Paulo, nas proximidades de Sorocaba e Itapetininga. Descobrimos que nela havia uma fazenda que vinha sendo preparada para acolher eventos turísticos, podendo receber uma grande quantidade de pessoas.

Estávamos buscando um local para realizar um de nossos encontros anuais ("Espontaneidade"), quando juntávamos todos os alunos e abríamos as portas para convidados, pessoas que quisessem conhecer a Escola participando de uma aula. O local escolhido permitiu hospedar todos os participantes, sendo que o excesso de inscrições exigiu a improvisação de pousadas auxiliares. Ao todo, cerca de 80 a 100 pessoas.

Para esse evento convidamos a Compañia de Teatro Espontáneo "El Pasaje", de Córdoba, Argentina. A proposta era que eles se encarregassem de metade das aulas daquele fim de semana, enquanto nós daríamos conta da outra metade. Assim foi.

Como o grupo "El Pasaje" se dedica ao *playback theater,* em versão própria, que eles preferem chamar de "teatro espontâneo", pura e simplesmente, o trabalho que eles fizeram foi muito importante para mostrar, de maneira um pouco mais aprofundada, as características dessa modalidade de teatro espontâneo.

Esse convite se explica não apenas pelas afinidades afetivas que na época vinculavam as duas entidades, embora elas tivessem sido um catalisador importante. Animava-nos a ideia de proporcionar aos estudantes a oportunidade de conhecer melhor o que faziam outros teatrólogos espontâneos, em outra parte do mundo. Isso configurava uma abertura do leque de alternativas.

Uma das características mais importantes, para nós, do trabalho desenvolvido pelo grupo "El Pasaje" é o seu comprometimento sociopolítico. A cultura argentina difere significativamente da brasileira, em especial no que diz respeito à política. Sua luta contra o período de escuridão da ditadura militar é bem diferente da nossa. Eles trabalham na linha do não esquecer para não repetir. Nós, de alguma maneira, preferimos esquecer, apostando que não vai se repetir. Uma das maiores frustrações do projeto Tietê foi ele não ter sido capaz de incrementar um viés político mais forte. Nossa preocupação com a autonomia dos alunos não nos permitia arregimentá-los para uma militância que não surgisse de seu íntimo.

Mas nessa mesma linha de abertura do leque de alternativas de formatos, num outro momento convidamos Guillermo Vilaseca, também argentino, para nos brindar com a abordagem da multiplicação dramática. Esta é mais uma forma de trabalho, que tem em sua raiz um viés psicanalítico e que incorpora o teatro espontâneo como ação alternativa.

Sarapuí foi, entretanto, um marco importante nessa trajetória. ■

23
MEU DEPOIMENTO

◈

VERA APARECIDA CUNHA

Em 1985 iniciei minha formação em psicodrama no IPPGC (Campinas), onde Moysés Aguiar ministrava aulas. Eu o escolhi para ser meu orientador no trabalho de conclusão de curso e obtenção do título de psicodramista em 1990. Moysés Aguiar passou a ser um referencial muito importante no movimento psicodramático brasileiro, pois, além de terapeuta e professor, escreveu importantes livros expondo a sua visão teórica e prática sobre o legado de Jacob Levy Moreno.

Acompanhando os trabalhos desse pensador e inovador, conheci a Companhia do Teatro Espontâneo de Tietê em sua primeira locação (uma casa no centro daquela cidade), tendo sido lá, também, a festa de primeiro aniversário da escola, quando tivemos uma *paella* comandada pela Angela Reñones, psicodramista que integrava o corpo de professores da Escola. A Escola, depois, mudou-se para uma chácara, com um espaço maior interno que comportava alojamento para uma parte dos alunos e um espaço externo com sala adequada para o ensino do psicodrama.

Desde a criação da CTE já se sentia no ar o cheiro de uma coisa inteiramente nova, pois a escola chegou com uma proposta arrojada para a época. Explico: pelo fato de aceitar alunos de qualquer formação universitária, a CTE possibilitou que inúmeros profissionais pudessem conhecer e utilizar o referencial teórico e prático de Moreno, servindo-se desse conhecimento tanto pessoal como profissionalmente, dada a amplitude de atuação que o psicodrama oferece. A formação "psi" dos alunos não era condição *sine qua non* para entender e ajudar o ser humano a conhecer e a lidar com seus conflitos. Dessa maneira, ouso dizer que a CTE foi pioneira no Brasil na democratização do saber psicodramático.

Outro fator que considero democrático foi a escolha da cidade. Uma escola com uma proposta nova, fora de São Paulo! Tradicionalmente se sabe que as pessoas correm para as grandes capitais em busca de centros de referência nos quais, com certeza, encontram-se os renomados especialistas, pesquisadores e cientistas. Ocorreu, então, que um grupo de estudiosos e profissionais experientes decidiu montar **uma escola no interior** do Estado de São Paulo, indo levar o conhecimento e a experiência psicodramática para outras paisagens. Isso possibilitou que muitos profissionais de cidades do interior do Estado se dispusessem a buscar um incremento de conhecimento e vitalidade à prática profissional. Com o tempo a Escola foi recebendo alunos de várias partes do Brasil.

VER "UMA ESCOLA NO INTERIOR", NA PÁGINA 339

Tive a oportunidade de participar de vários eventos em Tietê, workshops de final de semana, nos quais trocávamos experiências com outros profissionais, aprofundando o conhecimento da prática psicodramática tanto em clínica como na escola e na empresa. Esses encontros permitiam uma grande integração das pessoas em torno de um projeto comum que era o conhecimento da teoria e prática psicodramática, sendo a escola um verdadeiro laboratório para o desenvolvimento do papel de psicodramista.

Detalhando meu relato, gostaria de expor que minha formação em psicodrama veio completar uma lacuna de referencial teórico que eu sentia em minha formação em psicologia. Dessa maneira, havia de minha parte uma grande ânsia de estar em contato com o psicodrama para poder utilizá-lo cada vez mais e incorporá-lo à minha prática profissional. Assim, os eventos da CTE permitiam o "experimentar" e o "vivenciar", com a segurança de receber a supervisão dos professores presentes. Então, era possível ousar. Eu mesma cheguei a dirigir uma vivência na Escola, o que me possibilitou, depois, apresentá-la no 8º Congresso Brasileiro de Psicodrama em São Paulo (1992). Além disso, a vivência obtida em Tietê instigava a curiosidade por querer saber mais e isso me levava a estudar.

Creio ser importante observar, também, que a CTE surgiu numa época em que havia uma safra grande de psicodramistas recém-formados (egressos de várias escolas de psicodrama no Brasil) que ansiavam por um espaço para poder trocar experiências, firmar conceitos e a própria prática profissional. A CTE foi esse espaço.

Como toda escola, a CTE também tinha uma parte burocrática importante que necessitava ser administrada. Na época, eu fazia supervisão com Moysés e **fizemos um escambo**, ou seja, eu pagaria as sessões de supervisão trabalhando como tesoureira da CTE. Então, durante alguns anos, controlei os pagamentos dos alunos por meio dos depósitos bancários, mantive registro dos contatos telefônicos e da correspondência. Como não fazia parte do corpo docente e pelo fato de residir distante de Tietê, essa foi também uma forma de manter o vínculo com a Escola, o que me permitia acompanhar o cronograma dos eventos ali desenvolvidos.

VER
"COMO FINANCIAR",
NA PÁGINA 341

E assim foi.

Finalizando, gostaria de citar que há algum tempo ouvi uma explicação interessante sobre o que é a ciência numa visão bem popular: a ciência seria um vasto muro no qual cada pesquisador vai contribuindo com um ou mais tijolos, à medida que estuda e apresenta uma contribuição efetiva ao saber científico. Creio que Moysés Aguiar, sem dúvida, trouxe a sua contribuição a esse "muro", não só por seus livros e suas reflexões como também pela criação, desenvolvimento e disseminação do saber psicodramático por meio de uma práxis democrática, como ficou demonstrado pela Companhia do Teatro Espontâneo de Tietê.

◈

UMA ESCOLA NO INTERIOR

Essa era uma das perguntas mais frequentes que nos faziam.

Quando pensávamos em abrir uma escola, um dos pontos a examinar era exatamente a sua localização: onde?

A ideia era ampliar as alternativas de escolha para os futuros alunos e, portanto, situá-la onde ainda não existissem oportunidades de formação psicodramática.

Deveria ser fora das grandes cidades, para atrair um público de pessoas que fogem do burburinho, dos riscos e dos inconvenientes do urbano concentrado.

Não poderia ser muito longe de São Paulo, onde vivíamos, por uma questão de comodidade nossa, pessoal. Estabelecemos uma referência: máximo de 200 kilômetros, três horas de viagem. O acesso deveria ser simples, sem complicações, de preferência evitando a unidirecionalidade.

Deveria ser uma cidade agradável, bem cuidada, com uma infraestrutura urbana que desse alguma segurança e oferecesse algumas facilidades: hotel, restaurantes decentes, hospital, transporte de qualidade.

Estabelecidos os parâmetros, saímos em busca dessa cidade mapa afora. Muitos fins de semana, muita gasolina, cerca de vinte cidades foram conferidas pessoalmente.

Tietê ganhou. Localizada privilegiadamente dentro de uma malha rodoviária, poderia ser alcançada por quem viesse de praticamente qualquer ponto do Estado de São Paulo. Cidade pequena, porém razoavelmente bem equipada em termos de conforto potencial: apenas um hotel viável, sem estrelas; uns poucos restaurantes simples, um comércio adequado às necessidades locais de um núcleo interiorano, um hospital com bom nível de atendimento pelo Sistema Único de Saúde, compatível com as dimensões da cidade. Bucólica, confluindo tradição e modernidade.

Não foi fácil instalarmo-nos lá. A tradição implicava certo provincianismo, um fechamento ao novo, ao adventício. Não nos facilitaram encontrar uma casa para alugar. Foi preciso recorrer a relações de amizade e parentesco para granjear apoio de uma pessoa influente da cidade, ex-prefeito, que saiu conosco nos apresentando e nos avalizando. Aí as portas se abriram, pelo menos em parte.

Nunca fomos hostilizados, éramos recebidos com gentileza e cordialidade. Fomos apoiados quando buscamos locais para nossos eventos e para mostrarmos nosso trabalho para a comunidade. Chegamos até a utilizar escolas públicas para nossos eventos e para sessões abertas de teatro espontâneo. Mas sempre com a mensagem implícita: nós aqui, vocês aí.

Nenhum dos profissionais da área radicados na cidade, que eventualmente poderiam aproveitar nossa presença para aumentar seu repertório técnico, ousou fazer o curso.

Éramos como estranhos no ninho. Mas a despeito dessas dificuldades foi uma escolha feliz. ■

COMO FINANCIAR

O alto índice de evasão nos cursos de especialização em psicodrama, aliado à volatilidade dos humores do mercado, torna um enorme desafio a administração das instituições que se propõem assumir essa tarefa.

Com efeito, quando se inicia uma nova turma tem-se um determinado número de estudantes, número que tende a decrescer ao longo do período, chegando muitas vezes a menos da metade do contingente inicial. Não vem ao caso, aqui, examinar as hipóteses que buscam explicar esse fenômeno: o fato é que o encantamento diminui e a força de outros apelos se sobrepõe.

Por outro lado, a procura pelos cursos também sofre variações de tal monta que a série histórica não fornece elementos que facilitem uma previsão minimamente segura. Um ano vêm muitos candidatos, outro ano, muito poucos.

A administração financeira dos cursos se torna, por isso mesmo, uma enorme dor de cabeça, especialmente quando consideramos que os gestores não são profissionais da gestão. São profissionais de saúde, educação, artes. Excepcionalmente se encontra quem consiga aliar essa especialidade ao talento amador para gerir empreendimentos.

No caso de Tietê, buscamos uma solução não convencional, pelo menos no que diz respeito ao número de estudantes em curso.

Apostamos que seria viável manter um grupo relativamente estável se abríssemos a possibilidade de agregar a ele novos integrantes a qualquer tempo. Assim, as defecções seriam compensadas, mantendo-se o nível de faturamento num patamar mais próximo da previsibilidade necessária para uma boa administração.

Essa medida, por certo, não poderia ser tomada se não se mexesse também em outros aspectos vitais, especialmente no que tange ao projeto político-pedagógico. Felizmente, conseguimos fazer convergir as várias vantagens do esquema adotado.

Ao mesmo tempo, propusemos aos professores um contrato de risco, ou seja, uma remuneração variável, dependendo da quantidade de alunos e, consequentemente, do faturamento respectivo. Como esse item costuma ser o mais oneroso no orçamento de uma escola, poderíamos evitar um déficit que colocasse em risco a continuidade do projeto.

Os inconvenientes desse modelo ficaram mascarados na fase inicial da Escola, pelo simples fato de que dois dos três professores eram os empreendedores, o que significava que a cota que lhes caberia voltava, de alguma forma, para o caixa geral. E para o terceiro docente, a baixa remuneração era tolerável como preço a pagar pela participação no sonho.

Com o tempo, o crescimento das matrículas possibilitou a abertura de uma nova turma, com o mesmo esquema de rotatividade discente. Quando o número decresceu, as turmas foram unificadas. Essa flexibilidade era vantajosa – ou pelo menos foi possível tirar vantagens dela, no tocante à qualidade do ensino.

Do ponto de vista financeiro, entretanto, a abertura de uma nova turma representou a necessidade de contratar três novos professores. O impacto da baixa remuneração começou a provocar efeitos negativos, tais como a desmotivação, a orientação para atividades alternativas mais rentáveis e, por fim, o afastamento definitivo. A mística do projeto conseguia segurar por algum tempo, mas não para sempre.

Em paralelo, os custos fixos para manutenção da infraestrutura não podiam ser cobertos com a parcela da receita a ela destinada. De algum lugar precisaria sair o faltante, e essa responsabilidade era dos empreendedores.

O escambo foi uma das alternativas para amenizar dificuldades. Trocávamos participação em nossas atividades por serviços que, eventualmente, teríamos de pagar e isso facilitava para quem tinha restrições financeiras e tinha vontade de estar conosco. Mas, dentro do nosso sistema capitalista, era uma solução precária.

Numa das crises de matrículas, vimo-nos diante de um problema que teimávamos em não querer enfrentar: o projeto era economicamente inviável, a menos que se lhe aportassem subsídios. Essa conclusão se aplicava não apenas ao curso regular, mas se estendia aos eventos extras, todos eles sujeitos aos mesmos riscos financeiros, ameaçando inclusive um aumento dos valores em vermelho.

Foi quando decidimos fechar as portas em Tietê e tentar uma alternativa, que foi fazer funcionar o curso – e também os eventos – num hotel. Isso diminuiria os custos fixos, o uso das instalações ficava vinculado às diárias de hospedagem pagas pelos próprios estudantes. O clima de intimidade se perdeu. A luminosidade do projeto tornou-se bruxuleante. As matrículas foram minguando, exigindo mais um passo para a redução de custos, que foi a mudança para Campinas, onde o curso passou a ser dado nas instalações do nosso consultório.

Foi o começo do fim. Ou o estertor do projeto.

Nossa avaliação passa por duas incompetências nossas.

A primeira, mais óbvia, é que a administração de recursos financeiros é uma tarefa mais complexa do que inicialmente se apresenta. Não se confunde com o caixa apenas, ou seja, quanto se recebe, quanto se paga. Vai mais além, implicando capacidade de negociação, de previsão, de decisão, de organização, de disciplina, de assertividade nas relações com clientes, parceiros e fornecedores. E assim por diante, coisa para quem sabe.

A outra é de natureza mercadológica. Para que uma iniciativa econômica seja bem-sucedida, é necessário que contemple uma série de condições, principalmente dentro da ótica do sistema capitalista. É preciso ter capital para investir, investir no nicho de mercado correto, adequar o produto, divulgá-lo de forma competente, cuidar da imagem o tempo todo, assumir a competição. Da mesma forma que a gestão financeira, a mercadológica é para profissionais ou para amadores talentosos. ■

24
AGORA, RESTAM AS RECORDAÇÕES

◈

NORMA SILVIA TRINDADE DE LIMA

Essa história, como tantas outras, é baseada em recordações. Experiências vividas outrora. Boas e saudosas são as lembranças que a memória afetiva permite ativar, a julgar pelo semblante alegre e sorridente de Eli (Eliude Luiza Alves dos Santos) ao falar sobre o tempo da Escola de Tietê.

Sete, dos dez anos de existência da escola, ela esteve presente. Cuidava de tudo, viabilizando operacionalmente o projeto. Em suas próprias palavras, seu papel foi o de "dona da pensão".

Como toda história, essa começa assim: era uma vez uma escola de teatro espontâneo, conhecida como a "Escola de Tietê".

Numa determinada época, por volta de 1989, Eli, dona de um salão de beleza e moradora de Tietê, procurada por Dr. Almeida, antigo conhecido, padrinho de casamento, médico já falecido, soube que Moysés procurava uma pessoa de confiança para tomar conta de uma escola cujo funcionamento seria em finais de semana, uma vez por mês. O convite pareceu viável. Não comprometeria o funcionamento do salão fechá-lo em um final de semana. Aceitando a empreitada, Eli conheceu Moysés e acertou a sua colaboração.

Inicialmente, mais ou menos durante dois anos, a escola funcionou em uma casa de três quartos no centro da cidade, em Tietê. Eli servia o café da manhã, além de receber as pessoas, que contavam em torno de dez alunos e três professores. Naquela época, eram: Moysés Aguiar, Miriam Tassinari e Angela Reñones. Depois, com o aumento do número de alunos e de professores, a casa tornou-se pequena e inadequada para os propósitos e as características da escola.

Apesar de não participar das aulas, nem bem saber o que, exatamente, acontecia naqueles momentos, Eli percebia que as pessoas gritavam, choravam, faziam barulhos e... quando saíam da sala de aula, era tudo normal. Entretanto, a sala onde as coisas ocorriam dava para uma rua movimentada. Não parecia compatível àquela dinâmica.

Além disso, a escola funcionava como um "retiro", hospedando mensalmente professores e alunos que chegavam sexta-feira, ao cair da tarde, e permaneciam até domingo, às 12 horas. A casa, então, tornou-se restrita. Não acomodava a demanda de alunos, de professores e do tipo de trabalho propriamente dito. Era preciso um lugar mais reservado, confortável e tranquilo.

Eli não sabia como conseguiam reunir tanta gente de tantos lugares num lugar como Tietê, tão discreto, sem bons hotéis e/ou restaurantes. Parece que era uma cidade estratégica em relação a várias outras cidades próximas, como Piracicaba, Bauru, São Paulo, Campinas... de onde chegavam as pessoas, apesar de ter gente também de Fortaleza e Recife. Os alunos eram de vários cantos, com exceção de Tietê. Aliás, não se conhecia a escola na cidade, não havia divulgação alguma.

Com o passar do tempo, conforme aumentou a demanda de alunos, a escola mudou para uma chácara. Então o seu trabalho aumentou. Falou orgulhosa de sua tamanha responsabilidade e gerência, contando com a ajuda de duas pessoas para poder assumir as refeições, além do café da manhã e dos lanches... pois as pessoas não mais queriam ir para a cidade.

Eli aprontava tudo com muita boa vontade para receber da melhor forma possível as pessoas que por ali passavam. Foram muitas, algumas inesquecíveis. Acordava-as com o badalar de sininho de manhã cedo. Preparava o café da manhã, posto pontualmente às 7 horas para não atrasar o início das aulas, às 8 horas. Moysés não gostava que houvesse atraso. Em seguida, tomava as providências necessárias para o almoço, os lanches; e também tinha as festas. Essa era a parte mais divertida.

O pessoal era festeiro. Depois das aulas, em geral no sábado, sempre havia motivo para festejar. Alguém se formava, fazia aniversário ou simplesmente arrumava-se um pretexto para comemorar algo. Festas à fantasia... Era uma alegria.

Lá fora havia uma grande árvore, onde as pessoas se reuniam, festejavam, descansavam...

Eli era envolvida, solicitada e participava de todos os momentos sociais. Somente da parte pedagógica ela não tomava conhecimento, não era sua competência, cabia aos professores. Eles chegavam e davam suas aulas. Eram ótimos professores. Na chácara não havia reuniões entre eles. Talvez houvesse fora dali.

O tempo foi passando e, em 1996, o filho de Eli, que nascera durante a vigência da escola, já completara dois anos. Eis que Eli foi surpreendida: a escola deixaria a chácara, e ela o seu papel de "dona da pensão".

Em um hotel, em Capivari, ainda por volta dos três anos seguintes, a escola funcionou sem a presença e os cuidados dela.

Até onde colaborou, não houve problemas ou desentendimentos. A dificuldade maior que existiu foram as ocasiões dos encontros anuais, por falta de uma infraestrutura melhor em Tietê. Num desses eventos, Eli alugou algumas casas na cidade para hospedar as pessoas. O café da manhã foi servido na chácara, palco dos acontecimentos.

Esses momentos que reuniram bastante gente foram os mais difíceis de organizar, mas aconteceram e, no final, deu certo. De fato, não soube explicar por que a escola acabou. Para ela, não houve motivo aparente. Parecia viável financeiramente. Por ela, a escola continuaria até hoje. Valeu a pena!

De tudo que viveu e aconteceu, destacou sua admiração pela iniciativa de Moysés em montar a Escola de Tietê. Ele era quem coordenava.

O projeto era dele, apesar de ele não dar ordens ou mandar. Sugeria quando queria dar alguma opinião, orientação. Com ela, era assim que funcionava.

Foi um tempo muito bom. Deixou saudades, pena que acabou.

Um clima de lamento saudoso se instalou, ao findar a entrevista com Eli, em uma segunda-feira, 1º de novembro do ano de 2008.

Consagrando a sua experiência e colaboração com a Escola de Tietê, ela finalizou:

"Agora, são apenas recordações... Foi bom enquanto durou".

◈

25

O TEATRO ESPONTÂNEO NO TRABALHO COM GRUPOS DE FORMAÇÃO PROFISSIONAL

CAROLINA ANDALÓ FAVA

ESTE TEXTO TEM COMO OBJETIVO PRINCIPAL apresentar contribuições do teatro espontâneo (TE) no trabalho com pequenos grupos (até quarenta participantes) e é fruto de minhas experiências profissionais ao longo dos últimos treze anos.

Meu interesse pelo TE iniciou-se por meio do psicodrama, após uma sessão realizada em meu curso de graduação. Participei de uma cena em que fui protagonista e impressionou-me muitíssimo a força e a intensidade que surgem no momento da dramatização e principalmente seu papel terapêutico e transformador.

A partir daí ingressei no curso de formação na Companhia do Teatro Espontâneo. Foi na Escola de Tietê[1] que iniciei meu aprendizado

[1] Tietê foi a primeira sede da escola, e era assim que nos referíamos a ela.

sobre a leitura e a coordenação de grupos, comecei a ler o movimento e as inter-relações grupais e a utilizar o teatro espontâneo como principal ferramenta no trabalho com grupos.

Foi uma experiência incrível, difícil de descrever em poucas linhas, pois passávamos todo um final de semana imersos em uma chácara, experimentando o teatro, respirando teatro, refletindo sobre ele e sobre nossas vivências. Era como se estivéssemos num outro mundo, construindo novas formas de ser e se relacionar com as pessoas, construindo novos significados para nossas experiências e ampliando as possibilidades de relações pessoais e profissionais. Na época, não pude dimensionar o quanto estava crescendo, aprendendo e construindo meu papel profissional.

Após terminar minha formação em TE, fui convidada por um amigo e ex-professor da Escola a participar da criação da primeira companhia de *playback theater* do Brasil e foi assim que me tornei atriz da São Paulo Playback Theatre[2], onde trabalhei profissionalmente durante três anos e meio, com a utilização do teatro como ferramenta de trabalho com pequenos e grandes grupos.

Esse tempo dedicado ao *playback theater* foi fundamental para o aprofundamento de diversas questões. Todo ator dessa modalidade de teatro passa, inevitavelmente, por um intenso processo de transformação pessoal. Durante o treinamento que recebe para tornar-se capaz de encenar uma história de outra pessoa, encarnar em questão de minutos um outro personagem, buscando ser fiel à essência da história narrada, o ator necessita iniciar um processo de autoconhecimento, uma revisão de crenças e formas enrijecidas e cristalizadas de ser e compreender o mundo e as relações, construídas ao longo de seu processo histórico.

Segundo Jo Salas (2000, p.64), "o ator precisa ser capaz de entrar no papel livre de estereótipos ou de autocensura, o que nem sempre é tarefa fácil. [...] às vezes poderão existir paralelos dolorosos entre o papel e a pró-

[2] O *playback theater* é uma forma de improvisação teatral construída por uma equipe de profissionais (diretor, atores e músicos); é baseada em histórias e eventos da vida das pessoas da plateia, que contam fatos vivenciados e assistem à recriação logo após seu relato.

pria vida pessoal do ator". É com o passar do tempo e com intensa elaboração de suas próprias cenas e experiências de vida que o ator aumenta seus recursos pessoais e encontra forças para encarnar qualquer papel. Além de enfrentar os desafios dos diferentes tipos de personagem que terão de representar, os atores precisam conseguir expressar ao máximo a gama de emoções vividas pelos narradores; dessa forma, seu treinamento envolve também o desenvolvimento de sua capacidade criativa e espontânea.

Além do desenvolvimento pessoal, esse trabalho proporcionou também um aprofundamento técnico da improvisação teatral. Ele requer preocupação maior com a estética, com a estrutura, com o timing da cena, pois deve mobilizar a plateia que o assiste. Existe a necessidade de um intensivo treinamento, já que os atores são preparados para construir rapidamente uma história com começo, meio e fim, sem interferência do diretor durante a encenação.

Dessa forma, os atores de *playback* assumem diversas funções que nas outras modalidades de teatro espontâneo cabem ao diretor, como focalizar o conflito, procurando explicitar o subtexto presente na narrativa; realizar, durante a encenação, a articulação palco-plateia, mantendo o envolvimento desta até o final da história; efetuar o interjogo entre protagonista e papéis complementares, de forma que estes atuem buscando dar força ao papel principal, explicitando as emoções dos diversos personagens.

Meu desenvolvimento como atriz de *playback theater* trouxe-me, portanto, enormes ganhos pessoais e profissionais e faz parte da matriz de minha futura atuação como coordenadora de grupos.

Após meu desligamento dessa companhia, ingressei no programa de mestrado da Universidade Federal de Santa Catarina e passei dois anos investigando sobre a formação de professores da rede municipal de Florianópolis, na área da educação sexual[3].

Paralelamente a essa atividade, iniciei alguns trabalhos com um grupo que atuava com o aperfeiçoamento docente de professores de educação

[3] A dissertação da referida pesquisa intitula-se *Sexualidade como tema transversal nas escolas: da teoria à prática*, UFSC, 2004.

infantil e ensino fundamental, nessa mesma temática. Após os primeiros encontros, nos quais apresentávamos a proposta e conhecíamos os grupos e suas principais necessidades, abordávamos situações concretas vividas pelos docentes, relacionadas à sexualidade, por meio do teatro espontâneo. Durante as dramatizações eram explorados os diferentes aspectos das relações e as várias possibilidades de atuação diante do conflito que se apresentava, de forma que os participantes, por meio das suas atuações, buscassem outros modos de lidar com as situações, expondo suas dúvidas, angústias e descobertas. Os encontros eram muito produtivos e os grupos tinham chance de refletir teoricamente com base em suas próprias vivências.

Atualmente, como professora em cursos de graduação da área da saúde, na Universidade do Sul de Santa Catarina (Unisul), tenho utilizado o TE para trabalhar, com alunos das últimas fases, questões dos estágios, a ansiedade e os medos relativos ao final do curso, ao futuro profissional e à interação com seus clientes.

É com base nessas experiências que passo a tecer algumas considerações a respeito da utilização do TE no trabalho com grupos de formação profissional.

REFLEXÕES SOBRE A PRÁTICA

Esse trabalho se apoia nas ideias iniciais de Moreno. Suas primeiras experiências estavam ligadas a grupos, a preocupações com o aspecto social dos seres humanos e com a busca de uma atuação transformadora da realidade. Moreno sempre colocou ênfase no desenvolvimento do indivíduo no grupo e por meio dele.

Acreditava no poder transformador da ação e por meio de um processo de experimentação e re-experimentação de situações vividas, temidas, imaginadas, com a subsequente reflexão sobre elas.

O TE representa um retorno às ideias originais de Moreno, pois resgata a força dos grupos e sua capacidade de mudança e criação de novas possibilidades de estar no mundo.

Além da troca de experiências, ele cria oportunidades para a reflexão a respeito do desempenho de papéis sociais e profissionais, das formas de se relacionar, dos problemas enfrentados no cotidiano e favorece a busca de alternativas construídas coletivamente. O TE atua no sentido de transformação de um homem sujeitado, alienado, em um homem ativo, sujeito de sua história e de seu processo.

VER "LABORATÓRIO DA VIDA", NA PÁGINA 358

O TE possibilita a abordagem de questões difíceis em um ambiente protegido, em uma espécie de **"laboratório da vida"**, pois por meio dele é possível atuar, experimentar situações ameaçadoras, conflitantes, novas, sem os riscos que a realidade acarreta – atua-se o imaginário sem ter de arcar com as consequências. Dessa forma, novas possibilidades se configuram, com a participação do corpo, da emoção e do intelecto.

O teatro é terapêutico porque oferece a oportunidade de ir além do já estabelecido, por meio da exploração de situações vividas pelas pessoas num espaço protegido – o espaço cênico. Nele, tudo é possível: os mortos podem viver, objetos falar, o passado se faz presente, o tempo acelera etc. Nesse lugar do "como se", da fantasia, tudo é viável: uma simples cadeira poderá ser um automóvel, uma carroça ou mesmo um personagem. Essa imensa plasticidade do espaço cênico, muito semelhante à estrutura dos sonhos, permite e estimula a espontaneidade e a criatividade dos participantes.

Segundo Boal (1996), a atividade teatral é um instrumento eficaz na compreensão e busca de soluções para problemas sociais e interpessoais, pois estuda as múltiplas relações entre os homens vivendo em sociedade. Teatro é, segundo ele, "conflito, contradição, confrontação, enfrentamento" (p. 30). E vai além: "Teatro – ou teatralidade – é aquela capacidade ou propriedade humana que permite que o sujeito se observe a si mesmo, em ação, em atividade" (p. 27).

Na vida cotidiana, a atenção está quase sempre voltada para atividades de ordem pragmática e as pessoas passam pouco tempo em contato consigo mesmas. Quando entram em cena, voltam-se para si. "O protagonista age e se observa agindo, mostra e se observa mostrando, fala e ouve o que diz" (Boal, 1996, p. 39).

No dia a dia, os sujeitos vivem as situações e têm consciência delas, enquanto em cena além de revivê-las, podem transformá-las. No teatro, o conhecimento é adquirido por meio de todo o corpo, de todos os sentidos e não somente pela razão. "Não apenas ideias, mas também emoções e sensações caracterizam esse processo de conhecer, essa terapia específica, artística. Teatro é terapia na qual se entra de corpo e alma, de soma e psiquê" (Boal, 1996, p. 41).

Ao entrar em cena, muitas coisas acontecem: o sujeito, além de ser o observador de si mesmo, é o centro das atenções dos outros, vivencia situações e reage a elas com todo o seu ser. Na encenação o corpo irá jogar em todos os planos possíveis. Segundo Knappe: "Não apenas vai agir e interagir, [...] vão se mobilizar os esquemas internos de comportamento, sensações de sentimentos viscerais, peso, flexibilidade, respostas fisiológicas, em suma, tudo que o corpo/homem é estará contido nesse processo dinâmico e dinamizador da representação" (1998, p. 71).

Durante as sessões de TE realizadas nos cursos de aperfeiçoamento docente em educação sexual, os professores encenavam situações difíceis de seu dia a dia, criavam coletivamente cenas temidas, com base nas experiências e fantasias dos vários integrantes. A dramatização traduzia a escolha feita pelo grupo e na sua criação todos estavam envolvidos e comprometidos. Em alguns momentos, a cena eleita parecia não ter relação alguma com a temática grupal. No entanto, muitas vezes, durante a dramatização, questões do grupo emergiam e ganhavam força; ou, no momento destinado ao processamento, com a ajuda da leitura feita pela direção, os integrantes percebiam muitas correlações entre a história criada e as questões que deram início ao trabalho.

É interessante apontar algumas características do TE, a saber:

- *A construção coletiva* – O TE é sempre uma construção do grupo. Quando uma cena é iniciada, mesmo quando é representativa da vida ou da experiência de um dos participantes, não tem o compromisso de fidelidade com a história original. Esta servirá como base para a criação do grupo, que tem a liberdade de mudar seu rumo, inserir outros papéis, alterar seu final ou propor vários outros. O teatro passa a ser um espaço de experimentação, onde todos, mesmo aqueles que inicialmente se encontram na plateia, têm a possibilidade de entrar em cena e mudar o rumo da história que está sendo representada.

Segundo Aguiar, o TE está fundamentado no pressuposto que "a experiência de cocriar tem o condão de despertar a crença nas possibilidades de busca em comum de soluções para problemas comuns". Mais adiante, continua: "Criar é dar existência, tirar do nada, dar origem, gerar, formar, dar forma. Cocriar é fazer isso coletivamente" (1998, p. 41).

- *O treinamento de papéis (role-playing)* – Tanto nas experiências com formação de professores, como com os alunos da graduação, o treinamento de papéis mostrou-se um recurso muito fecundo, pois permitia a experimentação de cenas temidas ou a reexperimentação de situações vividas, além de criar a oportunidade para testar formas de atuação. Um recurso que se mostrou muito valioso foi a troca de atores em momentos que o protagonista não sabia mais o que fazer. Pessoas da plateia eram convidadas a entrar em cena e assumir seu papel para tentar encontrar formas alternativas de enfrentar o conflito.

  De acordo com Aguiar, o *role-playing* permite "a vivência plena e autorizada de ansiedades ligadas ao desconhecido, assim como a antecipação de emoções vinculadas a situações de risco previsível" (1998, p. 45).

- *A inversão de papéis* – Assim como no psicodrama, a técnica de inversão de papéis é muito utilizada no TE. Nos grupos com docentes ou com alunos de últimas fases, era possível explorar as questões trazidas sob várias óticas. Em cenas relativas a questões profissionais, os atores podiam experimentar diferentes papéis, ampliar sua visão sobre a problemática e as várias perspectivas: uma mesma pessoa pode, por exemplo, experimentar o papel de professor, de aluno, de pai, de enfermeiro, de médico, de paciente, de psicólogo, de naturólogo etc.

- *O caráter protagônico da cena* – Como a construção de uma cena é sempre coletiva, contém necessariamente dúvidas, angústias, temores e ansiedades presentes no grupo, sentidas por várias pessoas. O conflito trabalhado reflete muitos desses aspectos vividos individualmente pelos participantes, razão pela qual ele se torna protagônico.

- *A troca de experiências, crenças, ideias e conhecimentos* – A cena dramatizada sempre é enriquecida pela diversidade de experiências trazidas pelos integrantes. Além disso, os momentos do compartilhamento e do processamento são fundamentais para que possam continuar trocando e aprofundando os temas trabalhados na dramatização. Era comum, no depoimento de alguns professores que realizavam formação continuada em educação sexual, a afirmação de que a troca de experiências entre docentes de diferentes escolas era muito enriquecedora e deveria acontecer com maior frequência. As cenas também permitiam a explicitação de crenças, valores e preconceitos que podiam ser debatidos com maior profundidade nos momentos seguintes ao teatro.

- *A possibilidade de articulação entre teoria e prática* – A ação e a posterior reflexão sobre ela é uma característica marcante do trabalho com TE em grupos de formação profissional. Nesse processo, os participantes têm a possibilidade de refletir teoricamente sobre sua prática, percebendo com mais clareza suas possibilidades de atuação, conhecimentos e carências. Muitas vezes, após uma cena e seu processamento, os grupos sentiam a necessidade de maior aprofundamento teórico sobre determinados assuntos.

- *A construção de novos conhecimentos teóricos, técnicos e pessoais* – O trabalho com TE possibilita aos membros do grupo um maior aprofundamento teórico e técnico, à medida que incita os sujeitos a procurar novas formas, caminhos e informações para enfrentar seus desafios pessoais e profissionais. Também é importante no nível pessoal, pois amplia as possibilidades de relação dos sujeitos, trabalha seus valores, crenças e coloca-os frente a frente com seus conflitos.

Em minha experiência, tenho constatado que no TE o protagonista e os atores auxiliares têm inúmeras possibilidades de atuação, podem trocar de papéis, mudar o rumo da história, viver novas emoções, isto é, podem experimentar inúmeras possibilidades de ser, de sentir e de se expressar. O TE é, portanto, o lugar da imaginação, da ousadia, da criação, da flexibilidade e da espontaneidade. Ele pressupõe mudanças nas relações, pois caminha no sentido da coparticipação, corresponsabilidade, menor idealização, maior autonomia e liberdade.

◈

LABORATÓRIO DA VIDA: O PÚBLICO E O PRIVADO

O psicodrama tem como característica trabalhar com grupos e, dentro deles, explorar conflitos.

Os conflitos se expressam de várias maneiras: por meio de comportamentos, de relações, de posturas corporais, de enfermidades físicas, de sofrimentos emocionais. Sua investigação implica, necessariamente, o desvelar de algum aspecto da vida pessoal do indivíduo envolvido.

Essa assertiva vale para qualquer abordagem do fenômeno conflituoso. Senão, vejamos.

Se a queixa parte de um membro do grupo, que traz à tona alguma dificuldade no encaminhamento de sua vida, qualquer que seja a área considerada, o trabalho consiste em buscar novos dados que permitam avançar, não apenas na compreensão intelectual do que está acontecendo, como, principalmente, proporcionar uma experiência nova, capaz de acionar transformações significativas.

Há uma gama ampla de procedimentos psicodramáticos visando a esse objetivo.

A proposição original era tentar reproduzir no palco, da maneira mais fiel possível, a situação, as relações, a trajetória histórica do conflito e avançar na linha da prospecção dos desdobramentos futuros, introduzindo algum fator novo capaz de reorientar o curso dos acontecimentos. Com o tempo, as cenas passaram a ensejar uma pesquisa por meio da construção de cenas analógicas, num contexto de imaginação ou fantasia, com histórias fictícias produzidas no aqui e agora da sessão.

O grande desafio técnico é, em todos os casos, a mobilização emocional e a captura do subtexto a fim de trazer esses elementos para o texto em construção. Daí os recursos clássicos como o dublê, o solilóquio, a inversão de papéis, para citar apenas os mais conhecidos e utilizados.

O psicodrama se constrói em torno de um protagonista, tido como aquele que encarna em sua problemática pessoal o drama coletivo. As demais pessoas que constituem o grupo têm sua participação das formas as mais variadas. Uma delas é o desempenho de papéis complementares aos do protagonista, no contexto dramático, contribuindo, assim, com suas próprias histórias, emoções, pensamentos e talentos criativos para a elucidação cênica e para a vivência coletiva do drama protagônico. Outra possibilidade é, com base no contexto grupal, atuar como o coro do teatro grego antigo, posicionando-se como interlocutor em nome da coletividade. Outra, ainda, é exercer a função dramatúrgica, sugerindo encaminhamentos para a cena/história que se desenrola no palco. Ou, na mais passiva das hipóteses, funcionar como caixa de ressonância afetiva e, dessa forma, influenciar o contexto dramático (como ocorre, aliás, em todas as formas de teatro, desde as mais convencionais até as mais ousadamente inovadoras).

Os membros do grupo que não o protagonista se beneficiam, cada um individualmente, cada um ao seu jeito, do que está ocorrendo no palco e da experiência como um todo. Estamos falando, nesse caso, do psicodrama propriamente dito, ou seja, a utilização do teatro espontâneo como ferramenta de ajuda, visando o crescimento individual – ainda que o processo se dê em grupo.

No caso do sociodrama, o sujeito deixa de ser o indivíduo para ser o grupo. Ou seja, o propósito do trabalho é transformar a dinâmica das relações internas do grupo, em geral um grupo que preexiste ao evento sociodramático, e que tem como catalisador objetivos outros que não a investigação em pauta.

A ferramenta teatral é, no entanto, idêntica à do psicodrama. O teatro espontâneo pode ser realizado em sua forma mais clássica que é a eleição de um protagonista e a construção dramatúrgica centrada nesse personagem. Novamente, os conflitos podem ser trazidos na versão do participante que faz o personagem protagônico (que eventualmente pode ser ele mesmo), que empresta sua história pessoal para que, por meio dela, o grupo possa se ver e se transformar. E o ritual participativo se repete, praticamente da mesma forma, com diferenças pontuais para adequar-se à finalidade presente.

O mesmo ocorre com o axiodrama em sua versão contemporânea, que é a abordagem de um problema relativo à comunidade mais ampla, representada no evento por uma "amostra" de seus integrantes. Ou seja, o grupo que se reúne no aqui e agora expressaria, de alguma forma, o que se passa fora das fronteiras do teatro.

Também no axiodrama a ferramenta do teatro espontâneo se aplica baseada nos mesmos recursos técnicos e nos mesmos pressupostos teóricos, diferenciando-se do psicodrama e do sociodrama apenas quanto a sua finalidade que é, no caso, a transformação social.

Como o elenco de técnicas à disposição do diretor, em todos os casos, é muito amplo, inclusive quanto ao formato de teatro espontâneo a ser utilizado, nem sempre o ritual corresponde ao acima descrito. Há diretores que preferem, tanto no sociodrama quanto no axiodrama, não fazer encenações centradas num personagem protagônico, substituindo-as por cenas múltiplas construídas pelos próprios participantes, sem contar necessariamente com a ajuda de um diretor de teatro espontâneo. Ou então, como no *playback theater*, ter as encenações produzidas e atuadas por uma equipe de atores, com base nos elementos oferecidos pelos membros da plateia.

Muitas dessas escolhas têm como critério a mera simpatia do diretor por uma determinada orientação estética. Mas é bastante comum que ela se baseie numa preocupação no sentido de não expor demasiadamente o membro do grupo que, na forma mais clássica do teatro espontâneo, empresta sua história e seus conflitos e desempenha no palco o personagem protagônico.

Há outra vertente de "proteção" do protagonista que é levar a cena até um determinado ponto, encerrando-a sempre que desponta um conflito que seja considerado de natureza mais íntima, quando então a pessoa é instada a trabalhá-lo em terapia pessoal.

A preocupação subjacente é o potencial mobilizador da cena psicodramática, que pode ter uma intensidade capaz de desorientar o indivíduo no *day after* de sua protagonização, especialmente quando esta não ocorre no contexto de um grupo psicoterápico com continuidade programada em periodicidade segura.

Nesse momento, costuma-se trazer à tona uma questão de natureza ética: é nosso direito, como psicodramistas, expor a privacidade das pessoas? E outra: se o psicodrama mobiliza a vida psíquica e pode até desorganizá-la, não seria irresponsável a opção de permitir que isso aconteça, sabendo que os desdobramentos não estarão sob controle?

Não se trata de questões simples. Daí a inconveniência de soluções simplistas tais como condenar de princípio o teatro espontâneo, ou a construção de cenas com protagonista fora dos grupos psicoterápicos regulares.

A grande sacada de Moreno foi exatamente o questionamento da barreira entre o público e o privado quando se trata de conflitos humanos. Na verdade, esse artifício lógico já se desfazia na tragédia grega, quando o sofrimento pessoal era considerado reflexo de grandes dilemas universais, como o choque entre a liberdade para a construção dos caminhos da própria vida e os desígnios definidos num plano extraindividual. Extrapolando, por isso mesmo, até mesmo os conflitos sociais, eles também meras expressões das perplexidades da natureza.

Moreno foi ousado ao trazer a público as dores e os impasses dos indivíduos e ao tratá-los como decorrência de fenômenos que extrapolam o portador do conflito. O dilema do jovem recruta que não sabia se mantinha promessa de casamento a sua namoradinha, feita antes de partir para a guerra, ou se casava com uma estrangeira "inimiga" que conheceu durante o lazer de soldado, era exposto à comunidade e tratado como um problema dela, e não apenas de quem o trazia para ser trabalhado. Da mesma forma, a existência de um romance paralelo ao casamento, fato em geral tratado com sigilo terapêutico, foi levada ao escrutínio público, com a presença concreta do trio amoroso. São exemplos da ruptura com o conceito prevalente de privacidade quando se trata de conflitos psicológicos.

Hoje em dia essa questão tem merecido uma outra leitura, de natureza política. O conceito de privacidade tem merecido, historicamente, uma ênfase exagerada, devido aos interesses das classes dominantes, que dela se beneficiam para não exporem suas estratégias para ampliar e proteger os benefícios pessoais auferidos da estrutura socioeconômica vigente. Ou seja, à medida que os conflitos sejam atribuídos a deficiências ou inabilidades individuais, e como tal "protegidos", cria-se uma cortina de fumaça em torno de suas implicações coletivas, o que favorece a manutenção do *status quo*.

Ou seja, inverte-se a formulação ética: revelar publicamente conflitos individuais talvez seja mais ético do que mantê-los na privacidade.

Em Tietê, trabalhávamos no limite. A proposta era uma vivência intensiva de aprendizagem. Também nesse processo se evidenciam as mesmas questões, uma vez que a construção coletiva do conhecimento implica a necessidade de desprivatizar todos os dados necessários ao alcance desse objetivo. Isso, além da importância de se investigar os próprios limites, sem entregar uma solução cristalizada. Até porque os maiores desafios que os estudantes encontrariam em sua prática não seriam nem previsíveis nem prescritíveis. A missão educativa é emancipatória, criar autonomia, ampliar a capacidade de decisão própria. E isso só seria possível se a realidade fosse mostrada em toda sua crueza.

Por outro lado, um dos aspectos que procurávamos enfatizar era a sensibilidade do diretor para identificar e respeitar os limites oferecidos pelo próprio protagonista e pelo grupo, rompendo com a ideia do psicodrama como um trator capaz de esmagar sob suas rodas toda resistência, como se esta fosse uma patologia a ser demonizada. Esse cuidado parecia-nos ser o verdadeiro imperativo ético. ■

26

TRANSFORMANDO O SER E O FAZER

◈

VIVIANE GIOMBELLI

CONSIDERO QUE TIVE MUITOS APRENDIZADOS durante os dois anos de formação na Companhia. Algumas situações somente foram aprimoradas: pelas vivências em estágios e pelas anteriores atuações psicodramáticas, que não eram propriamente novas.

Neste texto, refiro-me a um desses aprendizados. Dramatizar, durante uma sessão, é um dos modos de transformar, mas existem outras situações vivenciadas numa sessão que podem ser psicoterapêuticas. O diretor, quando preparado adequadamente para a função, utilizará todas as situações possíveis para que as pessoas percebam o modo como estão se relacionando. A dramatização, quando tomada como o único foco terapêutico de uma sessão, tende a ser considerada um "teatrinho" da vida. E queremos mais que isso, não é?! Queremos provocar transformações nas pessoas.

Começando pelo espaço cênico, é possível dizer que delimitar o espaço cênico é psicoterapêutico. A delimitação atua como uma organização da atividade, auxiliando os participantes a saber qual é o limite em que podem atuar. A vida é assim. Quanto ao espaço do palco em si, alguns participantes acabam por sair dele e continuam atuando. Cabe ao diretor limitar esses comportamentos quando a determinação simbólica do espaço não foi suficiente para contê-los.

Nas situações vivenciadas fora do contexto psicoterapêutico, precisamos utilizar os nossos espaços devidamente, sem ocupar espaços que não são concedidos a nós. Como exemplo, cito uma situação que ocorreu numa escola onde utilizei o teatro espontâneo com os alunos. Um deles, da quinta série, sempre saía do palco, embora este estivesse marcado por um risco de giz. Toda vez que ele saía, a cena era interrompida para colocá-lo de volta e lembrá-lo de que o limite era aquele e que poderia atuar do modo desejado, desde que fosse naquele espaço. Esse aluno era foco das reclamações por parte dos professores, em virtude de não respeitar o espaço dos colegas, falar em momentos inoportunos, rir de modo exagerado em situações inadequadas. A situação específica de ele ser alvo de reclamações nunca foi tratada durante as sessões. No entanto, foi trabalhado o modo de ele se relacionar com as atividades propostas durante as sessões. Ele foi vivenciando novos comportamentos dentro do espaço e do tempo permitido. Isso foi psicoterapêutico. Durante as aulas, segundo os professores e colegas, ele começou a participar sem fazer brincadeiras e sem utilizar palavras inoportunas.

A saída de cena ou fechamento das situações também pode ser foco de mudanças. Na Companhia, tínhamos um treino para sair de cena ou resolver as situações de modo sutil e relacionado com o contexto. Quando saíamos de cena de modo a provocar uma ruptura brusca, o Moysés parava a cena e pedia que fizéssemos nossa saída de um outro modo que estivesse relacionado com o contexto, ou seja, não era simplesmente sair. Um dos exercícios consistia em manter três pessoas no palco que dariam continuidade à história. Quando entrasse a terceira pessoa, quem havia entrado primeiro saía, dando lugar a outra pessoa. O modo de sair nas primeiras vezes que fazíamos os exercícios era simplesmente sair, dizer tchau, mesmo que estivesse no meio da

VER
"MUITOS PUXÕES
DE ORELHA",
NA PÁGINA 369

conversa. Após **muitos puxões de orelha** e tentativas, ora frustradas, ora acertadas (sempre apontadas pelo Moysés), passamos a sair de cena de um modo espontâneo-criativo, relacionado ao contexto e de modo sutil.

No cotidiano, quando saímos das situações de modo grotesco, ficamos incomodados e incomodamos, ou seja, fica uma situação desagradável. Aqueles exercícios desenvolveram minha (e acho que a dos outros participantes) espontaneidade–criatividade. E, mesmo quando estou dirigindo sessões psicodramáticas, atento para esse foco. Se preciso for, paro a cena e solicito que a pessoa tente sair de outro jeito (sempre considerando o protagonista e as demais pessoas que fazem parte da sessão).

Há um tabu – ou, melhor dizendo, uma concepção – de que a dramatização é terapêutica quando trata de situações individuais. No entanto, na Companhia vi isso de outro modo. Numa daquelas tardes de sábado, estávamos num dos laboratórios e a cena era de um viajante que estava no deserto, tentando vender algo. Havia três pessoas na cena. O viajante mantinha-se firme em sua proposta, estava sendo difícil negociar com ele. Ele queria alcançar seu objetivo.

Ao terminar o laboratório, fizemos um processamento. Não sei bem por onde começamos, mas uma das colegas falou que num dos livros do Moysés estava escrito que no teatro espontâneo (psicodrama) o público se torna privado e o privado se torna público. Ou seja, colocamos nossas características pessoais nos personagens, nos mostramos, mas, ao mesmo tempo, uma dificuldade de alguma das pessoas do grupo mostra também uma dificuldade do grupo. E muitas vezes, quando se faz teatro espontâneo, não se percebe o privado na cena, da mesma forma que na dramatização de uma situação particular, denominada psicodrama.

Ao analisarmos a situação vivenciada, percebemos que a atriz que representou o viajante apresenta as mesmas características no seu modo de se relacionar: mantém um posicionamento firme nas situações. Isso é importante que fique claro para nós: não importa o fato em si, a situação em si, mas o modo como nos relacionamos. A questão não era o viajante, mas o modo como esse viajante estava se relacionando com as pessoas e com seus objetivos. Esse modo de relação é utilizado pela pessoa em outras relações, é isso que precisa ser visto e/ou transformado. No papel de viajante, tentou alternativas que concretizassem seu objetivo. Essas tentativas, pode-se dizer que foram terapêuticas, mesmo que especificamente não se tenha falado das relações vivenciadas fora desse contexto.

Realizei uma pesquisa em dois grupos psicoterapêuticos e uma das perguntas era: O que chama sua atenção no início da sessão no presente? Os participantes falaram que o que chama atenção e o de que gostam é a disputa para falar das situações que querem tratar naquela sessão. Alguns falam que gostam por terem aprendido a ser ágeis, marcando a vez de falar (primeiro, segundo) e o espaço. Para eles, nessa luta pelo espaço é necessário perceber quando outra pessoa está precisando mais, está sofrendo. Uma brincadeira criada por um dos grupos, por fazer parte da dinâmica deles, é terapêutica, por produzir aprendizado. Eles aprendem a ver o outro, a percebê-lo, a ser solidários, mas também a se ver e lutar pelo próprio espaço sem desconsiderar os outros. Eles contaram que o terapeuta costumava falar que, do mesmo modo como eles se comportam no grupo, se comportam fora do contexto psicoterapêutico e que esse tipo de grupo é uma espécie de laboratório.

Pela fala dos sujeitos da pesquisa, eles estão percebendo que não é só a dramatização que é psicoterapêutica, que os auxilia a se perceber e a mudar comportamentos, mas todas as situações que ocorrem no contexto grupal. Essa percepção deles foi e continua sendo mediada pelo psicoterapeuta e, aos poucos, começam a perceber e analisar por si. É como quando começamos a caminhar: inicialmente nossos pais nos seguram no colo, logo aprendemos a sentar sem a ajuda deles, para os primeiros passos nos dão as mãos e nos seguram firme, depois soltam uma das mãos, por fim caminhamos sozinhos e, eventualmente pedimos seu auxílio, suas observações, seus conselhos sobre qual o melhor jeito de continuar caminhando (se é melhor comprar um carro, ou um cavalo, uma moto ou continuar andando de ônibus). Desse modo, parece ser com o terapeuta: podemos saber as suas perspectivas, mas já conseguimos perceber o melhor caminho de acordo com as nossas perspectivas, sem desconsiderar as dele.

O grupo é um espaço em que podem ser encontrados todos os tipos de pessoas, de situações que atuam como um ensaio para a convivência externa. O grupo psicodramático tem o propósito de reunir diferentes tipos de pessoas que compõem a sociedade, é como se fosse uma sociedade em miniatura (Moreno, 1974). Essa característica de sociedade em miniatura dos grupos psicoterapêuticos psicodramáticos permite que o grupo funcione como uma espécie de grande laboratório. As reações, os comportamentos das pessoas nesse contexto são uma espécie de exemplo do que acontece fora.

A vantagem é que essas reações e esses comportamentos são mediados por um profissional especializado. Certos modos de conduta, quando rejeitados no convívio social, não contam com uma segunda possibilidade de tentar. No grupo, há possibilidade de fazer novas tentativas, que servem como aprendizado a ser utilizado, a princípio no contexto psicoterapêutico e incorporado gradativamente também fora dele.

Os diretores em início de carreira e os estudantes de psicodrama, sejam eles psicólogos ou não, tendem a não perceber as situações de aquecimento e de compartilhamento como possibilidades para modificar comportamentos. Em geral, a dramatização é percebida, pelos iniciantes em psicodrama, como a única possibilidade de modificar comportamentos nos participantes. Semensato (2003, p. 8) afirma que:

> O termo "como se" possui maior precisão quando localizado no contexto dramático, num *locus* de atuação técnica, no qual se convenciona criar uma realidade suplementar. Seria um espaço predeterminado, o cênico, em que se pretende representar o real e/ou dar formas reais a conteúdos interiorizados, com a consciência de que estamos transitando entre duas esferas distintas de realidade e com a devida elaboração desses fenômenos.

O "como se" é localizado, por esse autor, na dramatização. No entanto, no aquecimento e no compartilhar já ocorre um aprendizado a ser utilizado também fora do contexto psicoterapêutico. As pessoas do grupo medem forças, influenciam-se mutuamente em sentimentos, opiniões, provocando mudanças uns aos outros, sendo mediadas por um diretor de psicodrama que potencializa esse aprendizado.

◈

MUITOS PUXÕES DE ORELHA

Quando se fala em técnicas, no campo psicodramático, a referência são os recursos específicos utilizados pelo diretor com o objetivo de trazer à tona elementos significativos da experiência do protagonista, que eventualmente estejam submersos. Trazer o subtexto para o texto.

Por isso, a rigor, tais recursos se aplicam ao protagonista, não sendo muito adequado utilizá-los como forma de trazer o subtexto dos ego-auxiliares. Há diretores que o fazem, em geral inadvertidamente. Outros, por opção, dentro da liberdade oferecida pelo psicodrama, quando se trata de lançar mão de estratégias criativas, em situações especiais.

O aprendizado das técnicas psicodramáticas se fazia em Tietê principalmente por meio das vivências (quando eram utilizadas) e dos processamentos que se faziam em seguida. Nesses processamentos, um dos focos era a atuação do diretor: suas intervenções eram esmiuçadas para compreender seu sentido. Era a boa oportunidade para nomear os recursos utilizados, discutir sua fundamentação teórica e, principalmente, buscar alternativas, pensando na mesma situação dirigida por outro diretor: o que ele poderia inventar de fazer?

Ao lado disso, como conviviam alunos mais antigos, em vários graus de antiguidade, juntamente com alunos recém-ingressados, os veteranos se faziam de mestres *ad hoc,* como o fazem os garotos e garotas mais velhos em relação aos mais jovens, como o fazem os irmãos mais velhos. A incorporação de termos técnicos era feita principalmente dessa forma, sendo os veteranos questionados pelos calouros – e fornecendo as devidas explicações.

Mas o enfoque do psicodrama como teatro espontâneo abre o leque de alternativas técnicas ao introduzir uma preocupação estética nem sempre presente no que conhecemos como psicodrama clássico. A preocupação maior deste é de natureza psicológica, reduzido assim a apenas uma forma alternativa de expressão, para substituir o verbal.

Conquanto não se possa negar esse seu caráter expressivo, o psicodrama não se esgota aí. A busca estética potencializa o alcance da cena, tanto para os que a executam como para os espectadores.

Apenas para exemplificar, faz diferença se a fala se dá em volume mais baixo ou mais alto. O esforço no sentido de favorecer a audibilidade coloca o corpo numa outra postura, diferente daquela em que apenas se sussurra. Por outro lado, é um jeito de o protagonista e os demais autores se responsabilizarem, simultaneamente ao foco na sua problemática, pelo alcance de suas palavras. ■

27
DESDOBRAMENTOS

◈

MOYSÉS AGUIAR

O TRABALHO DESENVOLVIDO PELA ESCOLA DE TIETÊ produziu frutos concretos, inspirando iniciativas as mais diversas e ousadas no campo do teatro espontâneo. Embora em muitas delas se possa identificar ou supor a influência de Tietê de forma indireta, existem algumas que podem ser computadas como efeito direto.

É claro que quando se fala de influência não se fala de reprodução, mas sim de uma combinatória com outras vertentes e outros saberes. E é justamente aí que reside a riqueza dos processos criativos.

COMPANHIA DO TEATRO ESPONTÂNEO

A TRUPE DE TEATRO ESPONTÂNEO que leva esse nome era parte de um projeto mais amplo que incluía a Escola, mas não se limitava a ela. O desenvolvimento paralelo das atividades das duas frentes contribuiu para a dinamização de ambas. Alguns dos membros da trupe participavam simultaneamente da Escola, como estudantes e como professores, formando uma área de intersecção importante em que se efetuavam trocas a respeito das aquisições obtidas pela experimentação que se desenvolvia em ambos os campos.

Encerradas as atividades da Escola, a trupe continuou. Muitos ex-estudantes passaram por ela, juntamente com pessoas que vieram de outras áreas e outros lugares. No momento que este texto está sendo escrito, ela está vivendo seu tamanho mínimo, com apenas cinco integrantes: Lucia Helena (Shê), Gelse Beatriz, Ralmer Rigoletto, Regiane Michelsohn e Moysés Aguiar. Todos vinculados à Escola, buscando incessantemente aprofundar a experiência ali vivida.

A trupe desenvolveu um novo formato de teatro espontâneo, batizado de "teatro-debate", em que se mesclam discussão cênica e discussão verbal, técnicas baseadas no *playback theater* e na multiplicação dramática, culminando na forma mais tradicional do teatro de plateia.

TEATRO DE CRIAÇÃO

Essa modalidade de teatro espontâneo foi desenvolvida pelo grupo Truperempstórias, de Campinas. Entre seus integrantes, dois ex-docentes e vários ex-alunos da Escola: Angela Reñones, da equipe original de docentes; Albor Vives Reñones, ex-aluno, que veio a ser professor; Raquel P. Teixeira Lima, ex-*trainee*, que assumiu a docência em algumas oportunidades; Eliza Godói, Daniella Echeverria e Luciano Lopes, que se formaram na Escola. Outros integrantes foram agregados.

A principal marca do teatro de criação pode ser definida como uma transformação do *playback theater*, incorporando à produção cênica alguns princípios da "multiplicação dramática", proposta pelos psicodramistas argentinos Hernan Kesselman e Tato Pavlovski que, por sua vez, incorporaram preciosas contribuições de Gilles Deleuze e Félix Guattari.

Na prática e em outras palavras, isso significa que os atores criam suas cenas como ressonâncias das histórias e dos sentimentos relatados por elementos da plateia. Diferentemente do *playback*, não se comprometem a encenar o que foi narrado, mas sim o efeito provocado pela narração, a inspiração estética que ela proporciona.

Neste livro, Albor Vives Reñones menciona essa experiência em seu texto, sugerindo ao leitor que acesse a literatura específica sobre o tema – sugestão que endossamos.

O GRUPO SEM NOME

Um dos desdobramentos mais curiosos das atividades da Escola foi a constituição desse grupo, integrado por colegas que participaram de um evento que organizamos, um simpósio sobre avanços na teoria e na técnica do psicodrama.

Esse simpósio foi produzido na forma como se faziam os eventos da Escola. Organizávamos uma lista de pessoas que gostaríamos que participassem, dependendo da finalidade específica de cada encontro. Nosso módulo era de nove convidados. Cada um deles deveria convidar mais um, à sua escolha. Completávamos, assim, 18 participantes. Algumas vezes se incluíam nesse número professores da Escola, outras não.

Não havia um programa preestabelecido: ele era elaborado pelos próprios participantes, ao início, em geral numa sexta-feira à noite, com o encontro se prolongando até o domingo, no mesmo modelo de funcionamento da Escola.

A ideia era não ter nenhuma "estrela", alguém que viesse "ensinar" alguma coisa para os outros. Na verdade, procurávamos ter um grupo cujos integrantes tivessem o mesmo nível de experiência psicodramática, de modo a horizontalizar ao máximo sua constituição.[1]

Dependendo do objetivo do evento, estimulávamos a realização de atividades práticas, vivências sociopsicodramáticas, coordenadas pelos próprios participantes, que se escolhiam entre si para essa finalidade.

[1] Uma exceção a esse modelo foi um curso de teatro aplicado ao psicodrama, quando convidamos um teatrólogo para ministrá-lo.

O mesmo ocorria quanto à coordenação de debates: o coordenador era escolhido *ad hoc*, pelo próprio grupo.

Esse modelo de trabalho facilitava muito a construção de uma rede harmoniosa de relações, o que se refletia na produtividade do grupo. Pouquíssimas vezes presenciamos movimentos competitivos, assim mesmo, de pequena monta, sem comprometer o clima de camaradagem e compromisso afetivo.

No caso específico desse simpósio, a avaliação dos participantes foi tão positiva que decidiram continuar se reunindo fora de Tietê. Isso aconteceu por vários anos, circulando entre Porto Alegre e Rio de Janeiro, passando por Campinas, Ouro Fino, Boiçucanga, São Paulo.

A manutenção do modelo horizontal permitiu ao grupo amadurecer no sentido de aceitar lideranças pontuais, poder receber contribuições dos colegas, tanto em termos de forma de trabalho como de concepções teóricas. Troca real.

Tendo perdido uma das participantes, por falecimento, o grupo tratou de substituí-la por um novo integrante, para manter-se no mesmo padrão numérico. No entanto, dificuldades de ordem prática e mudanças de rumo de vida de algumas pessoas foram obstaculizando a participação integral em todos os encontros.

Um belo dia, sem nenhuma decisão formal, o grupo deixou de se reunir. Cada um continuou no seu canto, levando sua vida, com sua própria rede sociométrica, parcialmente coincidente em todos os casos. O grupo havia cumprido sua vida útil e dito a que tinha vindo.

OUTRAS VERTENTES

Nos três capítulos que se seguem, são apresentadas duas experiências significativas que de alguma forma se vinculam à Escola de Tietê, o "Teatro de Reprise" e o "Passarim – Teatro Espontâneo para Crianças e Adolescentes", além de um depoimento sobre o "Teatro de Criação".

◈

28

TEATRO DE REPRISE: CONFISSÕES DE UM MÚSICO AMADOR NUM MAR DE PSICODRAMISTAS

◈

ALEXANDRE DE OLIVEIRA E AGUIAR

Em fins de 1993, eu era um jovem engenheiro químico, empregado em uma indústria multinacional alemã. Minhas preocupações diárias: resíduos industriais, esgotos, abastecimento de água para a fábrica e para os funcionários. Meu hobby: música. Especificamente, na época eu cantava com o CoralUSP no grupo Tarde, regido por Márcia Hentschel. Tinha participado inclusive de espetáculos de coral cênico, como "A noiva do condutor" e "Tarde com Chico". Além disso, aprendi a tocar violão aos 12 anos, embora só a partir dos 16 me entusiasmasse de verdade pelo instrumento e pelo frisson que ele causava quando eu tocava música e as pessoas cantavam junto.

Tocava violão e cantava, virando noites em festas e tardes em churrascos. Não era do tipo "virtuose", mas tinha um repertório variado de música brasileira, que ia dos forrós mais simples às mais elaboradas canções de bossa-nova, dos tranquilos mineiros aos agitados pagodes, dos politizados alternativos dos anos 1980 aos grandes sucessos do pop-rock nacional. Naquela época a vivência em coral já era suficiente para superar as dificuldades de adolescente com o canto.

Numas das tardes de "violada", estive em Tietê, na Companhia do Teatro Espontâneo. Era o aniversário de um ano da Escola, comemorado ao sabor de uma paella valenciana preparada pela Angela Reñones. Até hoje me lembro de um trecho do "hino" da escola, composto pelo marido de uma das alunas:

Pegaram minha mulher, levaram pra Tietê
Pr'um tal de teatro da anarquia
na frente tem um pretinho, um tal de ego-auxiliar
que é o quebra-galho do lugar
e um tal de Aguiar

De psicodrama não conhecia muito. Já tinha lido o *Teatro da anarquia* e, por ser filho de psicodramista, de alguma forma participava de conversas em casa e nas rodas de psicodrama. Em outras oportunidades, por exemplo numa das excursões da Companhia à Argentina para um período de troca de experiências no El Pasaje, estive presente como músico. Mas, acima de tudo, tinha orgulho da empreitada que significava a Escola, da postura inovadora, e era um fã incondicional.

Recebi um telefonema no mínimo estranho. Um convite para participar de algo envolvendo teatro e música, e que tinha que ver com psicodrama. Um ensaio e uma apresentação. "Eu liguei para o seu pai e perguntei quem ele poderia indicar, e ele falou em você", dizia Antonio Ferrara. Na época, estava procurando variar minhas atividades musicais. Indicação do meu pai? Topei.

No ensaio, descubro que Ferrara tinha um trabalho inscrito para apresentação num evento na Associação Brasileira de Psicodrama e Sociodrama, e que as coisas já estavam na última hora, pouco ou nada havia sido preparado. Ele, que tinha feito um estágio como professor em treinamento na Companhia do Teatro Espontâneo, tinha visto lá um esquema interessante, na época grande novidade, o *playback theater*.

Depois de fazer um workshop com Christina Hagelthorn, Moysés tinha feito um *playback theater* na Escola, e o Ferrara se interessou pela técnica – pessoas contavam cenas e os atores representavam essas cenas no palco – e tinha vontade de experimentar. Nos intervalos entre as cenas havia música, que na apresentação da Companhia do Teatro Espontâneo tinha sido feita por Luis Contro. Nunca nenhum de nós tinha feito isso, ninguém mais das pessoas presentes ao ensaio tinha visto ou participado de tal esquema.

Reunimo-nos em uma sala de consultório de uma das pessoas. As pessoas reunidas eram em sua maioria psicodramistas que tinham feito um curso de teatro com Eduardo Coutinho, que também estava no grupo, o que lhes dava uma linguagem comum. Já se conheciam, tinha uma "liga" entre eles e aos poucos foram criando os esquemas. Discutíamos as questões sobre a mecânica do espetáculo, como se postar em cena, como seria a comunicação entre diretor e atores, como os atores se organizariam para fazer a cena. Como as cenas não eram ensaiadas, precisávamos de alguns códigos. Eduardo criou, por exemplo, o código de que o ator que fosse entrar em cena deveria se postar no fundo do palco, de costas, e então se virar para entrar em cena (esse código acabou sendo abandonado algumas apresentações depois). Eu aos poucos fui entendendo a mecânica. A participação da música seguiria o formato que Moysés mostrou na Companhia, com o músico tocando também entre as cenas, músicas que acompanhassem o clima. Passamos a testar cenas, e eu a acompanhá-las com música. Um clima de festa, sambinha animado em lá maior. Outra cena, um clima "brega". Dedilho acordes de uma sequência em lá menor e murmuro a melodia de "Moça", sucesso dos anos 1970 na voz de Wando. O grupo achou que funcionou, eu também. Legal!

Mais tarde, durante entrevista que fiz para escrever este capítulo, descobri que Eduardo Coutinho também tinha estado na Companhia do Teatro Espontâneo – dando um curso de teatro, no sistema de sexta-feira à noite, sábado de manhã e à tarde e domingo pela manhã. O interesse era trabalhar a conexão entre teatro e psicodrama. O princípio era que o psicodramista que conhece teatro pode ver o psicodrama de outros ângulos. Na entrevista, o Eduardo me contou que a ideia era fazer que os alunos vivenciassem um processo inteiro do que é fazer teatro.

O curso incluiu uma introdução à história do teatro, também à linha de teatro que iria ser trabalhada, ou seja, uma linha mais do teatro popular. Ele levou um texto para ser trabalhado: como se monta uma cena, como é a lógica, como a movimentação modifica o significado da cena, não só a intenção do que se fala mas como se fala, andando, de costas, um longe do outro, perto um do outro, com luz vermelha, com luz branca. Enfim, como a estética interfere na leitura que a plateia faz do texto. Havia a preocupação de mostrar que o texto é só uma base, mas que outros elementos interferem em como a plateia entende o resultado. Por fim, grupos de alunos montaram cenas que foram apresentadas aos demais no domingo de manhã.

Parece que a Companhia do Teatro Espontâneo estava mesmo convencida de que melhorar os conhecimentos e a vivência teatral dos psicodramistas era importante para melhorar o psicodrama que se fazia na época. Esses conhecimentos e vivência se revelaram essenciais para o Teatro de Reprise.

Rosane Rodrigues, esposa de Eduardo Coutinho, psicodramista e mestre em artes cênicas pela USP, era uma das pessoas que interagiam com a Companhia do Teatro Espontâneo no sentido de aprimorar os aspectos estéticos do teatro dentro do psicodrama. Além de participar ajudando no curso de teatro do Eduardo Coutinho, Rosane participou de outras atividades na Companhia.

No primeiro ano de atividades da Escola, ela dirigiu o encerramento dos trabalhos, com uma atividade no gramado em que pessoas reviam cenas do encontro. Em outra oportunidade, Rosane participou de um encontro de professores para conversar sobre a nova metodologia.

Depois das experiências na Companhia, Rosane estava convencida de que era possível um psicodrama "mais alegre, mais estético e ao mesmo tempo mais caótico". Acreditava que "para ouvir um grupo se pode realmente sair do protagonista e abrir confiando que o grupo transformará a ação". Rosane sempre apoiou politicamente, dentro do meio psicodramático, as ideias inovadoras que eram defendidas na Companhia do Teatro Espontâneo.

Enfim, fizemos nossa primeira apresentação na ABPS. A sala era minúscula e a plateia pequena, umas três ou quatro pessoas, mas gostamos do resultado. Arnaldo Liberman gostou tanto que arranjou para fazermos uma segunda apresentação numa sexta-feira à noite em Guarulhos, região metropolitana de São Paulo. Com o grupo um pouco modificado e com o próprio Arnaldo na direção, fizemos. Um espaço um pouco maior, algumas dezenas de pessoas na plateia. Sucesso de público! Também gostamos. Dias depois, tivemos uma notícia ótima de uma pessoa que contou uma história a respeito de relações cortadas com um irmão e que, depois do espetáculo, ao chegar em casa, escreveu uma carta para ele.

Nossa terceira apresentação foi num Encontro Regional de Psicodrama, no Liceu Pasteur, em São Paulo. Já iam meados de 1994. Dessa vez, com sala lotada e gente de peso e psicodramistas mais antigos na plateia. Foi um espetáculo com cenas fortes e emocionantes. Uma cena de pulo em água. Valéria Barcelos no papel de água, Eduardo fazendo um mergulho em câmera lenta. Uma cena entre irmãos, um deles arrumando a cama do outro. Muitos elogios de pessoas muito sérias. Saímos da apresentação com muita energia. Percebemos que aquilo não era uma experiência para morrer naquelas apresentações iniciais e quase intuitivas. *A ousadia de reinventar algo pela pura arte da experimentação estava dando certo!*

Passamos horas a discutir um nome para aquilo que fazíamos. Não queríamos chamar de *playback theater*. Primeiro, porque havia uma questão da marca registrada por Jonathan Fox e, ao usarmos o nome, estaríamos sujeitos ao pagamento de royalties, a ter de fazer o treinamento formal que já existia nos Estados Unidos, e a legislação a respeito não era clara para nós. Segundo, porque era uma expressão em inglês e queríamos ter um nome em português. A palavra "reprise" acabou circulando um ensaio após o outro, e acabamos ficando com o "Teatro de Reprise". Com o tempo o grupo acabou assumindo o nome e sendo conhecido como Grupo Reprise. O nome do grupo foi algo que "foi ficando", à medida que as pessoas falavam em assistir ao "teatro de reprise". Além disso, sabíamos que havia diferenças em relação ao *playback theater* tradicional, mas não tínhamos muita certeza de o quanto era diferente. Mais tarde, tivemos acesso ao livro de Jo Salas e descobrimos que a variante australiana era a mais parecida com a nossa.

Depois das primeiras apresentações, o grupo se fixou com a seguinte formação: Antonio Ferrara, Arnaldo Liberman, Eduardo Coutinho, Maria Helena Farina, Rosane Rodrigues e Valéria Barcelos como atores e se revezando na direção; Alexandre Aguiar e Flavia Barcelos na música. Eduardo, Flavia e eu formávamos o trio dos não psicodramistas no grupo.

A estrutura do que fazíamos, depois de consolidada, ficou mais ou menos assim, em linhas gerais:

- Uma equipe que em cada espetáculo tinha um diretor, atores em sua maioria psicodramistas e músicos, que tinha uma sintonia.
- O espetáculo começava com um aquecimento para as pessoas contarem cenas. Esse aquecimento terminava com uma fantasia dirigida, ou seja, um momento em que cada um passava a se lembrar de cenas de sua própria vida, sob as instruções do diretor.
- Em seguida o diretor pedia um voluntário para contar uma cena. Apresentava-se o voluntário, que se dirigia ao palco para contar sua cena de modo que todos, incluindo atores, músicos e plateia, pudessem escutar. Durante a entrevista havia alguns elementos-chave que o diretor precisava extrair do narrador para compor a cena.

- Encerrada a narração, os atores iam para o fundo do palco para combinar como a cena seria feita, os adereços a usar e os detalhes teatrais. Os músicos, na boca-de-cena, cantavam e tocavam músicas relacionadas ao tema da cena, para manter a plateia aquecida.
- Aí vinha a dramatização propriamente dita. Ao final da narração, o diretor perguntava ao narrador se tinha algum comentário a fazer. O narrador fazia comentário (ou não) e o diretor pedia palmas para ele.
- O diretor perguntava quem gostaria de contar a próxima cena, e a sequência se repetia o quanto o tempo permitisse.
- Ao final o diretor coordenava um compartilhamento com a plateia.

Reuníamo-nos com regularidade, mensal ou quinzenalmente. Do teatro herdamos o hábito de fazer isso também à noite. Discutíamos detalhes técnicos: Como fazer o aquecimento? Quais as informações-chave que o diretor precisa extrair do narrador antes de dar por encerrada a entrevista? Como se comunicar com os músicos? É bom que um músico participe da combinação da cena? Qual deve ser o conteúdo do compartilhamento? Como lidar com narradores difíceis? Discutíamos técnicas específicas, como as esculturas fluidas e os pares contrários. Nos "ensaios" representávamos cenas contadas pelos próprios membros do grupo.

O Grupo Reprise permaneceu trabalhando até o ano 2000. Arnaldo Liberman foi-se antes do combinado, não por vontade dele ou nossa, mas porque um problema cardíaco o arrancou violenta e repentinamente de sua família, de seus amigos e de nós. Antonio Ferrara saiu cerca de um ano antes do encerramento do grupo, para praticar o *playback theater* mais ortodoxo e para fazer disso seu ganha-pão.

Durante aqueles anos tivemos fãs, seguidores e imitadores. Fazíamos apresentações regulares abertas às sextas-feiras ou sábados à noite, o que dava um ar de diversão para as pessoas que vinham assistir. Alguns fãs vinham com frequência. Algumas pessoas vinham a algumas apresentações seguidas, e percebíamos um claro processo terapêutico.

Também fizemos muitas apresentações com finalidades didáticas nas instituições de psicodrama e apresentações em eventos do meio psicodramático. Depois de algum tempo, outros grupos passaram a praticar o teatro de reprise. Fizemos workshops para ensinar como fazer.

Também fizemos apresentações de cunho social, como convidados de instituições que trabalhavam com crianças e adolescentes carentes, profissionais do sexo, pessoas em comunidades violentas.

Houve também algumas apresentações pagas por empresas e instituições, mas em nenhum momento o Teatro de Reprise foi o ganha-pão de nenhum de nós.

O que encantava tanto as pessoas que assistiam ao Grupo Reprise?

Primeiro, uma preocupação com a estética teatral que não se via normalmente nos meios psicodramáticos. Na raiz disso estava a origem do Grupo Reprise, numa trupe de psicodramistas que fizeram curso de teatro, inclusive na Escola de Tietê. Não eram profissionais, mas dispunham de recursos de linguagem e fazer teatral que propiciavam plasticidade e ampliava a comunicação de climas e sentimentos por meio da arte. Tamanho dos gestos, expressividade, tempo e outras habilidades estavam lá a serviço da cena do narrador.

A música como elemento de reforço a essa estrutura também representava um papel importante. Por um lado, a capacidade dos músicos de encontrar rapidamente músicas do repertório da música popular brasileira que se aproximassem das cenas narradas, seja pelo clima e sentimento nelas expressos, seja por sua letra. Do meu lado, habilidade adquirida no pátio do colégio nos intervalos (e algumas aulas "cabuladas", claro...), em festas de sábado à noite e em churrascos com amigos. Por outro lado, suficiente competência musical e vivência de palco que se refletiam na segurança adquirida nos tempos de coral e, é claro, a voz expressiva da Flavia. O reforço da música pela performance durante a preparação dos atores, introduzida por Moysés quando trouxe o *playback theater* para a Companhia do Teatro Espontâneo, levou a esse perfil ideal dos músicos.

Em segundo lugar, o respeito ao narrador. Ao longo dos espetáculos as pessoas da plateia passavam a se sentir seguras em contar suas cenas, porque percebiam o cuidado que se tinha, a delicadeza com que se tratavam os sentimentos e a atenção que era dispensada ao narrador. Mesmo quando nos arriscávamos apresentando cenas com pequenas modificações, ou representadas de maneira menos realista ou mais simbólica, as pessoas da plateia e os narradores davam um retorno de que tudo aquilo tinha feito sentido. Por tudo isso havia em geral mais de uma pessoa disposta a contar a última cena do espetáculo.

Em terceiro lugar, o encantamento que causava o resultado do improviso, a sintonia de grupo percebida pela plateia e a aura de "mágica" de como as coisas se encaixavam em cena. Em menor escala, tivemos críticos. Houve polêmicas, discussões, intrigas. Uns diziam que aquilo não era psicodrama. Que nos arriscávamos muito ao colocar no palco adaptações das cenas narradas. Que constrangíamos o narrador fazendo comédia onde talvez não houvesse comédia. Que o diretor deveria dizer como a cena seria feita. Que o narrador deveria escolher os atores. Que era "inferior" ao *playback theater* tradicional porque os atores combinavam a cena. Que era muito arriscado perder o aquecimento da plateia, se os músicos não conseguissem "encaixar" uma música.

O Teatro de Reprise tem elementos do psicodrama. Tem aquecimento geral, aquecimento específico, dramatização e compartilhamento. Um grupo de atores afinado, com escuta ativa treinada e que se sirva de uma boa entrevista feita pelo diretor com o narrador não precisa de instruções do diretor e saberá identificar e improvisar o texto e o subtexto. Adaptar, interpretar e ressignificar, inclusive fazer comédia de cenas que não eram necessariamente comédia envolve riscos sim, mas um grupo afinado e em sintonia com a plateia não cometerá excessos. Depende de treino adequado e de entrega sincera às necessidades do narrador e da plateia. O teatro fica mais espontâneo se os atores assumem os papéis para os quais estão mais aquecidos ou com os quais se identificam melhor. E mesmo no *playback theater* tradicional existe uma combinação, só que essa combinação é feita de maneira aberta ao público, entre diretor e atores. É só diferente, não é inferior.

E para nós, do Grupo, o que significava o Teatro de Reprise?

Para cada um tinha um significado diferente. Uns achavam que aquilo era uma forma de conseguir mais clientes para o consultório. Outros viam a possibilidade de ganhar dinheiro se divertindo. Outros para seu aprimoramento pessoal e profissional.

Para mim, sempre exercitando meu lado racional engenheiro, significava a oportunidade de viver um lado mais intuitivo e, evidentemente, de praticar música. Também a oportunidade de conhecer gente e estar em grupo.

Eduardo Coutinho relatou em sua entrevista a satisfação em praticar o improviso. Ele chama isso de "viver no limite". Nem todos os atores gostam ou se adaptam bem ao improviso, e isso é uma característica essencial do ator. Outro aspecto importante é o ambiente de generosidade, o "estar a serviço do narrador", que no teatro tradicional não está presente. Também o viver e o trabalhar em grupo são uma satisfação. Ele relata que disso tirou uma lição importante, que é a necessidade de "limpar" as relações dentro do grupo para que o grupo funcione.

Enfim, o Teatro de Reprise se revelou a forma mais alegre, estética e caótica de psicodrama de cuja possibilidade Rosane se convencera após a experiência na Companhia do Teatro Espontâneo.

◈

29

TEATRO DE CRIAÇÃO: UM JEITO DE FAZER TEATRO ESPONTÂNEO[1]

RAQUEL PASTANA TEIXEIRA LIMA

CENA 1 - ANOS 1970

O MAQUINISTA DO TREM DEIXA O PRÉDIO CINZA DO SEMINÁRIO, assobiando uma cantiga de roda. Pendura sua mala na batuta de Carlos Gomes, ao lado dos leões, num pátio por onde passa a camponesa e onde se trocam palavras, como: deuses mortos, amigos presos, recomeço. Ao fundo passa o batalhão de soldadinhos de chumbo, todos no mesmo passo. O mesmo compasso. A cena termina com uma cerveja gelada no bar do Orlando. Na mesa ao lado, Freud brinca de jogo da velha com Skinner,

[1] Esta interpretação do Teatro de Criação é pessoal: é como vejo a relação entre o Teatro de Criação e a Companhia do Teatro Espontâneo. Isso foi possível somente pela escolha de um texto não linear, rizomático. As frases presentes nos diversos coros são extraídas da edição integral de *Assim falou Zaratustra*, de Friedrich Nietzsche, publicada pelo Círculo do Livro, e do volume *Nietzsche* de Os Pensadores da Abril Cultural. Ao leitor, alerto sobre ser este um texto de amor a todos que tiveram de usar de si para criar a Truperempstórias a cada vez que ela existiu.

Rogers e o recém-chegado Moreno. Marx só os observa, tomando seu conhaque. Deleuze e Foucault ainda não frequentam esse bar e fazem cartografias na praça.

CENA 2 – DESBRAVA-DORES

A VENDEDORA DE FLORES, de mãos dadas com seus filhos (o futuro construtor de pontes e barragens e a futura esposa do prefeito), escapa por uma brecha na parede onde se lê numa placa: "Império de Franco". Do lado de fora, as veias abertas da América os esperam. O maquinista está a esperá-los na esquina e ajuda a carregar as malas. Andorinhas ainda voam pelo centro da cidade.

CENA 3 – BODAS ESPONTÂNEAS

O HOMEM DE SORRISO FÁCIL celebra na roda de amigos seu casamento com a bailarina, que pergunta a um aluno: que lugar é esse e que horas são? Ao ouvir do aluno que estão em Kingsley Hall e são 5 horas da tarde, a bailarina interrompe a cena e retoma o aquecimento. Agora, sim. Estamos todos em Trieste e são 11 horas da manhã. A mãe de santo ataca de marcha nupcial.

CENA 4 – O BAR, DEPOIS DO CURSO DE DEUSES

NA MESA DE SEMPRE, o maquinista e a camponesa decidem não mais tentar trazer Boal para dar um curso na cidade. Podem estudar e experimentar teatrar com outros aventureiros numa viagem à ilha desconhecida. Fica acordado que cada um convidará mais um ou dois, que tenham paixão por ilhas desconhecidas. Um grupo de bêbados no balcão entoa: "O que haveria para criar – se deuses existissem?"

CENA 5 - PRIMEIRA INCURSÃO: TEATRO CONVENCIONAL, E O AQUECIMENTO?

"VOCÊ PAGOU?", pergunta a terapeuta a cada um do grupo de terapia, antes de começar a sessão. O texto é encenado até um determinado ponto, quando então a cena é interrompida e o diretor convida a plateia a inventar o restante. Um devir? Quase nada acontece. As pessoas nos olham atônitas. (Alguns admiram a beleza do trapezista). Um jogral entra no palco e declama, em lamentação: "Ai, vós humanos, na pedra dorme para mim uma imagem, a imagem de minhas imagens! Ai, que ela tem de dormir na mais dura, na mais feia das pedras!"

CENA 6 - SOROCABANA E DANÇARINAS

MUITAS SETAS E PLACAS BRINCAM DE ESCONDER o caminho das pedras. Evita acende o candelabro para os amigos da Companhia, em ritual poético. Presenteia também um bando de vestidos de preto com uma fonte da qual jorram águas coloridas, onde a deusa da música passa a banhar-se. Os participantes se oferecem espadas, feridas, pequenas conquistas e pétalas perfumadas, dançando ao som das harpas certamente presentes atrás das árvores, junto aos faunos. Na volta, ouve-se um mantra indiano que vagarosamente vem a se transformar em rap.

CENA 7 - NA LOJA DA VENDEDORA DE FLORES

UMA TRUPE, AINDA USANDO SUSPENSÓRIOS, procura um nome. A escolha deve se dar pelo efeito-nome. Sucessivas tentativas, palavras são ditas e suas ressonâncias em cada um são expressas em movimentos conjuntos, como imagens concretas dos supostos nomes. Truperempstórias. Alvoroço, cores, sentidos, movimentos individuais que se harmonizam numa configuração não pensada por ninguém. Caras e bocas. Peremptório, o nome, enfim! Enquanto o professor dá aula de improvisação, duas ninfas no quintal cantam: "E meu martelo se enfurece cruelmente contra essa prisão. Pedaços da pedra pulverizam-se; que me importa isso?"

CENA 8 - PUVERDADE

Na sala de eventos, onde são comemorados mil gols de Washington Luiz, a foto de uma vítima assassinada no massacre de Eldorado de Carajás num caixão não escolhido por Sebastião Salgado (nem pela Truperempstórias) é colocada no chão. Aquecimento inicial da trupe: com base na observação da foto, intervir sobre ela, construindo o cenário por onde os participantes são convidados a passear antes de se sentar. Foi assim que acendemos velas em torno do caixão e colocamos flores. Entram as pessoas, em silêncio. Impactos. Multiplicações e multiplicidades, muitas estórias, uma história. "Heresia!", alguém grita da frisa. "Esta não é a estória contada", diz outro. Discussões calorosas, calos e rosas. Da geral, o coro do AfroReggae canta: "Mas do tempo e do devir devem falar as melhores imagens: um louvor, devem ser, e uma justificativa de toda a transitoriedade!"

CENA 9 - ANIMAÇÃO

Uma sequência de animação passa na TV. Alguns prestam atenção e outros comem pipoca. Um homem na entrada diz a cada um que entra: "Igual" ou "Diferente". Um casal namora no canto, nem igual e nem diferente, indiferente. Duas senhoras comentam indignadas que o filme devia ser proibido. Três jovens riem alto, sem tirar os olhos da tela. Sucessão de cenas: lutas antimanicomiais, museus e procissão em congressos, dissertação de mestrado, marcha contra o trabalho infantil, políticas públicas, gestão com pessoas, Paideias e Ágoras, aberturas de eventos, encerramentos, formaturas. Ao final, uns se despedem e outros brincam com as fantasias e objetos do velho baú. Uma mulher de meia-idade lê num bloco os bilhetes que nunca foram escritos e de repente ri uma sonora gargalhada.

CENA 10 - UMA CENA DEFINITIVA

A ESCRITORA SE VAI, querendo ficar, levada pela brutalidade. As luzes se apagam. Silêncio, a trupe está de luto. Por meio de muitos afagos, tenta desfazer a absurda violência. Do preconceito, do mercado, dos coronéis, das igrejas, do tráfico, dos muros intermináveis, de um simples bandido! Alguém na penumbra interrompe: "Mas pra que serve isso?"

"Pois que o homem seja redimido da vingança: esta é para mim a ponte para a mais alta esperança e um arco-íris depois de longas intempéries." Assim continua cantando um coro de pássaros e borboletas, pousados em adereços abandonados. Ainda canta agora, debaixo de minha janela.

◈

30

PASSARIM: TEATRO ESPONTÂNEO PARA CRIANÇAS E ADOLESCENTES

◈

THAÍS HELENA COUTO
E LISETTE LAUBI CONTATORE

Em 1994 iniciamos o Grupo Passarim...

UMA IDEIA, UM COMEÇO, MUITOS ENCONTROS

Morávamos na mesma rua de um condomínio de Campinas, éramos vizinhas e começávamos uma amizade que se estenderia pela vida. Ambas educadoras e trabalhando em clínica, trocávamos sempre ideias sobre nosso trabalho e alguns atendimentos, na tentativa de enriquecer nosso conhecimento com a experiência do "outro" e também compartilhar o que havíamos aprendido. Tínhamos uma questão que nos incomodava com algumas crianças e pré-adolescentes que atendíamos individualmente, sentíamos que talvez houvesse um ganho se eles pudessem se encontrar em algum espaço terapêutico que lhes desse um contorno para ser o que eram e poder viver e trocar seus sentimentos, dificuldades e facilidades, dores e alegrias, acertos e desacertos.

A maior parte deles vinha com uma queixa da escola, de problemas de aprendizagem, ou então de problemas de comportamento. Sabíamos o quanto isso era vago, assim como tínhamos consciência de que, por motivos diversos, muitos deles não haviam ainda podido descobrir, no espaço da escola e talvez até no familiar, aquilo que realmente carregavam como potencial. Percebíamos que nas sessões terapêuticas individuais havia progressos, mas também percebíamos que se houvesse um "outro" com quem pudessem fazer uma troca, próximo em idade, que tivesse angústias, medos e dúvidas similares, assim como eventuais sucessos, isso seria de muita valia.

E foi com esse desejo, e embasadas na nossa formação de psicodramistas, que nos juntamos à Eliza e resolvemos, com nossa bagagem de conhecimento e vida, montar um espaço que batizamos de Passarim. Nome inspirado em Guimarães Rosa, o grande escritor brasileiro.

Por que Passarim? O nome sugere imediatamente as palavras: liberdade, voo, leveza. O que queríamos como terapeutas é que cada um descobrisse seu mundo no qual poderiam ser livres, aceitando-se com seus limites e alcances, potencialidades, e com isso, mais em paz consigo mesmos.

Havia na casa da avó de uma de nós uma sala muito grande que ficava na parte de baixo da edificação. Um salão, na verdade, amplo e oco como um útero, pronto para receber os sonhos que queríamos que se tornassem realidade. Nós três com formações diversas – uma pedagoga, uma fonoaudióloga e uma psicóloga –, nós três com experiências teórica e prática em psicodrama, com muito desejo de ajudar as pessoas a se encontrar, a ser felizes.

Sabíamos que o psicodrama nos daria as ferramentas necessárias para tentarmos essa construção e, sem medo, arregaçamos as mangas e iniciamos nosso trabalho.

Tínhamos em mente que o mais importante seria a espontaneidade e a criatividade, pois isso já era preconizado por Moreno como a essência de qualquer realização humana que envolvesse o "ser" por inteiro e que lhe trouxesse sentido verdadeiro. Assim, arrumamos algumas almofadas, tapete, fantasias que facilitassem a criação do mundo do "como se...", explicamos aos pais a nossa proposta e convidamos seus filhos a participar.

E dessa forma nasceu o Passarim.

O primeiro encontro foi marcado por timidez e recolhimento. Sabíamos que não poderia ser diferente e entendemos essa fase como um momento importante do processo. Era uma proposta nova para todos nós e acolhíamos esse acontecer como algo importante e necessário.

E assim foi. Com o passar dos encontros, que aconteciam semanalmente, fomos percebendo o amadurecer do grupo, nosso amadurecer nesse novo caminhar.

O espaço dramático já era entendido pelas crianças e pelos adolescentes. Nele, eles traziam dores, sofrimentos e soluções. Conseguiam, como Lisette costumava dizer, dar o "pulo do gato", que seria exatamente achar a saída necessária para uma determinada situação. Ao trabalhar o drama de um protagonista, ficava claro, como a teoria moreniana já havia afirmado, que muitas histórias pessoais eram complementares e também eram trabalhadas e transformadas.

Aos poucos recebíamos o retorno dos pais, dizendo que seus filhos pareciam diferentes, mais seguros, menos "reclamões", mais maduros em seu comportamento. Da escola também recebíamos informações dizendo que os alunos estavam mais atentos e interessados e algumas dificuldades que eram apresentadas já quase não apareciam.

Isso tudo, com certeza, deu muito ânimo ao nosso trabalho. Sentíamos e constatávamos que aquilo que estávamos fazendo atingia nosso objetivo. Logicamente, cada vez que terminávamos uma sessão de grupo, em nosso íntimo e na forma como cada um se posicionava e ia embora, tínhamos a percepção de que tudo fluía, que o espaço que estávamos construindo realmente fazia sentido para todos e contribuía para a construção do "ser" de cada um. Nosso sentimento não era diferente das pessoas que atendíamos e dirigíamos, pois a cada encontro nutríamo-nos com tudo que no Passarim se desenrolava.

NOSSA ROTINA

UMA DAS MÚSICAS do grande poeta brasileiro Chico Buarque de Holanda fala da rotina de uma mulher, em que "todo dia ela faz tudo igual". Essa música traz em seu bojo a ideia da repetição, atos contínuos que se tornam cíclicos, como o girar de uma roda. Não há criatividade, espaço para o novo, tudo tem seu lugar pré-arranjado, predeterminado, tudo é previsível.

Então, se falamos em Moreno, psicodrama, por que falamos em rotina no Passarim? Pensamos nessa palavra como filha da palavra "rota". Ora, se queremos ter sucesso numa caminhada, se queremos ir a um lugar nunca antes pisado por nós, é importante que tracemos uma rota que nos guiará, para que não nos percamos em veredas que não nos ajudarão a atingir nosso objetivo. E dessa forma nos reuníamos sempre, antes de cada encontro. Conversávamos sobre os encontros anteriores e, refletindo sobre eles, traçávamos uma nova rota para o encontro seguinte.

Havia nisso um contorno, contorno que também se fazia presente no momento da chegada, que era marcado pela "Hora da novidade". Nesse momento, em círculo, com todos se olhando, falávamos sobre a nossa semana, sobre o que havia acontecido na nossa vida. Nós terapeutas também nos incluíamos nesse compartilhar, e dessa forma sentíamos que estávamos mais perto de todos do grupo. Percebíamos que já ali havia um aquecimento implícito, começávamos nas conversas e trocas a vislumbrar quem seria o protagonista daquele dia e então passávamos para uma atividade de aquecimento direcionada. Como éramos três, havia sempre uma diretora, e duas de nós ficávamos como ego-auxiliares.

A cena principal era dramatizada depois que o grupo escolhia a história que iria ser trabalhada. E aí, muita situações foram vividas intensamente. Embora tivéssemos consciência do que Moreno ensinara em sua teoria sobre as descobertas que os momentos de espontaneidade podem nos proporcionar, fomos surpreendidas, inúmeras vezes, com o que era criado pelo grupo no espaço do Passarim.

Esse espaço também tinha seu contorno. Os encontros aconteciam uma vez por semana e duravam duas horas em média. O espaço, o salão, tinha seu palco demarcado com uma fita crepe, para deixar clara a linha tênue que separa a realidade da fantasia. Havia um arsenal variado de roupas de adultos, chapéus, espadas, máscaras, maquiagens, sapatos, botas, aventais, para que pudessem ser usados no momento da cena. Na sala do palco, um grande espelho e almofadas coloridas ficavam espalhadas pelo chão para acolher cada pessoa que fazia parte do grupo.

Na "Hora da novidade", os assuntos mais diversos surgiam. Poderiam ser desde "Meu gato fugiu" como também "Fiquei de castigo porque fumei com meu primo". Tudo era importante, ouvido e acolhido num clima de camaradagem e respeito.

O fato de cada membro do grupo vir de uma escola diferente, de um outro bairro, ou até mesmo de realidades econômicas diferentes, enriquecia muito a troca. Enquanto um deles não podia sair de casa nas férias porque precisava cuidar da irmãzinha, o outro ficava dois meses de férias no exterior. Um tirava só notas altas, mas não tinha amigos, outro precisava de ajuda para entender o conteúdo.

Os temas protagonizados eram variados. Podiam ser paqueras, problemas com os pais, com os amigos, na escola, viagens etc.

VER "UM NOVO INTEGRANTE", NA PÁGINA 398

Quando existia a possibilidade de entrada de **um novo integrante** no grupo, uma semana antes nós avisávamos a todos que já faziam parte do Passarim e perguntávamos se eles aceitariam mais uma pessoa. Havia um limite para cada grupo. Para o grupo das crianças estipulamos dez pessoas como limite; para o de adolescentes, doze a treze pessoas. Esse cuidado, Lisette o trouxe de Tietê, da Companhia do Teatro Espontâneo, onde cada um era visto e recebido com respeito, pois só assim o espontâneo e verdadeiro pode vir a fluir.

Fato recorrente e até engraçado, mas próprio da criança e do adolescente, era quando a pessoa vinha a primeira vez e alguém lhe perguntava diretamente: "Qual é o seu problema?" Uns diziam que era timidez, outros que trocavam letras ao escrever, falta de atenção. A partir daí, era bem-vindo, porque o novo integrante era percebido como alguém que tinha suas dificuldades e, de alguma forma, já as assumia, e se estava no Passarim era para tentar superá-las.

Nem sempre a dinâmica era o psicodrama. Às vezes percebíamos que, ao dar espaço para algumas expressões artísticas, contribuíamos para o autoconhecimento e a autoestima de cada um.

Numa das vezes, eles fizeram máscaras de gesso tomando como molde seu próprio rosto. A música também era nossa companheira, costumávamos colocar instrumentos musicais, confeccionados por eles ou não, para usarem de acordo com seus desejos, durante as cenas.

A cada dois meses fazíamos reuniões com os pais. Na primeira parte, havia uma conversa descontraída, com espaço para dúvidas e reflexões. Na segunda parte, utilizando técnicas psicodramáticas, encenávamos cenas com histórias trazidas pelos pais sobre suas dificuldades com seus filhos. Eles gostavam tanto que chegaram a pedir um grupo Passarim para eles também!!!

TUDO QUE TEM UM COMEÇO TEM UM FIM

O Grupo Passarim durou cerca de seis anos.

Sempre nos perguntamos se efetivamente esse trabalho atingiu seu objetivo.

Lisette teve a alegria de, recentemente, receber a visita de uma jovem que fez parte do Passarim e está no último ano da faculdade. Seu depoimento foi: "O grupo me ajudou muito, porque quando fui para uma empresa, para ser supervisora, eu precisava dar treinamento, falar mais alto, coordenar". E continua: "Ainda bem que pude fazer tanto teatro com vocês".

As pessoas que começaram junto com o Passarim já não precisavam mais dele. Os pássaros haviam empenado e estavam prontos para voar. Sendo assim, o que mais poderíamos fazer se não ficarmos felizes com esses voos?

Parafraseando o sucesso de Elis Regina, na parede da nossa memória a lembrança do Passarim é o quadro mais vivo e alegre. Algo que gostávamos muito de fazer, algo que propiciou o desenvolvimento de todos que por ele passaram.

Mas, é preciso dizer, ele só pôde acontecer graças a nossa formação e à supervisão da Companhia do Teatro Espontâneo, pelos ensinamentos de Moysés Aguiar, Miriam Tassinari e Angela Reñones.

◈

UM NOVO INTEGRANTE

A proposta de um grupo aberto, com a possibilidade de entrarem alunos novos a qualquer momento, enquanto os que completavam a carga horária iam se desligando, foi uma das inovações mais importantes para caracterizar a proposta da Escola.

Na verdade, o modelo não é exatamente novo. Em geral, os grupos de psicoterapia funcionam mais ou menos assim, com a diferença de que as saídas não são programadas, elas também podem ocorrer a qualquer momento.

Na Escola também ocorriam desligamentos precoces. Algumas pessoas iam apenas uma vez e não mais voltavam (admitíamos, deliberada e abertamente, a possibilidade de termos alunos visitantes), sendo que outras frequentavam durante certo tempo e depois se afastavam, temporária ou definitivamente. Esse fenômeno conferia ao grupo uma enorme mobilidade se acrescentarmos, ainda, as faltas ocasionais.

Assim, a cada encontro tínhamos praticamente um grupo novo, se considerássemos o conjunto de pessoas que, naquele momento, o integravam. No entanto, o grupo era o mesmo, pois tinha uma história, uma cultura que se construía passo a passo, um jeito de funcionar, valores, rotinas e rituais que se mantinham ao longo dos encontros, a despeito do movimento de constante renovação.

Lidar com as perdas e aquisições sempre foi e continuará sendo um desafio para os grupos de qualquer natureza. O psicodrama, ao abordar esse fenômeno, o faz por meio da vinculação com o conceito de identidade.

O novo membro de um grupo, quando nele ingressa, ainda não pode ser considerado portador da identidade de membro desse grupo. Ele é um estranho, um adventício. Precisa passar por um processo de iniciação, formal ou informal, batizado na teoria do psicodrama de "matriz de identidade". Trata-se de um conjunto de experiências por meio das quais o novato se apropria da cultura do meio no qual está ingressando, identifica quem é quem, quais os papéis que lhe são atribuídos, os códigos de comunicação interna, adquirindo, pouco a pouco, o sentido de pertença, até que se reconheça e seja reconhecido.

Ocorre que também o grupo é parcialmente transformado pela presença do recém-ingressado. Ele traz algum tipo de contribuição nova, interfere na dinâmica das relações internas e, por vezes significativamente, também as externas. De certa forma, seria possível dizer que também a identidade do grupo sofre uma mudança: antes, era o "grupo sem o fulano" e agora passa a ser o "grupo com o fulano". Um processo inverso ao do luto, em que a transformação se dá em sentido oposto. Em outras palavras, a matriz de identidade não é um processo de cunhagem do novo elemento: é um momento de significativas transformações simultâneas e articuladas na história do grupo e do indivíduo em questão.

A facilitação desse processo é uma das práticas mais importantes na coordenação de grupos. Existe um amplo arsenal de técnicas, normalmente utilizadas para esse fim, conhecidas como técnicas de integração. Em geral, elas pecam pelo pressuposto da unilateralidade: o que entra é que vai ser integrado ao todo preexistente, sem se levar em conta o impacto gerado neste último pela nova presença. Também costuma merecer menor atenção o processo de perda, salvo nos grupos terapêuticos.

No caso da Escola, tínhamos um desafio especial, posto pela extrema mobilidade na composição do grupo. De certa forma, se fôssemos dedicar o tempo que normalmente se dedica ao trabalho com essas mudanças, praticamente não nos sobraria tempo para mais nada.

Interessante foi observar que com o tempo o grupo foi amadurecendo na linha da permeabilidade, ganhando agilidade nos processos de adaptação e resiliência. Mais do que isso, uma sensibilidade maior para identificar o quanto de investimento se fazia necessário, caso a caso, para facilitar a integração de um novo companheiro.

Não apenas os professores se encarregavam de propor atividades de integração. Os próprios estudantes, nos espaços informais e no comportamento demonstrado em sala, iam tratando de responder às necessidades específicas.

Ao mesmo tempo, o grupo foi adquirindo uma sensibilidade maior para lidar com as perdas, avaliando seu impacto também caso a caso.

Isso não quer dizer que não tenham ocorrido crises, algumas delas culminando com a "expulsão" de calouros com reciprocidade de escolha negativa na relação com o grupo como um todo. No caso das perdas, algumas eram mais doloridas e exigiam um tempo maior para a recomposição do átomo social.

Do ponto de vista educativo, foi uma experiência muito potente. A frequência com que ocorriam as transformações grupais, associada a uma grande variação de singularidades, oferecia não apenas um panorama mais rico, do ponto de vista cognitivo, para a compreensão da grupalidade, mas também uma vivência profunda e significativa no plano afetivo.

Na perspectiva ética, o sentido de responsabilidade para com o novo e estranho, o comprometimento com a comunidade nesses momentos críticos e o cuidado para consigo mesmo se mostraram um bloco compacto e indivisível, um avanço em relação ao individualismo narcísico mais comumente apregoado e incensado contemporaneamente. Vista por essa ótica, a emancipação se amplia pela abertura a mais essa linha de sentido. ■

31
SABATINANDO MOYSÉS AGUIAR

◈

PEDRO MASCARENHAS

Esta entrevista foi realizada por pessoas convidadas pelo próprio Moysés Aguiar para sabatiná-lo, ao estilo "Roda Viva", sobre a experiência da Companhia do Teatro Espontâneo. Por motivos operacionais, aconteceu em dois tempos, no mês de setembro de 2008, em São Paulo. Na primeira rodada estavam presentes Agenor Moraes, Marcia Batista, Pedro Mascarenhas e Wilson Castello de Almeida; na segunda, José Fonseca e Pedro Mascarenhas, que coordenou e editou as conversas.

PEQUENA BIOGRAFIA PROFISSIONAL

Moysés Aguiar formou-se em psicologia pela Universidade de São Paulo, em 1965. Fez especialização em psicologia da arte na Universidade Estadual Paulista (Unesp). Sua formação em psicodrama começou no Grupo de Estudos de Psicodrama de São Paulo, sob a coordenação de Jaime G. Rojas-Bermudez. Posteriormente, foi paciente e supervisionando de Dalmiro M. Bustos. Titulou-se psicodramista pela Sociedade de Psicodrama de São Paulo, com a monografia "Psicodrama e rematrização ideológica", defendida perante banca integrada por Alfredo Naffah Neto, Anibal Mezher e Antonio Carlos Cesarino. Recebeu também credenciais da Federação Brasileira de Psicodrama, como terapeuta de alunos e professor-supervisor.

Publicou os livros *Teatro da anarquia, O teatro terapêutico* e *Teatro espontâneo e psicodrama.* Organizou *O psicodramaturgo.* Participou como coautor de vários livros, alguns publicados no exterior (Alemanha, Inglaterra e Hungria). Ao mesmo tempo, prefaciou vários autores brasileiros e argentinos. Traduziu para o português *O personagem no psicodrama,* de Carlos Calvente; *Psicodrama e terapia sistêmica,* de Chris Farmer; *A primeira família psicodramática* e *Quem sobreviverá?,* de J. L. Moreno; *A quintessência de Zerka,* coletânea de textos de Zerka Moreno; *O essencial de Moreno,* coletânea de textos de J. L. Moreno, organizada por Jonathan Fox; além de *Psicodrama no século XXI,* de vários autores. Paralelamente, revisou diversas traduções de livros psicodramáticos publicadas em português. *Teatro da anarquia* foi publicado no Chile.

Foi professor na Sociedade de Psicodrama de São Paulo e atualmente leciona no Instituto de Psicodrama e Psicoterapia de Grupo de Campinas. Paralelamente, coordenou vários cursos, workshops e supervisões em entidades de psicodrama do Brasil e do exterior (Chile, Argentina, Equador, Bolívia, Inglaterra e Alemanha). Fundou e dirige a Companhia do Teatro Espontâneo.

O COMEÇO DA ESCOLA DE TIETÊ

– Para começar, eu gostaria que você fizesse um pequeno histórico da Escola. Como e quando começou?

– A Escola funcionou de junho de 1989 até 2004, passando por Tietê, Capivari e Campinas. Para a primeira aula, em Tietê, nós tínhamos contratado uma sala num consultório de dentistas, que ia ficar vaga, mas no dia de começar ela não tinha sido desocupada ainda. O pessoal veio de várias cidades, se encontrou lá e aí nós fizemos a primeira aula na sala de espera do consultório. Antes da aula seguinte, nós descobrimos que tinha uma casa disponível no centro da cidade. Nós a alugamos e ficamos lá um ano, em 1989-90. A casa perturbava muito a vida da cidade com barulho, agito; nada contra a moral, mas diziam que era a "casa da luz vermelha". Então, o dono da imobiliária que nos alugou a casa veio pedir para a gente desocupar, disse que ela tinha sido vendida e que ele tinha uma casa numa chácara e se a gente não queria trocar; aí nós fomos para lá, muito melhor.

– Que foi que mobilizou você a criar a Escola de Tietê?

– Eu tinha um sonho, um projeto pedagógico de psicodrama, e eu tentei vender a ideia, primeiro no Instituto de Campinas. Só que na hora de colocar em prática ela foi desvirtuada e a essência da proposta não pegou, então não deu certo. Não deu certo porque não foi feito do jeito que eu tinha imaginado. Aí, depois, eu tentei também levar a proposta para outra entidade e também não vingou. Eu fiquei com aquela coisa: como é que se poderia fazer? Foi quando resolvi organizar uma escola na qual eu pudesse colocar em prática.

– Quais eram essas ideias?

– Como princípio pedagógico, tínhamos várias questões. A primeira era a integração de teoria e prática, que na época os cursos eram muito fragmentados, com várias disciplinas. Em geral essas disciplinas não se comunicavam e havia uma dissociação enorme entre a teoria e a prática. Essa era uma das ideias. A outra, que é associada a isso, era fundamentar a aprendizagem na vivência psicodramática e não ter a terapia psicodramática como um acessório ao curso, mas trazer essa experiência para o centro da aprendizagem. Basicamente, eram essas duas questões.

– Se a gente for pesquisar o nome das escolas no Brasil, nenhuma leva o nome de teatro. A sua escola chamava-se Companhia do Teatro Espontâneo, e eu acho que não foi à toa que você colocou esse nome, o teatro espontâneo, como título da escola. Ela não tem explicitamente o nome de psicodrama, uma escola de psicodrama de Tietê, ou escola de... Mas oficialmente é Companhia do Teatro Espontâneo. Essa questão de diferenciar teatro de psicodrama, ou juntar teatro com psicodrama era um propósito da sua escola?

– Eu não me considero pioneiro nisso, acho que fui no rastro do Ronaldo Pamplona, da Reo Monteiro, da Vania Crelier e outros que faziam teatro espontâneo com eles. Na verdade, o meu desafio em relação ao teatro foi a hipótese de que, conhecendo melhor o teatro, a gente teria mais recursos técnicos para o psicodrama. E teóricos também, numa ampliação dos conhecimentos teatrais que poderia trazer subsídios importantes para aprofundar o psicodrama. E aí eu comecei montando um grupo para estudar teatro e dentro desse grupo surgiu a questão: bom, espera aí, Moreno fazia teatro espontâneo, como é que é, como é que era o teatro espontâneo que Moreno fazia? Ninguém sabe, o que está descrito já é coisa mais lá na frente, e ele não detalha como é que ele fazia no começo. Ele faz comentários sobre, mas como era a prática... Bom, o grupo começou a estudar e veio a ideia de não só estudar teatro, mas também fazer teatro, um desafio levantado pela Irene Stefania, que fazia parte do grupo. E daí começou a crescer essa ideia do teatro espontâneo. Isso, antes de 1989. Quando surgiu a questão da formação em psicodrama, fui juntando e acho que essa ênfase no teatro espontâneo já estava lá. Mas o nome era Escola de Psicodrama. Muito depois, no meio do caminho, a gente começou a chamar de Escola de Psicodrama e Teatro Espontâneo.

– Hoje você faria de novo?

– Olha, hoje eu não faria, mas por cansaço, porque empreender dá muito trabalho.

– Modificaria alguma coisa, você mudaria a ênfase, o que você mudaria?

– A ênfase eu manteria. Talvez eu mudasse hoje a estratégia, em termos de ser uma coisa menos individual e mais uma criação coletiva. O que aconteceu foi que eu tinha o projeto e chamei pessoas e disse: olha, o projeto é esse, vocês querem trabalhar nele? As pessoas toparam e aí, na prática, aperfeiçoaram o projeto, detalharam. Era preciso fazer ajustes e isso era feito coletivamente, mas eu acho que hoje eu colocaria o coletivo numa etapa anterior.

POR QUE ENCERROU A EXPERIÊNCIA

– Você acha que foi essa questão, essa contradição entre o coletivo e o que era a sua ideia, que determinou o fim da escola?

– Não sei, eu não tenho perspectiva para avaliar o que aconteceu. Eu acho que mudaram as condições para todo mundo, nós fechamos a escola no momento que outros cursos de psicodrama também foram fechados. A minha explicação é que nós tínhamos um custo muito alto e precisávamos ter mais alunos para poder manter o preço que a gente cobrava, que já era caro, em relação ao mercado, e então ficou economicamente inviável. E acho que também teve uma outra coisa, aquele sabor de novidade foi se perdendo. Uma das coisas que inspiraram, do ponto de vista pragmático, o modelo de Tietê foi a constatação de que, nos cursos de psicodrama da época, as turmas começavam, sei lá, com 20 estudantes, e com o tempo iam perdendo alunos e acabavam ficando turmas de 7, 8. Sempre tinha essa perda, e isso em termos econômicos representa uma dificuldade enorme. Então, nessa proposta de trabalhar com grupo aberto de formação, em que conviviam alunos de vários níveis de aprendizado, o grupo ia se renovando e isso economicamente ajudou. Ficaria mais viável, e até foi. A questão é que nós estávamos com uma infraestrutura que era pesada, uma chácara alugada, tinha caseiros, tinha... uma coisa assim, que era muito grande, e subaproveitada, era uma estrutura subaproveitada. Que aliás foi o que aconteceu com o Instituto de Campinas agora: fechou a sede, que era também uma sede muito grande e subaproveitada, com um custo muito alto. Como o Instituto ainda funciona no esquema de turmas fechadas, vai perdendo alunos, vai perdendo receita, a coisa é complicada.

– Acho que nem é só a questão econômica, acho que é a questão econômica e a questão da organização da formação em torno de uma pessoa. Eu acho que isso se torna politicamente difícil de ser sustentado a longo prazo. Mas é interessante porque, do que eu observei na Europa, os formadores são basicamente pessoas. E nos Estados Unidos também. Tenho impressão de que esses cursos de formação são baseados muito na vivência, na parte terapêutica. Aqui nós temos uma cultura que rejeita esse centralismo.

– Eu acho que esse modelo do Brasil foi um modelo na verdade tomado da experiência que nós tivemos com o Bermudez, porque tinha a parte terapêutica, central, e aí a partir de um ponto nós começamos a ter seminários, "talleres", como eles falavam, teóricos, treinamento papel de diretor etc., mas a parte central era terapêutica. Agora, lá nos Estados Unidos e na Europa tem muitos líderes pessoais que dão formação, alguns têm um nome, e outros nem têm nome, quer dizer, é um indivíduo que está habilitado a ser didata, ele tem lá um grupo dele e ele é o responsável pela formação. Claro que existe uma normatização mínima. Então eu acho que lá tem mais chance de existir do que aqui no Brasil, no momento, porque numa sociedade com vários sócios você tem de contemplar todos os professores, ali tem um professor e ele convida quem ele quer, como o Moysés fazia, para ir dar aula lá.

– Acho que a escola também começou a fraquejar na hora que eu comecei a fraquejar. Você tem de se dedicar muito. É um projeto de vida, central na vida. Você tem de ganhar um mínimo, você é um profissional também. Mas como não tem uma rentabilidade suficiente, então você precisa se dedicar a outras coisas, e aí...

– Uma coisa que para mim era bastante clara na sua iniciativa era a sua capacidade de liderança. Eu percebia isso, eu sentia isso, o pessoal tinha um certo encantamento com suas ideias, com a sua pessoa. A minha pergunta é a seguinte: O fator, esse fator que pesa em todos os grupos, a revolta dos filhos contra o pai, aconteceu?

– Ah, sim! As pessoas que estavam lá com a gente, no QG da escola, todas saíram e fizeram um caminho próprio, que eu não acho ruim, não, porque algumas pessoas continuaram. A gente continua com um relacionamento muito bom. Teve gente que explicitamente não quis ser mais identificado com a escola, porque – dizia – "atrapalha a vida... politicamente..." Uma delas me disse claramente: "Não me comprometa e me inclua fora disso". Algumas pessoas tiveram um afastamento mais discreto, e outras pessoas que tiveram afastamento mais... As pessoas cresceram lá e depois mudaram de ideia, pegaram outros caminhos, de fato não queriam exatamente outro caminho para a escola, saíram das asas da chefe, sabe? Se ficassem, elas teriam de continuar com a minha liderança – e, nesse caso, se o projeto crescer, quem cresce é o Moysés, é ele quem está crescendo. As pessoas se afastaram para poder crescer. Eu acho que foi isso, e acho que foi bom, porque as coisas que vieram depois foram muito valiosas. Eu não acho que faltou um salto para uma criação mais coletiva, eu acho que assim está bom, não precisa ter uma instituição... Terminou quando tinha de terminar e não precisava continuar. E continuou por meio de outras coisas. Olha, o teatro de reprise, de alguma maneira o *playback*, o teatro de criação, o trabalho da Cida Davoli, o trabalho da Cláudia Fernandes...

– Você ganhou dinheiro com a escola?

– Não. Perdi.

– Muito?

– Eu não sei quanto eu perdi, porque eu tinha o consultório e o que eu ganhava no consultório a escola levava, era um sorvedouro do dinheiro. O dinheiro que entrava não cobria... nunca cobria. Durante os dez anos, nunca cobriu. Piorou, foi piorando a situação.

– É bom que se registre que você não sabe mexer com dinheiro. É bom que se registre, essa que é a verdade. Que você tem um bom produto, mas não sabe vender.

– Aliás, o único evento em que a gente ganhou dinheiro, quero registrar aqui, se deve ao fato de que o Agenor assumiu o controle e não me deixou tomar as decisões, que foi o evento para comemorar os 10 anos da escola.

– Existe um movimento no psicodrama de resgate do teatro espontâneo?

– É uma coisa interessante, que esse resgate vem acontecendo simultaneamente em vários lugares do mundo, não foi uma coisa nossa aqui, eu não sei que fenômeno é esse. É mundial. Estados Unidos, Suécia, Itália. Argentina, Uruguai, Cuba, Venezuela, a América Latina, México... Atualmente, mais recentemente, tem acontecido o Fórum Latino de Teatro Espontâneo, primeiro na Argentina, depois no Chile, logo mais vai ser no Uruguai.

POLÍTICA

– Qual era a proposta política da Escola de Tietê, no sentido mais restrito e num sentido amplo, posto que me parece que você fez um investimento muito importante, efetivo, da sua vida, dos seus ideais?

– É, eu acho que dizer que eu tinha um objetivo político muito claro com a escola seria forçar um pouco a situação. Eu pessoalmente tenho um comprometimento político, eu sempre fui militante, um entusiasta de movimentos de esquerda... Mas eu não diria que tinha um projeto político para a escola. Acho que tem um comprometimento pessoal, e a gente, principalmente mais no começo da escola, a gente convocava pessoas que a gente sentia que tinham afinidade com essa visão sociopolítica, então ela permeava a nossa atividade.

– E o negócio da Febrap, você não quer falar? A propósito, na época houve muito, muito buchicho, muita fofoca e você ficou como *enfant terrible*, que queria destruir a Febrap e coisas tais. Não deram chance para você...?

– Eu acho duas coisas: primeiro, eu nunca me desvinculei da Febrap. Eu sempre fui membro de alguma entidade que estava ligada à Febrap, tanto que eu participava de congressos, normalmente. Agora, o que aconteceu foi que esse projeto pedagógico não tinha condições de ser reconhecido pela Febrap na época... Pela questão de pertencer a uma pessoa e também curricularmente. No começo eu não queria, porque eu não queria me submeter a um currículo convencional.

– Quais eram as questões curriculares?

– Primeiro, a questão da pulverização do currículo. A Febrap tinha lá: teoria moreniana, psicopatologia, psicanálise, ateliê de ego-auxiliar, ateliê de diretor... A outra coisa era a questão de centrar o ensino na vivência psicodramática. Nós não tínhamos a terapia obrigatória externa. O trabalho que a gente fazia tinha um efeito terapêutico. Essa premissa é o eixo da formação, que é diferente do que a Febrap exigia. Então, mesmo que nós fôssemos uma entidade sem fins lucrativos aquele currículo não nos interessava. Então foi, acho que foi um desafio, sim, nesse sentido, eu achava que dava para fazer um curso de qualidade sem ser dentro dessas normas que a Febrap estabelecia. Agora, houve sim algumas tentativas de aproximação da escola com a Febrap. Pelo menos duas foram bem marcantes. Uma, no tempo que o Luiz Amadeu era presidente; depois de 5 minutos de conversa nós chegamos à constatação de que não tinha jeito mesmo. E depois, mais tarde, no primeiro mandato da Marlene Marra, tivemos uma conversa um pouco mais prolongada, num jantar, e do ponto de vista do currículo mínimo, que naquele momento já estava flexibilizado, até havia a possibilidade de filiação. Mas aí esbarramos na questão da personalidade jurídica, nós não tínhamos personalidade jurídica e também não tínhamos condição...

– Acho que eram várias coisas: era personalidade jurídica, a questão de ser com fins lucrativos, que depois caiu, a questão do currículo, que a Febrap tinha uma especificação de cargas horárias muito específicas por matéria, vocês tinham temas emergentes, percorriam aquele currículo, mas numa carga horária conforme a emergência do grupo, tinha a questão da monografia, que vocês não exigiam monografia, e a Febrap exigia monografia... A questão da terapia, que existe pela Febrap a necessidade de fazer terapia com um terapeuta credenciado, não especificando se é dentro do curso ou fora do curso, mas era opinião corrente que tinha que ser fora do curso, embora não estivesse especificado claramente. Isso era uma das dificuldades na época, que hoje até não seria tanto, acho que isso já não está tanto assim.

– Em relação à monografia, eu penso que escrever não é todo mundo que consegue fazer bem, o que não significa que as pessoas não tenham muito conhecimento nem muita criatividade Só que escrever é uma habilidade à parte. Agora, como integrar isso eu não sei... Em relação à carga horária da terapia é uma questão que ainda persiste. Acho que algumas questões ainda persistem, outras acho que não. Agora, do ponto de vista mais restrito, do movimento psicodramático, a única coisa que a gente tinha claro era: o nosso projeto não se enquadra nas exigências da Federação, e então, para que a gente possa desenvolver esse projeto é melhor que a gente fique como uma entidade não federada. Isso, muita gente não entendia na época, que não tinha um sentido de contestação da instituição Febrap, do projeto Febrap, simplesmente era uma tentativa de garantir a nossa autonomia, principalmente do ponto de vista pedagógico, que a gente tinha uma estrutura que não se enquadrava. Mas acho que a Febrap mudou, a Febrap hoje não é a mesma de 20 anos atrás. Ela mudou em termos de estrutura, do jeito de funcionar, das regras, mudou a cabeça... Há uma contradição aí, porque em algum momento era vantagem, mercadologicamente. O tipo de aluno com que a gente contava era pessoas que gostavam de não ser enquadradas. Inclusive a gente perdia alunos que queriam uma escola institucionalizada, era uma faca de dois gumes. E alguns que fizeram o curso com a gente, depois sentiram necessidade de titulação e acabaram buscando instituições federadas.

– Você apresentava Tietê como uma escola que não era da Febrap, e se inscrevia por outra entidade nos congressos como alguém que era filiado e...

– E que fazia questão de não ser da Febrap.

– Então, essa posição sempre ficou muito ruim para você, porque você se inscrevia como filiado e durante todo o congresso você se apresentava como não filiado e aí isso criava uma sensação de confronto constante: eu quero ser o *enfant terrible* do psicodrama. Mas você se dava conta disso?

– Em certo sentido sim, mas... eu vou acrescentar um detalhe aí. A sensação que dava é de que isso era uma vantagem para a Companhia do Teatro Espontâneo, não ser associada a nenhum tipo de entidade que amarrasse a instituição com regras e normas. Agora, a ideia do *enfant terrible* é mais geral do que a Febrap, eu acho que... eu me vejo assim em todo lugar que eu vou, acabo criando essa imagem, então não é específica. Eu acho que era tudo uma coisa de ordem política, e eu acho que sou politicamente inapto. É muito por conta disso.

– O que ficou da experiência política? Porque, como você explicou, seu objetivo direto não era fazer uma contestação à Febrap; mas evidentemente, não sejamos ingênuos, era uma contestação à Febrap, posto que havia uma escola no Brasil que formava alunos, psicodramistas, de uma maneira diferente, e que esses alunos passavam a ser psicodramistas também. Então, houve uma contestação, à medida que a proposta já era contestadora e, evidentemente, isso lhe causou também oposições. Eu lembro que na ocasião uns atacavam, outros elogiavam etc., quer dizer, você fez uma conturbação política, que talvez tenha sido até positiva nesse resultado.

– A gente pode falar de professores e de alunos. De professores, eu diria que a maioria dos professores acabou se ligando novamente ou aprofundando sua ligação com as entidades federadas. Alguns ficaram fora, entende? Mas esse ficar fora, eu já nem diria que fosse uma consequência direta da experiência da escola, mas por outras razões. Isso, em termos dos professores. Agora, dos alunos, acho que tem uma coisa que é importante: quando o aluno entrava, ele sabia que não teria um certificado com reconhecimento da Febrap, então os candidatos a alunos que faziam questão desse certificado a gente encaminhava pra uma escola que fosse federada. Agora, depois, alguns alunos sentiram a necessidade, então eles procuraram uma complementação, por não ter o certificado. Tem um ex-aluno que é professor no Instituto de Campinas hoje, depois de ter passado por um processo... Agora, mas isso são poucos, dá pra contar nos dedos os alunos que fizeram isso. Os outros estão por aí. Nem todos viraram psicodramistas. Eu acho até que se a gente for fazer uma pesquisa a gente vai ver que talvez a maioria nem trabalhe com psicodrama. Ficou como uma experiência de vida. E isso é em geral considerado o principal resultado da passagem pela nossa escola.

– Você acha que esse tipo de princípio norteador da escola, esse tipo de princípio pedagógico que você acabou de explicar tão bem, ele necessariamente precisa se estruturar em torno de uma pessoa? Ou isso pode acontecer em torno de uma instituição mais associativa?

– Eu acho que o fato de a escola estar centrada no meu projeto pessoal foi uma estratégia para aquele momento, aquela circunstância. Eu não fecharia questão em torno disso. Agora, por outro lado, o tipo de instituição associativa... não me detive em pensar, mas por exemplo, lá em Campinas hoje nós estamos diante desse impasse: ou fechamos o instituto ou transformamos numa cooperativa de professores. Em princípio, eu não fecharia questão em torno desse modelo, eu acho que é possível tentar. Talvez seja, sim, um fato novo, que não era na época, que hoje a educação vem sendo pensada de um jeito diferente, mais próximo dessa nossa proposta. Tem o pensamento construtivista, que está hoje de certa forma predominando nas discussões sobre os processos educacionais, Paulo Freire também, toda a influência de basear o aprendizado fundamentalmente na experiência concreta... Isso são questões que hoje de certa forma estão dominando o cenário da educação. Então, hoje talvez haja mais abertura pra esse tipo de proposta, mesmo na condição de uma entidade associativa, você tem mais abertura para isso.

PROPOSTAS PEDAGÓGICAS INOVADORAS

– O que ficou da experiência em termos de propostas pedagógicas?

– Eu acho que teve duas opções que a gente fez na escola e que depois que nós fizemos parece que ficou mais fácil de outros fazerem. Não que a gente tenha sido o pioneiro ou pai da ideia. Mas a primeira coisa foi oferecer formação de psicodrama independente da profissão da pessoa, a mesma formação para todos, idêntica, idêntica, idêntica; não tinha nenhum tipo de discriminação. A gente só fazia supervisão dentro da respectiva área de atuação, mas aí não só para os terapeutas, para todos. Mas curricularmente a formação era idêntica. Eu acho que na época tinha muito essa ideia de separar, mas a gente bancou a formação conjunta. Porque eu considero que o psicodrama independe da aplicação que você vai dar. A aplicação é uma opção muito variável.

A segunda coisa foi a estrutura centrada numa pessoa. Não era uma associação, era uma pessoa, tanto que a gente mesmo nunca poderia ter sido admitido na Febrap, por faltar essa condição naquela época. Mais especificamente, vamos ver se eu consigo fazer uma síntese aqui. Um aspecto importante é ter um grupo aberto, um grupo aberto de alunos que vai se renovando; a cada momento qualquer pessoa pode ingressar no grupo e a exigência que se faz é cumprir toda a carga horária – não apenas uma porcentagem da carga horária, mas a carga horária integral – e depois está liberado. Dentro do mesmo grupo estão pessoas com tempo de curso diferente, tem gente começando e tem gente que está terminando... todos juntos no mesmo grupo. Isso tem justificativas pedagógicas.

Uma delas é a ideia do currículo em espiral, em que você vai passando pelos mesmos temas várias vezes, e a cada vez você tem uma abordagem um pouco mais aprofundada, pegando aspectos que na abordagem anterior não tinham sido contemplados. Outra coisa é o que a gente chamou de "pedagogia do irmão mais velho": o irmão mais velho ensina mais do que os pais e professores. Numa aula, alguém fala assim: "Ah, porque teve um duplo..." O aluno nunca ouviu falar isso, vira para o mais velho que está do lado e pergunta "O que é isso?" Meia dúzia de palavras ao pé do ouvido e ele dá uma definição que resolve o problema, e talvez não precise ter uma aula específica sobre aquele conceito. Então, alguma coisa por essa via, nas conversas de bastidores, de corredor, de quarto, lazer etc., muita coisa vai ser passada para o aluno mais jovem pelo mais velho. Isso foi um aspecto no qual a gente apostou que poderia acontecer e que foi confirmado.

Dentro dessa linha, também, tem um outro aspecto, de que nós tínhamos um programa de temas que precisariam ser necessariamente abordados para que a formação pudesse ser bem feita dentro do padrão que a gente tinha. Só que a gente não seguia o programa: agora é isso, agora é isso e agora é isso. A gente baseava o trabalho na vivência. Havia dois tipos de vivência: uma que era a sessão psicodramática dirigida por um dos professores, e tinha um outro tipo que era a sessão psicodramática dirigida por alunos. Depois de cada uma dessas sessões, se fazia o processamento, e desse processamento saíam, ao sabor do momento, os temas que fossem mais necessários. Trabalhando, inclusive, com protagonistas individuais.

De alguma maneira, a gente tinha as três principais abordagens: psicodrama, sociodrama e o axiodrama, dependendo do que rolava no momento. Na parte do processamento é que surgiam os temas para ser aprofundados. Temas teóricos, teoria da técnica, toda discussão era feita com base nos elementos que iam surgindo. Eu acho que isso foi uma coisa que ficou. De alguma maneira, por exemplo, hoje em Campinas o próprio Instituto trabalha com essa perspectiva. Não todos os professores, alguns são mais "organizados", conservadoramente, mas... isso aí é uma coisa que ficou. E a outra coisa é a própria concepção do que é teoria e do que é a técnica. A teoria como necessariamente uma reflexão sobre a prática. A teoria não é uma abstração que você aprende e dá um jeito de encaixar o que você está fazendo. É o contrário, você faz e pensa no que está fazendo.

O que você encontra na literatura, que está escrito, representa a experiência de outros, outras pessoas. Então, você incorpora essas experiências às suas e desenvolve a sua reflexão própria. Isso é uma coisa que ficou, que importa menos o conteúdo do que é aprendido, mais o movimento, aprender a questionar, refletir etc. Isso tem relação com a técnica, a visão da técnica não como um conjunto de regras, de certo e errado – é certo fazer assim, assim é errado –, mas a técnica como um conjunto de macetes que a experiência vai acumulando e que é passada, dizendo: por esse caminho as coisas ficam mais fáceis. Isso tem servido também para não engessar a criatividade. Você reconhece o macete, e usa se você acha que é pertinente. Se você acha que não, você tem liberdade para agir de um jeito diferente.

– Quantos alunos vocês tinham?

– Nós tivemos um período com dois grupos, em torno de... entre 10 e 15 alunos cada um. Todos eles abertos, mas eram dois grupos. Os dois funcionavam com a mesma metodologia. Uma vez por mês, em fins de semana alternados.

RELAÇÃO COM PROFESSORES

– Como era a relação dos professores? Como você escolhia os professores? Como era essa relação, você que mandava, havia conflitos ideológicos lá dentro, como era isso? Conte um pouco...

– Eu, como faz o presidente da República, escolhia os meus “ministros”; eu escolhia os professores por um critério meu. Eu via que eram pessoas que tinham afinidade com o projeto. Alguns eu convidei e não toparam, porque na própria conversa se chegou à conclusão de que não existia afinidade. Teve professor que chegou a ser professor e depois, na prática, a gente viu que não dava, e aí saiu.

– Saiu ou foi saído?

– As duas coisas foram convergentes. Era espontâneo, você não punha para fora. Então, eu tinha esse critério. Aí teve um momento que nós criamos a figura do professor *trainee*, que eram pessoas que estavam se preparando para dar aulas na escola. Havia dois grupos que se reuniam sistematicamente, um em São Paulo, um em Campinas. Na verdade, os grupos funcionavam autonomamente e a gente apenas fazia uma ponte. Na escola eles iam, participavam das aulas para se entrosarem, e alguns vieram a ser professores a partir dessa experiência. Agora, a relação dos professores entre si... Inicialmente a gente trabalhou com duas equipes de três professores, com duas turmas paralelamente e cada grupo era acompanhado por um trio de professores...

– Quem eram?

– Num grupo éramos a Miriam Tassinari, a Cida Davoli e eu. No outro grupo tinha a Angela Renones, a Paula Freire e o Luiz Contro. O original era Angela, Miriam e eu. Aí, depois, quando se formou a segunda turma, a gente convidou a Cida, a Paula e o Luiz. Então, como é que acontecia? Os três, eles se organizavam internamente durante a própria aula. Um dos princípios pedagógicos era trabalhar em cima da vivência. Aí surgiam as questões para discussão e então os professores faziam um processo de preparação das atividades em função do que estava acontecendo. Os professores se reuniam, em geral, nos intervalos de aulas. Agora, eu acho que todo mundo chega a um momento em que as vaidades e as coisas pessoais entram, a gente tentava administrar. Havia tensão...

CONTRIBUIÇÕES TEÓRICAS

– Quais contribuições teóricas suas você destaca?

– Eu não sei, eu acho que é difícil... Sabe por quê? Eu acho que a maior parte das reflexões que eu faço, elas tomam o teatro espontâneo como referência. Então...

– Mas algumas eu acho que extrapolam o teatro espontâneo, como esse questionamento a respeito de tele e transferência.

– Mas eu acho que são questões que surgiram mais no começo da minha trajetória. Agora, por exemplo, quando eu comecei a discutir a questão do projeto dramático, eu já tinha o teatro como referência. E aí já começa toda uma série nova de reflexões, como o potencial terapêutico da arte, da estética, da criação coletiva, que já são reflexões que têm que ver com essa prática. O teatro, na verdade, ele é quase que uma síntese de todas as outras artes, e acho que, mesmo como enxergo o teatro espontâneo, ele tem essa abrangência.

– Minha pergunta é mais ou menos nessa mesma linha, queria perguntar ao Moysés se essas contribuições foram aleatórias, sem muita preocupação de marcar presença teórica conceitual no seu programa, ou se a partir de agora, nesse trabalho que você vai fazer sobre a Escola de Tietê, vai dar ênfase a esse conceitual, que é seu, que é sua contribuição?

– O livro sobre a escola é um projeto antigo, eu queria deixar registrada a experiência. Aí aconteceu uma coisa muito interessante, eu fui convidado para dar aula num curso de especialização promovido pelo Ministério da Saúde em conjunto com a Escola Nacional de Saúde Pública, da Fiocruz, e a proposta metodológica do curso era muito parecida com a proposta metodológica da Escola de Tietê. E com outros autores, com pessoal ligado à academia, eu vivi essa experiência. Eu já tinha algum material coletado, tinha tido esse impulso há alguns anos, aí eu dei uma nova arrancada e acho que agora neste momento... E outra, eu vou completar 70 anos em 2009, e essa experiência de Tietê foi tão importante na minha vida que não posso deixar passar. Em termos do movimento psicodramático, me surgiu uma outra dúvida. Saiu recentemente um livro da Júlia Motta, *A história do psicodrama no Brasil*, e não aparece nenhuma referência à Escola. Então, eu não sei se a autora não protagoniza uma visão de que afinal a escola não teve tanta importância assim. Agora, por outro lado, também não existe nenhuma fonte de consulta sobre a experiência para quem quiser fazer uma pesquisa.

– O que você está pensando atualmente sobre esses temas que escreveu, dos livros que publicou? O que atualmente você modificaria ou já modificou?

– É, eu parei de pensar sobre essas coisas.

– Parou por quê?

– Eu tive outras motivações.

A PREOCUPAÇÃO TEÓRICA ATUAL

– No que você está ligado hoje?

– Eu acho que é o potencial da arte...

– Como é que você pretenderia ou pretende tornar isso uma prática? Uma nova Escola...

– Não. É o que estou fazendo, eu dou aula em cursos de psicodrama, tenho o grupo de teatro espontâneo, ajudo a criar e supervisiono outros grupos, eu acho que é por aí.

– Você trouxe uma importante contribuição à discussão da teoria do psicodrama, inclusive a partir das suas publicações, dos seus livros... Qual sua preocupação teórica atual?

– É a arte como intervenção, tanto no plano socioeducativo como no plano terapêutico, explorar esse potencial da experiência artística. Mas a arte entendida não como uma produção de gênios, mas como a produção do homem comum, em que cada pessoa tem a sua forma de fazer arte. Encarar o psicodrama por meio do teatro, explorar todo o potencial do teatro como ferramenta.

– Por que você não usa a palavra "criatividade", como já fundamentada no psicodrama, em vez de "potencial artístico"? Potencial criativo ou espontâneo-criativo?

– Talvez porque o foco seja a arte mesmo, criação artística mesmo. Uma coisa é eu fazer, eu pensar em um problema criativamente, buscando a solução desse problema, e então eu tenho aí um determinado direcionamento da minha energia. A outra possibilidade é fazer a busca do estético: eu quero ter uma produção estética. Nesse afã que é a produção estética eu coloco toda a minha subjetividade, e aí eu trabalho a subjetividade sem ficar psicologizando.

– O objetivo primário não seria terapêutico. Quer dizer, secundariamente isso seria atingido, porque o primário seria então a produção estética?

– É exatamente essa a reflexão. Se eu coloco que o objetivo primário é esse, e o terapêutico é secundário, eu estou eliminando a condição da arte aplicada, e a gente pode pensar assim.

– Você então é um psicodramista, um dramaterapeuta ou um teatrólogo?

– Eu considero o psicodrama o teatro espontâneo aplicado ao tratamento de questões psíquicas, e nesse momento eu sou psicodramista. Quando eu estou trabalhando com meus clientes, com um grupo terapêutico, eu sou psicodramista. Dramaterapia, não, porque eles trabalham com aplicação do teatro à psicoterapia, com as pessoas desempenhando papéis ficcionais que não são tirados diretamente da sua própria vida, ou seja, não vão fazer o papel do pai, da mãe, da esposa, do filho, mas são papéis teatrais, convertidos em trabalho terapêutico. Eu acho que quando trabalhamos com textos, ficamos muito próximos da dramaterapia. Por exemplo, quando eu trabalhei num hospital geral, em Campinas, com funcionários e não com pacientes, o grupo criou em conjunto uma peça e os funcionários a representaram. Trabalharam seus conteúdos pessoais indiretamente, em especial durante a elaboração do roteiro. Agora eu acho que o importante é que isso tem efeito terapêutico.

– Algumas coisas que você falou me lembraram uma postura do Kesselman a respeito da questão estética na arte de curar, que acho que vai dentro da linha do que você falou, não distinguindo muito aspectos clínicos e produção estética. Não faz essa distinção, pelo contrário, integra essa distinção.

– Isso. Kesselman é um dos meus inspiradores, gosto muito das coisas que ele fala, me alimento das ideias dele também.

– Que outros autores alimentam você, hoje?

– Gosto muito de autores teatrais como Peter Brook e Grotowski. Educadores na linha de Jacotot, apresentado por Rancière, Paulo Freire.

Baumann e André Reszler. Tenho me divertido bastante com traduções, especialmente de Moreno e Zerka.

– Você andou apresentando trabalhos também na linha de Brecht, você pode falar alguma coisa a respeito disso? Isso ainda continua presente nas suas preocupações?

– A questão do Brecht na verdade foi só uma das estratégias dele, a chamada peça didática, que talvez chegue mais perto da dramaterapia, em que se trabalha com um texto. O texto é fixo, não pode ser mudado, e o que a gente faz é trabalhar com o grupo as diferentes possibilidades de encenação do texto. Ao trabalhar isso, as pessoas vão trazendo a maneira como elas entendem as relações em dado momento da vida pessoal, que tem que ver com o texto. Mas sempre com a proposta de discutir, a partir disso, como é que a gente pode representar esse texto de novo. É um trabalho muito interessante porque, em geral, ele começa frio, formal, e à medida que as representações se sucedem, o envolvimento vai ficando cada vez mais intenso, as emoções cada vez mais fortes. Fiz agora recentemente, no Chile, a produção de um texto com o grupo. Porque o Brecht escrevia ele o texto, e propunha para o público trabalhar esse texto, e o que eu introduzi como experiência foi o próprio grupo produzir o texto e depois fazer a encenação. É um trabalho longo, cansativo, mas é muito interessante.

– Como você vê o movimento psicodramático hoje, no Brasil?

– Ele pegou um rumo muito interessante nessa questão da abertura para atividades não psicoterápicas. Nesse sentido, eu fico muito contente. Acho que a qualidade da produção teórica melhorou, os escritos apresentam um nível de erudição que avançou bastante. Agora, eu acho que tem algumas coisas que é uma pena que tenham se perdido. Por exemplo, teoricamente eu acho que está havendo uma mudança da psicoterapia dos relacionamentos, a relação como foco, que está cedendo lugar ao que eu chamo de traumadrama, psicotraumatologia ou traumaterapia.

–Você acha que é isso que torna tão importante associar o psicodrama ao Jung, à psicanálise, às outras linhas teóricas, porque aí fica de fato faltando uma teoria?

– Eu acho que isso é uma posição mais antiga, eu não vejo isso hoje tanto quanto há 20-30 anos. Hoje eu vejo mais como um enriquecimento do que como um suprimento, não é para suprir o que não tem, que era a visão antiga, mas para ampliar o que tem, aí eu acho que é interessante. O que eu vejo mesmo é a perda do filão das relações, e também que o teatro espontâneo instrumentalizaria uma aproximação maior ainda.

COMO TRABALHA NA CLÍNICA PESSOAL

– Você poderia dizer como você trabalha na clínica pessoal, não em trabalhos públicos? Como você integra essas questões na sua prática privada? Você tem uma preocupação de pesquisar a origem histórica dos sintomas, o mito que o próprio paciente tem a respeito de sua própria criação de um sintoma?

– A primeira coisa é essa referência ao teatro espontâneo, que funciona como a referência para o trabalho no plano verbal também. Das coisas relatadas, fazer um trabalho de inventar continuidade a partir da característica pessoal. Eu não faço dramatização obrigatória, eu não me sinto obrigado a fazer a dramatização só porque sou um psicodramista. Mas a dramatização segue o roteiro do teatro espontâneo, de trabalhar a criatividade. Eu parto de um pressuposto teórico que o sujeito tem a sua história pessoal, que não é só pessoal, porque ele é um ente histórico. O que o processo psicoterápico faz: ele proporciona uma estratégia para você se reconectar com a sua história. Você tem a sua história e, de alguma maneira, você vai se afastando dela, se alienando, e isso representa uma perda de sentido. Então eu trabalho para fazer uma reconexão. Esse é o processo terapêutico.

As diferentes estratégias e as diferentes teorias psicoterápicas, todas elas acabam tendo esse ponto em comum, que, nesse sentido, está sempre presente. A ideia em relação à qual eu tenho um pouco de restrição, e encaro com muito cuidado, é a questão do trauma. Dizer que todo problema decorre de uma experiência específica que levou ao conflito atual... aí eu penso com muito cuidado. Cuidado não é rejeição. Mas eu olho com cuidado. Acho que essa perspectiva aberta pelo teatro espontâneo – não só do jeito que eu faço, as diferentes modalidades do teatro espontâneo – abre possibilidades novas para avanços importantes. Talvez uma coisa interessante, que eu acho que não apareceu em lugar nenhum até agora, é que lá em Tietê a gente tinha um quadro negro na sala de aulas, e durante muitos meses ficou lá uma frase que eu escrevi depois de uma discussão que tivemos. Eu escrevi na lousa: "Abaixo o discurso psicológico". Isso de alguma maneira marcava nossos debates: fugir da posição tradicional da psicologia, um interpretacionismo leviano, um jogo de palavras...

– Interpretose.

– Havia uma preocupação de não embarcar nesse estereótipo do discurso psicológico. Eu acho que isso foi uma característica importante do trabalho que a gente fez, porque inclusive a escola não tinha só psicólogos. Aliás, os psicólogos eram minoria. Eu acho que essa foi uma inovação importante porque bancou a formação psicodramática sem que a gente formasse pseudopsicólogos. Nem pseudopsicoterapeutas. Quer dizer, era muito claro que a psicoterapia era uma atividade bem específica, sujeita às leis do país etc., e que o que a gente estava tentando oferecer era uma ferramenta para o trabalho que as pessoas faziam nas suas respectivas áreas de atuação profissional. Isso era um ponto muito marcado. Então, essa coisa de evitar o discurso psicológico era até um jeito de não "psicologizar" o exercício do psicodrama.

– Quem eram esses alunos? Que profissões? Quantos?

– Nós tínhamos educadores, profissionais de saúde em geral, fonoaudiólogos, terapeutas ocupacionais, assistentes sociais, enfermeiras... mais profissionais de saúde e educação. Passaram aproximadamente 100 alunos ao longo da vida da Escola de Tietê.

OUTRAS ATIVIDADES DA COMPANHIA DO TEATRO ESPONTÂNEO

– E o *Leituras*?

– O jornal *Leituras* fazia parte do projeto da Companhia do Teatro Espontâneo, além da escola, e fazia parte do projeto, também, a promoção de eventos que fossem de interesse do psicodrama. A gente fez muitos encontros temáticos diferentes.

– Você criou também o "grupo sem nome".

– Veja. A coisa foi assim. A gente organizava vários eventos temáticos. O esquema que a gente fazia era assim: a gente convidava nove pessoas e cada uma dessas pessoas convidava mais uma e formava um grupo de dezoito. Era o padrão dos eventos que a gente organizava. E aí um desses grupos, chamado "Avanços na teoria e na técnica do psicodrama", resolveu continuar se reunindo depois desse primeiro encontro. Eram o Pedro, a Vera, o Devanir, a Angela, a Anna Knobel, a Suzi Negrão, a Camila, o Wilson, o Flávio, o Nédio, a Beatriz Weeks, a Marta, o Ronaldo, o Carlos, o Luiz Falivene, a Júlia, a Miriam e eu. A bem da verdade, não fui eu quem criou o grupo. Foi o impacto do evento que motivou as pessoas.

– Era um grupo interessante, que a gente se reunia e contava o que estava fazendo e discutia, fazia uma pauta mais ou menos emergente do encontro. E que depois de algum tempo resolvemos parar porque não tinha mais sentido, diminuiu a vontade de se encontrar, depois de cinco anos ou até mais.

– Acho que é porque foi esvaziando. Foi uma característica dos encontros que a gente fazia, era assim: a gente não convidava uma estrela para dar ou fazer uma palestra. A ideia era reunir as pessoas em torno dos temas. Aí a coordenação era feita com as pessoas que estavam lá...

– "Leituras" era um projeto caro que a gente recebia gratuitamente. O que você fez com esse material todo, você pretende publicar?

– Eu tenho esse material guardado. Nunca pensei em publicar, não. Teria muitos problemas para conseguir a documentação dos direitos autorais, muita gente do exterior, até localizar todo mundo... Sabe como é que a gente fazia? Tinha um indicador profissional, as pessoas pagavam para ser incluídas. Até certo momento, o que a gente arrecadava, mais ou menos ia dando, não chegava ao necessário, mas tinha uma fonte de receita. Aí o que aconteceu? Começou a ter mais demanda, mais gente querendo receber, e na época a despesa mais pesada não era a gráfica, era o correio. Chegou um ponto em que a gente precisava conseguir mais anúncios para dar conta dos custos. Só que para você ter mais anúncios, tinha de ter uma estrutura melhor e a nossa era muito precária, amadora.

CENA MARCANTE

– Qual cena da vida lá em Tietê que mais o marcou?

– Eu me lembro de uma coisa que ficou muito marcada. A gente fazia lá um encontro anual similar às "jornadas internas" de psicodrama, que os próprios estudantes batizaram de "Espontaneidade", era "Espontaneidade 1", "Espontaneidade 2", "3", "4", e era um momento em que a gente reunia todos os estudantes para integrar as duas turmas. Era uma atividade conjunta, e vinham visitantes, ex-alunos, um monte de gente. Em geral, a gente trabalhava com uma faixa de 20 e poucos alunos, e os encontros reuniam em torno de 100 pessoas, 80 pessoas, por aí. Teve um momento lá em que se criou uma saia justa muito forte entre os alunos da escola e os visitantes. Por quê? Porque os alunos fizeram lá uma cena em que eles passavam a mensagem de que "nós éramos os melhores do mundo", éramos a escola que humilhava todas as outras que estavam ali.

Isso rendeu muita discussão depois, muito trabalho com eles, no sentido de questionar esse tipo de maniqueísmo no qual eles estavam se metendo. A gente entende que isso pode acontecer no processo de construção dos grupos, quando os grupos se autoconstituem em contraposição a outro grupo. Mas a gente trabalhou muito isso. Isso apareceu no sociodrama que você (Fonseca) dirigiu, não sei se você lembra... Em 1994, no Congresso Brasileiro de Psicodrama em São Pedro... foi uma cena das "não federadas". Aquilo ali provocou um impacto grande lá dentro da escola. Até para discutir o significado da nossa relação com a Febrap, e isso é uma coisa assim que eu... o tempo todo eu trabalhava com o pessoal, e dizia: "Não. Nós estamos fazendo, sim, uma coisa diferente, uma coisa original, a gente está criando um novo jeito de fazer as coisas e tal. Agora, isso não quer dizer que nós somos melhores. Somos diferentes, mas a diferença não é necessariamente uma questão de valor". Mas é difícil, isso é muito difícil de trabalhar. Talvez até, eu diria assim, hoje, fazendo uma autocrítica, por uma certa contradição, porque até pelo fato de fazer uma proposta diferente, eu sou diferente porque eu quero fazer melhor... é complicado.

O QUE PENSAM OS ENTREVISTADORES

Após a sabatina, foi solicitado aos entrevistadores que explicitassem como veem a experiência da Companhia do Teatro Espontâneo. Eis suas respostas.

Agenor Moraes

Conheci o Moysés antes da criação da sua escola, a Companhia do Teatro Espontâneo. Ele foi meu professor no Instituto de Psicodrama e Psicoterapia de Grupo de Campinas (IPPGC), numa das matérias mais chatas que já tive: ensinava sobre "Spitz, Balli e Moreno". Isso na década de 1980, se não estou enganado. Mas ao mesmo tempo foi um dos mais importantes mestres que tive. Lá no IPPGC havia um grupo enorme de bons psicodramistas que tinha completado a formação, mas os alunos não eram titulados por falta do trabalho de conclusão de curso. Moysés ofereceu suas qualidades de professor e criou um grupo só desses alunos, daí saiu a grande maioria dos atuais professores daquela instituição, inclusive eu. Sou admirador e de certa maneira seguidor do seu pensamento psicodramático. Foi orientador no meu trabalho de conclusão de curso.

Além disso, mostrou para mim o teatro espontâneo de Moreno, e ao propor a criação da Escola de Tietê (Companhia do Teatro Espontâneo) me fez o convite para participar do seu processo de implementação e desenvolvimento. Só não fui porque na ocasião trabalhava de segunda a sexta-feira num estabelecimento bancário, além da clínica, e achava uma extravagância a proposta de estar em Tietê de sexta à noite até domingo, mesmo sendo uma vez por mês. Sempre fui um admirador da Escola de Tietê e na medida do possível procurei estar próximo. Filmei o primeiro aniversário da Escola e dei de presente ao Moysés (não sei por anda essa fita). Participei de vários de seus eventos, tinha um prazer enorme de encontrar e conhecer as pessoas naquele espaço e, quando era chamado, procurava colaborar no seu desenvolvimento.

Quando a Escola se aproximou da cidade de Campinas nunca achei que isso prejudicaria ou competiria com o IPPGC, na verdade sempre achei que a cidade comportaria as duas escolas, e vou além, considerava que elas se complementavam no ensino de psicodrama. Se naquela época essa complementação não foi possível de concretizar, acho que hoje, apesar de a Escola Companhia do Teatro Espontâneo estar adormecida, ela se faz presente no IPPGC, por meio da atuação do próprio Moysés e de muitos profissionais/psicodramistas que por lá passaram. Foi um prazer muito grande fazer parte um pouquinho da história da Companhia do Teatro Espontâneo, às vezes muito próximo, outras vezes um pouco distante, mas sempre de olho!

José Fonseca

Minha participação na Companhia do Teatro Espontâneo foi pequena. Fui convidado para fazer um workshop lá, pela Paula Freire, integrante da equipe de coordenação. Por incompatibilidade de horários acabou não acontecendo. Publiquei um ou dois textos no órgão de divulgação da Companhia. E, finalmente, convidado pelo Moysés, participei de uma reunião em 1994 com o grupo argentino que veio ao Brasil para divulgar o congresso da IAGP que se realizaria, em Buenos Aires, no ano seguinte.

A avaliação que faço da experiência de Tietê é baseada no que observava a distância, e agora pela leitura das entrevistas anteriores e pelo diálogo que acabamos de estabelecer. Penso que foi um projeto pedagógico importante com resultados positivos. A prova disso é este livro a respeito da experiência.

Pude compreender a estrutura filosófica da pedagogia empregada, a liberdade e responsabilidade dos alunos em sua formação. Lembro-me do sociodrama que dirigi no Congresso Brasileiro de Psicodrama de 1994, em Águas de São Pedro, no qual um grande contingente de não filiados à Febrap pedia inclusão na dramatização que se fazia a respeito das entidades regionais. Como diretor, eu captava a energia de reivindicação que pairava no ambiente. Eles foram incluídos na ação dramática e trabalharam criativamente em suas cenas. Fiquei sabendo hoje que grande parte desses excluídos-incluídos faziam parte da Escola de Tietê. Uma das conclusões do sociodrama foi que a Febrap "filiava" tanto os filiados como os não filiados.

Sempre respeitei a produção intelectual do Moysés, com muitas concordâncias e poucas discordâncias. Ultimamente nos aproximamos em termos de alguns projetos intelectuais, publicação de livros etc. Como disse, minha participação direta na Companhia do Teatro Espontâneo foi pequena. No entanto, tive contacto com inúmeros colegas e amigos que participaram do projeto. O maior mérito da experiência, sem dúvida, decorre da estrutura filosófica de ensino instituída.

A crítica que talvez coubesse decorreria da inabilidade política em relacionar-se com as outras entidades do psicodrama e especialmente com a Febrap. De outro lado, do ponto de vista interno, talvez os alunos pudessem ter sido poupados de "comprar" uma situação de excluídos que em princípio não era deles. Como o projeto da escola era uma contestação ao que existia em termos de ensino de psicodrama, e isso era positivo, o diálogo com as outras instituições talvez pudesse ter se desenvolvido sem que os alunos fossem penalizados com a sensação de exclusão e todos os sentimentos que esse estado evoca.

Enfim, é fácil observar os erros do passado, especialmente nos outros. O importante é aprender com eles. Tenho certeza de que se a experiência se repetisse Moysés a faria melhor ainda.

MÁRCIA ALMEIDA BATISTA

Estive em Tietê uma única vez. Na ocasião, o grupo compunha-se de professores e supervisores. Lembro-me que foi um encontro extremamente rico, tanto do ponto de vista das discussões teóricas quanto de experiências pessoais significativas.

Passamos o fim de semana no local, revezando-nos na direção de vivências e nos auto-organizando nas discussões teóricas. Nas refeições e nos intervalos, nos alimentamos de conversas alegres e descontraídas acompanhadas de uma comida simples e saborosa.

As discussões valorizavam a força do grupo e a utilização de recursos teatrais. Nossas desavenças se fizeram presentes, entre os membros que pertenciam à escola e os demais, sobre o tema psicopatologia. No mais, havia bastante concordância. O tema da psicopatologia surgiu da discussão sobre a minha direção, em que assinalei o manejo histérico de uma das participantes em relação a mim e ao grupo. Discutiu-se a necessidade ou não dessa pontuação, e alguns consideravam desnecessário até mesmo o ensino da psicopatologia. Na ocasião, discordei veementemente. Hoje estaria mais próxima dos que discordaram de mim.

Excetuando-se esse momento, não me lembro de sentir divisão entre os da casa e não da casa; e como a discordância era apenas teórica, enriqueceu a discussão. Em momento algum senti que havia qualquer imposição por parte do Moysés de como deveria ser conduzido o trabalho. Saí dela pensando também no Moysés que conhecia fora de Tietê, que parecia em eterno confronto com as instituições e as autoridades. O que, diga-se de passagem, não era agressivo, mas sempre irônico e com muito *fair play*.

Senti muitas vezes desejo de repetir esse momento tão rico, e da minha experiência, raro entre os psicodramistas brasileiros. Compartilho hoje momentos profissionais com pessoas que vieram dessa escola e reconheço nelas essa origem.

Os grupos têm seu tempo, e mantê-los eventualmente seria adoecer, mas a herança desse trabalho marcou e marca o psicodrama brasileiro.

Pedro Mascarenhas

Meu contato com a Companhia do Teatro Espontâneo foi pequeno, mas muito intenso. Participei, convidado pelo Moysés, do grupo que permaneceu se reunindo por uns cinco a seis anos por iniciativa própria. Publiquei um artigo sobre multiplicação dramática no jornal *Leituras*. Participei de uma das reuniões temáticas.

Minha opinião da experiência da Companhia do Teatro Espontâneo é baseada na sensação de fertilidade que sempre tive de sua experiência e que foi reforçada por esta entrevista. Quantas ideias ricas e envolventes sobre a articulação do ensino e também de produção de situações disparadoras de pensamento! Claro que também me chama a atenção a dificuldade extrema de contato com a Febrap na ocasião. Creio que hoje tanto a Febrap como o Moysés estão diferentes. Espero que esta entrevista contribua com uma necessária tolerância maior para as inovações desse tipo.

Wilson Castello De Almeida

Tenho admiração e apreço por Moysés Aguiar, reconhecendo nele um dos melhores profissionais da área psi, particularmente do psicodrama. Invejo-o pelo jeito desabrido de propor ideias e iniciativas e acredito na fecundação criativa que tem proporcionado ao movimento psicodramático brasileiro, garantindo-lhe um lugar inarredável em sua História.

Por um certo tempo, nos anos 1990, Moysés abriu as portas de sua casa na rua Cayowaá, em São Paulo, uma vez por semana, exatamente nas quartas-feiras, a partir das 20 horas, para quem de seus amigos se dispusesse a um encontro fraterno, descontraído e alegre. A partir daí o círculo foi aumentando e a cada *open door* pessoas que não se conheciam cruzavam por ali, construindo uma rede sociométrica novidadeira e simpática.

◈

REFERÊNCIAS BIBLIOGRÁFICAS

Capítulo 1

BENJAMIN, W. *Obras escolhidas*. v. 1. São Paulo: Brasiliense, 1993.

ECO, U. *A obra aberta*. São Paulo: Perspectiva, 1983.

ENZEMBERGER, H. M. *Mediocridade e loucura*. São Paulo: Companhia das Letras, 2001.

FOUCAULT, M. *A história da loucura*. São Paulo: Perspectiva, 1987.

_____. *As palavras e as coisas*. São Paulo: Martins Fontes, 1982.

_____. *Microfísica do poder*. Rio de Janeiro: Graal, 1993.

GUATTARI, F. *Caosmose – Um novo paradigma estético*. São Paulo: Editora 34, 1998.

HERÁCLITO. "Fragmentos". In: *Os Pensadores*. São Paulo: Nova Cultural, 1989.

HILLMAN, J.; VENTURA, M. *Cem anos de psicoterapia e o mundo está cada vez pior*. São Paulo: Summus, 1995.

HOME, S. *Assalto à cultura. Utopia, subversão e guerrilha na anti-arte do século XX*. São Paulo: Conrad, 1999.

JOHNSTONE, K. *Impro: Improvisación y el teatro*. Santiago do Chile: Quatro Vientos, 1990.

KESSELMAN, H.; PAVLOVSKY, E. *A multiplicação dramática*. São Paulo: Hucitec, 1991.

MARINEAU, R. F. *Jacob Levy Moreno*. São Paulo: Ágora, 1992.

MARTIN, E. G. *J. L. Moreno: psicologia do encontro*. São Paulo: Duas Cidades, 1984.

MATURANA, H. *Da biologia à psicologia*. Porto Alegre: Editora Artes Médicas, 1998.

MATURANA, H.; VARELA, E. *El arbol del conocimiento*. Madri: Editorial Debate, 1999.

MORENO, J. L. *As palavras do pai*. Campinas: Psy, 1992.

_____. *Fundamentos do psicodrama*. São Paulo: Summus, 1983.

_____. *O teatro da espontaneidade*. São Paulo: Summus, 1982.

_____. *Psicodrama*. São Paulo: Cultrix, 1987.

_____. *Psicoterapia de grupo e psicodrama.* São Paulo: Mestre Jou, 1974.

Naffah Neto, A. *Psicodrama: descolonizando o imaginário.* São Paulo: Brasiliense, 1979.

Nudel, B. W. *Moreno e o hassidismo.* São Paulo: Ágora, 1994.

Onfray, M. *Política do rebelde. Tratado de resistência e insubmissão.* Rio de Janeiro: Rocco, 2001.

Reñones, A. V. *Do Playback theatre ao teatro de criação.* São Paulo: Ágora, 2000.

_____. *O imaginário grupal – mitos, violência e saber no teatro de criação.* São Paulo: Ágora, 2004.

_____. *O riso doído, atualizando o mito, o rito e o teatro grego.* São Paulo: Ágora, 2002.

Romaña, M. A. *A construção coletiva do conhecimento.* Campinas: Papirus, 1992.

Schorske, C.E.*Viena fin-de-siécle.* São Paulo: Companhia das Letras, 1988.

Troyes, C. *El cuento del Graal.* Barcelona: Festin de Esopo, 1985.

_____. *Lancelote - o cavaleiro da carreta.* Rio de Janeiro: Francisco Alves, 1994.

Capítulo 2

Freire, P. *Pedagogia do oprimido.* São Paulo: Paz e Terra, 2002.

George, L.; Honsberger, J. *Facilitando oficinas: da teoria à prática.* São Paulo: Projeto Grupo de estudos do terceiro setor – United Way of Canada – Centraide Canada (GETS/UWC –CC), 2002.

Kolb, D. *Experimental learning: experience as a source of learning and development.* Prentice Hall, 1984.

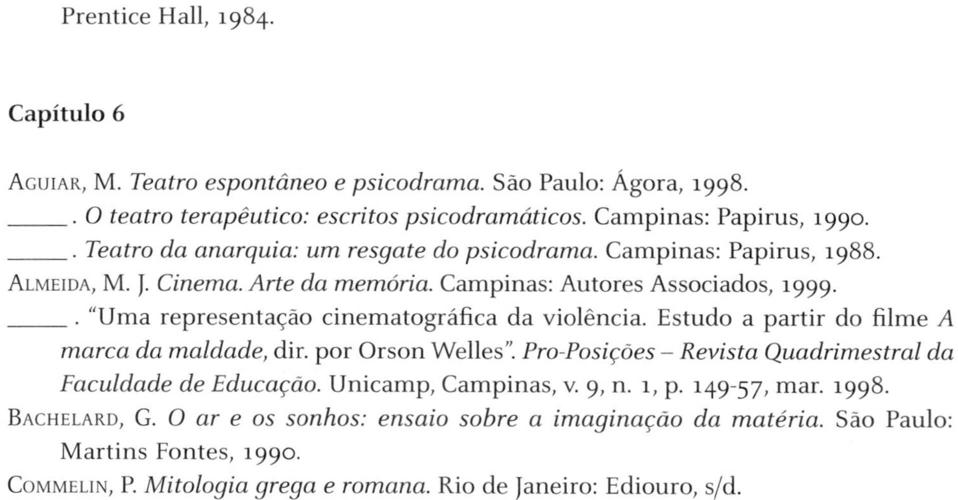

Capítulo 6

Aguiar, M. *Teatro espontâneo e psicodrama.* São Paulo: Ágora, 1998.

_____. *O teatro terapêutico: escritos psicodramáticos.* Campinas: Papirus, 1990.

_____. *Teatro da anarquia: um resgate do psicodrama.* Campinas: Papirus, 1988.

Almeida, M. J. *Cinema. Arte da memória.* Campinas: Autores Associados, 1999.

_____. "Uma representação cinematográfica da violência. Estudo a partir do filme *A marca da maldade,* dir. por Orson Welles". *Pro-Posições – Revista Quadrimestral da Faculdade de Educação.* Unicamp, Campinas, v. 9, n. 1, p. 149-57, mar. 1998.

Bachelard, G. *O ar e os sonhos: ensaio sobre a imaginação da matéria.* São Paulo: Martins Fontes, 1990.

Commelin, P. *Mitologia grega e romana.* Rio de Janeiro: Ediouro, s/d.

Guimarães, A. M. "Imagens de violência no cinema: um trabalho de (re)criação no filme *Coração Selvagem*". *Pro-Posições – Revista Quadrimestral da Faculdade de Educação.* Unicamp, Campinas, v. 13, n. 3 (39), p. 113-24, set/dez. 2002.

_____. "O cinema e a escola: formas imagéticas da violência". In: Guimarães, A. M. (org.). *Na mira da violência: a escola e seus agentes. Cadernos Sedes,* ano XIX, n. 47, p. 104-15, dez. 1998.

HILLMAN, J. *Psicologia arquetípica: um breve relato*. São Paulo: Cultrix, 1988.
MAFFESOLI, M. *A sombra de Dionísio: contribuição a uma sociologia da orgia*. Rio de Janeiro: Graal, 1985.
MIGLIORIN, C. "Documentário e ritmo". *Revista Cinética - Cinema e Crítica*, set. 2006. Disponível em: <www.revistacinetica.com.br/ritmodocumentario.htm>. Acesso em 28 out. 2008.
PASOLINI, P. P. *Empirismo herege*. Lisboa: Assírio e Alvim, 1982.
ZOURABICHVILI, F. *O vocabulário de Deleuze*. Tradução André Telles. Versão Eletrônica. Centro Interdisciplinar de Estudo em Novas Tecnologias e Informação. IFCH – Unicamp, 2004.

Capítulo 7

AGUIAR, M. *Teatro espontâneo e psicodrama*. São Paulo: Ágora, 1998.
BOAL, A. *O arco-íris do desejo*. Rio de Janeiro: Civilização Brasileira, 1996.
MERENGUÉ, D. *Inventário de afetos*. São Paulo: Ágora, 2001.
MORENO, J. L. *Psicodrama*. São Paulo: Cultrix, 1978.
NOVASKI, A. J. C. "Sala de aula: uma aprendizagem do humano". In: REGIS DE MORAIS, J. F. *Sala de aula – que espaço é esse?* Campinas: Papirus, 1994.
REGIS DE MORAIS, J. F. "A importância do papel da teoria no conhecimento científico". In: PETRILLI, S. R. A. *Rosa dos ventos da teoria do psicodrama*. São Paulo: Ágora, 1994.

Capítulo 8

L'ABBATE, S.; SMECK, E. L.; OSHIRO, J. H. "A educação em saúde como exercício de cidadania". *Saúde em Debate*, Rio de Janeiro, n. 37, p. 81-5, dez. 1992.

Capítulo 15

AGUIAR, M. *O teatro terapêutico – escritos psicodramáticos*. Campinas: Papirus, 1990.
_____. *Teatro espontâneo e psicodrama*. São Paulo: Ágora, 1998.
BUSTOS, D. M. *et al*. *O psicodrama: aplicações da técnica psicodramática*. Tradução de Lúcia Neves; direção da coleção de Paulo Eliezer Ferri de Barros. São Paulo: Summus, 1982.
FERREIRA, A. B. H. *Dicionário Aurélio básico da língua portuguesa*. Rio de Janeiro: Nova Fronteira, 1988.
JUNG, C. G.; JACOBI, J. *Complexo, arquétipo, símbolo na psicologia*. São Paulo: Cultrix, 1986.
MORENO, J. L. *O teatro da espontaneidade*. São Paulo: Summus, 1984.
_____. *Psicoterapia de grupo e psicodrama*. Campinas: Psy, 1993.

Capítulo 21

FONSECA FILHO, J. "Freud, Moreno e bossa nova". In: *Psicoterapia da relação – elementos de psicodrama contemporâneo*. 2. ed. São Paulo: Ágora, 2000.
MORENO, J. L. *As palavras do pai*. Campinas: Psy, 1992.
_____. *Psicoterapia de grupo e psicodrama*. 2. ed. Campinas: Psy, 1993.
_____. *Quem sobreviverá?*, v. 1. Belo Horizonte: Dimensão, s/d.

Capítulo 25

AGUIAR, M. *Teatro espontâneo e psicodrama*. São Paulo: Ágora, 1998.
BOAL, A. *O arco-íris do desejo: método Boal de teatro e terapia*. Rio de Janeiro: Civilização Brasileira, 1996.
KNAPPE, P. *Mais que um jogo: teoria e prática do jogo em psicoterapia*. São Paulo: Ágora, 1998.
SALAS, J. *Playback theatre*. São Paulo: Ágora, 2000.

Capítulo 26

AGUIAR, M. *Teatro da anarquia*. Campinas: Papirus, 1988.
MORENO, J. L. *Psicoterapia de grupo e psicodrama*. São Paulo: Mestre Jou, 1974.
SEMENSATO, G. *O "como se" de um cisne: uma compreensão socionômica do conto "O Patinho Feio"*. 2003. Monografia inédita apresentada para o Instituto de Psicodrama e Psicoterapia de Grupo de Campinas.

OS AUTORES

ALBOR VIVES REÑONES ■ Psicólogo, psicoterapeuta e consultor em processos grupais. Integra os laboratórios Violar e Laborarte, da Faculdade de Educação da Universidade Estadual de Campinas (Unicamp), na qual é doutorando, além do grupo Truperempstórias (cofundador). Vários livros e artigos publicados. Docente no Instituto de Psicodrama de Campinas. Ministra cursos em vários países.

ALEXANDRE DE OLIVEIRA E AGUIAR ■ Engenheiro químico. Doutor em saúde pública ambiental. Consultor, atua no Brasil e na América Latina. Docente no Serviço Nacional de Aprendizagem Industrial (Senai) e na Faculdade de Saúde Pública da Universidade de São Paulo. Músico do grupo Improvise de teatro espontâneo.

ANA CRISTINA BENEVIDES PINTO ■ Psicóloga. Professora-supervisora pela Federação Brasileira de Psicodrama. Coautora dos livros *Histórias de um ex-obeso* e *Intervenções Grupais na Saúde*. Psicoterapeuta em equipe transdisciplinar de tratamento da obesidade, em Fortaleza.

ANDREA RAQUEL MARTINS CORREA ■ Psicóloga, psicoterapeuta, trabalha com grupos na área de promoção da saúde. Psicodramista didata pela Federação Brasileira de Psicodrama. Fez vários cursos sobre teatro, tendo sido professora de teatro e música para crianças. Artigo publicado sobre pesquisa em psicodrama.

ANGELA REÑONES ■ Psicóloga. Psicoterapeuta e supervisora em psicodrama. Professora fundadora da Escola de Psicodrama de Tietê. Docente de psicodrama na Espanha (León e Salamanca). Ex-professora do Instituto de Psicodrama de Campinas.

ANTONIA POLLI DE ARRUDA ■ Psicóloga, com especialização em psicodrama e psicopedagogia. Psicoterapeuta. Experiência nas áreas de hospital psiquiátrico, estabelecimento penal, orientação psicopedagógica e orientação profissional.

ANTÔNIO RAMOS DA SILVA ■ Professor, licenciado em Língua Portuguesa e Literatura de Língua Portuguesa. Docente no Seminário São Clemente e na Escola Curumim, ambos em Campinas.

ÁUREA M. GUIMARÃES ■ Socióloga. Professora doutora do Departamento de Ensino e Práticas Culturais e Coordenadora do Violar (Laboratório de Estudos sobre Violência, Imaginário e Formação de Educadores), na Faculdade de Educação da Universidade Estadual de Campinas – Unicamp). Autora dos livros *Vigilância, punição e depredação escolar* e *A dinâmica da violência escolar: conflito e ambiguidade.*

CARLA MARIA VIEIRA ■ Nutricionista, especialista em educação em saúde e psicodrama. Doutoranda pela Universidade Estadual de Campinas (Unicamp). Docente na Universidade Metodista de Piracicaba. Participa dos laboratórios de Pesquisa Clínico-Qualitativa da Unicamp e de Vigilância Nutricional e Segurança Alimentar na Atenção Básica em Saúde (Universidade Estadual Paulista – Unesp).

CAROLINA ANDALÓ FAVA ■ Psicóloga clínica, especialista em psicodrama e psicoterapia reichiana. Mestre em psicologia, docente no curso de psicologia do Complexo de Ensino Superior de Santa Catarina (Cesusc). Diretora de teatro espontâneo.

CECILIA MASSELLI ■ Enfermeira de saúde pública, mestre em educação e doutora em saúde mental. Fez teatro espontâneo quando era professora de enfermagem no Brasil e escreveu em crônicas o essencial das cenas que viveu no Laos. Atualmente coordena uma estratégia territorial de saúde pública na França.

DEVANIR MERENGUÉ ■ Psicólogo. Psicoterapeuta. Professor-supervisor pela Federação Brasileira de Psicodrama. Docente no Instituto de Psicodrama de Campinas. Pesquisador no grupo Violar (Faculdade de Educação da Universidade Estadual de Campinas – Unicamp). Além de livros, tem artigos publicados em várias revistas. Editor da *Revista Brasileira de Psicodrama.*

GELSE BEATRIZ MONTEIRO ■ Comunicóloga. Professora universitária. Mestre em Ciências Médicas. Doutoranda pela Universidade Estadual de Campinas (Unicamp). Artigos publicados em periódicos internacionais *Medline.* Especialista em teatro espontâneo.

JAMIL AIDAR ■ Médico pediatra. Professor-supervisor pela Federação Brasileira de Psicodrama. Docente no Instituto de Psicodrama de Campinas. Terapeuta de família. Promove capacitação em orientação sexual para professores do ensino fundamental.

LISETTE LAUBI CONTATORE ■ Psicopedagoga. Especialista em psicodrama e "terapia transpessoal". Trabalha com problemas de aprendizagem e com pessoas com deficiência, visando à inclusão profissional. Consultora em relações humanas no trabalho.

MARCIA CASTAGNA MOLINA ■ Farmacêutica sanitarista. Docente na Pontifícia Universidade Católica de Campinas. Doutoranda em gestão em saúde na Universidade Federal do Estado de São Paulo (Unifesp). Exerce funções executivas na área da saúde.

MARÍA ELENA GARAVELLI ■ Psicóloga, psicodramista, diretora de teatro espontâneo. Psicoterapeuta. Dirige, desde 1992, a Compañia de Teatro Espontáneo "El Pasaje", em Córdoba, Argentina, onde proporciona formação em psicodrama e teatro espontâneo. Ministra cursos e seminários em vários países da América Latina e da Europa. Tem livro e artigos publicados.

MARIA ELIZA SUMAN DE GODOI ■ Psicóloga clínica. Especialista em psicodrama e consciência corporal. Participou de grupos de estudos em bioenergética, família e criança e teatro de criação. Integrou a equipe Passarim (atividades para crianças e adolescentes).

MARILUCI MARTINS ■ Psicóloga. Especialista em psicodrama. Certificada pelo Integrated Coaching Institute (ICI, Los Angeles/EUA) e pela Associação Brasileira de Coaching Executivo e Empresarial (Abracem). Consultora na área de desenvolvimento humano (coaching e programas de treinamento).

MARISOL WATANABE ■ Terapeuta ocupacional. Mestre em saúde coletiva. Especialista em psicodrama, saúde do trabalhador e ergonomia em sistemas de produção. Atua no Centro de Referência Regional em Saúde do Trabalhador de Campinas (Cerest). Vários artigos científicos publicados no Brasil e no exterior.

MIRIAM TASSINARI ■ Psicóloga. Psicodramista, professora-supervisora credenciada pela Federação Brasileira de Psicodrama. Docente no Instituto de Psicodrama de Campinas. Terapeuta de família, com estágio no Centro Milanese di Terapia della Famiglia (Milão, Itália).

MOYSÉS AGUIAR ■ Psicólogo, psicoterapeuta e consultor em processos grupais. Especialista em psicologia da arte. Professor-supervisor no Instituto de Psicodrama e Psicoterapia de Grupo de Campinas. Tem ministrado cursos e realizado supervisão e workshops na Europa e América Latina. Diretor da Companhia do Teatro Espontâneo. Autor e tradutor de vários livros e artigos científicos publicados em vários países.

NORMA SILVIA TRINDADE DE LIMA ■ Doutora em educação, utiliza o teatro espontâneo como metodologia de pesquisa. Psicóloga, psicoterapeuta, supervisora pela Federação Brasileira de Psicodrama. Docente no Instituto de Psicodrama de Campinas e no Centro Universitário Salesiano de São Paulo (Unisal).

PEDRO MASCARENHAS ■ Médico, psiquiatra, psicodramista e psicanalista. Supervisor pela Federação Brasileira de Psicodrama, docente na Pontifícia Universidade Católica de São Paulo/Sociedade de Psicodrama de São Paulo. Trabalha com psicoterapia e intervenções institucionais em saúde mental. Vários artigos científicos publicados.

RALMER NOCHIMÓWSKI RIGOLETTO ■ Psicólogo. Psicodramista e especialista em saúde sexual. Presidente do Centro de Estudos e Pesquisas em Comportamento e Sexualidade. Docente na Faculdade de Educação da Universidade Estadual de Campinas (Unicamp), na Faculdade de Medicina do ABC e na Universidade Salesiana (Unisal).

RAQUEL PASTANA TEIXEIRA LIMA ■ Psicóloga sanitarista. Psicodramista. Consultora do Ministério da Saúde – Política Nacional de Humanização. Integra o grupo Truperempstórias. Trabalhou como psicoterapeuta, em gestão de serviços de saúde e em docência no Instituto de Psicodrama de Campinas e na Escola de Tietê.

REGIANE BATAGLINI MICHELSOHN ■ Psicóloga. Especialista em psicodrama e teatro espontâneo. Atriz da Companhia do Teatro Espontâneo desde 2001, com uma interrupção de três anos e meio, quando residiu em Amsterdã e Chicago, onde se dedicou às artes plásticas.

THAÍS HELENA COUTO ■ Fonoaudióloga e psicóloga clínica. Mestre em Psicologia. Consultora em responsabilidade social e inclusão, coordena e desenvolve projetos de inclusão escolar e empresarial para portadores de deficiência.

VERA APARECIDA CUNHA ■ Psicóloga, psicodramista, especialista em recursos humanos. Atividade voltada para desenvolvimento humano, clínica psicológica e gestão de pessoas. Dirige workshops, vivências e treinamentos. Titular do Departamento de Gestão de Recursos Humanos da Prefeitura da Estância de Atibaia.

VIVIANE GIOMBELLI ■ Psicóloga, psicodramista, atua como consultora organizacional e assessora do ministério público em procedimentos judiciais de crianças e adolescentes. Mestre em psicologia organizacional e do trabalho, professora universitária na Universidade Regional de Blumenau (Furb).

IMPRESSO NA

sumago gráfica editorial ltda
rua itauna, 789 vila maria
02111-031 são paulo sp
telefax 11 **2955 5636**
sumago@terra.com.br